光环国际
AURA INTERNATIONAL

PMP®
通关一本通
项目管理快速学习指南

高志恒　宋和奎　著

Pass the PMP® Exam with Just One Book

電子工業出版社
Publishing House of Electronics Industry
北京 · BEIJING

图书在版编目（CIP）数据

PMP 通关一本通：项目管理快速学习指南 / 高志恒，宋和奎著 . —北京：电子工业出版社，2023.6

ISBN 978-7-121-45824-8

Ⅰ . ① P… Ⅱ . ①高… ②宋… Ⅲ . ①项目管理—指南 Ⅳ . ① F224.5-62

中国国家版本馆 CIP 数据核字（2023）第 112223 号

责任编辑：卢小雷
印　　刷：三河市良远印务有限公司
装　　订：三河市良远印务有限公司
出版发行：电子工业出版社
　　　　　北京市海淀区万寿路173信箱　　邮编100036
开　　本：787×1092　1/16　　印张：25　　字数：546千字
版　　次：2023年6月第1版
印　　次：2023年6月第1次印刷
定　　价：108.00元

凡所购买电子工业出版社图书有缺损问题，请向购买书店调换。若书店售缺，请与本社发行部联系，联系及邮购电话：（010）88254888，88258888。

质量投诉请发邮件至zlts@phei.com.cn，盗版侵权举报请发邮件至dbqq@phei.com.cn。

本书咨询联系方式：（010）88254199，sjb@phei.com.cn。

推荐序

2019年8月推出的PMP®新版考纲和2020年1月推出的《PMBOK®指南》（第7版）征求意见稿就像两记重拳，击打在全球项目管理老师和考生们的心头！

由此，展开了项目管理业界二十年未有之大变局。

PMI（美国项目管理协会）的PMP®考试于1984年10月首次开考，而蜚声全球的《PMBOK®指南》（第1版）的研发始于1987年。《PMBOK®指南》（第1版）的初稿就涵盖了时间管理、成本管理、质量管理……乃至风险管理八个知识领域，最后在定稿时加上了采购管理，由此形成了项目管理九大知识领域。

从1996年正式出版的《PMBOK®指南》（第1版），到2000年的《PMBOK®指南》（第2版）、2004年的《PMBOK®指南》（第3版）、2008年的《PMBOK®指南》（第4版）、2013年的《PMBOK®指南》（第5版）和2017年的《PMBOK®指南》（第6版），历经了6个版本的进化，《PMBOK®指南》的结构不仅非常稳定，而且内容也日趋完善。例如，《PMBOK®指南》（第5版）只在第4版的基础上增加了“相关方管理”这个新的知识领域，由“九五至尊图”变成了“十五至尊图”。

二十余年间，PMP®考试也几经变迁，考点不断变化，但总体而言十分稳定。

从知识体系到考试，无不体现了PMI这个已有五十余载的协会之严谨和沉稳！

蓦然回首，PMI已经旧貌换新颜，其Logo和网站由沉稳变得灵动，《PMBOK®指南》（第7版）的知识体系和PMP®考试也发生了结构性的全面变化，令人不识，猝不及防……整个业界，特别是大多数老师们，早已沉浸在二十年的稳定之中，完全没有想到会有这样的巨变！

但是，人们的工作、项目的运作，在互联网、社交网络、敏捷开发、数字技术等综合影响下，近年来已经发生了翻天覆地的变化。工作变了，事业环境变了，五十余岁的PMI向自己挥剑革命，舍弃旧有，由零开始重新搭建新知，展现出第二春的勃勃生机，怎不令人景仰？！

需要注意的是，PMP®考试也不再仅源自《PMBOK®指南》，而是依据考试大纲并配合参考书。PMI推荐了10本考试参考书，《PMBOK®指南》是备考的主要输入之一，不再是唯一。《敏捷实践指南》、《项目管理》（哈罗德·科兹纳著）、《项目管理工具箱》、《有效的项目管理》等都在参考书之列。

早在2021年，当PMI正式公布10本考试参考书时，光环国际的高志恒和宋和奎两位老师就发下宏愿，要奉献给PMP®学子们一本串联起诸多备考要点和考点的集锦之书、精粹之书……这，就是本书的缘起。

在此，我不想用过多的辞藻称赞本书，也无意褒奖两位老师两年来的辛苦耕耘，只想告诉同学们，高老师和宋老师作为光环国际的明星模考老师，多年来一直持续关注PMI命题的走向。而本书不仅是他们对几本参考书的精华提炼，也是他们对PMP®考点、考试的深刻思考。

这，就弥足珍贵了！

如今的PMP®考试，在PMI新五十年战略三支柱“以用户为中心”思想的指导下，离PMI的客户（考生、会员、项目管理从业者）越来越近，越来越懂客户，也越来越理解用户场景，以“客户视角”看待项目管理，迭代PMP®试题。PMI还要推动“组织敏捷化”和“数字化”转型，把整个组织变革为敏捷组织、数字化组织……这些，都将一一反映到与时俱进的PMP®考试上。让我们翘首以待！

相信本书会一直追随PMP®考试的走向，一直伴随PMP®考生们！

张泽晖

光环国际董事长

2023年3月26日

前　言

当你翻开这一页，相信你已经在备考项目管理专业人士（PMP®）证书了。这是一次激动人心的旅程，你会在一段时间内接收大量的项目管理专业知识，完成大量的考试练习题，结交大量志同道合的学友。除了证书，最终的收获还有个人知识体系的补充、学习方法的精进和与同学的人脉关系。

在多年的PMP®教学实践中，我们深知学员的真正需求是什么，也非常希望帮助学员在备考的过程中少走弯路。因此，我们将考试中会涉及的重点知识，以最浅显的方式呈现出来，让学员学有所乐、学有所感、学有所获。

当前，PMP®考试的知识点繁杂，很多参考书的内容既不全面也没有突出重点。许多学员在学习过程中会查阅大量书籍或其他参考资料。我们希望有一本书能将PMP®考试的重点和难点罗列清楚，让学员在备考过程中更加专注于知识的学习和理解，这也是我们撰写本书的初衷。

为了说明本书的撰写逻辑，先说明一下当前PMP®考试的基本情况。

- 2016年9月，PMI发布了2016版考纲，我们将其称为旧考纲。旧考纲将五大过程组（启动—规划—执行—监控—收尾）作为考查域，预测型题目占95%，敏捷型题目占5%。共200道单项选择题，考试最高成绩为5A。
- 2018年，PMI发布了《PMBOK®指南》（第6版）。
- 2019年6月，PMI发布了2019版考纲，我们将其称为新考纲。新考纲将三大领域（人、过程、业务环境）作为考查域，预测型题目占50%，敏捷和混合型题目占50%。共180道选择题，其中包含10道左右的多选题，考试最高成绩为5A。
- 2022年，PMI发布了《PMBOK®指南》（第7版）。
- 由于种种原因，从2018年6月至2022年6月，考试仍使用的是“旧考纲+第6版”的组合。2022年6月至2023年8月，考试使用的是“新考纲+第6版”的组合。从2023年8月起，考试将使用的是“新考纲+第7版”的组合。

从上述描述可以看出，PMP®考试在不停地迭代和更新中，因此，了解最前沿的信息，做出最适当的应对，是使备考事半功倍并达到学习目标的最佳方法。这也是本书出版的意义所在。本书定位于“新考纲+第7版”，基于这个定位，本书包含如下内容：

- 第1部分 引论。介绍项目管理的基本知识。
- 第2部分《PMBOK®指南》（第6版）考点。介绍项目管理十大知识领域，对第6版中的重要知识点进行梳理，并配合相应的考题以便于理解。

- 第3部分 敏捷项目管理考点。介绍敏捷中的重点知识，并配合相应的考题以便于理解。
- 第4部分《PMBOK®指南》（第7版）考点。介绍项目管理原则和绩效域。对第7版的重要知识点进行梳理。
- 第5部分 PMP®考试大纲。梳理考试大纲中的知识点，并与本书的各章节进行映射。

本书书名的寓意也很明显：我们希望学员在学习的过程中能少走弯路，能在大量PMP®参考书中找到一本最有价值的书，来应对最新版的PMP®考试。

PMP®考试的巨大变革还体现在题目类型的变化上。以前的PMP®考试更直接地考查项目管理的相关概念、概念辨析、计算、过程的输入和输出。现在的新版PMP®考试会将这些内容融入一个场景，例如，"项目经理负责某一类型的项目，在过程中出现了一些问题，项目经理需要如何做才能最优地解决此问题"。这类考题更贴近实战，场景更复杂，考查的知识点也更多元。但是，万变不离其宗，只要掌握了核心的知识和概念，解答这些复杂场景下的题目也会得心应手。因此，本书将PMP®考试中核心的、重点的知识加以归纳和整理，力图能为学员提供高效的学习参考。

本书的第1部分、第2部分、第3部分和第5部分由高志恒完成，第4部分由宋和奎完成。

需要说明的是，由于《PMBOK®指南》（第6版）与《PMBOK®指南》（第7版）的翻译不同，导致一些术语的译法有了变化。例如，"Stakeholder"在第6版中被译为相关方，在第7版中被译为干系人。为了配合新版PMP®考试，本书的术语与第7版的译法保持一致。

感谢光环国际提供的平台，正是在这个大平台上，授课老师才有更大的发挥空间。同时感谢光环国际的张泽晖董事长对本书的大力支持，感谢任倩老师的精心策划。

感谢电子工业出版社，正是卢小雷编辑辛苦、专业的工作，才能够使本书高效出版，尽快与各位读者见面。

感谢笔者家人对笔者著书过程中的大力支持，没有家人的支持，本书也无法顺利完成并按期出版。

学无止境。感谢读者能够在本书上停留片刻，也许正是这片刻的停留，就让你与本书结了缘。在这里，也祝每位参加PMP®考试的学员都能顺利通过考试，未来的道路越走越宽阔！

高志恒　宋和奎

目 录

第1部分 引论

第2部分 《PMBOK®指南》（第6版）考点

第5部分 PMP®考试大纲

01

第1部分

引论

第1章 项目管理的基础知识

1984年4月，水电部决定在水电站项目“鲁布革工程”中采用世界银行贷款。这笔贷款虽只是工程总投资的一小部分，但如一石投水。根据使用贷款的协议，该工程的三大部分之一的引水隧洞工程必须进行国际招标，在8个投标国的承包商中，日本大成公司以比中外联营公司投标价低3600万元的价格中标。不仅如此，日本大成公司还创造了“三大冲击”：价格仅为标底价的56.58%；仅派出了30多人的项目管理团队（从中国雇用了424名劳务工人）；工期提前了156天。这三大冲击被称为“鲁布革冲击”，被记录在《人民日报》1987年8月6日的头版专栏中。

30多年后的今天，我们再次审视“鲁布革冲击”，人们评论的管理体制其实就是先进的项目管理方法。一个高效的项目管理方法能够解决“投资大、工期长、见效慢”的问题。在本章，我们介绍与项目管理相关的基础知识。

本章将从三个方面介绍项目管理的基础概念：

- 项目管理通用基础知识
- 项目管理过程组实践相关知识
- 项目管理知识体系

1.1 项目管理通用基础知识

1.1.1 项目的定义

项目是为创造独特的产品、服务或成果而进行的临时性工作。项目的三大特点为：

- 独特性。每个项目都是独一无二的，没有两个完全一样的项目。
- 临时性。项目总有开始，有结束。
- 渐进明细性。项目最开始的部分范围不明确，越到后面越明确。

1.1.2　项目与运营

项目与运营的差别如图1-1所示。

图1-1　项目与运营

参考图1-1，我们可以判断以下案例哪个属于项目，哪个属于运营：

- 工厂设备的定期维护。这属于运营工作，周而复始地重复执行。
- 在海外建设通信站点。这属于项目工作，具备项目的三个特点。
- 研发传染病疫苗。研发新产品的工作一般都属于项目工作。
- 按照订单生产产品。这属于运营工作，是一种持续不断的工作。
- 与朋友一起旅游。这属于项目工作，具备项目的三个特点。
- 装修房屋。这属于项目工作，有明确的起止时间。

1.1.3　项目、项目集和项目组合

项目。其定义见第1.1.1节。

项目集。相互关联且被协调管理的项目、子项目集和项目集活动，以便获得分别管理所无法获得的收益。

项目组合。为实现战略目标而组合在一起管理的项目、项目集、子项目组合和运营工作。

有关项目集和项目组合之间的关系与区别，见本书第4.1节。

1.1.4　项目生命周期和开发方法

1.1.4.1　项目生命周期

项目生命周期是指项目从开始到结束所经历的一系列阶段。如图1-2所示。

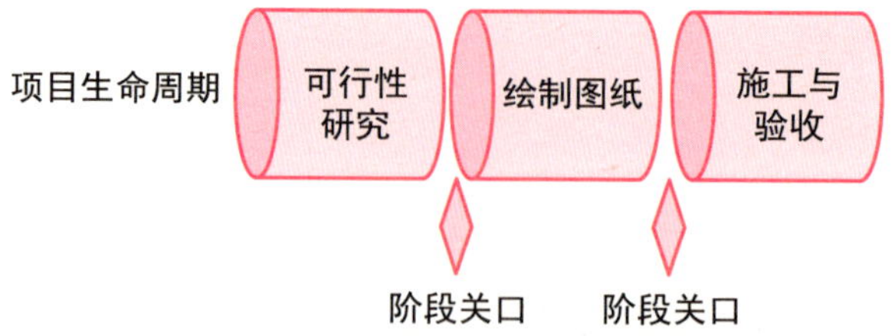

图1-2　项目生命周期

项目生命周期从技术角度将一个项目分成了多个阶段。例如，可以将一个建筑项目分成可行性研究、绘制图纸、施工与验收3个阶段。每个阶段都有单独的项目管理过程。其中，某个阶段完成后至下一个阶段开始前的时间点叫作阶段关口。

1.1.4.2　阶段关口

阶段关口的主要任务是为做出进入下个阶段、进行修改或者结束项目或项目集的决策而开展的阶段末审查。意思就是，上个阶段已经完成，那么是否要开启下个阶段，或者结束项目，需要在这个关口做出决策。

例题

在新的目标国家推出产品前不久，公司意识到该产品并不完全符合当地的数据隐私法。由于预算限制，公司管理层要求项目团队将可能的罚款成本与返工成本进行比较。返工的一部分包括向产品待办事项列表中添加新需求。在这种情况下，下面哪个选项最有可能帮助到你？

A. 重构

B. 人物角色

C. 阶段关口

D. 快速跟进

答案：C。如果已经违反法律，那么公司是承担违法的罚款还是返工或直接终止项目，此时需要进行决策，阶段关口就是提供这个决策的时间点。

1.1.4.3　项目生命周期的特点

项目生命周期的特点如图1-3所示。

在项目生命周期的早期，风险最高，变更成本最低；而在项目生命周期的后期，风险最低，变更成本最高。例如，在手机开发项目的早期，可能只有一些想法（配置2个摄像头还是3个摄像头），这些想法能否实现是不确定的，因此风险较高。但相对来说，变更想法的成本是非常低的，因为这时还没有进行实际的投入。在手机开发项目的末期，已经确定配置2个摄像头，一般不会发生变更，因此风险较低。但是，如果一旦发生变更，前面的大部分工作就白做了，因此变更成本极高。

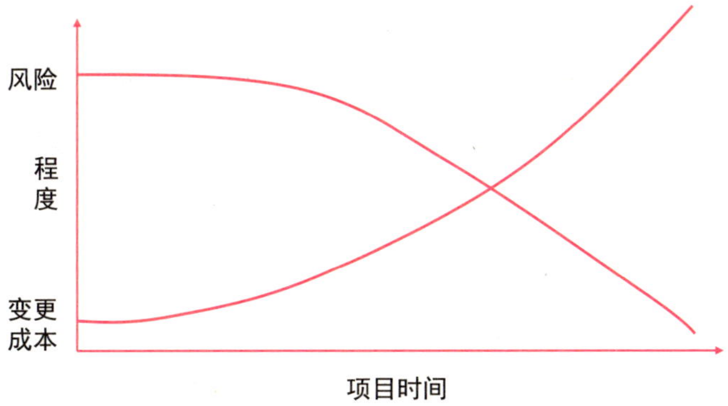

图1-3 项目生命周期的特点

例题

在下列哪个阶段中，项目存在最大的风险和不确定性？

A. 开发/执行阶段

B. 启动/概念形成阶段

C. 实施阶段

D. 收尾阶段

答案：B。项目生命周期早期的风险最大。

1.1.4.4 开发方法

开发方法是在项目生命周期内用于创建并改进产品、服务或结果的方法，如预测型、迭代型、增量型、适应型（敏捷）或混合型方法。

有关开发方法的辨析，见本书第4.2节。

1.1.5 项目管理

项目管理是指将知识、技能、工具与技术应用于项目活动以满足项目的需求。

1.1.6 项目经理

项目经理是由执行组织委派，领导项目团队实现项目目标的个人。（项目管理团队是指直接参与项目管理活动的项目团队成员。）

1.1.7 项目环境

项目会在内部与外部环境中存在和运作，这些环境对价值交付有不同程度的影响。

内部环境是指组织自身的影响环境，包括工件、实践和内部知识。如过程资产、治理文件、员工能力、各种系统与软件等。

外部环境是指外部因素的影响环境，如社会、市场、法律、行业、物理环境等。

1.1.8 组织治理与项目治理

通常，治理会涵盖一个管理框架，所有的活动、职能和流程在这个框架下执行。

组织治理框架其实就是一家公司的各种流程、规范、每个部门的职能与职责的规定。组织治理包括绩效怎么优化、风险怎么监控、政策怎么执行、规范怎么操作等。组织治理通常由董事会完成。

项目治理是指用于指导项目管理活动的框架、功能和过程。例如，如何实施整体变更控制流程；在项目中遇到哪些情况可以找领导者处理；组织中的其他部门如何配合项目工作；组织的文化如何与项目管理的过程匹配等。项目治理通常由项目管理办公室（PMO）完成。

1.1.9 项目管理办公室（PMO）

项目管理办公室是一个技术共享的部门，其主要目的是，对与项目相关的治理过程进行标准化。PMO有以下3种不同的类型。

- 支持型。PMO扮演顾问角色，提供模板和培训等。
- 控制型。除了提供支持，还要求项目团队服从管理。管理的内容包括：
    - 采用项目管理的框架和方法论。
    - 使用特定的模板、格式和工具。
    - 服从治理。
- 指令型。直接管理和控制项目。

1.1.10 组织结构类型

组织结构可以简单分成以下5种类型。

- 职能型。组织按照部门分工，没有专门的项目经理，项目经理为联络员，没有权限。项目经理要想获取资源，只能找相应的职能经理。
- 弱矩阵。项目经理有一些权限，为协调员。项目经理要想获取资源，需要得到职能经理的许可。
- 平衡矩阵。项目经理的权限与职能经理相同，项目经理可以通过与职能经理协商来获取资源。
- 强矩阵。项目经理的权限较大，可以直接要求职能经理提供资源。
- 项目型。项目经理拥有很大的权限，资源直接归属项目经理管理。

1.1.11　裁剪

裁剪是指在深思熟虑后，对有关项目管理的方法、治理和过程做出调整，使之更适合特定环境和当前的工作。

项目管理涉及的工具、技术、流程、方法和过程非常多——一个小型项目不可能全部用到，因此项目经理需要根据实际情况进行裁剪。裁剪后留下的工具、技术、流程等要做到刚好满足项目需求，留下太多会造成浪费，过少会导致项目出现问题。

有关裁剪的详细描述，见本书第15章。

1.2　项目管理过程组实践相关知识

本节的知识主要来自《PMBOK®指南》（第6版），根据第6版的内容，我们将其描述为“项目管理过程组实践”。

1.2.1　项目管理过程组

项目管理有五个过程组，分别是：

启动过程组。定义一个新项目或新阶段，授权开始项目的一组过程。

规划过程组。确定项目范围，优化目标，制定行动方案的一组过程。

执行过程组。完成项目管理计划中确定的工作，以满足项目要求的一组过程。

监控过程组。跟踪审查和调整项目进展与绩效，识别并启动变更的一组过程。

收尾过程组。正式完成或结束项目或阶段的一组过程。

项目管理过程组是从管理角度进行区分的，因此，这五个管理过程组会在每个项目阶段中循环执行，以推动和完成项目的各个阶段。各个过程组的关系如图1-4所示。

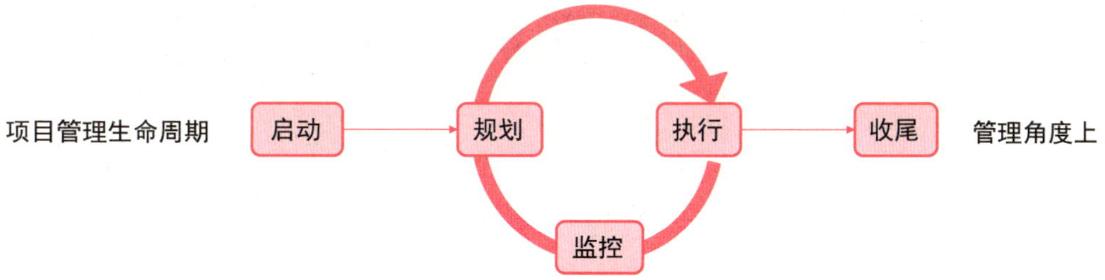

图1-4　项目管理过程组

1.2.2　项目管理知识领域

项目管理知识领域一共有十个，分别是：

- 项目整合管理。统一协调所有项目知识领域过程的活动。
- 项目范围管理。确定项目要做且只需做哪些工作。例如，手机做几个摄像头。

- 项目进度管理。确保项目按时完成。例如，手机应在1年内发布。
- 项目成本管理。完成项目需要使用多少预算。例如，手机开发的预算为600万元。
- 项目质量管理。让产品达到质量要求的过程。例如，手机跌落1000次不坏。
- 项目资源管理。确定项目所需的人力、物力的过程。例如，手机开发团队需要400人。
- 项目沟通管理。处理项目信息的过程。例如，应在什么时候给谁发送项目状态报告。
- 项目风险管理。识别、分析、规划风险应对的过程。例如，如何应对可能出现的原材料涨价的风险。
- 项目采购管理。管理外部采购的过程。例如，购买测试设备。
- 项目干系人管理。使干系人支持项目的过程。例如，手机开发项目需要得到CEO的持续支持。

结合项目管理过程组和项目管理知识领域，可将项目分为49个过程。如表1-1所示，其中每个过程前面的数字代表在《PMBOK®指南》（第6版）中的节号。

表 1-1　项目管理过程组和知识领域

知识领域	项目管理过程组				
	启动过程组	规划过程组	执行过程组	监控过程组	收尾过程组
4. 项目整合管理	4.1 制定项目章程	4.2 制订项目管理计划	4.3 指导与管理项目工作 4.4 管理项目知识	4.5 监控项目工作 4.6 实施整体变更控制	4.7 结束项目或阶段
5. 项目范围管理		5.1 规划范围管理 5.2 收集需求 5.3 定义范围 5.4 创建 WBS		5.5 确认范围 5.6 控制范围	
6. 项目进度管理		6.1 规划进度管理 6.2 定义活动 6.3 排列活动顺序 6.4 估算活动持续时间 6.5 制订进度计划		6.6 控制进度	
7. 项目成本管理		7.1 规划成本管理 7.2 估算成本 7.3 制定预算		7.4 控制成本	
8. 项目质量管理		8.1 规划质量管理	8.2 管理质量	8.3 控制质量	
9. 项目资源管理		9.1 规划资源管理 9.2 估算活动资源	9.3 获取资源 9.4 建设团队 9.5 管理团队	9.6 控制资源	
10. 项目沟通管理		10.1 规划沟通管理	10.2 管理沟通	10.3 监督沟通	

续表

知识领域	项目管理过程组				
	启动过程组	规划过程组	执行过程组	监控过程组	收尾过程组
11. 项目风险管理		11.1 规划风险管理 11.2 识别风险 11.3 实施定性风险分析 11.4 实施定量风险分析 11.5 规划风险应对	11.6 实施风险应对	11.7 监督风险	
12. 项目采购管理		12.1 规划采购管理	12.2 实施采购	12.3 控制采购	
13. 项目干系人管理	13.1 识别干系人	13.2 规划干系人参与	13.3 管理干系人参与	13.4 监督干系人参与	

1.3 项目管理知识体系

本节所述的项目管理知识体系主要来源于《PMBOK®指南》（第7版）。最新的项目管理知识体系如图1-5所示。

项目管理知识体系是价值交付系统的一部分，该系统与内部环境和外部环境相互作用。本节主要讨论项目管理知识体系所包含的四个部分：

- 项目绩效域。
- 项目管理原则。
- 裁剪。
- 模型、方法和工件。

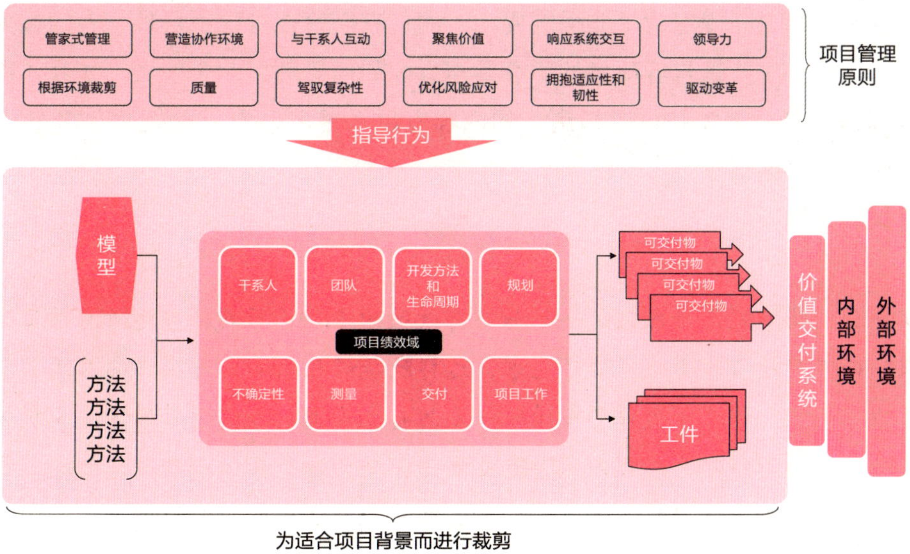

图1-5 项目管理知识体系

1.3.1 项目绩效域

项目绩效域被定义为一组对有效地交付项目成果至关重要的相关活动。项目绩效域实质上描述了为什么要雇用项目经理，即项目经理能够在哪些领域为组织带来价值。项目绩效域包括8个部分。

- 干系人绩效域。优秀的项目经理能够管理好干系人参与，让干系人持续满意。
- 团队绩效域。优秀的项目经理能够让团队持续输出高绩效。
- 开发方法和生命周期绩效域。优秀的项目经理能够使项目以合适的节奏、适当的开发方法和生命周期运作，确保项目的开发方法符合项目可交付物和需求。
- 规划绩效域。优秀的项目经理能够确定最佳的交付项目成果的整体方法。
- 项目工作绩效域。优秀的项目经理能够有效率且有效果地完成项目绩效，管理好实物资源、采购、项目知识等工作。
- 交付绩效域。优秀的项目经理能够确保项目高质量地交付有价值的成果，同时满足组织的目标与战略。
- 测量绩效域。优秀的项目经理能够通过准确的项目监控、明智的项目决策来确保项目绩效时时处于正轨。
- 不确定性绩效域。优秀的项目经理能够管理好风险，使项目交付不受威胁的影响，并能够抓住机会。

需要注意的是，项目的8个绩效域整体运作，相互依赖和重叠，没有特定的权重或优先顺序。

1.3.2 项目管理原则

项目管理原则是非规定性（非强制要求）的，它们旨在指导项目参与者的行为。引用项目管理的原则，主要是告诉项目的所有参与方，如何管理好一个项目。如今，项目管理的复杂度越来越高，《PMBOK®指南》的内容也越来越多，为了避免过度填充，PMI®使用项目管理原则作为指导。

TIP

事实上，使用非规定性原则是一种非常有效的方法，用原则能够对所有项目进行准则上的要求，而不对过程本身做具体的要求，这样既能够让所有参与项目的人员理解项目管理的基本准则，又能够给予项目管理团队一定的自主空间。我们所带的团队规模较大，团队中的每个岗位都有特定的工作内容和专业方向，若为每个岗位都制定大量的过程要求，将导致团队的规范文件变得非常烦冗——无人阅读也无法执行，最终被束之高阁。因此，我们尝试了制定团队的工作原则，将团队中的大部分重要准则纳入原则，其他的具体的工作内容由各个团队的主管自行把控。这样管理的实际效果比之前好很多，团队的发挥空间更大，绩效也比之前更好。

项目管理原则一共有12条：

- 管家式管理。成为勤勉、尊重和关心他人的管家。
- 团队。营造协作的项目团队环境。
- 干系人。有效的干系人参与。
- 价值。聚集于价值。
- 系统思考。识别、评估和响应系统交互。
- 领导力。展现领导力行为。
- 裁剪。根据环境进行裁剪。
- 质量。将质量融入过程和可交付物。
- 复杂性。驾驭复杂性。
- 风险。优化风险应对。
- 适应性和韧性。拥抱适应性和韧性。
- 变革。为实现预期的未来状态而驱动变革。

1.3.3 裁剪

裁剪旨在更好地满足组织、运行环境和项目的需要。裁剪的内容包括5个方面：

- 生命周期和开发方法的选择。如果一个App的开发项目使用预测型生命周期，则项目大概率会失败。正确的裁剪会针对成果的特性来选择正确的开发方法。
- 过程。如果项目不涉及采购，那么将规划采购管理、实施采购和监督采购等过程纳入项目其实就是一种浪费。对过程的裁剪可避免这种浪费。正确的裁剪会对过程进行增加、修改、删除、混合和调整。
- 参与。有些项目很复杂，需要邀请特定的专家参与项目；有些项目很简单，邀请专家参与项目会造成资源错配。正确的裁剪需要考虑这些因素，根据能力匹配项目，以达到最优的效果。
- 工具。有些工具很高效，但是很昂贵，项目经理要为项目选择合适的工具。
- 方法和工件。项目经理要采用合适的文档、模板，以确保其适用于组织的项目。

1.3.4 模型、方法和工件

模型、方法和工件能够帮助项目经理更好地完成项目。

- 模型。解释过程、框架或现象的思考策略。如领导力模型、沟通模型。有了这些成熟的模型，项目经理就不用过多地思考这方面内容，基于这些模型就能够很好地管理项目。

- 方法。方法是获得成果、输出、结果或项目可交付物的方式。如挣值分析、标杆对照等具体的工具与技术。
- 工件。工件可以是模板、文件、输出或项目可交付物。如各类项目文件、日志和登记册。

"项目绩效域""项目管理原则""模型、方法和工件"三者的关系如图1-6所示。

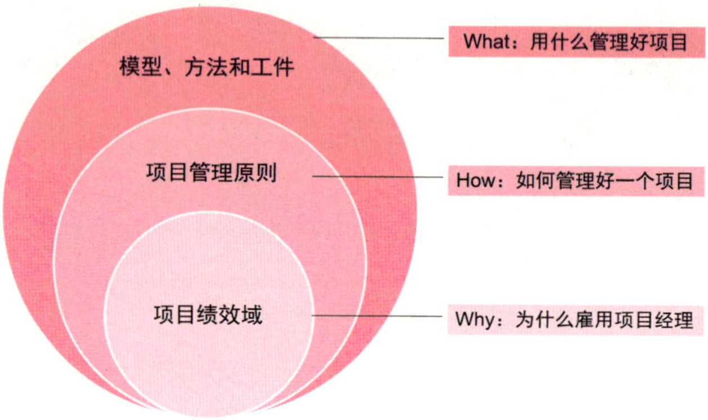

图1-6　项目管理洋葱圈

1.3.5　其他重要概念

1.3.5.1　成果（Outcome）

"成果"更注重项目交付的效果和价值，包含输出（Output）和工件。"成果"是《PMBOK®指南》（第7版）中的概念，与之对应的概念是"输出"（Output）。"输出"不会考虑价值，它可以是中间件。例如，输出可以是一个"活动的估算时间"，它是一个中间件——对客户的价值不大。输出也可以是一个"计划能够完成的日期"，这对客户有价值，可以被视为成果。

1.3.5.2　产品（Product）

产品是被生产出来的可量化工件，产品的生命周期长，产品团队是稳定的。与产品对应的是项目，项目是具有独特性的临时工作，项目的生命周期短，项目团队是临时的。

在《PMBOK®指南》（第7版）中，特别提到了产品生命周期，产品生命周期可以包含多个项目，如图1-7所示。

产品生命周期可以分为四个阶段：

- 引入。通常是市场准入、用户试用和产品采用的起点。
- 成长。在这个阶段，产品或服务的销售额和市场接受度会快速增长。
- 成熟。由于市场已饱和，在这个阶段，销售开始趋于平稳。此时，竞争激烈，产品多样化，企业难以盈利。

- 下降/衰退。因技术进步、消费者或使用者的偏好变化、环境或法规变化导致产品销量下降的阶段。

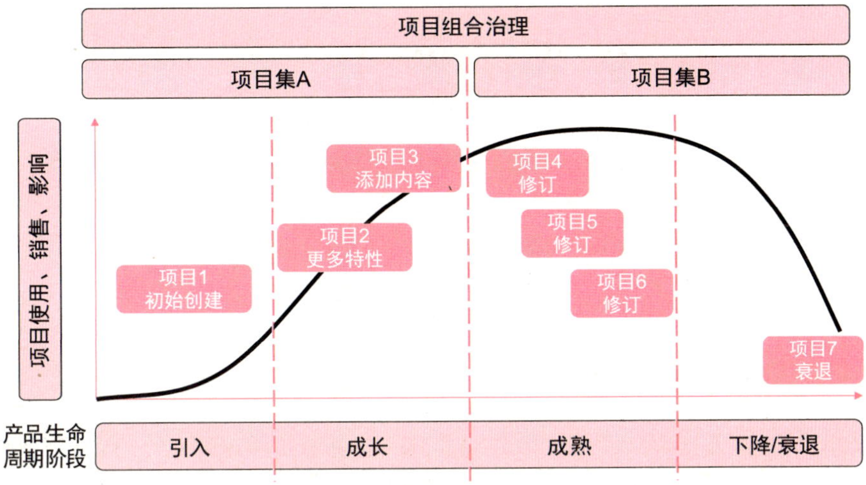

图1-7　产品生命周期示例

可以在产品生命周期的任何时间点启动项目，以应对激烈的市场竞争。事实上，现在的项目经理需要具备新的项目管理思维——将项目管理放在产品管理的框架下，才能够更好地管理项目。

1.3.5.3　价值交付系统

在了解了产品管理的概念后，我们可将整个产品生命周期中的项目组合、项目集和项目看作一个系统，这个系统就是价值交付系统。

系统中内部的各个组件相互作用，互相依赖，趋于稳定。如各个过程、绩效域等。

系统与内外部环境相互作用，相互影响。

系统聚焦基于成果的价值交付，而非过程的输出，这种视角更加宏观和整体，而非微观和孤立地考虑单个项目的成本、范围、进度等因素。这也是《PMBOK®指南》（第7版）中最大的改变之一，这种改变也符合前面描述的项目管理的12个原则。价值交付系统的示意如图1-8所示。

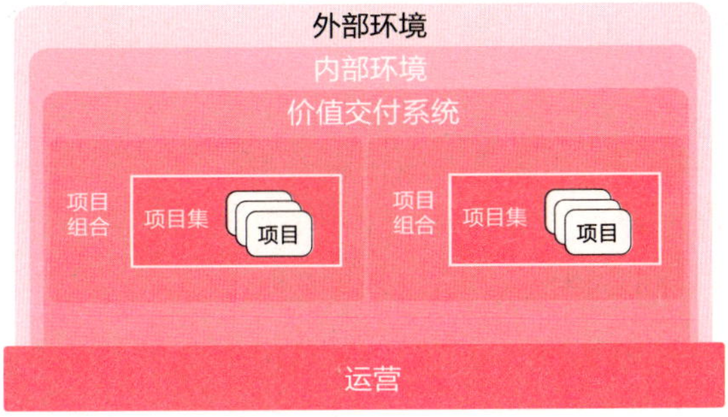

图1-8　价值交付系统

第2章
项目管理知识体系的变化

在传统的项目管理知识体系中，《PMBOK®指南》（第6版）的内容已经非常成熟且完善。在这个基础上，《PMBOK®指南》（第7版）将如何呈现成了一个问题。从实际发行的版本来看，《PMBOK®指南》（第7版）有了翻天覆地的变化，本章将从不同的角度来讲述《PMBOK®指南》（第7版）的变化。

改变都是基于问题的，《PMBOK®指南》（第6版）中有如下四个问题：

- **无法应对项目的复杂性。**项目是非常复杂的，人类行为、系统行为、模糊性均是复杂性的因素。社会和经济生活中发生的根本性的、快速的变化，大大提高了当前项目或项目集的复杂性。项目经理需要驾驭复杂性，这一点在《PMBOK®指南》（第6版）中并未着重体现。
- **过于关注过程。**《PMBOK®指南》（第6版）包含49个过程，每个过程有输入、输出、工具与技术。在项目管理实践中，要求某些工作必须按照某些过程的步骤来输出文件、计划、登记册、日志等。对于过程的过度关注，会让项目管理变得死板，使其适应性不强。
- **无法适应新的环境。**《PMBOK®指南》（第6版）加入了敏捷相关的内容，但是整合得并不太好。随着需求的不断变化和技术的快速发展，旧的项目管理知识体系已经无法适应新的环境，因此需要不断地提高项目管理知识体系的适应性，以适应所有的项目。
- **过度填充。**《PMBOK®指南》的第4版有469页，第5版有589页，第6版则有756页。每当有新的技术与工具时，《PMBOK®指南》都要将其纳入，这导致了对《PMBOK®指南》的过度填充。

为了解决这些问题，《PMBOK®指南》（第7版）提出了以下解决方案：

- **系统性思维。**运用系统性思维（和批判性思维）来应对项目的复杂性。

- **关注成果**。关注可以交付的成果，而非过程，以让干系人满意。
- **提高适应性**。让指南可以适用于任何项目，包括预测型、适应型（敏捷）、混合型项目。
- **以原则为指导**。以原则为指导，避免过度填充，将工具与技术放在数字平台。

2.1　系统性思维

如第1章所述，《PMBOK®指南》（第7版）引入了价值交付系统，将项目置于一个大的内部和外部环境中。系统内部的8个绩效域相互关联，相互影响，整个系统与外部的项目环境相互作用。

2.1.1　系统

系统的定义是，能产生单个组件不能获得的结果的各种各样组件的集合。例如，一只蚂蚁几乎没有存在感，但是一群蚂蚁能够创造出“奇迹”。虽然蚂蚁个体只有较低的智能和较差的视力，但通过遵循最简单的规则和自组织，由几十万只蚂蚁组成的系统便能呈现出惊人的结果，如筑窝、觅食、规划最短的行进路线等。大脑中的每个神经元仅能够接收信号、传递信号，但是100多亿的神经元组成的系统产生了人类的高级智能。

2.1.2　批判性思维

批判性思维的定义是，应用观察、分析、推论、语境、反射性思维等过程以形成判断。即使某些决策不会被选用，批判性思维对其也持开放的态度。

我们常说的具备独立思考能力的人都是具备批判性思维的。拥有批判性思维的人能够从复杂的场景中确定真实的问题，分析出准确的原因，同时提供最有效的解决措施。例如，针对一则负面新闻，在所有人都义愤填膺的环境中，最先确定此新闻为谣言的人往往都具有批判性思维。

有关批判性思维的具体内容，见本书第14.4.4.2节。

2.2　关注成果

在项目的8个绩效域中，每个绩效域都会对项目、组织、干系人输出有用的成果（Outcome）。这也是《PMBOK®指南》（第7版）最重要的内容之一。如团队的高绩效、干系人的支持、高质量的可交付物等。

2.3 提高适应性

在项目管理知识体系中，将项目生命周期和开发方法都纳入了项目管理原则与项目管理绩效域，同时提供了裁剪的具体方法与过程。通过这种方式，《PMBOK®指南》（第7版）能够适用于所有项目，其适用性得到大幅提高。

2.4 以原则为指导

为了防止过度填充，《PMBOK®指南》（第7版）以原则为指导，关注绩效域的成果，对模型、方法、工件进行了整理，同时将最新的工具与技术纳入了数字平台。这样，《PMBOK®指南》（第7版）的整体逻辑便清晰地展现在我们眼前，如图2-1所示。

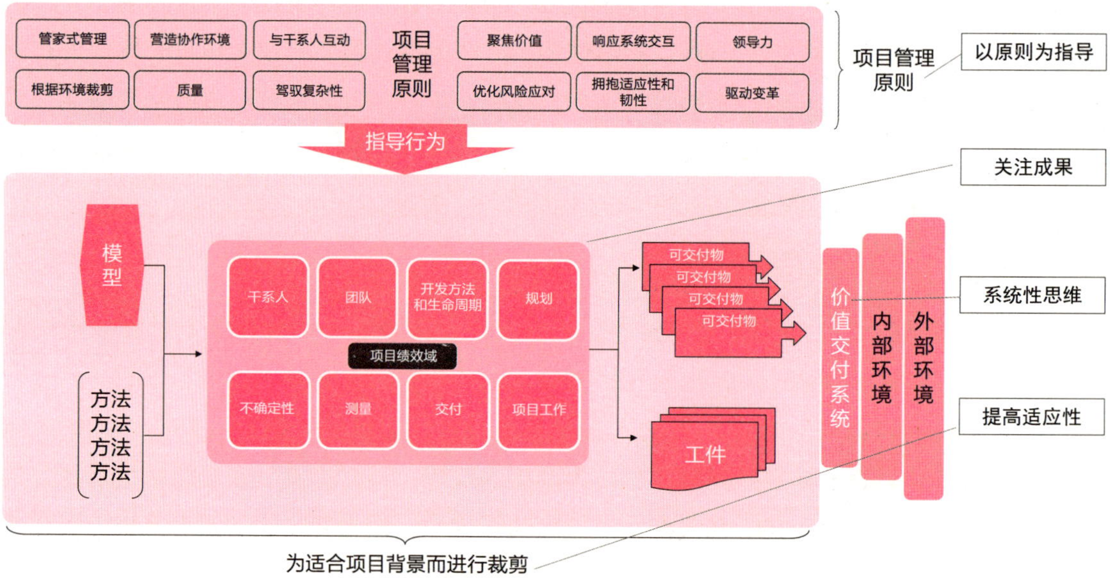

图2-1 《PMBOK®指南》（第7版）的变化

02

第2部分

《PMBOK®指南》（第6版）考点

第3章 PMP®中常考的概念

3.1 项目整合管理中的概念

项目整合管理是统一、合成、协调、调度项目中的各个过程的管理过程。

项目管理有10个知识领域，其中的9个知识领域（范围、成本、进度、质量、资源、沟通、风险、采购、干系人）分别对应具体的知识体系，但是这些知识领域的过程都不是独立存在的，它们相互依赖，相互制约。例如，范围大了，成本会增加，进度会延误；质量的要求高了，也会导致成本、资源的增加。项目整合管理将这些知识领域看作整体，由项目经理进行统一、合成、协调和调度。

3.1.1 项目整合管理概述

项目整合管理涵盖了项目涉及的五大过程组，并包括7个过程（每个过程都代表了此过程组的整体协调工作），如图3-1所示。［流程图中的4.1、4.2……为《PMBOK®指南》（第6版）中的节号，节号后面的文字为项目管理过程。后序章节不再说明。］

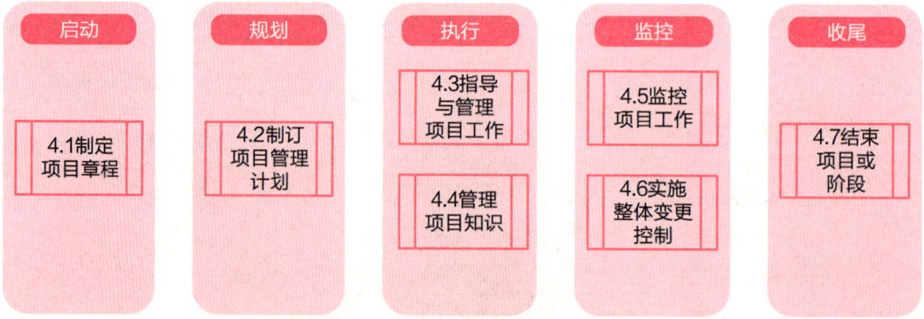

图3-1 项目整合管理概述

- 启动阶段的整合。项目的立项、启动工作，完成一个项目从组织战略到商业论证再到项目目标的转变。

- 规划阶段的整合。将所有的子计划协调一致，最终整合输出整体的“项目管理计划”。
- 执行阶段的整合。按照计划完成项目，实施已批准的变更，最终产出可交付物。
- 监控阶段的整合。监控绩效数据，控制变更，验收可交付物。
- 收尾阶段的整合。验收项目，并进行移交、财务收尾、文件处理、解散团队。

3.1.2　商业论证

商业论证是一个决策文件。所谓的决策是指，这个项目是否值得投资，能否满足商业需求。例如，由于出口某国的产品需要缴高额的关税，那么能否考虑在海外建立制造基地？对此，就需要进行全面的商业论证。商业论证通常包含两类内容：

- 商业需求。为什么要做这个事？
- 成本效益分析。做这个事是否划算？

既然商业论证是决策文件，那么一个项目要不要启动，以及发起人离职了项目还要不要继续，都需要看商业论证。商业论证的要素如图3-2所示。

图3-2　商业论证的要素

> 关键词或短语：是否值得投资、决策、商业需求、成本效益分析。

例题

一个多阶段项目发起人离开公司，项目文件已获得批准并满足其目标。资源预算已到位。项目经理接下来应该怎么做？

A. 在离开组织的发起人的主管同意下，评估项目的持续需求

B. 立即开始项目收尾过程

C. 检查与商业论证的符合性

D. 延迟重新评估，直至项目结束且资金已经完全使用

答案：C。商业论证为决策文件，即便发起人离职了，该文件依然具备决策效力。

3.1.3 专家判断

专家判断是项目管理最重要的工具之一。在项目管理过程中，专家的一句话，可能抵得上一周的搜索、学习和研究。需要注意的是，在项目管理中，不但行业中的“大牛”是专家，而且那些在公司内掌握专业知识的人员也被认为是专家。

关键词或短语：行业、法律、某领域、干系人不相信项目经理。

例题

一位关键项目干系人不相信项目管理计划中给出的成本是正确的，并拒绝批准。若要获得该关键干系人的支持，项目经理应该使用什么工具或技术？

A. 专家判断

B. 组织过程资产

C. 企业环境因素

D. 整体变更控制流程

答案：A。项目干系人不相信项目经理，但是干系人和项目经理大概率会相信专家。

3.1.4 项目章程

项目章程是项目启动过程中最重要的文件。项目章程的作用如图3-3所示。

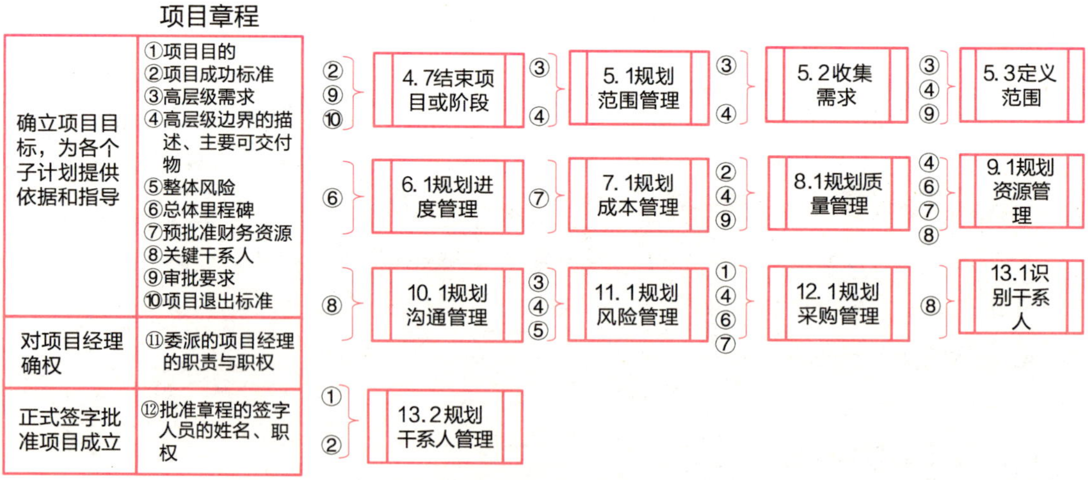

图3-3 项目章程的作用

从图3-3中可以看出，项目章程主要有三个作用：

- 确立项目目标，为各个子计划提供依据和指导（项目章程中的每一条都是后续规划过程的输入）。

- 对项目经理确权。
- 正式签字批准项目成立。

TIP

项目章程有多重要？我们可以将项目章程理解为项目经理与项目之间的“法定结婚证书”。有了这个证书，项目经理与项目之间的关系才是“合法”的。同时，这也是项目经理的“尚方宝剑”，有了项目章程，项目经理在获取组织资源时才有依据。

关键词或短语：初始阶段、项目经理加入新项目、发起人要求立即开始项目、高层次、整体、高层级、项目目标。

例题

项目发起人指示项目经理立即开始一个工期非常紧迫的关键项目，项目经理首先应该怎么做？

A. 与所有部门一起开会，以获得他们的认同与支持

B. 询问发起人该项目应如何获得资金支持

C. 收集初始需求以创建项目章程

D. 起草项目进度计划以确定截止期限是否可行

答案：C。在考察项目章程的场景中，往往都会出现“发起人很着急，要马上开始项目”。此时，作为项目经理，一定要记住“没有项目章程，项目就不合法”的原则。

3.1.5 制订项目管理计划

图3-4介绍了项目整体规划的流程。

- 第1步，制订程序性计划，即××管理计划。主要目的是，将该知识领域的管理办法、程序、模板和其他管理性要求纳入计划。
- 第2步，制订实体计划，即××基准。范围、进度、成本基准是项目管理计划的三大基准。
- 第3步，规划风险相关的管理计划，制订风险的应对计划。
- 第4步，规划变更相关的管理计划，主要包括变更和配置管理计划。
- 第5步，迭代编制，程序性计划和实体计划的迭代编制、风险和实体计划的迭代编制、沟通和干系人的迭代编制。

- 第6步，其他计划，包括项目生命周期、开发方法、管理审查等。
- 第7步，整合，将以上所有计划整合成统一的项目管理计划。

图3-4　制订项目管理计划的流程

在整合完项目管理计划后，项目经理找领导者签字批准，形成可参考的《绩效测量基准》，然后召开开工会议（Kick-off Meeting）。至此，规划工作完成，进入执行阶段。

3.1.6　开工会议

开工会议也叫项目启动会议，标志着规划阶段结束，执行阶段开始。该会议要完成两个使命：

- 自上而下进行传达，传达项目目标。
- 自下而上进行承诺，告知每个成员的角色与职责，获取团队或干系人的承诺。

> 关键词或短语：承诺、规划结束、执行开始、传达目标。

例题

一个项目获得项目发起人对范围、预算和进度计划的批准。若要确保项目干系人都能得到通知并参加，项目经理应该怎么做？

A. 将项目计划发送给项目干系人

B. 与项目干系人开会，一起审查项目管理计划

C. 与干系人一起召开项目启动会议

D. 要求项目发起人与所有项目干系人沟通并获得他们的同意

答案：C。项目管理计划已经得到批准，说明规划过程结束了，此时需要召开开工会议。

3.1.7 问题日志

问题日志主要用于记录和跟进所有的问题。在很多大公司的项目中，有专门的问题跟进系统，目的就是持续跟进，让问题更好地关闭。

关键词或短语：记录、跟进问题。

例题

项目经理注意到，正在构建的系统存在多个质量问题，项目经理应该使用什么来跟踪这些问题的解决方案？

A. 变更控制流程

B. 质量分析

C. 风险审查

D. 问题日志

答案：D。使用问题日志来跟进多个质量问题。

3.1.8 经验教训登记册

经验教训主要为将来着想，改善未来的项目绩效，让未来的项目不会在同一个地方重复出现问题。

关键词或短语：防止再次发生、改善未来项目绩效、避免将来的问题。

例题

产品设计被认为是各种制造问题的根本原因，若要在将来避免同样的问题，项目经理应该怎么做？

A. 执行质量保证过程

B. 审查过程改进计划

C. 执行整体变更控制流程

D. 更新经验教训知识库

答案：D。使用经验教训登记册来避免发生相同的问题。

3.1.9 收尾过程相关的概念

收尾过程的相关概念如图3-5所示。

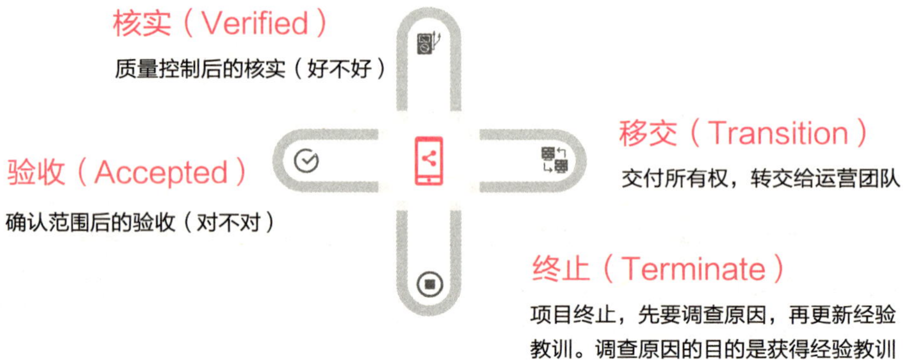

图3-5 收尾过程的相关概念

- 核实。代表质量控制后的核实，以核实是否满足质量要求。例如，桌子的表面是否光滑，桌面是否平整。
- 验收。代表确认范围后的验收，以确认做的东西对不对。例如，桌子是否按需求做了抽屉，是否打了网线孔。
- 移交。项目完成后，要移交给运营团队。
- 终止。项目终止，项目经理要调查原因，再总结经验教训。

例题

一名关键项目干系人撤回了对项目的财务支持。目前，项目资金不足，可能被取消，项目经理应该怎么做？

A. 与该项目干系人开会，确定撤回财务支持的原因

B. 与团队一起头脑风暴，找到节约成本的方案

C. 寻找愿意提供财务支持的新的项目干系人

D. 与项目发起人开会，建议取消项目

答案：A。要终止项目，先调查原因，再总结经验教训。

3.1.10 项目知识管理

项目知识分为显性知识和隐性知识：

- 显性知识。易于使用文字、图片和数字进行编撰的知识。
- 隐性知识。个体知识以及难以明确表达的知识，如信念、经验和诀窍等。

需要注意的是，需要在项目过程中不断地记录并分享项目知识，但是能被记录下来的

知识一般都是显性知识。而隐性知识蕴含情境，很难编撰，因此需要通过人际交流和互动来进行分享。

3.1.11　收益管理计划

如果商业论证确定了项目整体的价值，那么收益管理计划就是跟踪商业论证是否被实现的计划。收益管理计划包括了如下内容：

- 目标收益是什么？
- 在什么阶段应实现哪些收益？
- 谁来跟踪收益？
- 如何测量收益？

3.2　项目范围管理中的概念

不论是瀑布式项目还是敏捷项目，规划的第一步一定是“确定做什么”，这是所有项目计划和执行的基础。项目范围管理被定义为项目中“做且只做”的全部工作。例如，在一个停车场收费系统中，要做的内容可能包含“道路指引系统”“车牌识别系统”“缴费系统”三大系统。对于项目范围管理，就是要识别出具体要做的部分和不做的部分，同时形成基准并固化下来。要按照要求执行，并避免初始计划被大范围改动。

3.2.1　项目范围管理概述

项目范围管理的整体流程如图3-6所示。

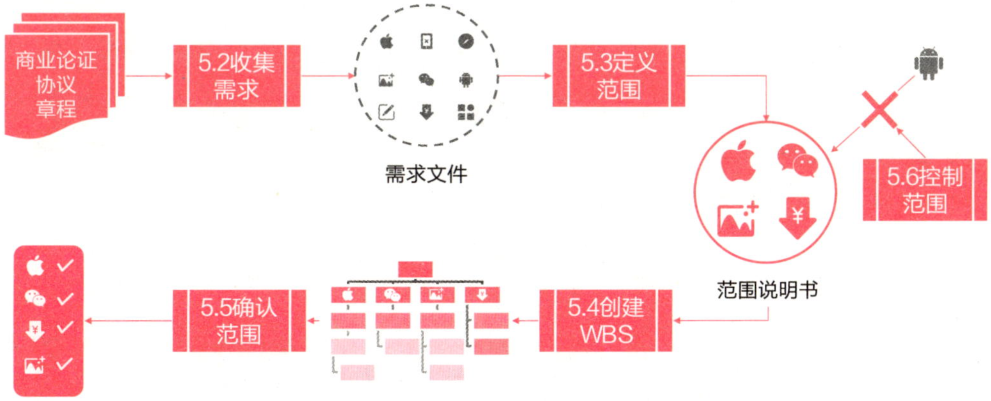

图3-6　项目范围管理的整体流程

- 收集需求。范围管理的第一步是收集需求，这是范围规划的基础。需求的主要来源是相关文档和与干系人的访谈、会议等。
- 定义范围。此过程的目的是把需求确定下来。通常，在收集需求后，会产生大量的与项目相关的需求。请注意，不是所有的需求都会被满足。例如，有人希望某产品的外壳是黑色的，有人希望是绿色的，但是外壳的颜色不可能既是黑色又是绿色，因此需要通过“定义范围”来将需求固定下来。“定义范围”的输出是范围说明书，范围说明书会记录哪些需求要被满足，哪些需求不被满足。

- 创建WBS。WBS是对范围的图形化表达，让我们对项目范围一目了然。范围说明书对项目范围进行了详细描述，但是不体现各个可交付物之间的关系。因此，通过创建WBS，项目经理可进一步将范围以图形化的方式展现出来。
- 确认范围。确认范围就是对可交付物的实质性验收。当某一可交付物完成后，要被提交给客户进行验收，因此“确认范围”过程就是让客户验收的过程。
- 控制范围。控制范围可防止未经过整体变更流程而进行的范围变更。在项目执行过程中，总有一些人想把自己的需求加进来；或者项目遇到了问题，必须变更某一功能。但此时，范围基准已经确定，因此项目经理可使用“控制范围”的过程来确保整个范围的执行是可控的。

TIP

确认范围为什么属于监控过程组而非收尾过程组？主要是因为，对于可交付物的实物验收，应该完成一项验收一项，而不是堆积到最后的收尾阶段一起验收。如果在最后收尾时验收，一旦出了问题就会导致大量的返工。通常，收尾过程的验收是针对文件的形式上的验收。这就如同上大学，学完一门课程就要进行相应的考试，而不是在大四最后一个学期进行全部课程的考试。这些考试属于实质性的验收。而核对每科的考试成绩再颁发学位证，这是收尾阶段的形式上的验收。

3.2.2 收集需求的一系列工具

在收集需求时，有时需要通过开会来群策群力，有时需要对比参照，有时需要书面调查，表3-1基本上涵盖了收集需求的常用工具。

表 3-1 收集需求的工具

工具	定义	关键词或短语	举例
头脑风暴	产生多种创意的技术	不评价	在收集某产品的需求时，邀请所有干系人不受限制地提出创意
访谈	直接一对一交谈	一对一、机密信息	项目经理与发起人谈话，了解他在这个项目中的具体需求
焦点小组	有经验的主持人引导互动式讨论	热烈讨论、针对主题	项目经理召集了主题专家共同讨论某一个可交付物的需求
问卷调查	设计书面问题，提交用户调查	用户多样、地理位置分散、快速调查	项目经理从多个国家的用户那里了解手机产品的需求

续表

工具	定义	关键词或短语	举例
标杆对照	对比实际成本的计划产品实践	对比、参考	项目经理参考以往类似项目的实践过程来确认新项目的需求
引导	协调跨职能需求的差异	需求差异、需求冲突	面对多个干系人的需求差异，项目经理召开引导式研讨会

例题

项目经理在主导一个VR眼镜的项目，该项目是公司一个战略级项目，CEO不停地打电话催促项目经理尽快完成范围的定义。项目经理购买了竞品，并了解到多个国家的用户都对这个项目有浓厚的兴趣。项目经理使用什么来收集项目需求？（选择两项）

A. 头脑风暴

B. 焦点小组

C. 标杆对照

D. 引导

E. 问卷调查

答案：CE。项目经理购买了竞品，属于标杆对照；项目经理从不同国家的用户那里收集需求，属于问卷调查。

3.2.3 引导

引导用于协调干系人需求之间的冲突。需求本身会有冲突，而协调需求冲突较为常见的做法是召开引导式会议。

可将引导与主题研讨会结合使用，把主要干系人召集在一起定义产品需求。研讨会可用于快速定义跨职能的需求和协调干系人的需求差异。

> 关键词或短语：需求不同、需求差异、需求不一致。

例题

多位干系人对产品的设计方案持不同意见。项目经理分别找干系人讨论，最终无法达成一致。项目经理本应如何做才能解决这个问题？

A. 项目经理应该找指导委员会出面协调解决

B. 项目经理应该召开头脑风暴会议，激发干系人的灵感

C. 项目经理在与干系人讨论时应该充分使用软技能

D. 项目经理应该召开主题研讨会，引导干系人达成一致

答案：D。引导式研讨会用于协调干系人的需求差异。

3.2.4 需求跟踪矩阵

需求跟踪矩阵用于全周期跟踪需求。一个需求从提出到实现再到验收，需要有一个表格进行跟踪，而需求跟踪矩阵就是这样的表格。

在使用需求跟踪矩阵时，会把每个需求与业务目标或项目目标联系起来。需求跟踪矩阵提供了在整个项目生命周期中跟踪需求的一种方法，还为管理产品范围变更提供了框架。需求跟踪矩阵的应用如图3-7所示。

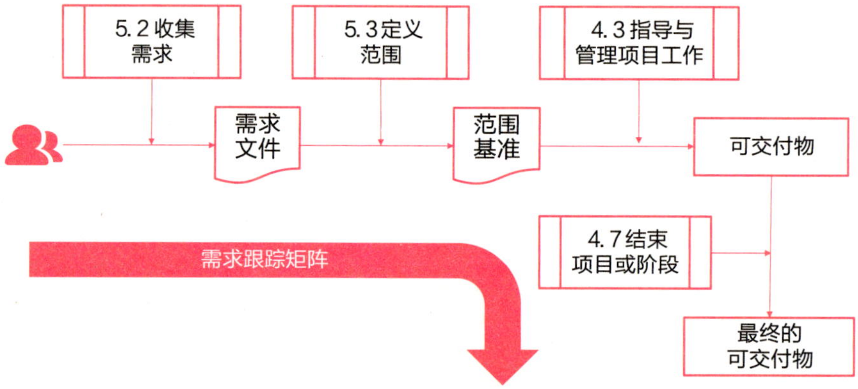

图3-7 需求跟踪矩阵的应用

关键词或短语：干系人对可交付物的所有权有争议、如何跟踪需求、可交付物的变更过程、与业务目标的联系。

例题

在一个路由器开发的项目中，一位干系人兴致勃勃地向项目经理询问由他提出的某个功能的实现情况。项目经理表示，这个需求早就被删除了，干系人感到非常惊讶。项目经理是从哪份文件中看到需求变更情况的？

A. 需求文件

B. 需求跟踪矩阵

C. 责任分配矩阵

D. 风险登记册

答案：B。需求跟踪矩阵，从提出需求开始它就在不断地跟踪需求被满足的情况。

3.2.5　范围说明书

在收集需求后，不是所有需求都会被纳入范围。在正式定义范围后，把确定要做的需求（产品范围描述）以及确定不做的需求（项目除外责任）都纳入一份文件，这份文件就是范围说明书。

项目范围说明书主要包括四个部分，分别是产品范围描述、可交付物、验收标准及项目除外责任。如图3-8所示。

图3-8　项目范围说明书的组成部分

> 关键词或短语：可交付物、不知道如何满足需求、验收标准、项目除外责任。

例题

你的项目很难获得项目管理计划的正式批准，因为项目干系人太多了，他们的需求不能都放在项目里。这些项目干系人拖延项目，他们一次一次地讨论他们的需求。项目范围最终得到了批准，项目于6个月前启动。下列哪项不是好的预防措施？

A. 记录哪些需求没有被放在项目里

B. 确认项目干系人没有用变更控制流程（作为手段）把之前的需求加至项目

C. 使用问题日志

D. 会见项目干系人，重申不能放在项目里的工作

答案：D。项目范围基准已经确定，在基准中包含了项目除外责任，因此不需要向干系人重申不能放在项目里的工作。

3.2.6　WBS

WBS就是对项目范围的图形化表达。使用图形化的表达方式，可以更快速地定位具体的工作。

WBS是对项目团队为实现项目目标，创建所需的可交付物而需要实施的全部工作范围的层级分解。WBS组织并定义了项目的总范围，代表着经批准的当前项目范围说明书中所规定的工作。WBS 最低层的组成部分被称为工作包，其中包括计划的工作。WBS示例如图3-9所示。

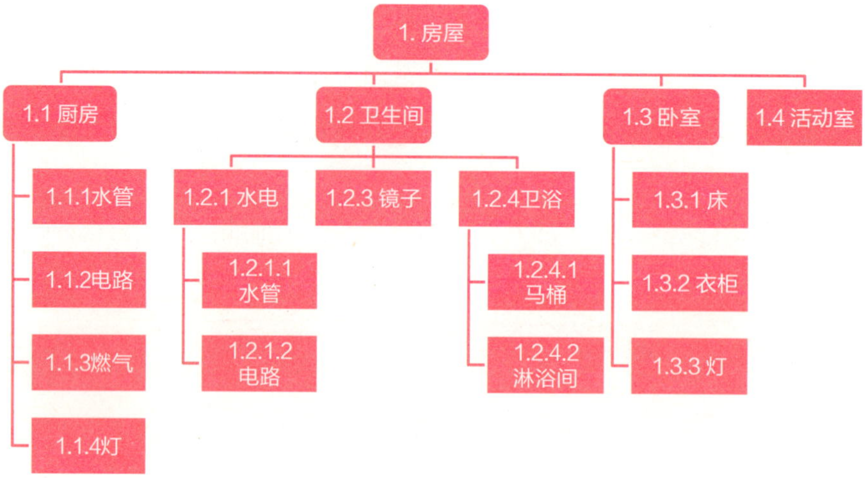

图3-9 WBS示例

3.2.6.1 WBS的一些特点

- 特点一，100%原则。WBS中包含所有的可交付物，没有少项也没有多项。
- 特点二，工作包中的“工作”是名词，指产品或可交付物，不是活动本身。
- 特点三，WBS中有编号，以确定工作包的唯一性。例如，在装修时，所有的房屋都有灯，如果有编号管理，就很容易确定唯一的灯。
- 特点四，滚动式规划。对于要在未来远期才完成的可交付物或组件，当前可能无法对其分解。因此，项目管理团队通常需要等待对该可交付物或组件达成一致意见后，才制定WBS中的相应细节。例如，在装修时，计划安排一间活动室，但现在还没有想好做瑜伽室还是棋牌室，那就先不规划，等想好了再继续往下分解。

3.2.6.2 WBS词典

WBS的底部工作包只描述了你要做什么东西，但是不显示这个东西的详细解释和验收标准等。因此，需要另一个文件来对其详细说明，这个文件就是WBS词典。例如，在一个装修项目中，某个工作包为灯，那么对应WBS词典的内容就会包括这个灯的亮度、瓦数、接口、质量要求、验收标准、里程碑信息、成本信息等详细描述。

例题

在进行自制或外购分析后，项目经理将已经包含在工作分解结构（WBS）中的内容进行外包，项目经理应该采取下列哪一项措施？

A. 将需要外包的可交付物从WBS中移除

B. 将需要外包的可交付物保留在WBS 中

C. 创建另一个 WBS，仅包含将需要外包的可交付物

D. 等到选定外包供应商后再对WBS进行更改

答案：B。WBS要遵循100%原则，即使将可交付物外包出去，也需要将其保留在WBS中，只是无须对它进一步分解。

3.2.7 范围基准

范围基准是三个文件的组合，这三个文件分别是范围说明书、WBS和WBS词典。一旦基准被确立，就只能通过正式的变更流程才能修改范围。

3.2.8 确认范围

确认范围就是对可交付物的实质性验收。例如，要对某一个成果进行范围、质量需求的对比和检验等，确认其是否满足需求。在确认范围时，一定是完成一个可交付物验收一个，如果等到收尾再统一验收，项目经理和干系人恐怕无法承受验收不通过的后果。

例题

一位客户交给你一份复杂项目的采购工作说明书，该项目为期8个月，未知的东西不多。客户只要你在8个月内交付项目，没有更多的沟通要求。在这种情况下，下列哪种做法最好？

A. 按要求完成项目，但是要一直与客户时不时地确认其范围

B. 在8个月内完成项目，期间不联系客户

C. 让管理层时不时地与客户联系

D. 完成项目，但是记录下客户不想联系

答案：A。确认范围的重要性。

3.2.9 范围蔓延和镀金

在基准确立后，任何范围变化都要走正式的变更流程。未走变更流程的范围变化一般叫作范围蔓延，而镀金是一种特殊的蔓延，它一般源自项目团队成员自己的范围变更，原因可能是过于自信或想讨好客户。

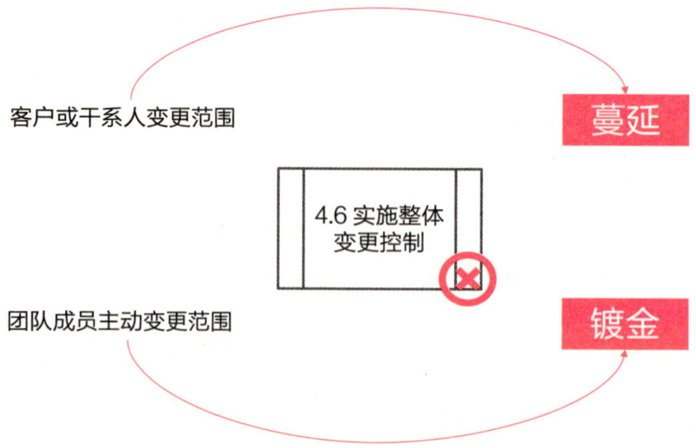

图3-10　范围蔓延和镀金

关键词或短语：团队包含了、项目经理增加了、主动增加了、成员按照客户要求做了。

TIP

无论客户最终是否满意，也无论是敏捷还是瀑布式项目，镀金都是不被允许的。这里举一个案例。客户要求项目团队开发一个系统，系统要实现的功能是：机房设备在出现故障后会自动发邮件给客户指定的邮箱，以提醒客户尽快处理。一位程序员觉得，完全可以发短信通知以确保及时性，于是在原有功能上加入了自动短信提醒功能。客户在收到此功能后惊喜不已，并夸奖了项目团队。但是，过了一个月，客户的短信系统出现了故障（或者被运营商当成广告给屏蔽了），客户开始不满，并指责项目团队开发的产品质量太差，提出索赔，最终导致项目失败。

例题

在为一家公司开发软件时，供应商收到几位新的客户请求，这些请求都包含在系统中。软件按时交付，但因为高级管理人员认为软件不符合要求而拒收该软件。若要避免这个问题，供应商的项目经理应该事先做什么？

A. 审查需求跟踪矩阵

B. 请求高级管理层与客户高级管理层一起讨论需求

C. 执行整体变更控制流程，并更新项目文件和基准

D. 核实项目范围

答案：C。范围产生了蔓延，事先应该通过整体变更控制流程来管控。

3.3　项目进度管理中的概念

3.3.1　项目进度管理概述

项目进度管理的整体过程如图3-11所示。

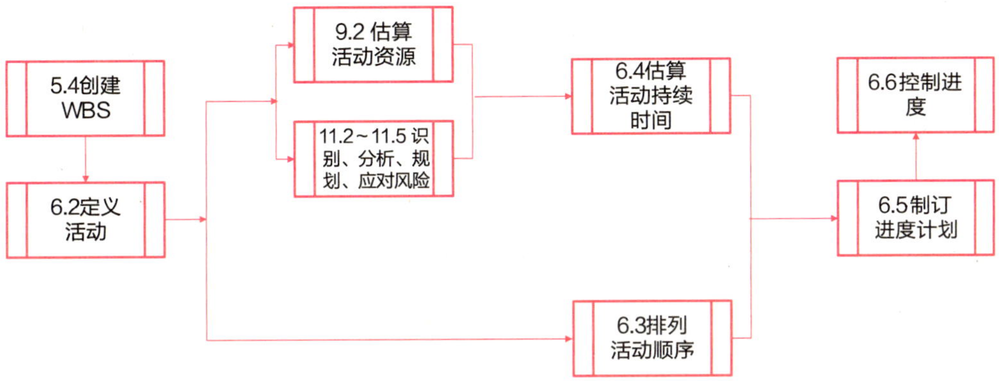

图3-11　项目进度管理的过程流程

若要制订进度计划，必须要知道两个事情：一是活动之间的逻辑关系（项目进度网络图），二是每个活动的持续时间。前者由“排列活动顺序”的过程输出，后者由“估算活动持续时间”的过程输出。

影响每个活动时间的因素主要有两类：一是投入了多少人力，二是为风险储备了多少时间。前者由“估算活动资源”的过程输出，后者由“规划风险应对”的过程输出。

进度计划的制订与管控是基于活动的，而活动是由“定义活动”的过程输出的，定义活动就是将WBS的工作包进一步分解为活动的过程。

TIP

在制定完成WBS后，分解还没有结束。WBS只包含了要交付的可交付物，但是这个可交付物需要完成什么活动，由谁来完成等信息还不明确，因此需要进一步将WBS的工作包分解为活动。例如，做饭是一个项目，鱼香肉丝是一个工作包，那么买菜、洗菜、切菜、炒菜都属于活动。所以，在项目规划过程中，“创建WBS”的过程后面紧跟着的应该是“定义活动”的过程。

3.3.2　滚动式规划

滚动式规划就是在项目信息不明确的条件下进行规划的方法。我们都知道项目有渐进明细性，本质含义是，在早期信息不明确的情况下，无法将项目分解到非常详细的水平。随着信息越来越多，就可以继续分解了。

关键词或短语：无法继续分解、信息不够明确、后期规划。

例题

项目管理团队需要等到可交付物或子项目澄清后才能制定详细的工作分解结构。在这种情况下，该选择下面哪项技术？

A. 叠加式规划

B. 自上而下规划

C. 滚动式规划

D. 自下而上规划

答案：C。滚动式规划符合项目渐近明细的特点。

3.3.3 紧前关系绘图法

紧前关系代表了活动之间的逻辑关系，具体如表3-2所示。

表 3-2 紧前关系绘图法

关系	举例
完成到开始（FS）	只有完成切菜，才能开始炒菜
完成到完成（FF）	只有完成审批，计划才算完成
开始到开始（SS）	只有在测试活动开始后，才能开始分析测试结果
开始到完成（SF）	只有下一班的保安到岗开始值班，上一班的保安才能完成值班

例题

项目A的活动取决于项目B的活动完成，如果完成项目B的活动表示项目A的活动完成，则这之间的逻辑是？

A. 完成到开始

B. 开始到完成

C. 完成到完成

D. 开始到开始

答案：C。“完成表示完成”代表FF关系。

3.3.4 估算依据

估算依据是项目经理估算的证据，用于清晰、完整地说明时间估算是如何得出的。

关键词或短语：对估算质疑、要求缩减估算。

例题

你向项目出资人提供了项目的成本估算，他对估算不满意，因为他认为价格太高了。他要你削减项目估算的15%，你该怎么做？

A. 启动该项目，并不断节约成本

B. 告诉所有团队成员削减其估算的15%

C. 告诉出资人要削减的活动

D. 加入工资率低的额外资源

答案：C。估算的结果有明确的依据，若削减15%的预算，则需要削减相应的活动。

3.3.5　进度网络分析

进度网络分析是一种综合技术，包括了关键路径法、资源优化、模拟、进度压缩技术等。事实上，进度计划不可能一次性制订成功，需要反复地修改，这个分析的过程和工具就叫进度网络分析。

关键词或短语：综合技术、反复过程。

例题

项目发起人批准项目里程碑进度计划并任命了一名项目经理。在评审进度计划后，项目经理得出日期不现实的结论。项目经理下一步应该怎么做？

A. 创建一份因果图

B. 生成进度计划网络图

C. 对批准的进度计划赶工

D. 执行进度网络分析

答案：D。进度网络分析是一个反复的过程，直到最终输出成本模型。

3.4　项目成本管理中的概念

3.4.1　项目成本管理概述

项目成本管理的整体流程如图3-12所示。

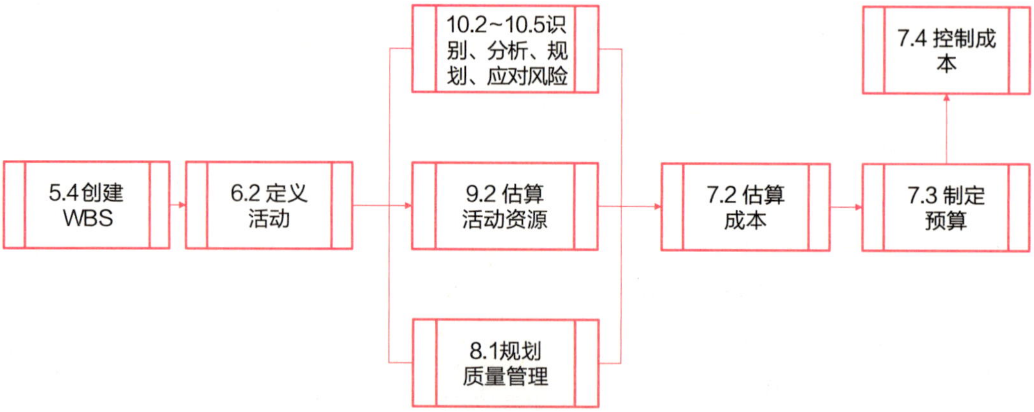

图3-12　项目成本管理的整体流程

项目预算的总额取决于每个活动的成本，该活动由“估算成本”的过程来完成，将每个活动的成本汇总后，再加上管理储备就形成了项目预算。

具体活动的成本取决于三项：项目需要的资源、质量成本、风险储备金。这三项分别由“估算活动资源”“规划质量管理”“规划风险应对”三个过程来完成。

活动成本的估算是基于活动的，而活动是由“定义活动”的过程输出的，定义活动就是将WBS的工作包进一步分解为活动的过程。

3.4.2　储备分析

储备分析用于风险应对。例如，某项目需要一台进口设备，该设备的购买时间为3个月。但涉及进口的活动往往都会存在海关延迟的问题，这个延迟带来的延期就是项目风险。此时，在3个月的基础上加15天的储备，用于应对设备延期的风险。在项目管理的过程中，风险是不断变化的，需要不断地进行储备分析，以确保风险的应对是充足的。若风险尚未发生，也能将储备的时间和预算释放到项目中来。

关键词或短语：剩余资金应对风险、风险变化、剩余储备时间。

例题

在距离完成分配的任务只剩30天时，一名项目团队成员离开公司。可惜的是，没有可用的替代资源。项目经理在项目进度计划中包含了一个应急储备。为了计算剩余的应急储备，项目经理应该使用什么技术?

A. 风险审计

B. 趋势分析

C. 储备分析

D. 技术绩效衡量

答案：C。储备分析可应对风险。

储备主要包括应急储备和管理储备，它们之前的关系如图3-13所示。

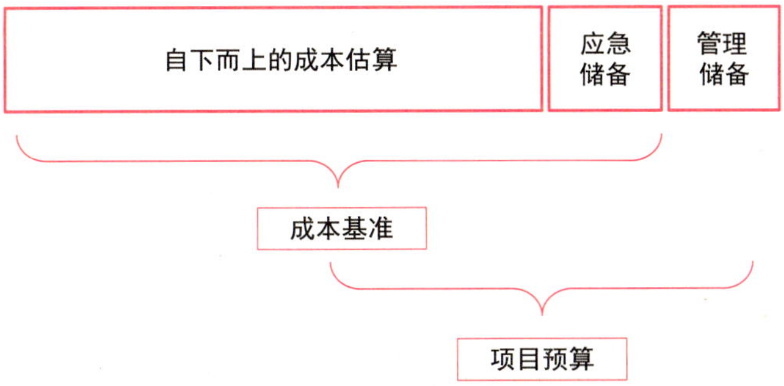

图3-13　应急储备与管理储备

应急储备用于已知—未知风险，管理储备用于未知—未知风险。若要使用管理储备，则需要走正式的变更控制流程，将管理储备纳入基准。

例题

项目经理确定项目已超出预算，并需要管理储备来完成项目。为完成项目，项目经理应该怎么做？

A. 获得项目发起人的批准，以使用管理储备

B. 修改成本基准并使用管理储备

C. 获得项目发起人的批准，包含额外资金

D. 执行整体变更控制流程，并修改成本基准

答案：D。使用管理储备相当于增加成本基准，需要走正式的变更控制流程。

3.4.3　三点估算

三点估算是在项目信息不明确的情况下估算活动的成本的方法。三点估算，顾名思义，有三个点用于估算。例如，项目经理通过专家访谈得出如下信息：该项目最少要花10万元（C_O），最多花20万元（C_P），最有可能花12万元（C_M）。基于此，试问活动的最终估算值为多少？有两种方法可以算出结果。

- 三角分布。C_E=（C_O+C_M+C_P）/3，即三个数字相加再除以3，本例的计算结果为14万元。三角分布计算的是算术平均值。
- 贝塔分布。C_E=（C_O+4C_M+C_P）/6，即4倍的最有可能值+最大值+最小值，再除以6，本例的计算结果为13万元。贝塔分布计算的是加权平均值。

三角分布和贝塔分布分别有不同的使用场景，在解答题目时要注意题干的描述。

例题

项目经理估算了开发新产品的成本：在最有可能的情况下，成本将是 10000 美元；在最好的情况下，成本将是 9000 美元；在最坏的情况下，成本将是 17000 美元。如果使用加权分析法，项目的预期成本将是多少？

A. 9000 美元

B. 10000 美元

C. 11000 美元

D. 12000 美元

答案：C。题干中明确说明采用加权分析法。

3.5 项目质量管理中的概念

3.5.1 项目质量管理概述

项目质量管理的流程如图3-14所示。

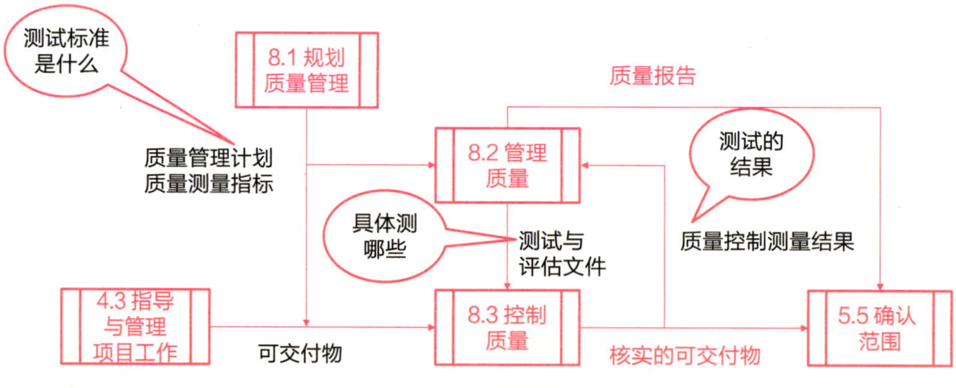

图3-14　项目质量管理的流程

项目质量管理包含三个过程：

- 规划质量管理。用于确定质量标准，输出质量指标。
- 管理质量。包括质量保证和质量改进，输出具体的测试文件。
- 控制质量。根据质量标准和测试文件，对可交付物进行测试，输出测试结果。

项目质量管理输出两个文件或成果：质量报告和核实的可交付物。

例题

项目经理完成了一个重要的IT部署项目。项目经理和发布经理确认，所有系统都在正常运行且质量保证团队已经验证这些功能。在通知客户后，项目经理下一步应该怎么做？

A. 将经验教训更新到组织的知识库中

B. 更新风险登记册、项目干系人和项目团队成员

C. 关闭采购计划

D. 确认并完成发布文档

答案：D。完成了质量保证，即将通知客户验收，因此要发布质量报告（项目质量管理的输出）以作为确认范围的输入。

3.5.2 质量成本

质量成本包含的内容如图3-15所示。

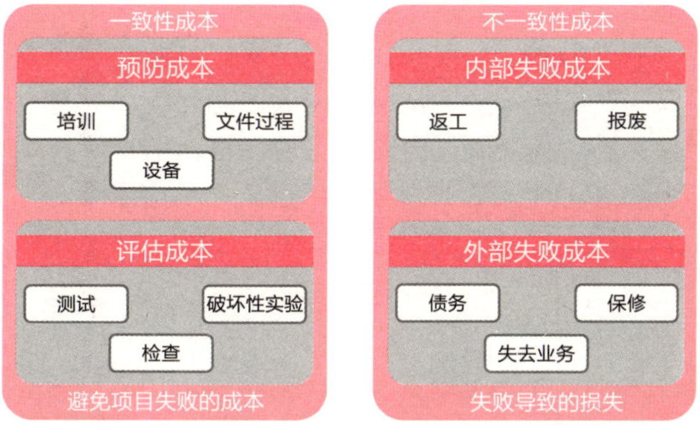

图3-15 质量成本

任何项目都必定要为质量付出成本，这个成本包含两大类：

- 一致性成本。避免返工导致项目失败的成本，该成本与项目目标一致，因此叫一致性成本。
- 不一致性成本。因返工、报废或客户投诉所产生的成本，该成本与项目目标不一致，因此叫不一致性成本。

在做项目时，要避免返工、报废或客户投诉，因此适当的质量投入是必要的。例如，在手机的开发项目中，就需要做滚筒试验、跌落试验、老化试验等。

一致性成本包括两类：

- 预防成本。主要涉及培训、规范的过程和文件、设备等。
- 评估成本。主要涉及测试、破坏性实验等。

不一致性成本包括两类：

- 内部失败成本。组织内部发现的维修、返工和报废。
- 外部失败成本。由客户发现的质量问题所产生的投诉，可能导致保修和失去业务。

例题

客户识别到一个新产品的性能问题，项目经理应使用哪一个质量成本（COQ）类别来估算这项成本？

A. 预防成本

B. 外部失败成本

C. 评估成本

D. 内部失败成本

答案：B。由客户发现的质量成本为外部失败成本。

3.5.3 成本效益分析

任何项目都要为质量付出成本，但这是一场博弈，发起人通常不太想为质量付出太多成本，而组织中的质量经理通常希望增加质量投入以确保产品质量。这场博弈的量化过程就叫成本效益分析（见图3-16）。组织不可能愿意支付让项目收益为负的质量成本，因此项目经理要能量化质量管理的投入产出比。

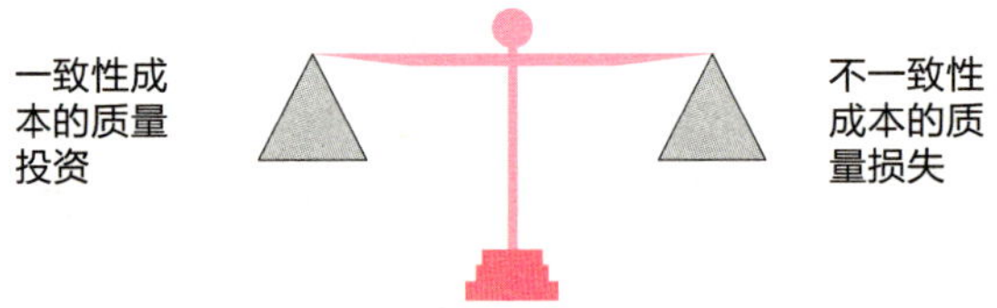

图3-16　成本效益分析

关键词或短语：干系人不想投入、质量经理要求增加质量测试项目。

例题

在项目规划阶段，质量保证经理建议实现三重测试环境以确保产品质量。项目经理确定这会增加成本，而且当前的开发和认证环境足以保证质量。项目经理应使用什么来影响质量保证经理？

A. 质量成本（COQ）

B. 实施设计（DOE）

C. 成本效益分析

D. 质量标杆对照

答案：C。质量经理希望增加质量成本，此时需要进行成本效益分析。

3.5.4　审计

审计用于确定项目活动是否遵循了组织和项目的政策、过程和程序。审计其实可以用一句话来概括：在有结果时，对过程进行系统化的审查。审计的作用如图3-17所示。这种审查对个人来说可能不胜其烦，但是对组织来说好处非常多，因此在PMP®考题中项目经理应对审计持欢迎态度。

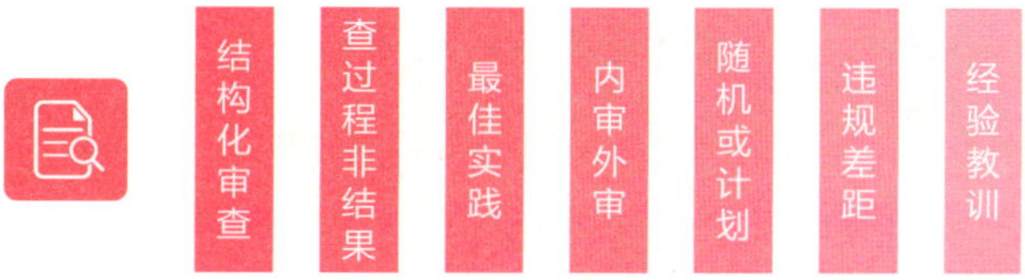

图3-17　审计的作用

关键词或短语：过程有效性、降低质量成本、纠正措施、合规性。

例题

项目已完成并获得客户批准，IT部门计划对项目进行未规划的审计。项目经理应该怎么做？

A. 请求审查IT部门的质量保证政策

B. 告知项目发起人，IT审计不是质量管理计划的一部分

C. 审查公司政策并通知涉及项目的干系人

D. 允许审计，因为可以为项目提供更多的价值

答案：D。如图3-17所示，审计好处多多，要欢迎审计。

3.5.5　统计抽样

统计抽样，即在大批量产品中抽取样品进行检验。在某些行业（如消费电子行业），一个新项目的试产数量可能超过1000台，针对1000台测试后的产品做品质检查，往往都采取抽样的方式。例如，从每500台产品中抽取32台进行详细的检验，若抽到的某一台有异常，就要全部送回生产线返工。

关键词或短语：样本、抽取。

例题

项目团队负责制造10000个小零件。“集中检查500个零件的批次质量”是哪一种控制质量工具的实例？

A. 质量审计

B. 帕累托原则

C. 统计抽样

D. 检查

答案：C。从10000个中抽取500个是典型的统计抽样。

3.5.6 问题解决

问题解决就是确认发现问题、分析问题、解决问题的方法。问题解决不仅适用于质量过程，也适用于项目中发现问题的所有解决过程。问题解决的步骤如下：

- 定义问题。先确认问题是什么，以及影响有多大。
- 分析原因。分析问题发生的根本原因。
- 生成方案。给出解决问题的方案。
- 选择最佳方案。
- 执行解决方案。
- 验证解决方案的有效性。

3.6 项目资源管理中的概念

3.6.1 项目资源管理概述

项目资源管理的整体流程如图3-18所示。

项目资源包括人力资源和实物资源。项目资源管理的主要过程包括：

- 规划资源管理。其目的是制定与资源相关的策略。例如，确定团队成员的职责，如何安排团队建设，培训和奖励等。
- 获取资源。其指在项目的执行过程中按照计划将资源获取到位，即“要人”的过程。这个过程非常重要，甚至关系着项目的成败。因此，项目经理通过与人谈判来获取资源的能力非常重要。

- 建设团队。其核心目标是快速把团队从形成阶段建设到成熟阶段。团队只有整齐划一地为项目目标服务，才能够提升项目的整体绩效。在此期间，建设团队使用的主要工具为集中办公、虚拟团队、沟通技术、培训、奖励、团队建设等。
- 管理团队。其核心目标是跟进项目绩效。主要手段是人员管理、冲突管理等工具。

图3-18 项目资源管理的流程

建设团队与管理团队的核心区别是：建设团队提升项目绩效，管理团队优化项目绩效。

例题

一个项目正在多个国家执行，在虚拟团队中共有7名区域项目经理。其中一名区域项目经理收到了一份报告，显示其团队的绩效低于平均水平。项目经理应使用什么工具或技术来提高团队绩效和项目绩效？

A. 团队建设活动

B. 质量审计

C. 偏差分析

D. 过程分析

答案：A。建设团队可提升项目绩效。

3.6.2 资源管理计划

资源管理计划所包含的内容如图3-19所示。

在图3-19中，红色文字表示资源管理计划中包含的内容，白色文字表示资源管理计划中涉及的一些关键词或短语。只要与团队成员相关的内容都应被记录在资源管理计划中。

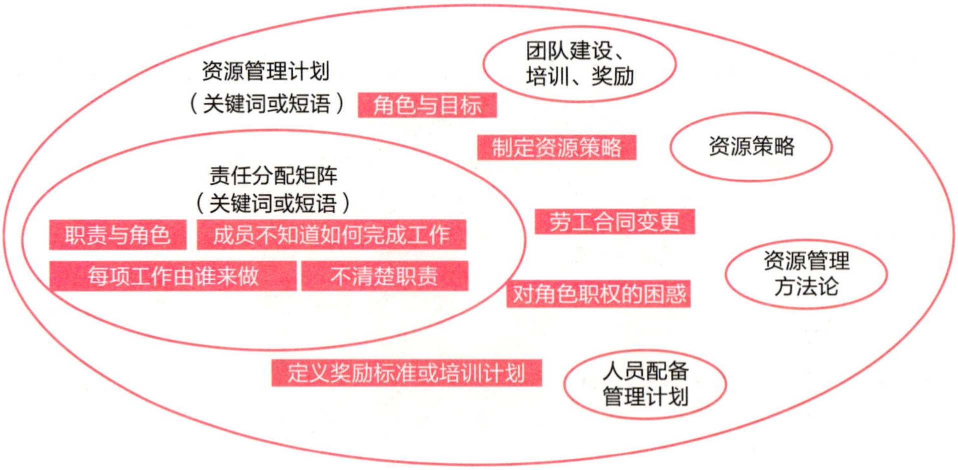

图3-19　资源管理计划

例题

在一个软件开发项目的执行阶段，一些海外开发成员加入团队。项目经理应首先更新哪一项内容？

A. 范围管理计划

B. 沟通管理计划

C. 项目进度计划

D. 资源管理计划

答案：D。海外成员加入属于团队成员的更新，需要更新资源管理计划。

3.6.3　责任分配矩阵

责任分配矩阵用于确定团队成员的工作职责，确保每项活动有且只有一个人为此负责。在大型项目中，在内外部团队成员过多时，责任分配矩阵能够起到良好的效果。最典型的责任分配矩阵为RACI矩阵，如图3-20所示。

RACI矩阵中的四个字母代表不同的含义。

- R（负责）。即这项活动的实际负责人和执行人。
- A（终责）。可以理解为拥有决策权限的负责人。
- C（咨询）。通常是这项活动的专家。
- I（通知）。通常是需要被知会的人员。

活动	人员				
	王××	李××	张××	蔡××	艾××
购买家居	A	R	I	I	I
设计图纸	I	I	R	C	C
找施工队	R	C	A	I	C
R=负责　A=终责　C=咨询　I=通知					

图3-20　RACI矩阵

> 关键词或短语：角色与职责、成员不知道如何完成工作、每项工作由谁来做、不清楚职责。

例题

下列哪一种图可用来说明需要完成的工作与团队资源之间的关系？

A. 资源直方图

B. 组织图

C. 控制图

D. RACI图

答案：D。活动与资源之间的关系，即责任分配矩阵，而RACI图是最典型的责任分配矩阵。

3.6.4　团队章程

团队章程又叫团队基本规则、社会契约，是约束团队纪律，确立团队价值观，规范团队行为，定义团队规则的重要文件。主要包括以下内容：

- 团队价值观。
- 沟通指南。
- 决策标准和过程。
- 冲突处理过程。
- 会议指南。
- 团队共识。

关键词或短语：纪律问题、不认真开会、团队的最佳实践。

例题

在团队会议期间，项目经理不能保持项目团队的注意力，团队成员不断查看电子邮件，并讨论不相关的话题。发生这种问题的原因是什么？

A. 项目经理没有准备会议议程

B. 项目经理没有沟通团队基本规则

C. 项目经理处于一个弱矩阵型组织

D. 项目经理的领导力不足

答案：B。这是会议纪律的问题，而非会议议程的问题，因此选择团队章程。

3.6.5 谈判

谈判也叫协商，在资源分配谈判中，项目经理影响他人的能力很重要，如同在组织中的政治能力一样重要。若不能按计划正常地获取资源，项目可能面临严重的延期甚至失败。因此，项目经理的谈判能力在某种程度上决定着项目的成败。谈判的对象主要有三个：职能经理、其他项目的项目经理、外部资源提供商。

关键词或短语：确认资源可用性、获取资源、资源被人调走、需要人员完成任务。

例题

项目需要一名熟练的工程师来执行某个特定任务，但由于工作量大，该工程师不能参与这个项目。项目经理下一步应该怎么做？

A. 修改进度计划，以适应该资源

B. 针对该资源的参与，与职能经理谈判

C. 培训项目团队来执行需要的任务

D. 向发起人请求更多时间，以寻找其他资源来执行该任务

答案：B。获取资源，优先谈判。

3.6.6 集中办公

集中办公又叫作战室（War Room），是常见的建设团队的工具。所谓集中办公，就

是把团队成员置于同一办公环境下共同工作。使用集中办公，可以促进团队成员之间的良好沟通，这是项目成功的重要因素。

关键词或短语：同一工作地点、有效沟通。

例题

在即将到来的敏捷项目中，执行组织雇用了来自不同国家但使用相同语言的开发人员。团队将被安排在同一地点，并且项目经理理解，在文化多样性的情况下，提供一个有效沟通和协作的环境将是项目成功的一个重要因素。对项目经理来说，最好的行动方案是什么？

A. 设置虚拟沟通工具

B. 为团队提供作战室

C. 只配置私人办公区域，不设立公共办公区域

D. 结合使用Scrum of Scrums

答案：B。使用集中办公，提供有效沟通和协作的环境。

3.6.7 虚拟团队

虚拟团队适用于不同工作地点的项目团队成员。若无法做到集中办公，则需要使用虚拟团队这一工具。此时，一定要解决好项目团队的沟通与信息交互的问题。

关键词或短语：团队成员、远程、分布式团队、沟通技术。

例题

物业管理团队通知，办公大楼目前已经没有空余房间。项目经理已经开始为新项目招募资源，包括外包提供商和一些外部承包商。项目经理应考虑下列哪一项？

A. 组建虚拟团队，在多个地点工作

B. 允许团队成员以远程方式工作

C. 安排团队成员在不同班次、时间或日期工作

D. 提交一份请求，重新安排项目团队的工作地点

答案：A。使用虚拟团队来解决在多个地点工作的问题。不选D的原因主要是，无须为外部承包商提供工作地点。

3.6.8 沟通技术

沟通技术用于解决虚拟团队的沟通问题，远程会议系统、远程打卡系统、各种企业版的交流工具都属于沟通技术。在解决虚拟团队的信息交互方面，沟通技术至关重要。

关键词或短语：虚拟团队、分布式团队、分散团队、远程团队。

例题

在一个项目中，需要在技术部门之间进行详细的信息交流，项目团队位于不同的地理位置。一些团队成员对提议的沟通系统没有经验。项目经理应该使用什么来解决这个问题？

A. 沟通管理计划

B. 沟通技能

C. 项目沟通渠道

D. 沟通技术

答案：D。在解决虚拟团队的信息交互方面，沟通技术至关重要。

3.6.9 认可与奖励

只有满足成员重要需求的奖励才是有效的。应该在项目的过程中考虑奖励，而非项目完成后。

关键词或短语：激励。

例题

一款银行零售业务的新产品的开发项目正在进行中，由于团队成员缺乏激励，该项目落后于进度。项目经理应该如何激励项目团队？

A. 提供认可与奖励

B. 使用教练和指导技能

C. 授权

D. 应用创造性的问题解决方法

答案：A。团队缺乏激励，项目经理要定期给予认可与奖励。

3.6.10 团队建设

团队建设分为两类，一类是工作内的团队建设，例如团队共同完成一项规划；另一类是工作外的团队建设，例如举办各种活动。

> 关键词或短语：团队关系、成员之间不愿意交流。

例题

意料之外的技术问题需要添加3个新的项目资源。现有团队表现良好，但由于不愿意与团队的新资源分享关键信息，导致落后于进度。项目经理应该怎么做？

A. 指示所有团队成员查看沟通管理计划

B. 与新资源开会，说明基本规则并要求妥协

C. 要求职能经理指示新团队成员遵循干系人管理计划

D. 开展团队建设活动，鼓励建立人际关系纽带

答案：D。由于团队成员不愿意交流，关系不到位，需要开展团队建设。

3.6.11 培训

培训主要针对团队成员的技能不足。培训可以作为项目计划的一部分，包含在进度计划和成本计划中。在团队成员进入项目前，培训的安排主要由职能经理完成。在进入项目后，培训的安排主要由项目经理完成。

> 关键词或短语：技能不足。

例题

在编制人力资源计划时，项目经理发现，来自职能部门的一名成员需要经过3天的培训才能具备某种特定的技能，来完成某个特定的工作包。由于专业的限制，项目团队中没有其他人可以替代该成员。项目经理应该怎么做？

A. 在项目进度计划中增加3天时间

B. 要求他利用业余时间完成这3天的培训

C. 把该培训作为项目工作之一，加入项目计划，并进行风险分析

D. 要求用一名不需要培训的成员来替换该成员

答案：C。技能不足，项目经理要安排培训。

3.6.12 情商

情商指识别、评估和管理个人情绪、他人情绪的能力。项目经理用情商来了解团队成员的情绪，预测团队成员的行为，确认团队成员的关注点，跟踪团队成员的问题。

3.6.13 团队绩效评价

项目经理应该对项目团队的有效性进行正式或非正式的评价。绩效评价的指标包括：

- 个人技能的改进。
- 团队能力的改进。
- 团队成员离职率的降低。
- 团队凝聚力的加强。

需要注意的是，项目经理应该在团队成员的工作过程中进行绩效评估，而不是在团队成员完成所有工作后再评估绩效。这样才能识别团队成员所需的特殊培训和辅导，并给出相关的改善建议。

例题

一名项目团队成员完成了所有分配的项目任务，该资源的经理请求立即将资源调到另一个项目上工作。项目经理下一步应该怎么做？

A.完成该资源在项目上的绩效评估

B.评估该资源对另一个项目阶段是否有帮助

C.建议该经理将其他资源调到另一个项目上

D.要求该资源记录项目过程的经验教训

答案：D。该成员已经完成工作，需要他留下经验教训。不选A的原因是，绩效评估是在过程中评估，而不是在完成后才评估。

3.7 项目沟通管理的概念

3.7.1 项目沟通管理概述

项目沟通管理的整体流程如图3-21所示。

项目沟通管理的核心就是管理项目的信息。

沟通在项目管理中至关重要。在管理项目的过程中，对于一位优秀的项目经理来说，其大部分时间都会用在沟通上。沟通不是纯粹的软技能，项目信息的传递需要经过审慎的规划、执行与监督。项目沟通管理的主要过程包括：

- 规划沟通管理。目的是将项目信息规划好，即什么信息在什么时候以什么方式传递给什么人。有些高层领导者喜欢看每周状态报告，有些高层领导者喜欢由项目经理每天当面汇报。因此，在规划沟通管理时，需要确定信息的传递方式与传递周期。
- 管理沟通。按照已经规划好的沟通管理计划实际执行信息传递的工作。例如，到10月底就该给所有干系人发邮件了，那么项目经理就要实际执行此动作。
- 监督沟通。监督沟通活动是否已经按计划执行，并适时调整沟通计划或沟通内容。

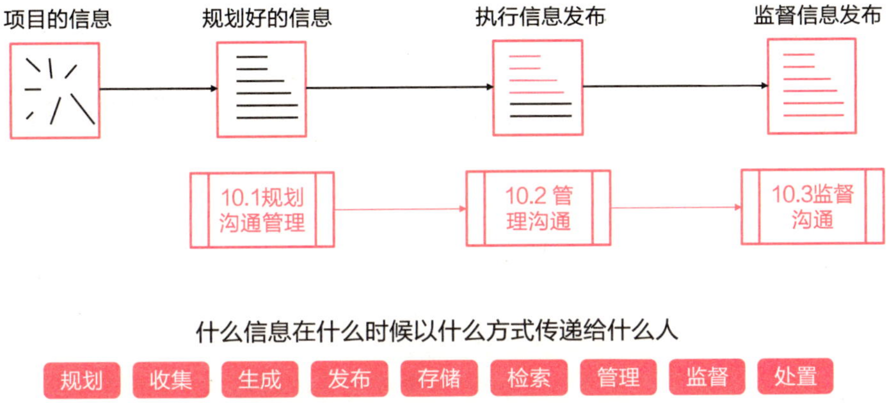

图3-21　项目沟通管理的流程

3.7.2　沟通模型

沟通模型的具体组成如图3-22所示。

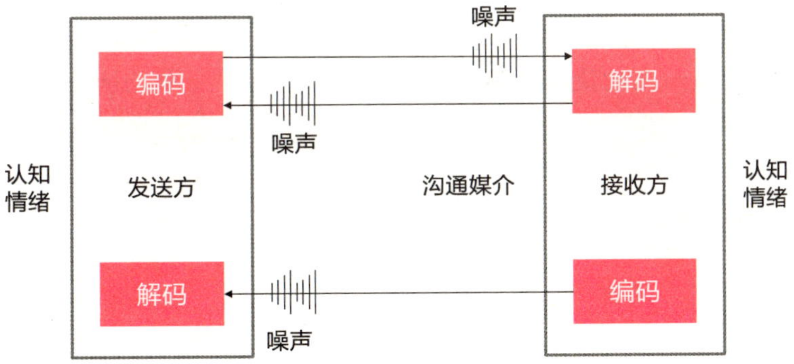

图3-22　沟通模型

沟通的本质是信息的正确传递。在图3-22所示的沟通模型中，所有要素都会影响信息传递。

- 收发双方的认知情绪会影响沟通。例如，对于“你没吃饭啊”这句话，在不同的状态（愤怒或饥饿）下所表达的意思是完全不同的。
- 收发双方的编码解码会影响沟通。例如，沟通中的错别字有时影响沟通，有时不影响沟通。

- 沟通媒介会影响沟通。例如，很少有人会使用电子邮件向他人表白，因为无法及时获得反馈。
- 噪声会影响沟通。例如，在手机信号不好的情况下很难沟通清楚。

既然影响信息正确传递的因素有这么多，那么无论对于信息的发送方还是接收方，都有责任确保信息的正确传递。在实际工作中，经常会出现这样的场景：发一封邮件布置任务，过了几天后发现事情石沉大海了，这就是对沟通不负责任的表现。对于重要的事情，再三确认也不为过。以下是发送方和接收方的责任。

- 发送方。负责信息的传递，确保信息的清晰性和完整性，并确认信息已被正确理解。
- 接收方。负责确保完整地接收信息，正确地理解信息，并需要告知对方已收到或做出适当的回应。

例题

项目经理把发起人的指示函件通过电子邮件转发给了异地的团队成员，团队成员收到该邮件后及时发送了邮件回执，并开始采取行动。然而，在项目经理到项目现场检查时，对项目团队成员的工作非常不满意，坚持说他曲解了邮件的内容。这可能是沟通中的哪个环节出了问题？

A. 项目经理编码错误

B. 不应该采取电子邮件来传递信息

C. 缺乏信息反馈

D. 没有及时告知收到信息

答案：C。虽然收到了回执，但是因为没有反馈导致了对邮件的曲解。

3.7.3 文化意识

文化是智慧族群创造出来的，因此不同的群体、个人都会存在文化差异。例如，西方个人主义文化与东亚集体主义文化的巨大差异，就会带来沟通上的问题。

> 关键词或短语：两拨人的背景不同、文化差异、风格差异。

例题

项目团队由前军事和非军事人员组成。没有军事背景的团队成员认为前军事人员在项目中使用的方法过于结构化和僵化。前军事人员认为其他团队成员用随意的方式表明他们对该项目不太投入。什么样的工具或技术对项目经理与团队成员进行有效沟通最有用？

A. 政治意识

B. 团队章程

C. 冲突管理

D. 文化意识

答案：D。前军事人员和非军事人员属于两拨人，他们的背景不同，有着典型的文化差异。

3.7.4 沟通管理计划

沟通管理计划是沟通过程最重要的文件。现在，我们已经知道，沟通的本质是信息的正确传递，因此沟通管理计划就是信息传递的具体规划文件，涉及信息的所有方面。如干系人的沟通需求、沟通信息的内容和形式、上报步骤、负责沟通的人员、授权保密信息发布的人员、通用术语表等。

关键词或短语：信息、报告、项目状态、误解、通知、开会、上报步骤、术语表。

例题

干系人感觉他们收到的信息十分复杂，难以理解，因此，不能正确做出决定。若要解决这个问题，应该怎么做？

A. 审查沟通管理计划

B. 减少报告数量

C. 包含一个常用术语表

D. 添加解释性附件

答案：A。凡是见到“信息”，找“沟通”。

3.8 项目风险管理的概念

3.8.1 项目风险管理概述

项目风险管理的整体流程如图3-23所示。

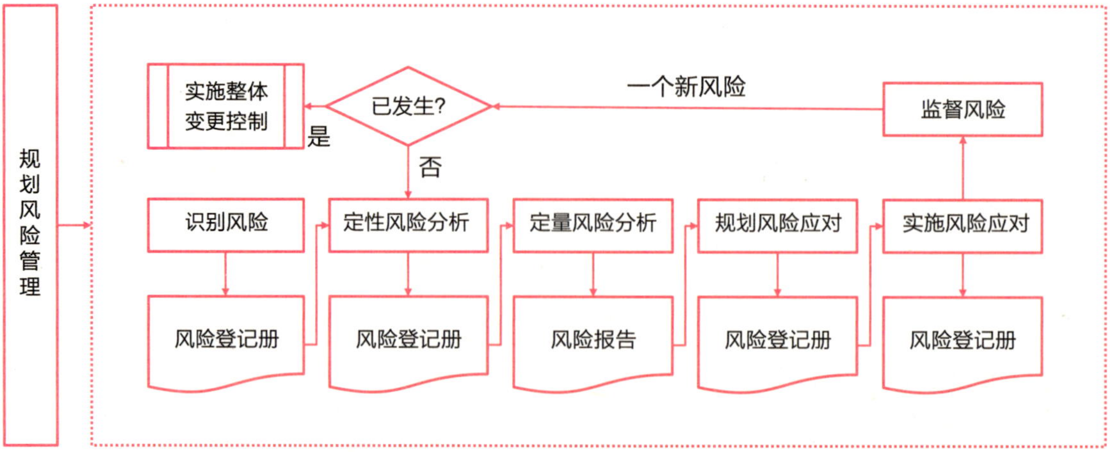

图3-23　项目风险管理的流程

以“第二天参加PMP®考试”为例，详述一下风险管理的整体流程。

- 规划风险管理。风险管理的宏观规划，确定风险管理所使用的工具、方法论和模板。
- 识别风险。为确保以最好的状态参加PMP®考试，你识别出参加考试的两个最大的风险，一是可能堵车（导致迟到），二是可能失眠（导致状态变差）。在识别这两个风险后，你将其记录在风险登记册中。
- 定性风险分析。在识别风险后，要对风险进行排序，排序的依据是“风险的概率×风险的影响”的结果。例如，堵车的概率是80%，影响是2500元补考费，那期望值=2500×80%=2000元。而失眠的概率是30%，影响是2500元补考费，那期望值是2500×30%=750元。排序的结果是，堵车风险的优先级高于失眠风险的优先级。
- 定量风险分析。将高优先级的风险进行量化分析，这种量化分析可以模拟每种情形下对应的风险概率和影响。定量风险分析可能得出下面的结论：6点起床堵车概率是70%，5点起床堵车概率是30%，4点起床堵车概率是10%。通过定量分析，理论上可以得出任意时间点的风险分析结果，例如，6点1分、6点2分的概率和影响，这种分析的结果有助于制订风险应对计划。
- 规划风险应对。可针对每个风险制订风险应对计划。通过分析，你发现5点起床堵车的概率很低，因此决定设定早上5点的闹钟。对于失眠，不提前采取应对计划。
- 实施风险应对。按照风险应对计划执行，即买闹钟和设定闹钟。
- 监督风险。目的是监督风险管理的实施。在这个过程中，你突然发现真的失眠了，那么就要采取紧急应对措施，例如，买褪黑素来应对。

风险管理整体流程的案例如图3-24所示。

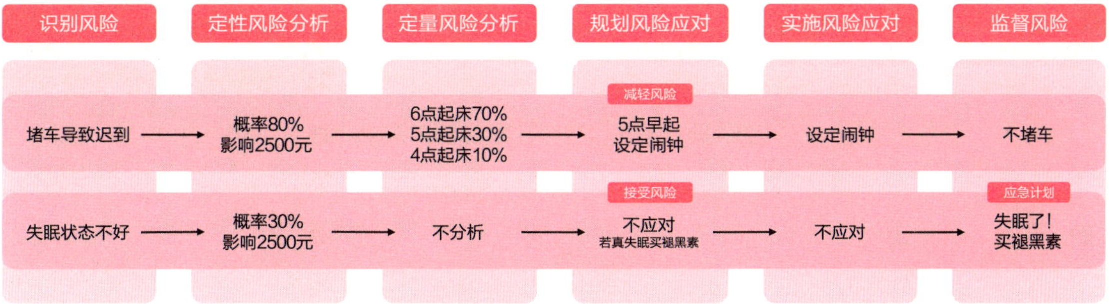

图3-24 风险管理整体流程的案例

3.8.2 风险管理中的一些概念

风险管理中的一些概念如图3-25所示。

图3-25 风险管理中的一些概念

例题

政府法律的变更会对现有项目产生潜在影响。项目风险减轻计划用于解决潜在影响和要求的行动。在政府法律变更后，执行了必要的措施，但是导致了新的风险。这属于哪种风险类型？

A. 触发风险

B. 残余风险

C. 次生风险

D. 减轻风险

答案：C。执行了措施但导致的新风险为次生风险。

3.8.3 风险管理计划

风险管理计划描述了如何安排和实施风险管理活动，包含了风险管理的一系列的方法论、工具、模板和方法。风险管理计划包含的内容如图3-26所示。

图3-26 风险管理计划

风险管理计划涉及干系人的风险临界值的概念。干系人的风险临界值，即不同的干系人对风险的忍受程度不同。一些干系人极度厌恶风险，愿意为风险管理支付更多的预防成本，这类干系人被称为风险厌恶者；另一些干系人更相信“富贵险中求”，这类干系人被称为风险追逐者。项目经理想要管理好风险，必须了解干系人的风险临界值。

风险临界值代表不能承受的风险，风险敞口代表实际的风险暴露值。一旦风险敞口超出风险临界值，则风险不能被接受。风险临界值与风险敞口的关系如图3-27所示。

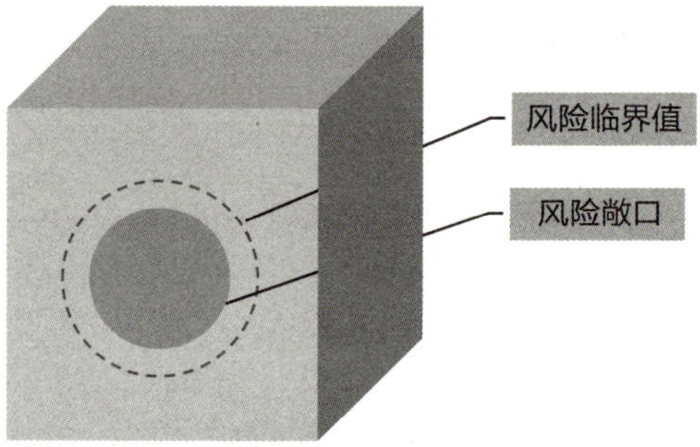

图3-27 风险临界值与风险敞口

关键词或短语：风险的角色与职责、方法论。

例题

一家公司的仓储设施受到风暴影响，这对项目的完成日期和里程碑产生不利影响。项目经理应查阅哪一份文件，来找到解决这种情况的角色和职责？

A. 干系人管理计划

B. 风险管理计划

C. 资源管理计划

D. 沟通管理计划

答案：B。天气问题一般被认为是风险问题，解决风险问题的角色和职责被记录在风险管理计划中。

3.8.4 风险数据质量评估

风险数据是开展定性风险分析的基础。风险数据质量评估旨在评价单个项目风险的数据的准确性和可靠性。如果数据不准确，风险的定性分析与定量分析也无从谈起。假如依据“早上9点，北京四环内堵车的概率是10%”这样错误的数据，那么你在第二天考试迟到的概率将大增，整个风险管理也就没有了意义。

关键词或短语：准确的风险数据。

例题

准确和无误差的数据是定量风险分析的基本要求。以下哪一项可用来考察对项目风险的理解程度？

A. 风险数据质量评估

B. 对项目假设的检验

C. 敏感性分析

D. 影响图

答案：A。风险数据质量评估用于评估定量风险分析的数据。注意，这里提到的量化风险分析不是指风险定量分析，而是风险定性分析中关于风险的概率和影响的量化分析。

3.8.5 概率影响矩阵

概率影响矩阵是定性风险分析的重要工具。风险有三个要素：事件、概率和影响。事件描述风险事件本身，概率描述风险发生的可能性，影响描述风险发生后造成的可能损失。用概率×影响，则得出风险管理的期望值。如表3-3所示，风险A的概率是80%，影响是10万元，则期望值是80%×10万元=8万元。

表 3-3　风险概率影响矩阵

风险排序	概率	影响	结果
风险 A	80%	10 万元	8 万元
风险 B	50%	15 万元	7.5 万元
风险 C	60%	10 万元	6 万元

例题

项目经理识别到一个发生概率为30%的风险。该风险对预算的潜在影响为200000美元，若要解决这个风险，项目经理应该设置多少应急成本？

A. 6000美元

B. 60000美元

C. 140000美元

D. 260000美元

答案：B。概率×影响=30%×200000美元=60000美元。

3.8.6 蒙特卡罗分析

蒙特卡罗分析是一种模拟技术。本质上，就是通过随机取数字，然后拟合成一条曲线以供分析。由于需要大量的随机数字和运算，这种技术只能由计算机来完成。许多学员在学习蒙特卡罗分析时都一头雾水，本小节将尝试说明蒙特卡罗分析的基本原理。由于本小节占用的篇幅较多，但实际考试很少会考到，因此大家在阅读本小节时可以各取所需。

我们都知道1+1=2，那么如果A=1或2，B=1或2，C=A+B，那么C等于多少呢？此时，可得出答案，C=2、3、3、4。用概率的说法是，C为3的概率为50%，C为2或4的概率为25%。上述计算如图3-28所示。

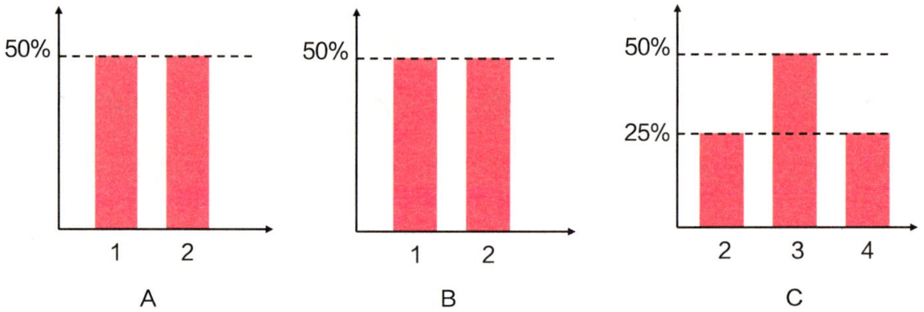

图3-28 蒙特卡罗分析C=A+B

以上的计算很简单，口算就能完成。但是，如果把A和B都赋予呈均匀分布的1~100的数字，计算C=A+B，此时靠人已经很难计算C的值了，需要借助计算机。计算机是如何运算的呢？使用软件“Crystal Ball”进行模拟，它会从A和B中按照均匀分布随机取值，然后将A与B相加得出C。例如，第1次A随机取3，B随机取90，那么C为93，第2次A随机取45，B随机取32，那么C为77。如此运行10万次，最后将10万个C的值按照概率绘成图形，可以得到C的概率分布（见图3-29）。C等于100左右的概率最高，C等于2和200的概率最低。

C的这种分布叫作三角分布，C的值为80~120的概率为36.58%。好的，进一步探索，如果C和D都是这样的三角分布，而E=C+D，E会是什么分布呢？如图3-30所示，E符合贝塔分布。A、B、C、D、E五组数据的概率分布如图3-30所示。

在图3-30中，A与B属于均匀分布，C与D属于三角分布，而E为贝塔分布。多个不确定的因素之和往往最后都属于贝塔分布。

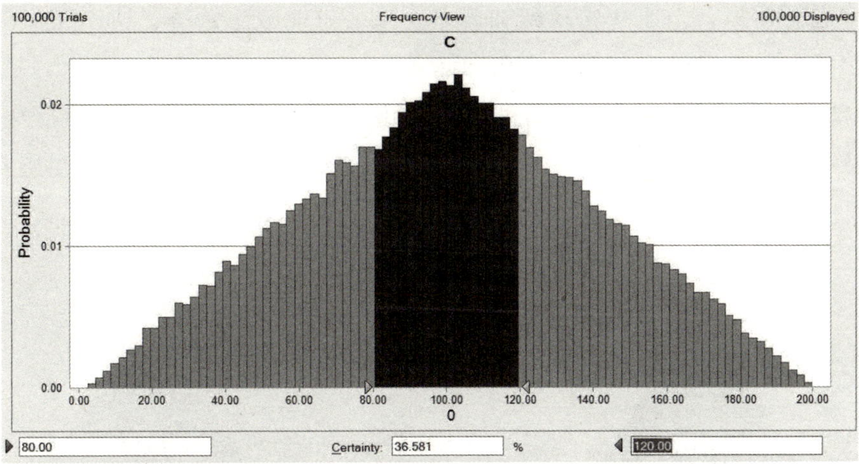

图3-29 C的概率分布图

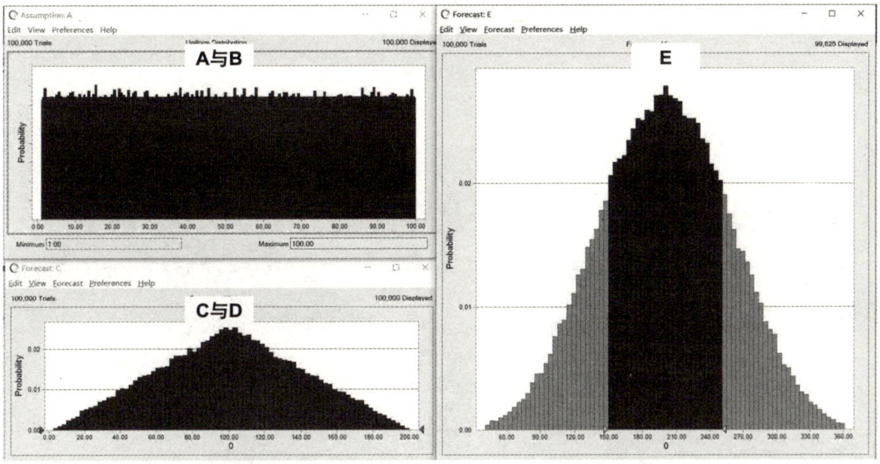

图3-30 A、B、C、D、E的概率分布图

在了解了蒙特卡罗方法的基本原理后，就可以对项目的整体风险进行分析了。例如，表3-4所示的是在某项目中识别出的6个风险，我们可使用蒙特卡罗方法来分析项目的储备和总成本。

表 3-4 某项目的成本分析

	成本估算（万元）	风险	风险影响（中心值）	数学分布
活动 A	10	风险 A	增加 2 万元	正态分布，标准差 0.1 万元
活动 B	15	风险 B	增加 3 万元	三角分布（2.5 万元 ~3.5 万元）
活动 C	13	风险 C	增加 1.5 万元	均匀分布，1 万元 ~2 万元
活动 D	10	机会 D	节约 4 万元	正态分布、标准差 0.1 万元
活动 E	10	机会 E	节约 1.5 万元	三角分布（1 万元 ~2 万元）
活动 F	13	机会 F	节约 2 万元	均匀分布，1.5 万元 ~2.5 万元
合计	71			

接下来进行模拟，由于威胁要增加储备，机会可能减少储备，所以先要得出需要预留储备的公式，总储备的金额为各个单独储备金额之和，即总储备=储备A+储备B+储备C+储备D+储备E+储备F，其中储备D、储备E、储备F（3个机会）节约了资金，因此为负数。而项目总成本=成本估算总值+总储备。让计算机进行10万次模拟，会得出各个风险的模拟图（见图3-31）。

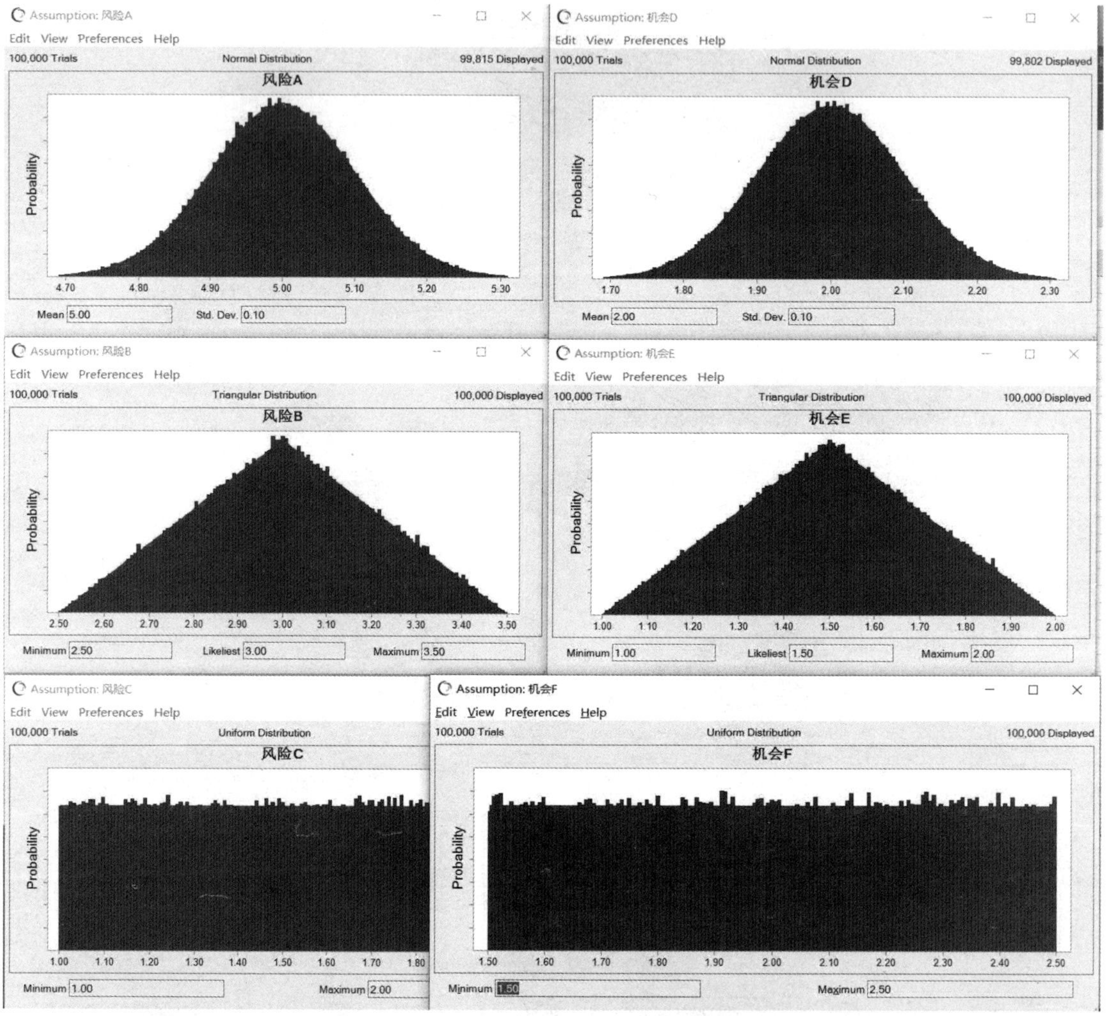

图3-31 A、B、C、D、E、F的概率分布图

基于这六个风险的概率分布，可得出项目的总储备（见图3-32）。

再将其稍稍转化一下，就会得到《PMBOK®指南》（第6版）中的S曲线。如图3-33所示。

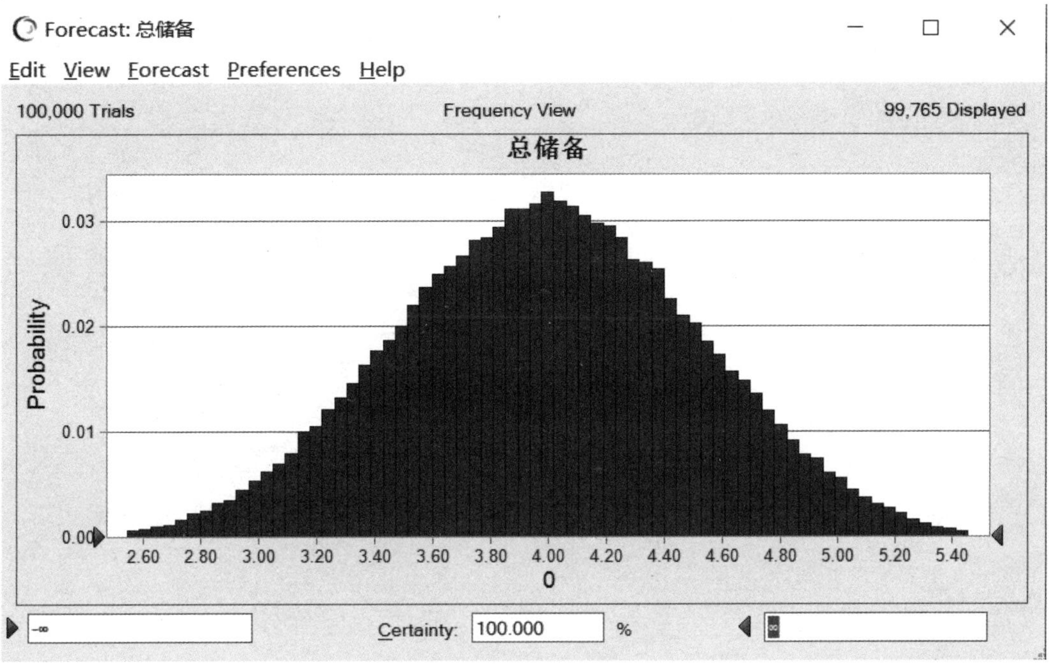

图3-32　项目的总储备

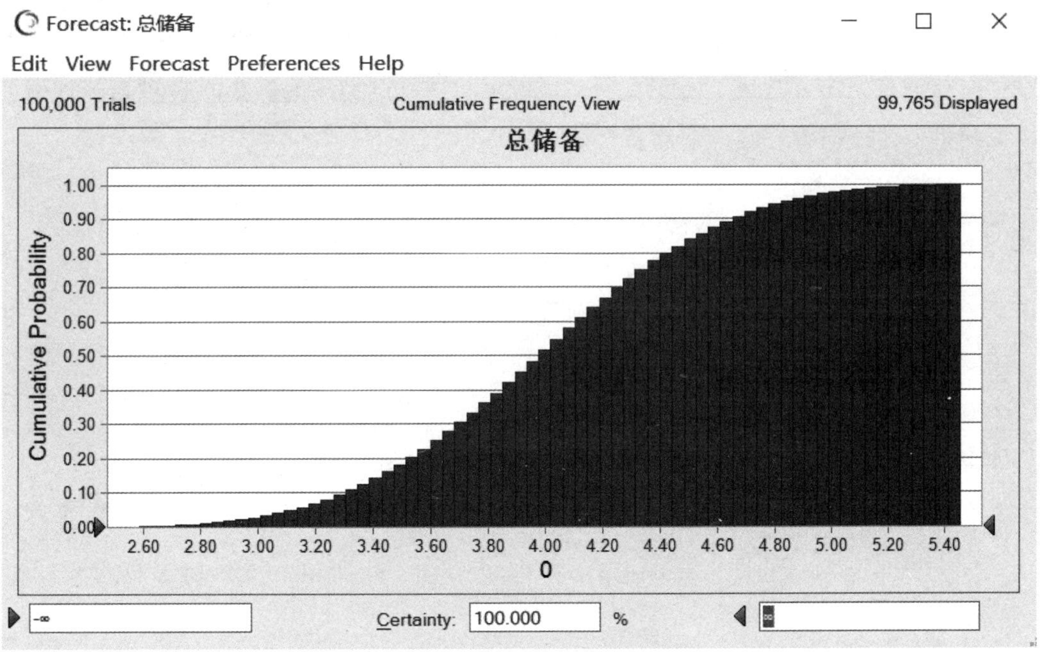

图3-33　项目总储备的S曲线

此S曲线的作用非常大，可以得出任意一点所对应的项目成功的概率。例如，根据图3-34，我们想知道储备5万元所对应的项目成功的概率，只需要在右下角的数字栏中填入5（万元），即可得出项目成功的概率约为97.34%。

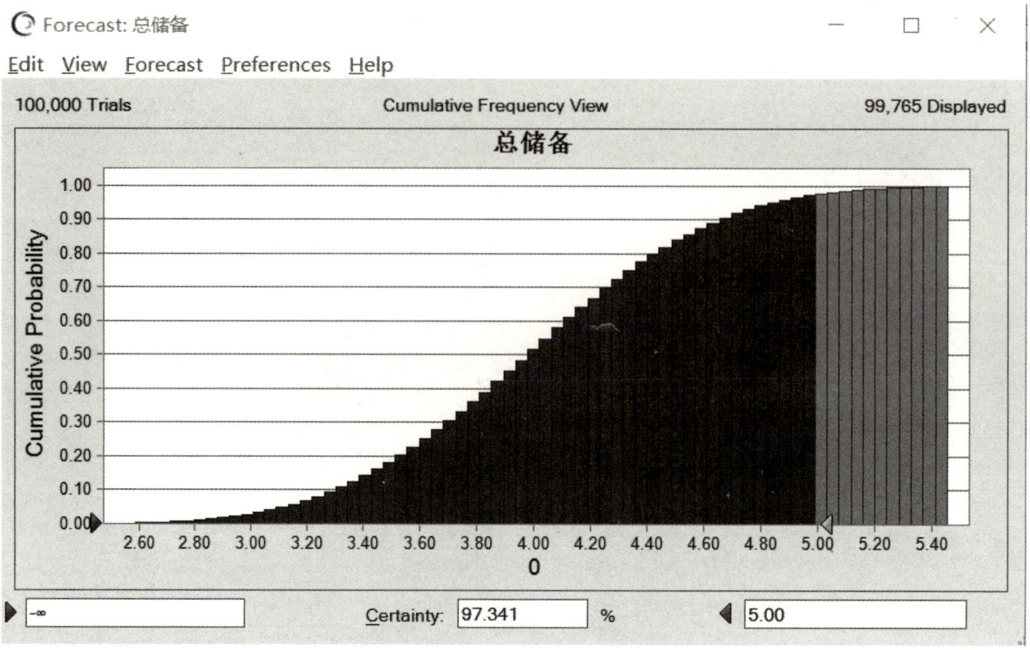

图3-34 储备5万元项目成功的概率

在计算项目总预算时，只需要在总成本估算（71万元）的基础上加上储备就能得到最终的总预算。有了这个S曲线，项目经理便知道应为项目储备的金额。在前面的案例中，可以得出总预算为76（71+5）万元，所对应的项目成功的概率为97.34%。项目经理根据这个模拟结果就可以向管理层申请储备了。

例题

项目经理要求风险经理开展每月的定量风险分析。风险经理应该提交什么？

A. 蒙特卡罗累积图

B. 风险重新评估

C. 概率和影响矩阵

D. 根据概率和影响等级来识别风险

答案：A。蒙特卡罗累积图即S曲线，是定量风险分析的输出。

3.8.7 敏感性分析

敏感性分析就是分析哪个风险在波动时对项目的影响更大（或更敏感）。敏感性分析得出的结果为龙卷风图。敏感性分析也可以通过“Crystal Ball”来完成。继续前面蒙特卡罗分析的案例，A、B、C、D、E、F这六个风险谁对项目的影响更大呢？软件可以直接给出答案，如图3-35所示。

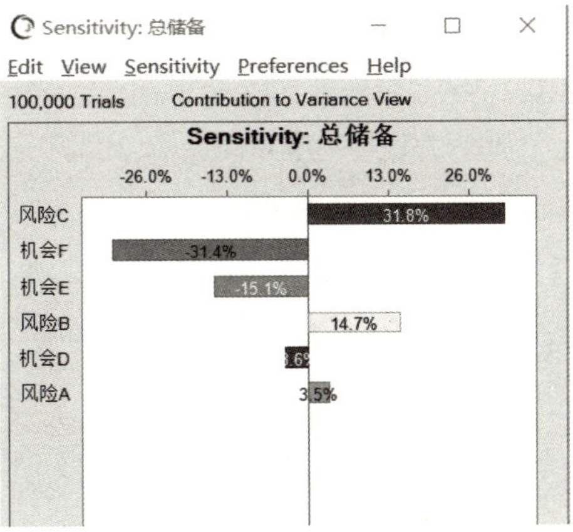

图3-35　敏感性分析（龙卷风图）

如图3-35所示，敏感性分析得出的结果为龙卷风图。该龙卷风图显示，均匀分布的风险C和机会F对项目的影响更大、不确定性更大，而贝塔分布的风险A和机会D对项目的影响最小、不确定性也更小。其中，负值代表对储备金额的负面影响，正值代表对储备金额的正面影响。

例题

在参照类似项目的历史信息后，项目经理识别了一系列项目风险，他必须标记出对项目产生最大影响的风险。项目经理应该使用下列哪项工具？

A. 敏感性分析

B. 决策树技术

C. 预期货币价值

D. 蒙特卡罗模拟

答案：A。敏感性分析能够分析出对项目产生最大影响的风险。

3.8.8　预期货币价值分析（EMV分析）

预期货币价值分析也是项目定量风险分析的工具，体现在每种结果与其概率的总和。例如，在完成蒙特卡罗分析后，会得出一组结论：投入100万元，项目成功的概率为60%并收入300万元，项目失败的概率为40%并损失100万元。请问预期货币价值是多少？

在计算EMV时，需要将金额与概率相乘，再相加，然后减去成本。

EMV=（300×60%）+（−100×40%）−100=40（万元）

3.8.9　决策树分析

决策树基于EMV的计算，是多项决策的计算结果。基于上例，可再添加一条信息。

- 自制。投入100万元，成功的概率为60%并收入300万元，失败的概率为40%并损失100万元。
- 外包。投入150万元，成功的概率为80%并收入300万元，失败的概率为20%并损失100万元。

基于上面的信息，可以画出一个决策树（见图3-36）。图中的方形为决策点、圆形为事件、三角形为决策终点。

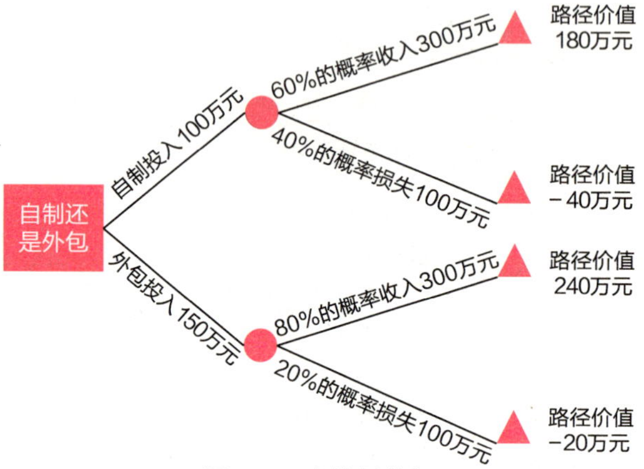

图3-36 决策树分析

根据图3-36中，可计算出自制和外包的预期货币价值。

- 自制。EMV1=（300×60%）+（–100×40%）–100=40万元。
- 外包。EMV2=（300×80%）+（–100×20%）–150=70万元。

EMV2大于EMV1，因此可以得出结论，这个项目应该选择外包。

至此，风险的定量分析工具就介绍到这里。虽然这部分内容在PMP®考试中出题的概率不大，但是希望大家能够对定量风险分析的工具有一个概念：定量风险分析的第一步就是建模，即蒙特卡罗分析。

例题

项目经理针对项目可能遇到的两个情景完成了蒙特卡罗分析。其中一个情景的结果是，有60%的概率会花费100万美元。另一个情景的结果是，有40%的概率会花费200万美元。这用的是什么方法？

A. 德尔菲法

B. 决策树分析

C. 定量风险分析

D. 定性风险分析

答案：B。两条路径的决策分析，使用的是决策树分析。

3.8.10　风险审计

风险审计用于评估风险管理过程的有效性。在管理风险时，常常会认为某一风险已经得到妥善处理，风险不会发生或已经对风险进行了应对。但实际上，仍可能存在问题，风险审计的目的就是通过审计风险管理过程的有效性来识别问题，如图3-37所示。

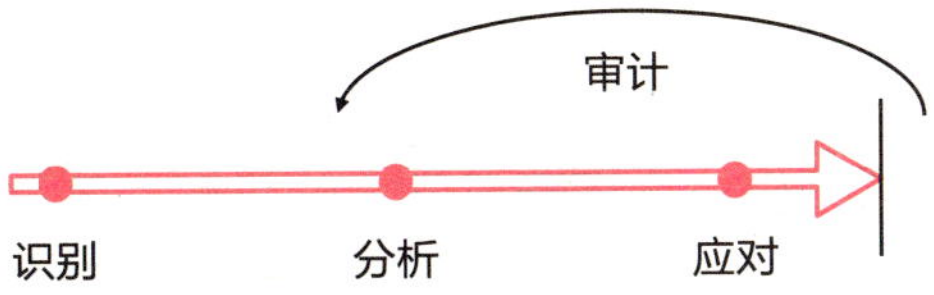

图3-37　风险审计

关键词或短语：评估风险应对措施的有效性。

例题

项目经理要求团队提供项目应急计划的有效性评估。若要完成这项工作，团队应该使用什么？

A. 定性风险分析

B. 风险审计

C. 风险再评估

D. 风险分类

答案：B。对应急计划的有效性评估，即评估风险应对措施有效性的过程。

3.9　项目采购管理中的概念

3.9.1　项目采购管理概述

项目采购管理的整体流程如图3-38所示。

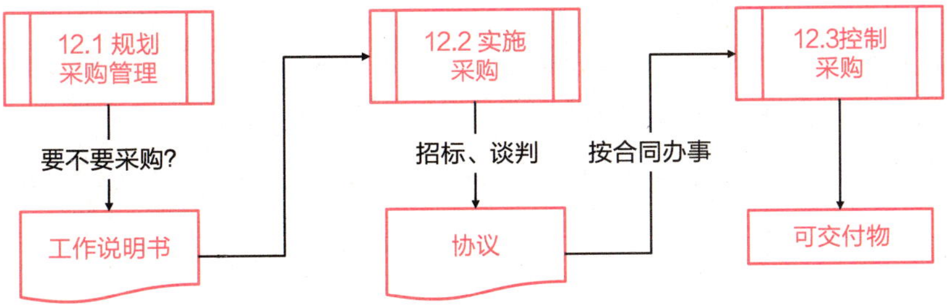

图3-38　项目采购管理的整体流程

项目采购管理的主要过程包括：

- 规划采购管理。通过自制或外购分析来确定要不要采购。若确定需要采购则需要输出采购的可交付物的具体需求，并将其记录在工作说明书中。
- 实施采购。确定供应商的过程，包括招标、谈判、拟定协议等。实施采购的最重要输出是选定的供应商与协议。
- 控制采购。按合同监督供应商完成可交付物的过程。

3.9.2 预先批准的卖方清单

每家企业都有自己的供应商资源，因此，在项目中如果有采购需求，可以先看看自己的合格供应商清单，这样可以简化过程，缩短选择供应商的时间。

关键词或短语：确定供应商的参考、合格的供应商清单。

例题

项目经理希望确定计划采购的服务提供商，项目经理应该参考下列哪一项？

A. 广告

B. 投标人会议

C. 合格卖方清单

D. 之前项目的经验教训文件

答案：C。确定供应商前，要先确定合格的卖方清单。

3.9.3 自制或外购分析

不是所有可交付物由自己来做都划算，也许找外部的供应商来做更加物美价廉。自制或外购分析一般会使用回收期、投资回报率等方式来确定某可交付物是自制还是从外部购买。

关键词或短语：自己制作还是从外部购买。

例题

在项目需求中，要求使用一种设备用于测试。项目干系人认为购买设备过于昂贵，希望项目经理研究一下，看看能否交给项目团队来开发。项目经理将使用什么技术来说服干系人？

A. 风险分析技术

B. 自制或外购分析技术

C. 成本效益分析技术

D. 石川图

答案：B。自制或外购分析可用于分析是自制还是外购。

3.9.4　工作说明书（SOW）

工作说明书（SOW）是一份详细描述可交付物的文件，此文件由甲方拟定并交给乙方，乙方必须完成SOW中的内容。SOW中包括：规格、需求数量、质量水平、绩效数据、履约时间、工作地点和其他要求。

翻开厚厚的《PMBOK®指南》（第6版），其实可以通过输入—输出过程来推导SOW转换为最终可交付物的全过程，如图3-39所示。

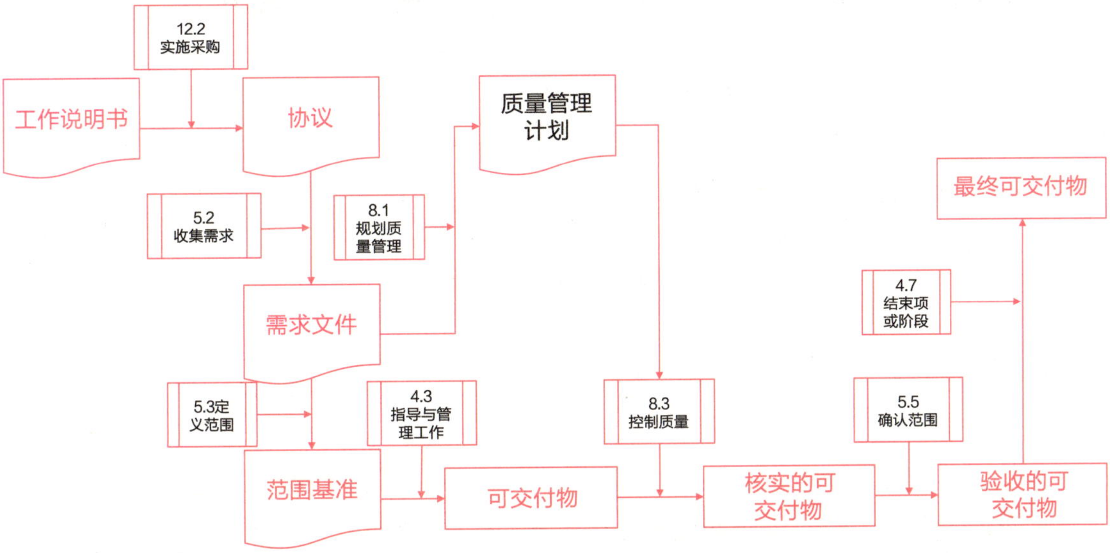

图3-39　可交付物产生的过程

如果把SOW比作菜谱，把最终的可交付物比作成品菜，那么项目管理的各个过程其实就是按照菜谱做菜的加工过程。

关键词或短语：对可交付物的描述、规格。

例题

在产品开发过程中，需要外包一部分内容，项目经理制作了一份文件，将向供应商提供足够的细节来确定他们是否能够提供所要求的外包部分。项目经理制作的是下列哪一个文件？

A. 范围说明书

B. 信息邀请书

C. 产品规格书

D. 工作说明书

答案：D。项目经理向供应商提供可交付物的细节，即可交付物的详细描述。

3.9.5 招标文件

招标文件就是向潜在供应商索要正式的价格和其他信息的文件，一共有三种：

- 信息邀请书（RFI）。用于了解信息，如采购的货物的信息。
- 报价邀请书（RFQ）。用于了解价格，常见的“标书”属于这一类。
- 建议邀请书（RFP）。最正式的邀请书，让供应商以严格的格式回复。

关键词或短语：要求供应商提供信息。

例题

项目经理计划为一个建设施工项目采购混凝土。所有供应商的材料质量都一样，只有价格差别。项目经理应向供应商索要哪种类型的文件？

A. 信息请求

B. 建议邀请书

C. 报价邀请书

D. 工作说明书

答案：C。只有价格差别，因此索要报价邀请书获取价格信息即可。

3.9.6 供方选择标准

供方选择标准其实就是选择供应商的具体标准。在采购过程中，经常会遇到这样的问题：A供应商的价格便宜，服务态度很好，但是产品不稳定。B供应商的价格昂贵，服务态度一般，但是产品稳定。此时，人们常常很难选择。供方选择标准提供了一系列的标准，在价格、服务、质量上分别给予不同的权重，届时，通过加权打分就能选出供应商了。

关键词或短语：选择供应商困难，不知道如何选择。

例题

在发出正式的建议邀请书后，潜在供应商提交了投标文件，所有供应商的投标包都含有两个信封，一个是技术提案，另一个是财务提案。项目采购人员收到三份报价：A供应商：120万美元，B供应商：140万美元；C供应商：100万美元。项目采购人员向项目经理通报，选择提案有些困难。项目经理忘记向项目采购人员提供什么了？

A. 供方选择标准

B. 合格卖方名单

C. 卖方提案

D. 自制或外购决定

答案：A。选择供应商困难，其实因为缺标准。

3.9.7　独立成本估算

独立成本估算又叫独立估算。当公司对所采购的设备不了解，但采购此设备又非常重要时，采购部门可以成立专门的团队，或者聘用专业的估算师来进行成本估算。然后，拿着这个估算的价格与卖方的报价进行对比，以方便谈判，如图3-40所示。

图3-40　独立成本估算

关键词或短语：独立估算、报价符合市场价格。

例题

在收到供应商的建议书后，项目经理应使用什么方法、工具或技术来确保最低报价在当前市场价格的范围内？

A. 独立估算

B. 建议书评价技术

C. 专家判断

D. 分析技术

答案：A。确保最低报价在市场范围内，应使用独立估算。

3.9.8 投标人会议

投标人会议的目的是确保潜在供应商对需求有一致的理解。在买方发出招标需求后，在卖方提交标书前，卖方一定会有很多问题要询问买方。买方若仅回复其中一家竞标卖方，这显然对其他竞标卖方不公平。若要确保公平，就需要将所有的竞标卖方召集在一起，使其他卖方能听到所有的问题及问题的回复，没有谁被特别优待。确保公平，也确保大家对需求的理解是一致的。

关键词或短语：确保公平、一致理解。

例题

项目团队希望聘用第三方公司来设计和执行项目的部分工作。在选择供应商时，下列哪一项技术能确保公平性？

A. 广告

B. 投标人会议

C. 建议邀请书

D. 合格卖方清单

答案：B。投标人会议能够确保公平性。

3.9.9 建议书评估

建议书评估可以理解为评标的过程。甲方对建议书进行一系列的评估以确保建议书完整地反应了需求，以便在选择供应商时进行决策。建议书评估包括技术评估与成本评估。

关键词或短语：选择供应商、决策。

例题

在项目执行阶段，项目经理收集评估资料，做出选择供应商的决策。对于这项工作，项目经理会采取下面哪个方法？

A. 建议书评估

B. 自制或外购表

C. 采购工作描述

D. 挣值分析

答案：A。使用建议书评估技术进行供应商选择。

3.9.10　协议

在选择好供应商并完成谈判后，就会与确定的供应商签订协议。协议即合同，是采购过程中最重要的文件。协议包含的内容如图3-41所示。

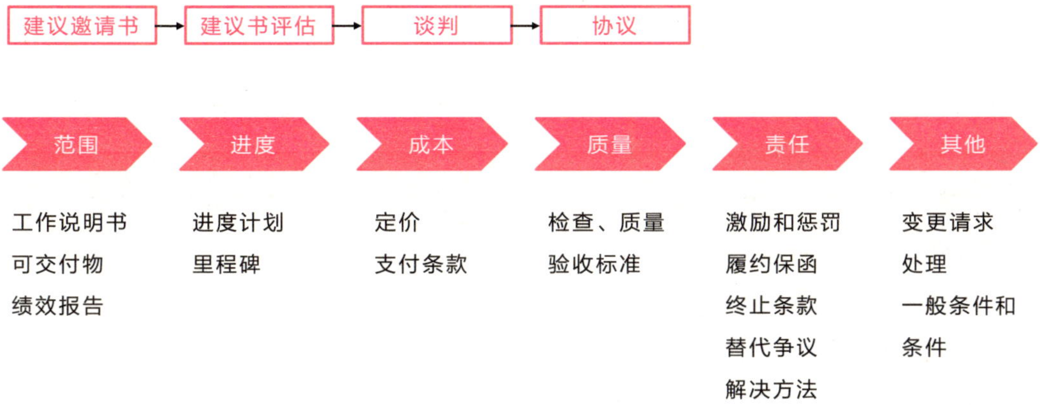

图3-41　协议的内容

协议基本上包括了对供应商的所有要求，主要分三大类：

- 绩效相关。范围、进度、成本、质量要求。
- 责任要求。激励和惩罚、争议解决方法、终止条款等。
- 其他内容。变更处理、其他条件。

协议非常重要，它是与供应商达成一致的法律文件。因此，在与供应商或客户有争议时，项目经理应该先看合同。

关键词或短语：与供应商有争议，审查供应商绩效、不可抗力条款。

例题

一家咨询公司主张，由于项目经理要求的报告未包含在原始的范围内，所以会产生额外费用，项目经理应该怎么做？

A. 报告发起人并审查项目范围、工作说明书和项目管理计划

B. 接受该主张，然后更新范围、工作说明书和工作分解结构

C. 审查采购管理计划，查询合同报告和合同

D. 与该咨询公司开会，协商需要完成的额外工作，并提出变更请求

答案：C。项目经理与供应商产生了范围争议，需要先看合同中有没有相关约定。

3.9.11 绩效审查

前面讲过，协议即合同，是项目采购管理的重要文件。参照协议，对质量、范围、进度和成本绩效进行测量、比较和分析的过程，就是绩效审查。项目经理一般不参与供应商的具体工作，通常，他们只对其进行审查。因此，绩效审查其实就是在供应商工作的过程中对其绩效结果进行的定期审查，以确保供应商能够按照需求交货。

关键词或短语：供应商绩效、结果。

例题

签约公司未达到质量标准，并且可交付物的交付频繁延迟。项目经理发现，现有合同条款无法确保卖方提高绩效。为避免卖方的低绩效，项目经理本应采取何种行动？

A. 让项目经理执行影响分析

B. 实施采购绩效审查

C. 实施风险再评估

D. 参与合同的详细拟定

答案：B。为了避免卖方的低绩效，项目经理要定期实施绩效审查。

3.10 项目干系人管理中的概念

3.10.1 项目干系人管理概述

项目干系人管理的整体流程如图3-42所示。

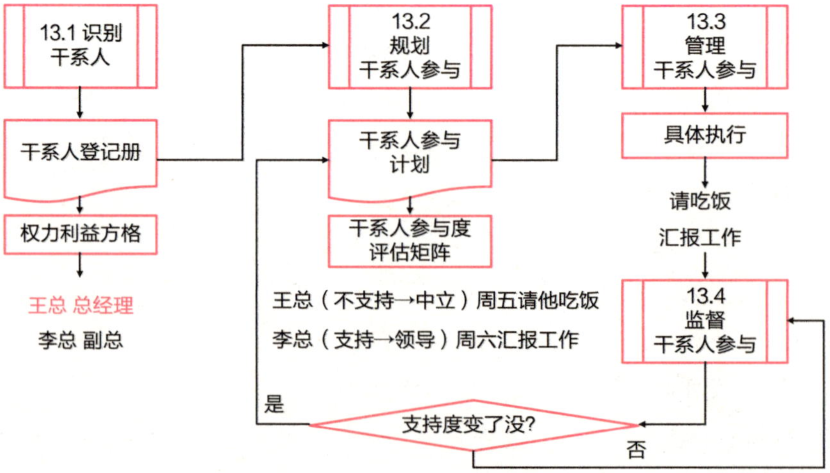

图3-42 项目干系人管理的流程

项目干系人管理一共有四个过程，以图3-42中的案例进行串联：

- 识别干系人。主要目标是，将影响项目和自认为被项目影响的人员全部识别出来，登记其基本信息。然后，按照重要性，对干系人进行优先级排序。在优先级排序时，使用的工具为权力/利益方格或权力/影响方格。例如，你识别出的重要项目干系人包括王总和李总，需要将他们的职位、兴趣、爱好、需求、期望、影响等记录下来。记录这些信息的文件叫干系人登记册。
- 规划干系人参与。主要目标是，制定针对每位干系人的管理方法。例如，你发现王总不支持此项目，那么你至少期望他对项目持中立态度，因此计划本周五请他吃饭。而李总是支持这个项目的，你希望他领导这个项目，因此计划周六向他汇报工作。记录这些计划的文件叫干系人参与计划。
- 管理干系人参与。指的是按照干系人参与计划，具体执行请吃饭和汇报的工作。
- 监督干系人参与。指的是监督干系人的参与度是否按照你的预想发生了变化，如果不符合预期，则需要重新制订干系人参与计划。

3.10.2 干系人分析

干系人分析其实就是分析干系人的所有信息，如职位、角色、关系、利益、影响等。只有对干系人有足够的了解，才能够制订出更有效的计划。

> 关键词或短语：干系人信息（权力、角色、利益、关系、态度、影响……），识别完干系人，某干系人抵制项目。

例题

在准备演示项目管理计划时，一位部门经理对该计划的方向和范围感到不太确定，项目经理应该怎么做？

A. 变更项目风险登记册并确保项目按计划进行

B. 执行干系人分析以获得对该计划的共识

C. 寻求项目发起人对批准该计划的支持

D. 提出变更请求，更新项目范围，以满足干系人的期望

答案：B。一位干系对项目感到不太确定，因此要对这位干系人进行分析，以确保他对项目的支持。

3.10.3 干系人映射

干系人映射主要用来识别干系人的重要性并进行排序，最常见的就是权力利益方格或

权力影响方格。图3-43展示的是权力利益方格。

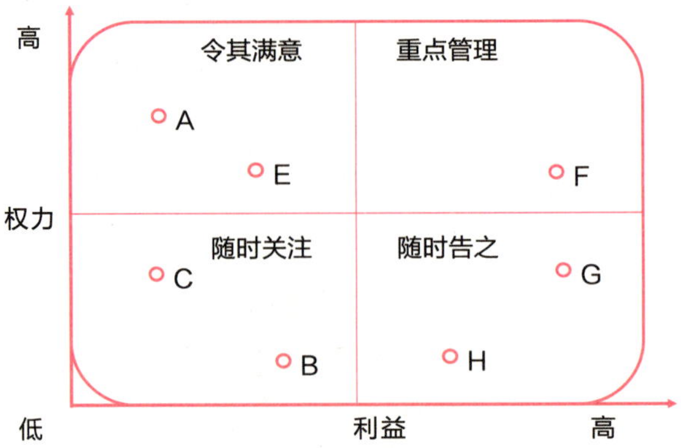

图3-43　权力利益方格

权力利益方格用于对干系人分类和排序，权力指的是干系人的职权级别，利益指的是项目的实施对干系人切身利益的影响。如图3-43所示，假设有8位干系人在项目中，他们的分类如下：

- 干系人D和F。权力高，利益高，应当重点管理。
- 干系人A和E。权力高，利益低，应该令其满意。
- 干系人G和H。权力低，利益高，应该随时告之。
- 干系人B和C。权力低，利益低，应该随时关注。

例题

一位积极参与产品规划的主管要求提高全部可交付物的产量，该主管的权力利益水平分类是哪一项？

A. 监督

B. 令其满意

C. 紧密关注

D. 令其知悉

答案：C。积极参与的主管权力高利益高，因此要重点管理。

3.10.4　干系人参与度评估矩阵

项目经理要识别每位干系人当前的参与水平，并与项目经理期望的参与水平进行比较，发现差距后，项目经理就可以正确地制订干系人参与计划了。干系人参与度分为五种：

- 不知晓。不知道项目。

- 抵制。知道项目，但抵制。
- 中立。了解项目，但既不支持，也不反对。
- 支持。了解项目，会支持。
- 领导。了解项目，而且积极参与以确保项目取得成功。

干系人	不知晓	抵制	中立	支持	领导
干系人1	C			D	
干系人2		C	D		
干系人3				CD	

图3-44　干系人参与度评估矩阵

如图3-44所示，在干系人参与度评估矩阵中，C为当前参与度，D为期望参与度。因此，干系人1的当前参与度为不了解，我们期望他支持项目；干系人2的当前参与度为抵制，我们期望他保持中立；干系人3的期望参与度与当前参与度无差距。

例题

一家公司正在执行一个关键项目，而该项目可能极大地影响公司的收入。首席执行官非常关注项目的成功，并承诺分配所有必要资源。该首席执行官的参与度应如何分类？

A. 管理

B. 领导

C. 参与

D. 支持

答案：B。对项目非常关注，承诺分配所有资源，其参与度是典型的领导。

3.10.5　干系人参与计划

在对干系人进行了详细的分析，对他们进行了排序，了解了每个人的参与程度差距后，就可以制订干系人参与计划了。图3-45展示了干系人参与计划的一个示例。

假设要装修房子，共识别出5位干系人：

- 刘某是发起人。权力高利益高，她对装修持支持态度，期望的参与程度是领导，那么应对策略就是时刻咨询汇报，重点管理。
- 王某是物业经理。权力高利益低，装修需要经过物业审批，他对装修持中立态度，想让他支持，就要获得物业部门的装修许可。
- 李某是楼上住户。权力低利益高，他无法忍受噪声，但是他白天不在家，他抵制装修，我们期望他至少持中立态度，因此应对策略是只在白天施工。
- 王某是楼下住户。权力低利益高，他对装修的态度是不了解，他不了解装修，要通过提前沟通来获得其谅解，从而得到他的支持。

- 赵某是物业保安。权力低利益低，可能参与邻居投诉的协调，他对装修持中立态度，想让他支持，因此可以提前送一包烟，并请求他届时做好协调工作。

干系人参与计划							
姓名	职权	权力	利益	态度	参与度	期望参与度	应对策略
刘某	发起人（老婆）	高	高	提供资金，支持装修	领导	领导	咨询汇报
王某	物业经理	高	低	需要物业审批	中立	支持	获得许可
李某	802住户	低	高	神经衰弱，无法忍受噪声，白天不在家	抵制	中立	只在白天施工
王某	602住户	低	高	单身，无所谓影响	不了解	支持	提前沟通获得谅解
赵某	物业保安	低	低	可能会参与协调装修噪声	中立	支持	送烟

图3-45　干系人参与计划

第4章 十大知识领域中的重点概念辨析

概念辨析是PMP®考试中常见的题目类型，常见的有两类：

- 同一大概念框架下的不同小概念的辨析。例如，风险应对策略中规避与减轻的区别，冲突管理中妥协与缓和的区别。
- 名称相似的概念的辨析。例如，沟通技术与沟通技能的区别，干系人登记册与干系人参与计划的区别。

本章将PMP®考试中常见的、易混淆的概念整理出来，并以最简洁的方式体现出这些概念的差异。需要说明的是，为了更好地辨析这些概念，本章对概念做了最简化的处理，这种处理对PMP®考试完全够用。若要了解最严谨的概念定义，还要回归到《PMBOK®指南》中去。

4.1 项目集与项目组合

本质上，项目集与项目组合都要管理多个项目，项目组合用于协调项目的优先级，项目集用于调整项目的依赖关系。它们的主要区别如图4-1所示。

	关注点	作用
项目集	以正确的方式做事	调整依赖关系
项目组合	做正确的事	调整项目优先级

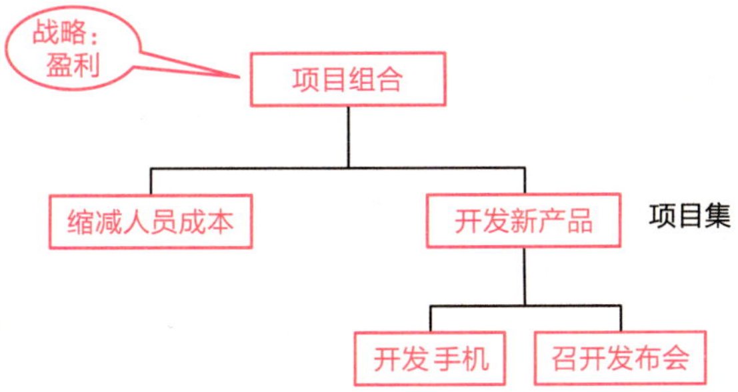

图4-1 项目集与项目组合

假如一个组织今年的战略目标是实现盈利，创建了一系列项目，包括缩减人员成本与开发新产品，而开发新产品又需要分成开发手机和召开发布会两个项目。

项目集管理用于管理多个项目之间的依赖关系。也就是说，项目集之间的项目是有依赖关系的。例如，对于开发手机和召开发布会这两个项目，前者是后者的先决条件，不开发手机就无法召开发布会。

项目组合管理用于调整项目的优先级。多个项目之间可以没有依赖关系。例如，可以先缩减人员成本，再开发新产品。当然，反过来也可以，只要符合公司战略目标即可。

例题

某家公司有一些项目，即项目A、项目B、项目C。这些项目均符合公司的目标，并按照一套相同的标准来划分优先级。项目B的优先级较高，因为它将扩大公司的市场份额，减少对不可靠供应商的依赖性。这是在执行什么活动？

A. 获得市场份额

B. 项目组合管理

C. 项目启动

D. 项目集管理

答案：B。项目组合管理为项目划分优先级。

4.2 开发方法

项目的开发方法通常可分成四类，预测型（瀑布式）、迭代型、增量型、适应型（敏捷）。这四类开发方法所对应的生命周期特征如表4-1所示。

表 4-1 项目生命周期和开发方法

方法	需求	活动	交付	目标
预测型	固定	整个项目仅执行一次	一次交付	管理成本
迭代型	动态	反复执行直至修正	一次交付	解决方案的正确性
增量型	动态	对给定增量执行一次	频繁更小规模交付	速度
适应型	动态	反复执行直至修正	频繁小规模交付	通过频繁小规模交付和反馈实现客户的价值

- 预测型。技术确定、需求确定；变更程度低、交付频率低。
- 迭代型。技术不确定、需求确定；变更频率高、交付频率低。
- 增量型。技术确定、需求不确定；变更频率低、交付频率高。
- 适应型。技术不确定、需求不确定；变更频率高、交付频率高。

TIP

通常，人们比较难区分预测性、增量型、迭代型和适应型（敏捷）项目。为了更清晰地解释，我们以酒席厨师做菜为例，来帮助读者更好地区分这四类项目。

- 预测型。厨师水平高，客人口味正常。厨师一次性做好所有菜，给所有的十桌客人同时上菜。
- 增量型。厨师水平高，客人很饿。厨师做好一个菜，就给客人上一个菜。
- 迭代型。厨师水平差，客人口味刁钻。厨师做完一个菜后要自己品尝或让客人品尝一下，如果咸了或淡了就重做，在把全部菜都做好后给所有的十桌客人同时上菜。
- 适应型。厨师水平差，客人很饿且口味刁钻。厨师做完一个菜后要自己品尝或让客人品尝一下，如果咸了或淡了就重做，然后做好一个菜，就给客人上一个菜。

例题

政府已与一家供应商签订合同，为即将到来的选举开发一款计算选票的应用程序。需求得到了很好的定义，这样项目就可以按照传统方式进行管理。然而，由于过去类似应用程序的失败，政府希望供应商能够对可交付内容的适用性进行快速反馈。供应商的项目经理最好选择什么样的进度计划方法？

A. 预测型

B. 传统型

C. 高效型

D. 敏捷型

答案：D。需要快速反馈，因此选择敏捷型。

4.3 范围与质量

范围的本质是“要什么”，质量的本质是“有多好”（做到什么程度）。区分范围与质量，要从需求出发（见图4-2）。

把需求可以分为需要和要求，这是两个不同的概念。

- 需要。要什么。对于一个电脑桌，需要抽屉、网线开孔、一米的高度。
- 要求。有多好，即做到什么程度。例如，电脑桌的桌面是平的，开孔是光滑的。

上述“需要”部分的内容将被记录在范围说明书中的“可交付物描述”里；而“要

求”部分的内容将被记录在范围说明书中的“验收标准”里。

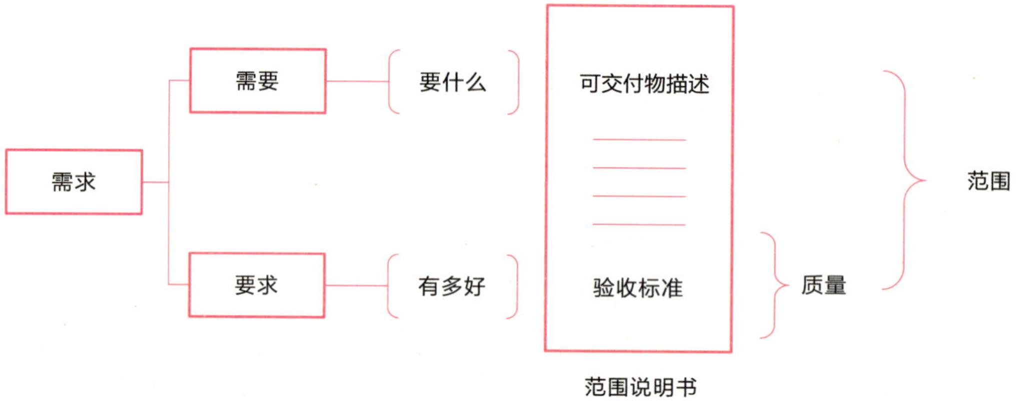

图4-2　范围与质量

验收标准指的是质量要求，而“需要+要求”就是范围。因此，范围是包含质量的。

例题

客户抱怨产品的要求未满足标准。项目经理确定已正确记录客户要求的标准，并且标准没有改变。项目经理应该怎么做？

A. 查看范围管理计划

B. 开展假设情景分析，确定潜在变更的影响

C. 查看质量管理计划

D. 提交变更请求以解决该问题

答案：C。题干中已明确是产品的要求，因此属于质量问题而非范围问题。

4.4　冲突管理

冲突管理一共有五个工具，若PMP®考题中没有明确规定优先级，在考试中可根据表4-2所示的优先级来应用这些工具。

表 4-2　冲突管理的优先级排序

优先级	解决方法	适用场景	造成结果	举例
1	合作 / 解决问题	适用于大多数场景，推荐首选	双赢	团队成员因是否使用某软件而产生冲突，项目经理召集两人面对面沟通解决
2	妥协 / 调解	适用于不太固执的双方，各让一步	双赢或双输	项目经理要求两位团队成员各让一步，以解决当前的项目困难
3	缓和 / 包容	求同存异	冲突依然存在	项目经理要求团队成员只关注意见一致的地方，暂时搁置意见不同的地方

续表

优先级	解决方法	适用场景	造成结果	举例
4	撤退 / 回避	对目标影响很小或不想解决	未解决问题	项目经理说，我现在不能处理这个问题
5	强迫 / 命令	紧急情况下二选一	输 / 赢	在某件事上，发起人和团队成员的观点有冲突。时间紧迫，项目经理在研究后决定采取团队成员的方案

- 合作/解决问题。是最优的、首选的解决方案。其结果是双赢，适用于绝大多数场景。
- 妥协/调解。双方各让一步。其实，绝大多数谈判结果都是通过妥协而达成一致的，即大家各让一步，实现双赢。
- 缓和/包容。双方求同存异，强调意见一致的地方，暂时搁置意见不同的地方。但是，这个“异”还一直存在并没有得到解决，因此“缓和”的优先级排在“妥协”的后面。
- 撤退/回避。不想解决问题。项目经理觉得当前问题不大，因此暂时不解决。
- 强迫/命令。其核心是二选一，仅适用于在紧急情况下当作最后的处理方案。

例题

在与干系人共同参与的项目计划介绍会上，针对一个问题进行了讨论，并达成了一项协议，各方都持相同意见。然而，在过了一段时间后，项目经理又从一位主要干系人那里收到了一封电子邮件，干系人表示他们改变主意了。他们对这个问题的看法有所改变，希望各方能够一起重新讨论新的方法和选择。项目经理应首先尝试哪种解决冲突的方法？

A. 妥协

B. 强迫

C. 缓解

D. 撤退

答案：A。题干强调“首先尝试哪种……”按照优先级，首先应该选择妥协的方法。

当项目紧急，并且项目经理需要快速行动以解决问题时，使用强迫的方法能够更快地解决问题。

例题

项目经理发现，一个不可预料的高影响风险已经成为项目的一个因素，而团队成员之间的自身利益导致问题得不到解决。项目经理必须快速行动，让团队重新集中精力，以便恢复项目进度。项目经理应该使用下列哪一项技术来解决问题？

A. 妥协

B. 合作

C. 强迫

D. 包容

答案：C。项目经理必须快速行动，在紧急情况下选择强迫的方法。

4.5 风险应对策略

4.5.1 风险应对策略组合

整体来看，风险应对有四大类策略组合，如图4-3所示。

图4-3　风险应对策略组合

风险应对策略的四类组合分别是威胁应对策略、机会应对策略、应急应对策略和整体应对策略。

应急应对策略是指，在规划风险应对时，要确认风险的触发事件。事实上，不用等到风险实际发生，只要触发事件发生，就需要采取应对措施。例如，当系统识别到王某与烈性传染病确诊患者有共同的时空接触，则不需要等到王某确诊，相关人员就要对王某采取相应的措施。

“上报”和“接受”是威胁应对和机会应对策略共有的策略，如图4-4所示。

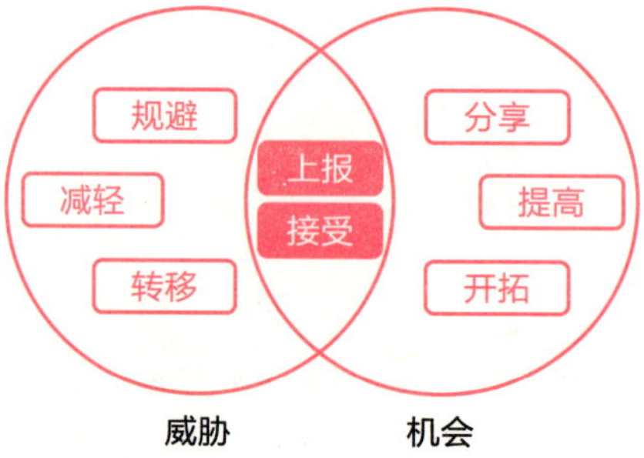

图4-4　威胁应对和机会应对的策略

例题

可以使用什么策略来应对消极风险或威胁以及积极风险或机会？

A. 接受

B. 减轻

C. 规避

D. 开拓

答案：A。接受是威胁应对和机会应对共同使用的策略。

4.5.2　上报

当风险超出项目范围时，项目经理可以选择上报。如何理解“风险超出项目范围”这句话呢？请看图4-5。

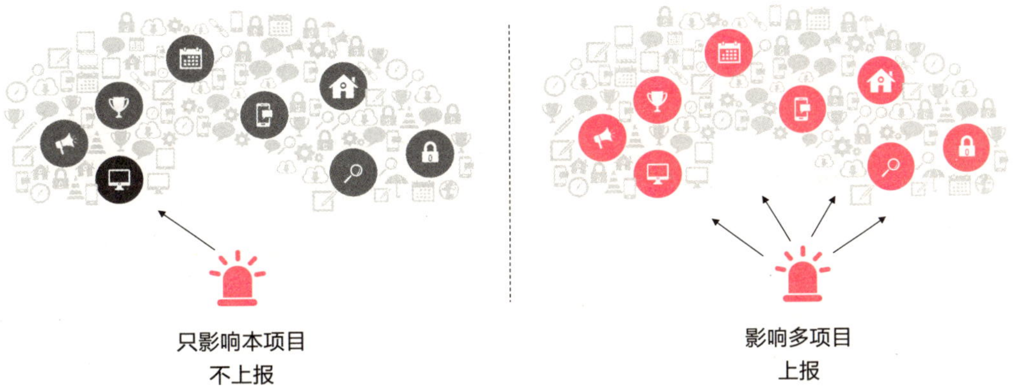

图4-5　上报的场景

当一个风险仅影响本项目时，风险处在本项目的范围内，项目经理无须选择上报。当一个风险影响组织的多个项目时，该风险已经远远超出了本项目能掌控的范围，项目经理需要选择上报。例如，计算机勒索病毒突然在公司肆虐，这影响了组织的所有项目，因此项目经理要选择上报。对于上报策略，要注意两点：一是，上报的对象（项目集经理、项目组合经理或其他高管）要愿意承担这个风险；二是，在上报风险后，项目经理可以不用再管理这个风险。

例题

某项目出现了跨项目的资源使用问题及高层面临变更的风险。项目经理应该采用哪种风险应对方法？

A. 减轻

B. 上报

C. 规避

D. 转移

答案：B。项目出现了跨项目的风险，影响的不是单个项目，项目经理应选择上报。

4.5.3 规避与减轻

规避与减轻的核心区别在于，两者针对的风险要素不同。风险有三个要素：事件、概率、影响。规避针对的是风险的事件，而减轻针对的是风险的概率和影响。在图4-6中，有A、B、C、D、E、F六个风险应对策略，请读者先思考一下，它们分别属于哪种应对策略，是规避还是减轻？（答案会在后面公布。）

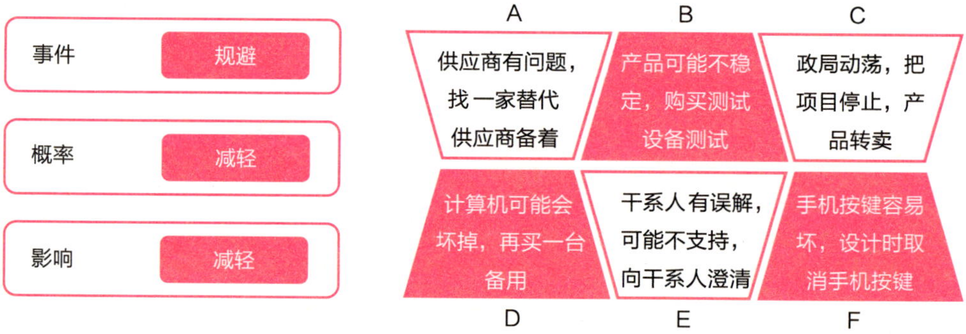

图4-6　风险的规避与减轻策略

规避针对风险的事件，相当于把风险的事件消除，将风险的概率直接降为零。例如，讲课时用于录音的录音笔可能会坏，规避的策略就是不使用录音笔，换其他的录音设备。很显然，当前风险“录音笔可能会坏”的事件就被规避掉了。这里有一个细节要注意，在评价一个风险策略时，针对的一定是“当前风险”。例如，在前面这个案例中，当前风险是“录音笔可能会坏”，只要不使用录音笔就相当于消除了风险事件。至于新的录音设备会不会坏，那是新的风险了，至少“当前风险”已经被规避。由于规避往往意味着删除范围或取消活动，因此规避针对的是一些影响非常严重的风险。

减轻针对风险的概率和影响，相当于把风险的概率或影响降低。例如，录音笔可能坏掉的概率是百分之一。那么，我们可以再备一支录音笔，即用两支录音笔同时录音。两支录音笔同时坏掉的概率就降到了万分之一，这就是典型的风险概率降低。再看另一种情况，录音笔可能会坏，但是当录音笔坏的时候，我赶紧拿出手机录音，损失的可能只是一小部分内容而非大段的内容，这相当于把风险的影响降低。需要注意的是，无论有多少支备用的录音笔，“录音笔可能会坏”的概率也不可能降为零。因此备用一定属于减轻，而非规避。

基于以上两段内容，将图4-6中的A、B、C、D、E、F六种策略进行分类：

- A属于减轻。只要存在备用都属于减轻。
- B属于减轻。因为无论测试多少次，也无法将所有的产品问题都测试出来。
- C属于规避。这是最极端的一种规避，将整个项目取消。
- D属于减轻。只要存在备用都属于减轻。
- E属于规避。一旦澄清了误解就不存在误解了，因此事件被消除。
- F属于规避。减少范围，相当于消除了这个事件，也属于规避。

例题

在最终确定进度计划时，项目经理注意到，关键路径上的多项任务被安排在关键资源可能休假的夏季。项目经理决定将这些任务重新分配给位于另一个国家的一支团队，在该国的夏季，团队一般不会休假。项目经理使用的是哪一项风险应对策略？

A. 规避

B. 接受

C. 转移

D. 减轻

答案：A。项目经理将可能休假的团队换掉，当前风险“这个团队可能休假”就被规避掉了。至于新的团队是否会休假，那是新的风险了。

4.5.4　减轻（规避）与接受

接受的本质是在风险发生前不采取措施，仅预留应急储备和应急计划，待风险发生后再采取措施，如图4-7所示。

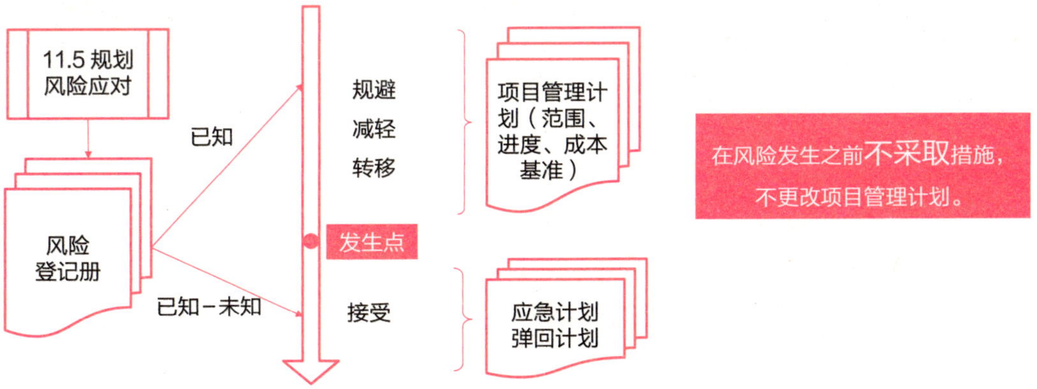

图4-7　风险的接受策略

如图4-7所示，还以“录音笔可能会坏”为案例，有以下几个措施：

- 规避的措施。不用录音笔，改用手机录音。在风险发生前采取了措施。
- 减轻的措施。再买一支录音笔，降低同时损坏的概率。在风险发生前采取了措施。
- 转移的措施。买一份保险，如果录音笔真的坏了，保险公司会赔付1000元。在风险发生前采取了措施。
- 接受的措施。在录音笔坏之前不采取措施。考虑到楼下就可以买到录音笔，如果录音笔真的坏了，马上再买一支，仅预留购买录音笔的储备金即可。

结合以上案例，可以得出结论，无论是规避、减轻还是转移，都需要在风险发生前采取措施。这些措施可能涉及范围、进度和成本基准的变更。而接受则不同，不会在风险发生前采取措施，而是预留储备，在风险发生后再采取具体的措施。这个措施也叫应急计划，若应急计划无效还可以采用备用计划，备用计划也叫弹回计划。

TIP

图4-7中提到了已知风险和已知/未知风险。其实，风险可以分成三类：

- 已知—已知风险。又叫已知风险，指风险事件已知，概率和影响已知。对于这种风险，一般会提前规划应对策略，并变更项目管理计划中的三大基准。
- 已知—未知风险。指风险事件已知，概率和影响未知。对于这种风险，一般会采取接受策略，并制订应急计划。
- 未知—未知风险。又叫未知风险，指一些突发的、没有预料到的风险。对于这类风险，一般仅能在风险发生后采取权变措施。

例题

在某建设工程项目的地基开挖过程中，对于因天气原因造成的进度拖后风险，项目经理采取了风险接受的策略。由于在施工期间下了场特大暴雨，工程不得不停工3天。项目经理应该怎么做？

A. 使用应急储备

B. 把项目工期延长3天

C. 要求保险公司赔偿

D. 与团队成员开会讨论处理方案

答案：A。项目经理采取了风险接受的策略，说明已经储备了一些进度，因此使用应急储备即可。而B属于规避，C属于转移，D属于减轻或权变措施。

4.5.5　减轻与转移

转移的本质是受益（受损）主体发生了变化，如图4-8所示。

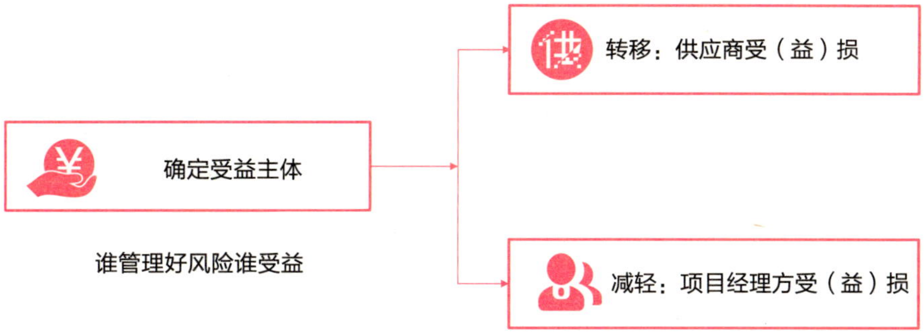

图4-8　风险的转移策略

假如将一个有风险的工作包外包给供应商（转移），或者购买了保险（转移），项目经理将不再承担该风险发生的损失。假如风险发生，受损方是供应商或保险公司；假如风险未发生，受益方是供应商或保险公司。而减轻则不同，减轻的受益（受损）主体是项目经理方。假如风险发生，受损方是项目经理方；假如风险未发生，受益方也是项目经理方。

例题

在规划风险管理期间，项目团队决定外包一项关键服务，并与供应商签订了服务水平协议（SLA），项目团队使用的是哪一项风险应对策略？

A. 回避

B. 减轻

C. 接受

D. 转移

答案：D。将关键服务外包出去，说明项目经理将风险的损益主体转移给了供应商。

4.5.6　总结

威胁应对策略的内容汇总如表4-3所示。

表 4-3　威胁应对策略

策略	作用要素	关键词或短语	举例
上报	超出权限	超出权限、范围	• 跨项目 • 上报给项目集、项目组合经理

续表

策略	作用要素	关键词或短语	举例
规避	消除事件	消除威胁、严重影响	• 消除威胁原因 • 延长进度计划 • 改变项目策略 • 缩小范围 • 澄清需求 • 获取信息 • 改善沟通 • 获得专有技能
转移	费用分担、财务风险	保险、担保、外包	• 购买保险 • 使用履约保函、保证书、担保书 • 外包
减轻	降低 / 提高概率或影响	多次测试、增加资源、降低影响、降低概率	• 采用较简单的流程 • 进行更多次的测试 • 选用更可靠的卖方 • 原型开发 • 加入冗余部件
接受	应急储备	接受、不再处理	• 建立应急储备 • 定期审查 • 不采取行动

机会应对策略的内容汇总如表4-4所示。机会应对策略与威胁应对策略的各项内容相似，这里就不再赘述。

表 4-4 机会应对策略

策略	作用要素	关键词或短语	举例
上报	超出权限	超出权限、范围	• 在项目集、项目组合层面解决
开拓	确保肯定出现	确保、100%	• 分配最有能力的资源 • 使用全新技术
分享	收益分担	合资	• 建立合伙关系、合作团队、特殊公司、合资企业
提高	提高概率或影响	提高概率、提高影响	• 为早日完成活动而增加资源
接受	应急储备	接受、不再处理	• 建立应急储备

4.6 估算的工具

除了专家判断，估算的工具还包括四种：类比估算、参数估算、三点估算、自下而上的估算。这几种估算的具体情况如表4-5所示。

表 4-5　估算的工具

估算工具	定义	准确度	关键词或短语
类比估算	使用以往类似项目的参数值或属性来估算	最粗略	粗略、快速、类似
参数估算	利用历史数据之间的统计关系和其他变量来进行项目工作的成本估算。参数估算的准确性取决于参数模型的成熟度和基础数据的可靠性	取决于参数的准确性	参数、定量、统计关系
三点估算	通过考虑估算中的不确定性和风险，使用三种估算值来界定活动成本的近似区间。可以提高单点估算的准确性	不确定	不确定性、风险、提高准确度
自下而上的估算	对工作组成部分进行估算的一种方法	最准确	最准确、每个条目

这四种估算工具各有用途：

- 类比估算。例如，之前做过类似的项目，在新项目评估中，直接使用之前项目的结果来对新项目进行类似的估算。由于每个项目都是独特的，因此，这种估算仅适用于项目初期的最粗略的估算。
- 参数估算。例如，场地的装修费用是2000元/平方米，若场地一共有1000平方米，则装修费用合计是200万元。其中，“2000元/平方米”就是本次估算的参数。参数估算的准确度取决于参数本身的准备度。由于有具体量化的数字，因此这是一个定量的估算方法。
- 三点估算。以装修为例，你咨询一位装修专家，他可能给出的估算值是20万元。如果你咨询三位装修专家，他们可能给出三个值，如19万元、20万元、25万元。此时，可以将这三个数值通过取平均值来得出结果（三角分布），也可以将这三个数值通过加权平均来得出结果（贝塔分布）。三点估算的核心是，考虑了估算的不确定性。
- 自下而上的估算。是最准确的估算。以装修为例，先计算每片瓷砖的价格，每小时的人工费用，每平方米使用的油漆量……然后再将所有这些数据自下而上进行汇总。

例题

项目经理完成了某个镇上的一个项目，这个项目导致公司的投资100%损失。项目经理所在公司目前正在筹备该镇的另一个项目的投标建议书，管理层让项目经理提供粗略的估算，用于公司投标该新项目。投标必须在三天内完成。在这种情况下，项目经理应使用下列哪一种估算类型？

A. 类比估算

B. 参数估算

C. 散点估算

D. 准备金分析

答案：A。最粗略的估算是类比估算。

4.7 沟通与干系人

沟通管理的本质是项目信息的正确传递。干系人管理的本质是让干系人支持项目。

沟通和干系人占了10个知识领域中的2个，也是整个项目管理过程中不确定性最大、对软技能要求最高的知识领域。在项目管理的学习和PMP®考试中，很多学员都对这两个知识领域感到比较困惑：

- 沟通就是与干系人进行沟通。
- 管理干系人的参与就是通过沟通的方式来进行管理。

那么，为什么要把两者分成两个知识领域呢？其实，对于沟通与干系人，在项目管理知识领域中有着本质的区别，具体的区别如图4-9所示。

图4-9　沟通与干系人的区别

沟通管理的本质是项目信息的正确传递。什么是信息？就是在项目运行过程中产生的各种数据、信息、报告、状态等。这些信息需要以正确的方式在正确的时间传递给正确的人。

干系人管理的本质是让干系人支持项目。涉及管理干系人对项目的支持与抵制。让干系人支持项目并对项目感到满意是项目管理的终极目标。

在理解了沟通与干系人的核心区别后，接下来完成以下内容，看一看图4-10中的每个描述指的是沟通还是干系人知识领域。答案在后面给出。

在图4-10中，属于沟通的有：C、D、F、H、J；属于干系人的有：A、B、E、G、I。

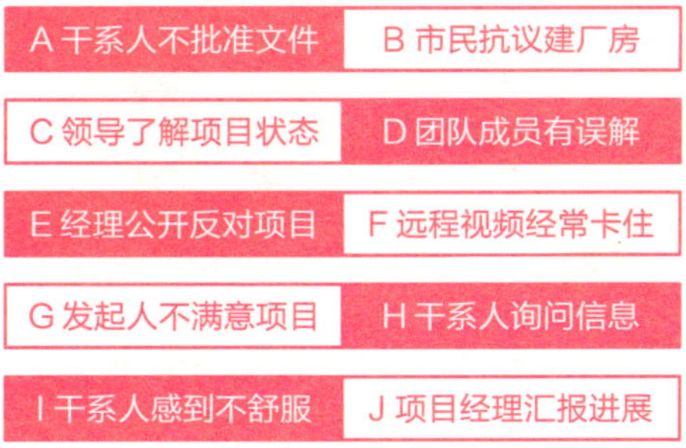

图4-10　沟通与干系人的辨析

例题

一位项目经理负责领导一个复杂项目，该项目的干系人位于多个国家。项目经理需要经常向某位团队成员询问项目信息，项目经理下一步应该怎么做?

A. 查阅干系人登记册

B. 查阅项目管理信息系统（PMIS）

C. 邀请高级管理层参与下次项目会议

D. 查阅沟通管理计划

答案：D。项目经理需要询问项目信息，说明沟通有问题，应查阅沟通管理计划而非干系人登记册。

4.8　审计与审查

审计与审查的核心区别是，前者针对过程，后者针对结果。

若要判断一个项目完全成功，需要确保两点：过程合规、结果合格。只有在同时满足过程合规、结果合格的情况下，项目才是完全成功的。

为了更清晰地说明上述观点，我们还通过举例来说明。审计与审查分别在质量、风险和采购三个知识领域出现，如图4-11所示。

- 以采购为例。成功采购了一台设备。从结果来看，设备运行正常。但从过程来看，这个过程中出现了受贿的腐败问题，那么就不能认为整个项目是成功的。
- 以质量为例。产品完成测试。从结果来看，所有的产品测试合格。但从过程来看，产品测试合格的原因是设备有故障。如果设备没有故障，测试就是不合格的，那么就不能认为质量工作是成功的。
- 以风险为例。一个风险发生了。从结果来看，成功应对了风险。但从过程来看，应对的过程中采取了不安全的措施，例如，“在处理废气泄露时未戴防毒面具”，那么就不能认为风险应对是成功的。

图4-11　审计与审查

在以上三个案例中，对过程的检查叫审计，对结果的检查叫审查（见图4-12）。

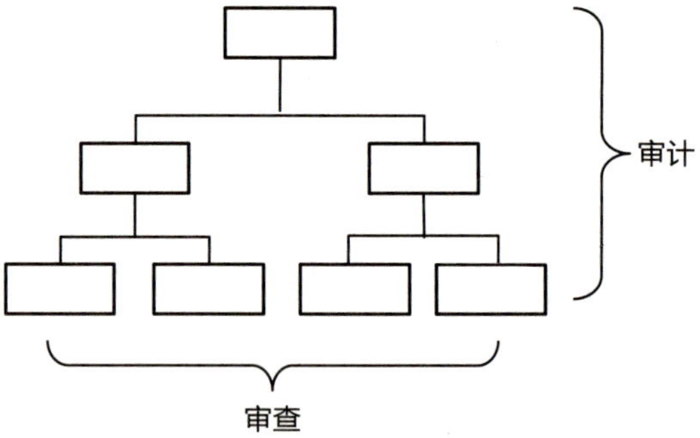

图4-12　审计过程与审查结果

因此，对于审计与审查的区别，可以用以下两句话来说明：

- 审计是在有结果后对过程进行审计。
- 审查是在过程中对结果进行审查。

例题

在与项目团队成员的非正式谈话中，项目经理发现，某个关键部分的供应商在执行一个已获批准的产品变更时有问题。项目经理接下来应执行下列哪一项？

A. 实施对供应商的质量审计

B. 安排一次变更控制会议

C. 审查供应商的工作绩效

D. 与供应商的高级经理谈话

答案：C。供应商有问题，应该在第一时间看结果，看对项目有何影响，因此优先选择审查，而非审计。例如，在发生火灾后，应该在第一时间看火势的影响，再分析为什么着火。

4.9 进度压缩（赶工与快速跟进）

赶工的本质是通过增加资源来压缩进度，例如，加班、加人、加设备等。快速跟进的本质是将任务并行，例如在硬件未完成时同步开发软件。两者的具体区别如图4-13所示。

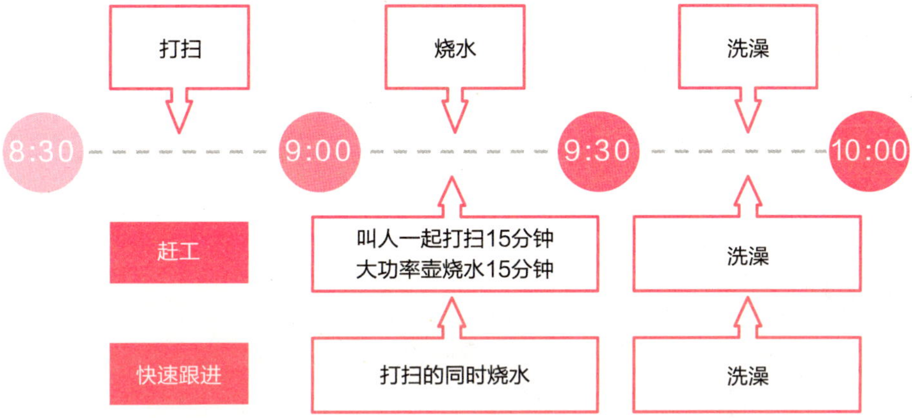

图4-13　赶工与快速跟进

假设你每天20:30到家，22:00准时睡觉。

正常作息是，20:30—21:00打扫卫生，21:00—21:30烧水，21:30—22:00洗澡。今天，晚回家了半小时，即21:00才到家。若还想22:00睡觉，你有两种方法把时间“赶”回来。

- 赶工的方法。请家人一起打扫卫生，节省15分钟；使用大功率模式烧水，节省15分钟。
- 快速跟进的方法。在打扫卫生的同时烧水。

赶工要增加成本；快速跟进改变进度网络，一般不增加成本，但由于并行执行任务，会增加风险。因此，当进度缓慢时，如果你有多余的资源或金钱，可以通过赶工来解决。

例题

在项目审查会上，从事活动AD的项目团队成员通知项目经理，完成该活动还需要3天。组织的高级经理要求项目经理，即使动用额外的预算，也必须找到方法按原定基准计划交付项目。项目经理应该使用什么方法来满足高级经理的要求？

A. 使用快速跟进

B. 使用赶工

C. 应用关键链法

D. 应用时间提前量和时间滞后量

答案：B。增加额外的预算赶工到原基准，属于典型的赶工。

4.10 资源优化（资源平衡与资源平滑）

要想理解资源平衡与资源平滑的区别，可把模型做到极端简化，以便于理解（见图4-14）。

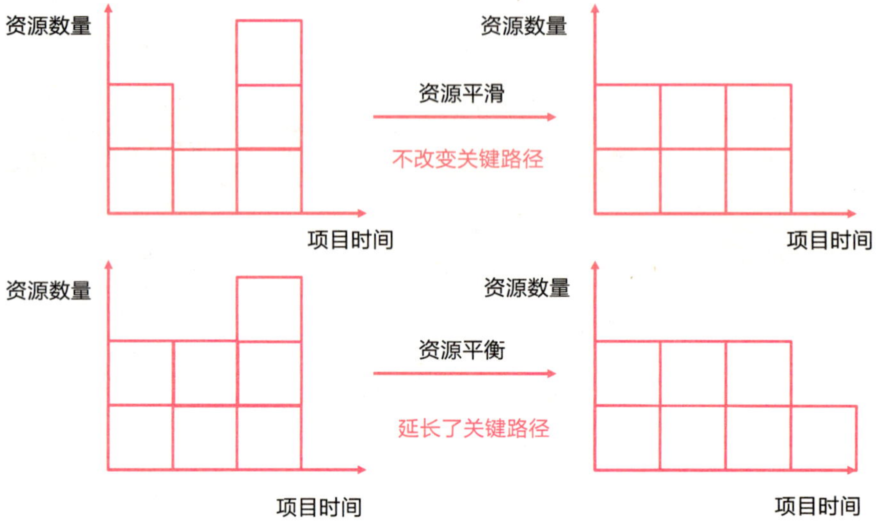

图4-14　资源平衡与资源平滑

假设一个项目只有3天，项目团队只有2个人。

第一种情况的资源直方图显示，第1天需要2个人，第2天需要1个人，第3天需要3个人。很明显，项目团队的人手不够，无法在第3天完成项目工作。此时，只要把第3天的1个人的工作挪到第2天即可。这种处理方法就叫资源平滑。资源平滑仅在非关键路径上进行资源的“削峰”“填谷”，因此不改变关键路径。

第二种情况的资源直方图显示，前两天都需要2个人，第3天需要3个人。很明显，第3天的人手不够无法完成项目工作，但是无法再挪到第2天，只能挪到第4天。这种处理方法就叫资源平衡。资源平衡用于解决资源不够的问题，会导致关键路径的延长。

因此，资源平衡与资源平滑的区别在于：资源平滑对非关键路径调整，不影响关键路径，但是它不一定完全有效；资源平衡在关键路径上调整资源，会导致关键路径的延长。

例题

项目经理资源有限,无法获得更多资源。项目经理应该使用什么技术来充分利用现有资源,而不会使项目完成时间延期?

A. 快速跟进

B. 赶工

C. 资源平滑

D. 资源平衡

答案：C。题干提到要充分利用资源，还不能延期，因此选择资源平滑而非资源平衡。请注意，不选择快速跟进的原因是，本题要解决的是资源问题，而非进度问题。

4.11　质量管理过程

项目质量管理有三个过程：

- 规划质量管理。用于制定质量标准。
- 管理质量。主要用于管理过程（更加宏观）。
- 控制质量。主要用于管理结果（更加具体）。

在ISO 9001文件中，描述了四个质量活动：质量策划、质量保证、质量改进、质量控制。四个质量活动各自的定义如图4-15所示。

图4-15　质量活动

可以对这四个质量活动进行归类，将“质量策划”归到“规划质量管理”过程中，将“质量保证”和“质量改进”归到“管理质量”过程中，将“质量控制”归到“控制质量”过程中（见图4-16）。

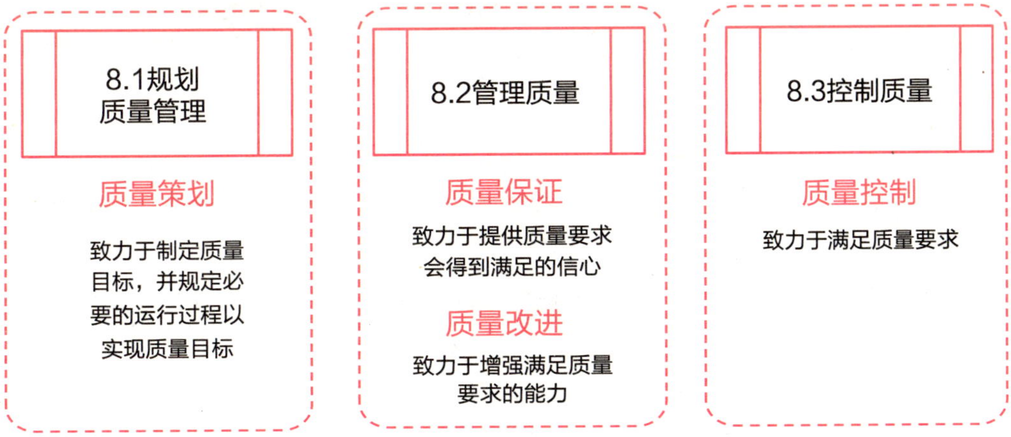

图4-16　质量活动的归类

从图4-16中可以看出，规划质量管理的核心是制定质量目标。而区分管理质量与控制质量的核心是理解质量保证与质量控制的区别。此时，需要从两者的定义入手：

- 质量保证。致力于提供质量要求将得到满足的信心。
- 质量控制。致力于满足质量要求。

即管理质量旨在提升质量信心，控制质量旨在满足质量要求。那么，可以根据表4-6中的内容做以下基本判断。

表 4-6　管理质量与控制质量的辨析

质量活动	是否有信心	解释	所属过程
某个产品的性能测试达标	否	单个产品的测试达标，不代表能对所有产品或整个项目有信心	控制质量
公司质量体系完整、流程规范	是	对整个质量体系有信心	管理质量
对软件进行验收测试	否	为了满足质量要求	控制质量
对质量体系审计	是	为了提升组织质量的整体水平	管理质量
消除不增值活动	是	属于质量改进	管理质量

从表4-6中可以得出以下结论：

- 管理质量面对过程，更加宏观。
- 控制质量面对结果，更加具体。

管理质量与控制质量的区别如图4-17所示。

	管理质量	控制质量
定义	致力于提供质量要求会得到满足的信心	致力于满足质量要求
特点	面向过程	面向结果
关键词	信心、宏观、审计、过程、持续改进、增值	不良、测试、工作包
范围	更加宏观、更加整体	更加具体

图4-17　管理质量与控制质量的区别

TIP

以蛋糕店为例来区分一下管理质量与控制质量。假如你要评估一家蛋糕店，你可以用两种方式评估。

- 管理质量的方法。你从来不关注蛋糕。你关注的是蛋糕店的质量体系是否完整，厨师有没有相关的证件，整个冷链运输管理是否完备，供应链企业是否合规等。
- 控制质量的方法。你关注蛋糕，关注蛋糕的具体信息，如蛋糕的尺寸、奶油的生产日期、甜度等。

例题

在完成项目工作后，与客户一起召开会议并交付了四个项目产品。客户接受四个产品中的两个，并表明剩余两个产品不满足需求。在交付产品前，项目经理应该遵循哪个流程来确保与客户期望保持一致？

A. 控制质量

B. 管理质量

C. 执行质量控制测量

D. 执行质量审计

答案：A。题干中明确提到两个产品不满足需求，属于控制质量。

4.12　沟通技术、沟通技能与沟通方法

沟通技术是用于沟通的客观技术，如网络视频、电话、邮件等。沟通技能是沟通中的人所具备的技能，如软技能等。沟通方法代表信息传递的方法，如推式沟通、拉式沟通、交互式沟通。

4.12.1　沟通技术、沟通技能与沟通方法间的区别

沟通技术、沟通技能与沟通方法的区别如图4-18所示。

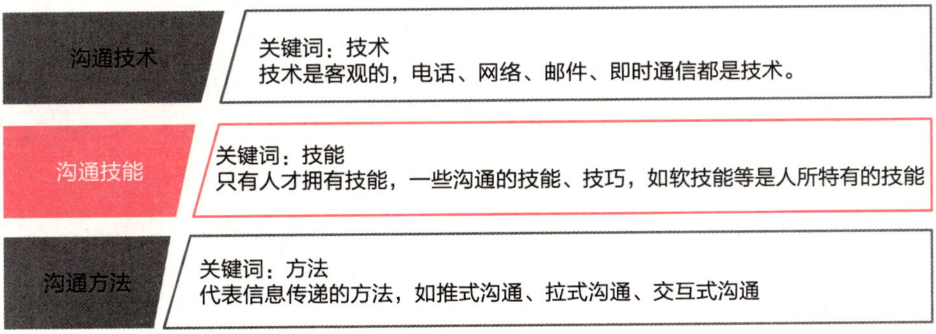

图4-18　沟通技术、沟通技能与沟通方法

沟通技术的关键词是技术。技术是客观的，电话、网络、邮件等都属于沟通技术，在虚拟团队中，沟通技术至关重要。

沟通技能的关键词是技能。只有人才拥有技能，一些沟通的技能、技巧，如软技能等是人所特有的技能。

沟通方法的关键词是方法。代表信息传递的方法，如推式沟通、拉式沟通、交互式沟通。

例题

在一个项目中，需要在技术部门之间进行详细的信息交流，项目团队位于不同位置。一些团队成员对提议的沟通系统没有经验。项目经理应该使用什么来解决这个问题？

A. 沟通管理计划

B. 沟通技能

C. 项目沟通渠道

D. 沟通技术

答案：D。团队处于不同位置，要尽快确认沟通技术，如视频会议、在线办公系统等。此时，沟通技能在虚拟团队中的重要性不大。

4.12.2 沟通方法

本质上，沟通方法代表获得信息的方向，分为推式沟通、拉式沟通、交互式沟通。它们的区别如图4-19所示。

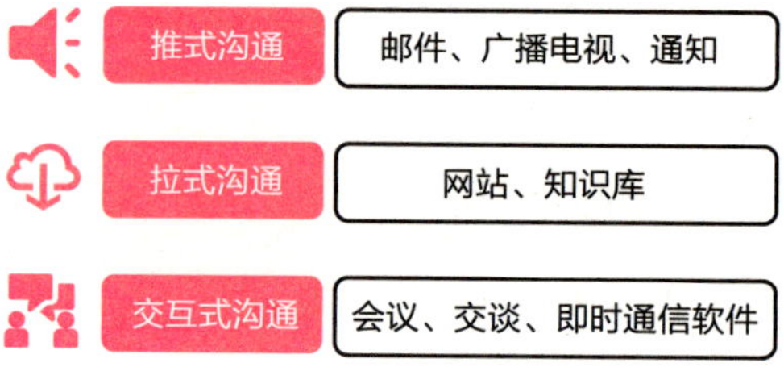

图4-19 沟通方法

沟通方法代表了信息的传递方向，不同沟通方法的具体区别如下：

- 推式沟通。将信息推出去，不要求有回应，如广播电视、报纸、通知、群发的邮件等。
- 拉式沟通。相当于从信息“集中地”主动拉取信息，如网站、知识库。
- 交互式沟通。有一个你来我往的过程，如交谈、会议、即时通信软件等。

例题

一家大型、全球性公司的员工分布在7个国家。为确保项目成功，无论员工处在何处办公，都必须能方便地通过安全的内部网站访问培训资源。这使用的是哪种沟通方法？

A. 交互式沟通

B. 编码沟通

C. 拉式沟通

D. 推式沟通

答案：C。主动从网站中获取信息，属于拉式沟通。

4.13　塔克曼阶梯理论

塔克曼阶梯理论展示了团队从形成到解散的全部过程。每个阶段的团队状态和工作绩效如图4-20所示。

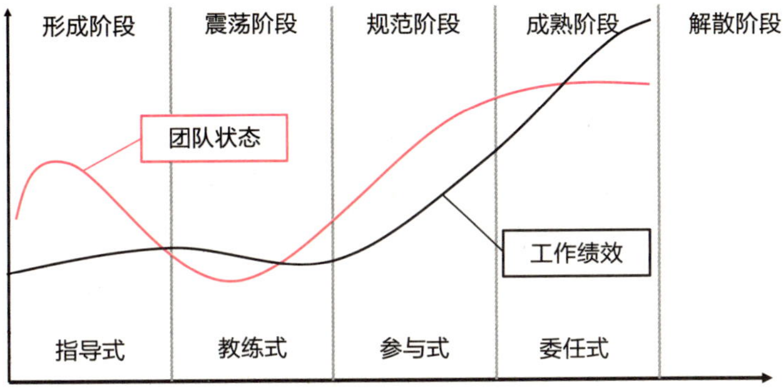

图4-20　塔克曼阶梯理论

- 形成阶段。团队刚刚组建，大家摩拳擦掌想干出一番事业，因此团队状态较好。此时，团队成员的能力不足，需要项目经理的指导。因为刚刚相互认识，团队成员还比较独立，不太愿意交流，项目经理要鼓励交流，甚至创造合理冲突。
- 震荡阶段。团队成员的状态最差，争吵和反对的声音很大，相互不信任，工作绩效低下。在此阶段，项目经理的管理风格应该是教练式。
- 规范阶段。项目经理参与每件事的讨论与决策。团队成员愿意相信对方，大家统一按照一个规则行事，初步建立了信任。
- 成熟阶段。项目团队组织有序，有任何一个工作输入，团队都会自动将其转为工作输出，工作绩效最高，团队状态最好。此时，项目经理可以放手让团队成员自己做事。
- 解散阶段。项目完成，团队解散。

五个阶段的特点如表4-7所示。

表 4-7　塔克曼阶梯理论：阶段特点

阶段	冲突	信任	关键词或短语
形成阶段	低	低	独立、自我、不开放、组建
震荡阶段	高	低	冲突、反对、争执
规范阶段	高	建立信任	信任、开始建立、规范、喜欢互动

续表

阶段	冲突	信任	关键词或短语
成熟阶段	低	高	组织有序、相互协助
解散阶段	低	高	结束

例题

敏捷项目进入第三次迭代。尽管团队坚持遵循敏捷最佳实践，但Scrum主管还是觉得团队状态存在问题。每个团队成员都独立工作，在Scrum活动中，团队成员之间不开放，避免冲突。团队目前处在塔克曼模型的哪个阶段，Scrum主管可以做些什么来帮助团队进入下一个阶段？

A. 震荡阶段。Scrum主管需要帮助团队在冲突中找到方向，实现高绩效

B. 规范阶段。Scrum主管需要帮助团队将不健康和低效的冲突放在一边

C. 成熟阶段。Scrum主管需要确保冲突得到缓解，以便让团队成员继续工作

D. 形成阶段。Scrum主管需要帮助团队认识到冲突是具生产力且有必要的

答案：D。团队成员不开放，处于形成阶段。

4.14 质量工具

质量工具的数量较多，为了便于大家理解，我们用“参加PMP®考试”为例，将一系列质量工具串起来。

4.14.1 流程图

流程图是用来展示流程步骤的。当产生缺陷时，也可以展示引发缺陷的步骤。

当获知可以考PMP®认证时，我们首先想知道：为了拿到PMP®证书需要做什么？考取PMP®证书的流程是什么？对此，可以绘制一份流程图，如图4-21所示。

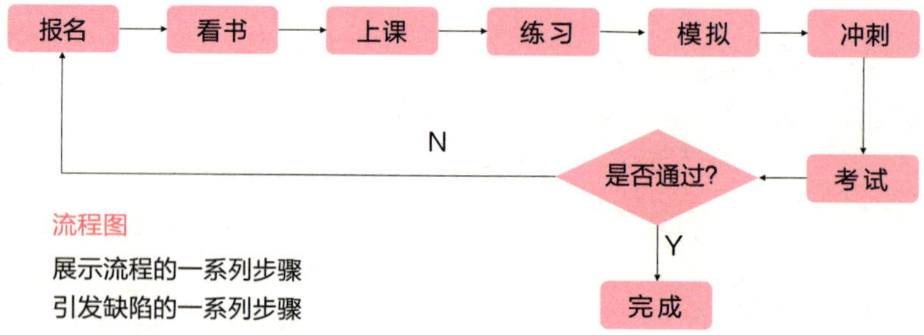

图4-21 流程图示例

在整理出来后，我们可以清晰看到，对于拿到PMP®证书，需要经历报名、看书、上

课、练习、模拟、冲刺和考试这些流程。这样展示出来的流程很清晰，也能明确知道自己当前处于哪个步骤。

例题

项目经理负责一个IOT项目，项目的目标是开发公司首款智能家居产品。在开发的过程中，项目经理发现，整个开发团队对硬件产品的制造过程不熟悉，对于生产硬件所需的流程，总需要询问专家。以下哪一种工具能够解决此问题？

A. 实验设计

B. 流程图

C. 控制图

D. 帕累托图

答案：B。绘制一份生产制造流程图，就可以解决项目经理的困扰。

4.14.2　控制图

控制图用于定量监控过程的稳定性。

在绘制完流程图后，你决定报名学习PMP®。在报名后的学习过程中，你每天都会做练习题，你想监控自己答题的正确率，于是绘制了一张图，如图4-22所示。

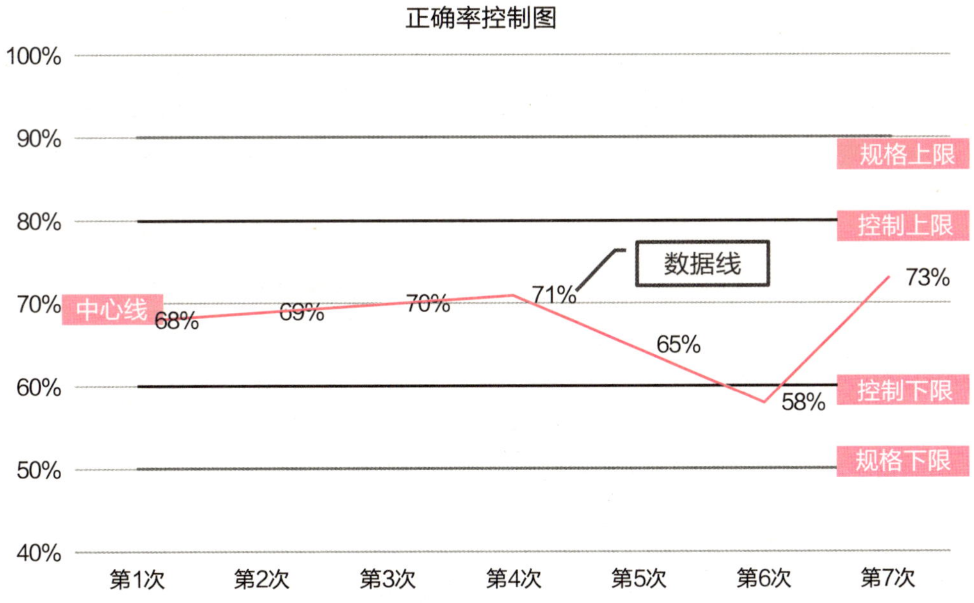

图4-22　控制图

正常的答题正确率为60%~80%。若超出这个区间，则题目可能过于简单或太难，或者自己掌握的知识还不全面。

判定一个过程是否失控有两个原则：

- 一点在外原则。有一个点在控制线外，即在控制下限以下或在控制上限以上。
- 七点连续原则。有七个连续的点在中心线的上方或下方。

在这个案例中，第6次做题的正确率为58%，低于控制下限，属于有问题，需要查找原因。

例题

一个项目具有特定的服务水平协议，以保证客户服务的质量。项目经理应使用什么工具，来确定该服务的稳定性及可预测性？

A. 控制图

B. 帕累托图

C. 流程图

D. 标杆对照

答案：A。控制图能够实时监控质量数据，能够确定质量的稳定性。请注意，数据的趋势也能够体现可预测性。

4.14.3 石川图

石川图用于分析问题产生的根本原因。石川图有很多种叫法，如why-why分析图、鱼骨图、鱼刺图、特性要因图等。

在介绍控制图时提到，如果成绩不好（答题的正确率不高），有可能在知识的掌握方面还有问题，需要分析原因。因此，就需要将原因分解成多个因素来分析，绘制一个类似鱼刺的图形，如图4-23所示。

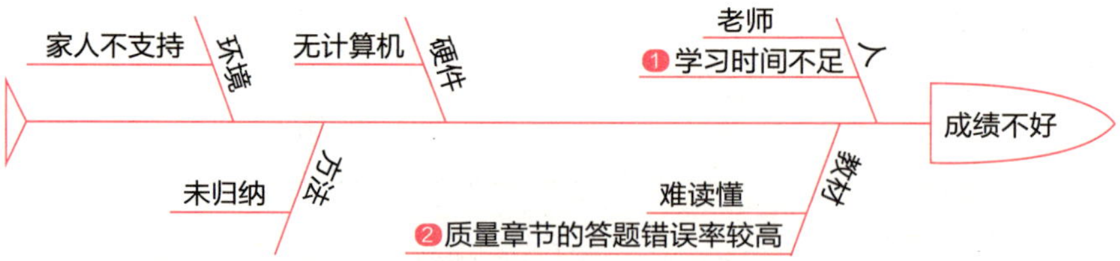

图4-23　石川图

将成绩不好的原因分解，从“人、教材、硬件、方法、环境”五个因素着手，进行彻底的分析。最终发现，根本原因有两个：一是学习时间不足，二是质量章节的答题错误率较高。

石川图可通过这种要因分解的方式来寻找导致问题的根本原因。

例题

项目经理审查风险登记册，并希望识别风险原因。应该使用下列哪项分析和绘图技术?

A. 故障树分析（FTA）和鱼骨图

B. 计划评审技术（PERT）和因果分析

C. 失效模式与影响分析（FMEA）和关键性分析

D. 蒙特卡罗模拟和偏差分析

答案：A。鱼骨图用于分析原因。

4.14.4 帕累托图

帕累托图用于分析导致问题的主要原因。

根据前面石川图的分析，发现质量章节的答题错误率较高。因此，可以绘制一张图，以显示十大知识领域中哪个领域的答题错误率较高，哪一章的知识掌握得不扎实，如图4-24所示。

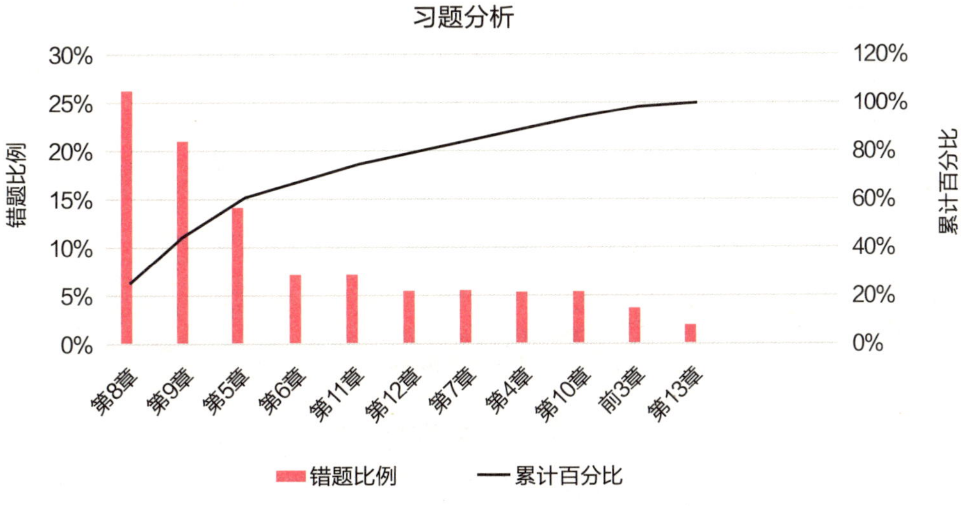

图4-24　帕累托图

有一个原则叫80/20原则，即80%的问题是由20%的原因导致的。例如，在这个案例中，第5章、第8章、第9章的错误率之和就占到了总错误率的80%以上。帕累托图能够让你很快地抓住主要矛盾，从而处理问题。

例题

项目经理希望确定产生大多数项目问题或缺陷的原因，从而确定问题领域，项目经理应该使用哪项工具?

A. 控制图

B. 流程图

C. 帕累托图

D. 散点图

答案：C。寻找大多数问题的原因，即满足80/20原则，选择帕累托图。

4.14.5 散点图

散点图用于展示两个变量之间的关系。

由石川图的分析可以发现，投入学习的时间不足。因此，你将全班53名同学每天的学习时间和模考成绩进行了统计，并将结果绘制在坐标系上，如图4-25所示。

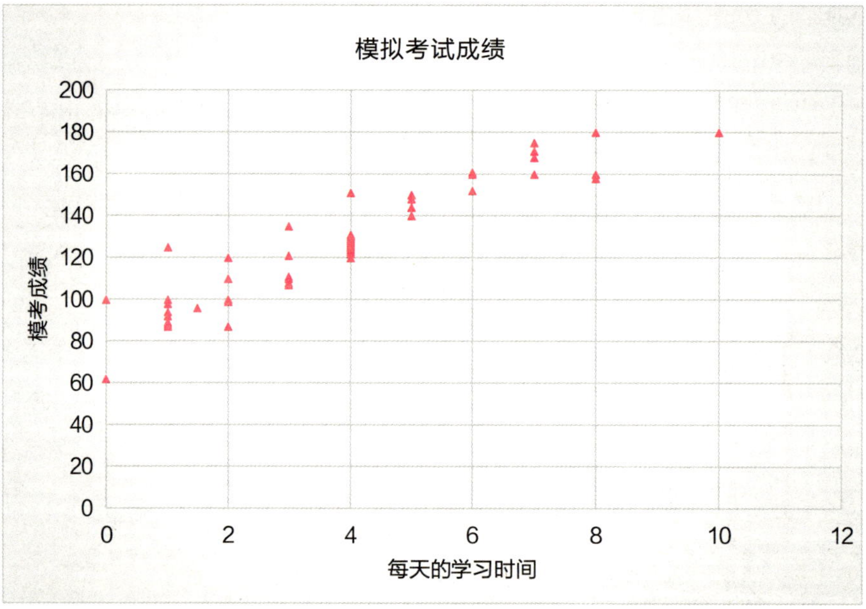

图4-25 散点图

从这个案例来看，每天的学习时间和模考成绩呈明显的正相关，也就是说，每天学习的时间越长，考试的成绩越高。这个描点的图叫作散点图，用于展示两个变量之间的关系，横坐标表示一个变量，纵坐标表示另一个变量。

例题

下列哪一个质量工具可用来识别两个变量中存在的变更关系？

A. 趋势图

B. 帕累托图

C. 散点图

D. 直方图

答案：C。识别两个变量的关系是散点图的特点。

4.14.6　核查表

核查表（Checksheet）用于计数，并从中查找信息。

根据前面的分析，问题找到了，原因也找到了，于是你每天花更多的时间用于学习。为了更好地掌握知识点，你将每章的知识点数量整理出来，然后逐一学习，掌握一个知识点记录一次（见图4-26）。

	知识点数量	已经掌握的知识点数量	记录
前3章	20	10	正正
第4章	50	5	正
第5章	30	10	正
第6章	20		
第7章	45		
第8章	40		
第9章	20		
第10章	20		
第11章	50		
第12章	20		
第13章	10		

图4-26　核查表

在生产线上，核查表常被当作统计工具，用于记录各种指标，如一次性通过率、重测率等。计数的目的也是为了能够在这些数据中提取相关数据，从而引发关注。

4.14.7　核对单

核对单（Checklist）用于检查，避免遗漏信息。

终于要参加考试了，哪些东西要带一定要记住。于是，你列了一个清单，如图4-27所示。

☐ 手机

☐ 钱包

☐ 准考证，提前打印好

☐ 身份证，考试的身份证明

☐ 早餐，补充能量

☐ 习题册，最后冲刺

☐ 辅导书

图4-27　核对单

核对单是非常常见的质量工具，在做测试或质量检查时，通常用核对单一一进行核对，核对完一项打一个勾，直到所有项目都检查完毕。

因此，核对单能够非常有效地避免在检查中遗漏信息。

例题

在一个项目的测试阶段，项目团队发现了缺陷，项目团队应该使用什么工具来确保缺陷已被识别和记录？

A. 直方图

B. 流程图

C. 核对单

D. 因果图

答案：C。核对单能够避免遗漏，因此能确保相关缺陷被记录。

4.14.8 总结

常见的质量工具如表4-8所示。

表 4-8 质量工具总结

质量工具	定义	特点	关键词
流程图	对某系统内的一个或多个过程的输入、过程行为和输出的图形描述	展示步骤	输入输出、查找原因
控制图	按时间顺序展示过程数据，并将这些数据与既定的控制界线相比较的一种图形。控制图有一条中心线，有助于观察图中的数据点向两边控制界线偏移的趋势	监控任何过程。量化数据，审查	预测、稳定、过程、运行
石川图	一种分解技术，有助于追溯造成非预期结果的根本原因	分解	根本原因
帕累托图	是一种特殊的垂直条形图，用于识别造成大多数问题的少数重要原因	80/20 原则	主要原因、大多数原因
散点图	一种展示两个变量之间关系的图形	两个变量	变量关系
核查表	又称计数表，用于合理排列各种事项，以便有效收集关于潜在质量问题的有用数据	计数	计数
核对单	有助于以结构化的方式管理和控制质量活动	避免遗漏	大量、遗漏

4.15 质量与等级

质量与等级是不同的概念。质量指的是满足要求的程度，而等级指的是不同的技术级别。低等级的产品可能具备高质量，而高等级的产品可能有很多质量缺陷（见图4-28）。

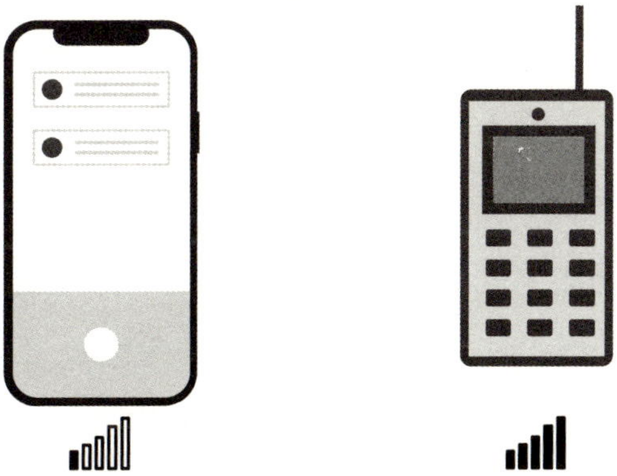

图4-28　质量与等级

如图4-28所示的案例，高等级的智能手机可能有信号差的质量问题，而低等级的非智能手机可能没有信号差的问题。

例题

在项目的质量审查期间，团队讨论了对当前质量管理计划的必要变更，以满足干系人的期望。目前的计划包括产品的特定事项和特征，但缺少一个重要方面。若要完成质量管理计划，项目经理应该怎么做？

A. 评估交付团队的绩效

B. 评估产品的性能

C. 考虑产品等级

D. 分析提供给客户的价值

答案：C。在设计一个产品时，需要先定义产品的等级。根据题干，已经讨论清楚质量管理计划，还需要确认等级信息。

4.16　风险与问题

风险代表对将来问题的预判，问题代表对过去问题事件的跟踪。

要想更好地区分风险与问题，需要从定义入手。在图4-29中，给出了风险与问题的严谨定义。

从图4-29中的定义可以得出风险的6个特点：

- 尚未发生。
- 如果发生，会影响项目目标。

- 包括威胁和机会
- 影响
- 概率
- 事件

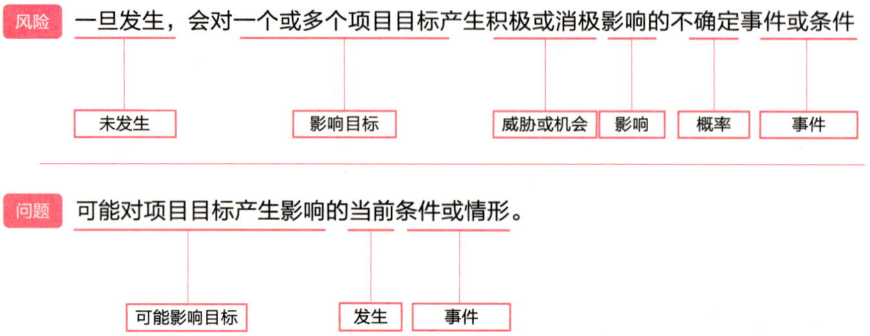

图4-29 风险与问题的定义

而问题的3个特点如下：

- 可能影响目标
- 已经发生
- 事件

因此，根据风险与问题的定义，可以得出两者的区别（见表4-9）。

表 4-9 风险与问题的区别

名称	特点	时间点	流程	文件
风险	事件、影响、概率	对将来的预判（未发生）	识别→定性分析→定量分析→规划应对→实施应对→监督风险	风险登记册
问题	事件、影响	对过去的跟踪（已发生）	影响→原因分析→短期方案→长期方案→解决	问题日志

在了解了风险与问题的区别后，再来看一下风险与问题的联系（见图4-30）。

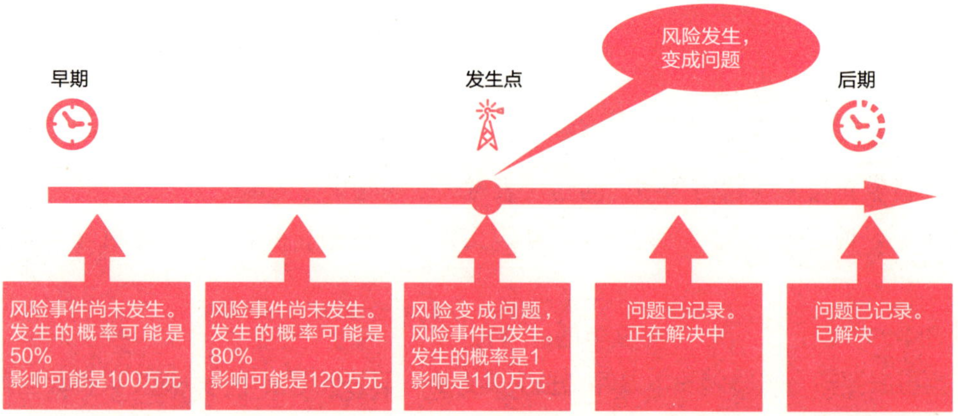

图4-30 风险与问题的联系

在项目的早期，识别出一个风险，这个风险事件尚未发生，风险发生的概率可能是50%，风险的影响可能是100万元。随着项目的进展，风险发生的概率提高到80%，风险的影响可能提高到120万元。后来，风险发生，具有不确定性的风险变成了具有确定性的问题，风险发生的概率是100%，风险的影响确定是110万元。随后，将问题记录并跟踪解决。

因此，风险发生后会变成问题，而问题可能导致新的风险，这就是风险与问题的联系。

TIP

一个问题发生后会导致新的风险，新的风险发生后会变成新的问题。因此，问题和风险常常相伴相生。我们在做PMP®的考题时经常会将两者混淆，这是由于两者既有区别又紧密联系的特点所导致的。因此，在回答题目时，有时要区分两者，有时又不用区分。如果需要明确区分两者，我们要知道两者的区别；如果不需要明确区分两者，我们要知道两者的联系。

例题

在项目的下一阶段，一位建筑师将休3个月的产假。若要确定这是风险、问题还是机会，项目经理应该评估下列哪一项？

A. 概率和优先级

B. 概率、后果和时间表

C. 优先级、时间表和概率

D. 后果和风险状况

答案：B。这道题需要区分风险和问题。B选项中的概率和时间表（过去发生还是将来发生）用于区分风险和问题，后果（积极影响还是消极影响）用于区分威胁和机会。

4.17　项目文件

在本节中，项目文件指的是问题日志（处理过去发生的问题）、风险登记册（预防将来影响项目目标的可能问题）、经验教训登记册（改善未来绩效）。它们的具体区别如图4-31所示。

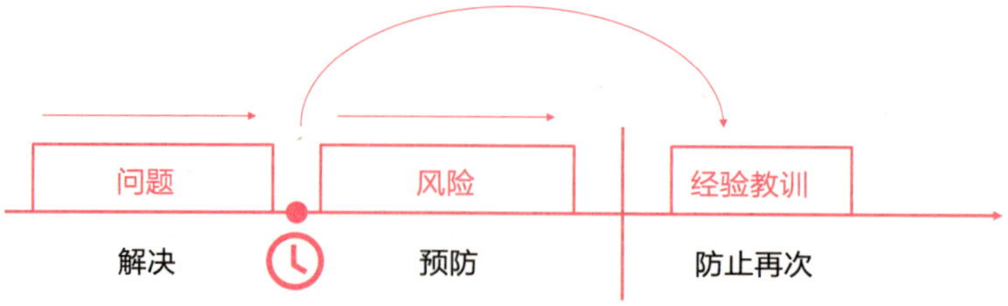

图4-31　项目文件的区别

根据图4-31，可以得出以下结论：

- 问题日志。记录过去发生的问题，着重于解决问题。
- 风险登记册。记录当前识别的风险，着重于预防问题。
- 经验教训登记册。记录当前的经验教训，防止同一个问题再次发生。

例题

在项目执行期间，项目经理发现，在规划期间未考虑政府法规。在经过详细分析后，项目经理解决了这个问题。若要防止再次发生这个问题，项目经理应该做什么？

A. 将该过程记录在风险登记册中

B. 在问题日志中记录该事项

C. 更新经验教训

D. 向指导委员会通知解决方案

答案：C。要防止再次发生这个问题，项目经理应该更新经验教训登记册。

4.18　合同

合同分三大类，共七种合同。

- 总价合同。包括固定总价合同、总价加激励费用合同、总价加经济价格调整合同。
- 工料合同。
- 成本补偿合同。包括成本加奖励费用合同、成本加激励费用合同、成本加固定费用合同。

4.18.1　三大类合同的辨析

三大类合同分别应用于不同的场景。假如用一个关键词来区别三大类合同，这个关键词就是范围（或需求）。

- 当范围很明确时，应该用总价合同。
- 当范围很模糊、不明确时，应该用工料合同。

- 当有一个初始范围，但该范围大概率会发生变更时，应该用成本补偿合同。

在辨析合同前，先讲两个重要概念：

- 成本。任何采购都是有成本的，成本都由甲方来支付。例如，在房屋装修项目中，装修材料的成本一定是由甲方来负担的。成本会有变动。例如，在购买装修材料时，选择了更贵的产品（或者，在贴了一半瓷砖后，甲方不满意，要求更换另一种瓷砖）。
- 费用。相当于乙方的利润。甲方在向乙方支付相应的成本后，还要给予一定的利润，这个利润可以是固定的，也可以是浮动的（例如，我觉得乙方的装修工作让我很满意，我会再追加一些奖励利润给乙方）。

接下来，我们以一个案例来区分这几类合同。假如你想买一台手机，希望代购人员从香港代购，那么将会有如图4-32所示的三种情况。

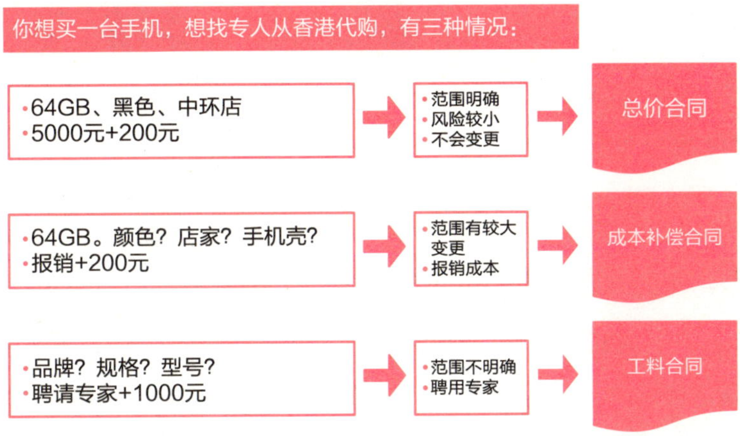

图4-32　三大类合同的区别

- 第一种情况。你要买一台64GB的黑色某品牌手机，要求到中环店购买。这台手机的价格是5000元，还要给代购员200元的利润，也就是说，要付出5200元来拿到这台手机，至于代购员盈亏与否与你无关。这类合同就叫总价合同，也叫总包类合同，特点是，范围明确（品牌、型号、存储容量、地点等），买方风险较小，一般没有变更。对于代购员来说，这类合同的风险最大，因为如果出门晚了，要打车去中环店，打车的费用甲方不会承担。
- 第二种情况。你要买一台64GB的手机，品牌不确定，颜色不确定，购买地点不确定（如果中环店没有就去旺角店买），可能还要买一些手机壳。购买期间产生的所有费用（购机成本和换店打车费用）都给代购员实报实销，然后在这个基础上，给代购员200元的利润。这类合同就叫成本补偿合同，特点是，有一个初始范围，但是该范围大概率会发生变更，你要把变更的成本补偿给乙方。对于乙方来说，这类合同的风险最小，因为不管有什么变更，代购员最终都能拿到这200元的利润。

- 第三种情况。你要买一台手机，但你对手机一窍不通。手机品牌繁多，选择困难，于是你聘请了一位专家。在专家的帮助下买到了一台你最满意的手机，然后你向专家支付了1000元的咨询费用。这类合同叫工料合同，特点是，范围不明确，通常在聘用专家时使用。

例题

下列哪种合同类型要求具有最完整且定义最精准的工作范围，并要求做好最周到的准备？

A. 固定费用加补偿合同

B. 单价合同

C. 固定总价合同

D. 工料合同

答案：C。要求范围最精准，因此选择固定总价合同。

4.18.2 工料合同与成本补偿合同辨析

成本补偿合同有一个初始范围，只是该范围大概率会变更，因此要把变更产生的成本补偿给乙方。

工料合同的范围完全不明确，在这方面完全不专业，无法定义范围。

例题

项目经理加入一个项目，该项目具有可能发生变更的高层级需求。项目经理识别到工作说明书中包含一个粗略的预算估算。项目经理应该为该项目选择以下哪一种合同？

A. 成本加奖励合同

B. 总价加经济价格调整合同

C. 工料合同

D. 总价加激励费用合同

答案：A。该项目会发生变更，因此选择成本补偿合同（从题干无法看出是奖励合同，但是成本补偿的合同类型是确定的）。

例题

在获得项目资源过程中，当无法快速定义精确的工作说明书时，下列哪种合同类型更适用？

A. 成本加奖励合同

B. 固定总价合同

C. 成本加激励费用合同

D. 工料合同

答案：D。无法定义工作说明书，说明范围不明确，选择工料合同。

4.18.3　成本加奖励费用与成本加激励费用的辨析

成本补偿类合同有三种。

- 成本加奖励费用。项目经理根据主观判断，对乙方给予奖励。例如，在前面的案例中，如果代购员从中环店到旺角店没有打车，而选择坐公交，那么将省下来100元的成本。我根据主观判断，除了200元的利润，还将给予对方10元的奖励。
- 成本加激励费用。项目经理和乙方签订合同，针对成本节约或浪费，确定激励的分成比例。例如，在前面的案例中，可将激励比例设定为20%。代购员若打车过去，将多花100元的成本，按照合同约定，扣掉代购员20元的利润，对方能拿到180元。若代购员不打车，将省下来100元的成本，按照合同约定，给予20元的激励，对方能拿到220元。这样就能激励乙方帮我省下成本。
- 成本加固定费用。乙方可随便用掉甲方的成本，但是利润保持不变。例如，在前面的案例中，代购员无论坐公交、打车、租豪车，甲方都要承担这个成本，但是代购员的200元利润不变。这对甲方来说，风险最大，最不划算。

因此，成本加奖励费用与成本加激励费用的最大区别是：前者是主观的，甲方不给奖励也可以，对方不能申诉；后者是客观的，激励方式已被写入合同，甲方必须按照一定比例进行奖励或惩罚。

例题

在项目完成时，客户根据对供应商绩效的主观决定，拒绝支付总金额中的一部分，该合同应属于下列哪一类型？

A. 成本加奖励费用合同

B. 固定总价合同

C. 成本加激励费用合同

D. 固定总价加激励费用合同

答案：A。主观决定，属于成本加奖励费用合同。

4.18.4 总价加激励费用和成本加激励费用的辨析

总价加激励费用合同与成本加激励费用合同的区别在于，前者有一个成本上限。仍以前面的案例来计算，假如代购员租了一辆豪车去旺角店，租车价格为2000元，那么按照20%的惩罚比例，需要扣掉400元的利润。但是，代购员的利润只有200元，最多只能扣200元。这对于甲方来说，风险还是很大。于是，就有了总价加激励费用合同，即设定一个成本上限，乙方多花的成本不能超过500元——总成本不超过5500元。这样一来，甲方的风险就大幅减轻了。

4.18.5 总价加经济价格调整合同

总价加经济价格调整合同用于汇率波动、通货膨胀、特殊产品的价格波动（如房地产）等场景。假如一个项目的持续时间非常长，那么货币的时间价值就变得尤为重要，因此在拟定合同时，需要考虑汇率波动或通货膨胀带来的货币贬值。

例题

一个外包项目的可交付物预计需要数年时间才能完成，项目经理应该选择哪种合同类型？

A.总价加激励费用合同

B.经济价格调整合同

C.成本加激励费用合同

D.成本加激励合同

答案：B。可交付物需要数年才能完成，应该考虑通货膨胀因素。

4.18.6 总结

在图4-33中，给出了七种合同的关键信息，并根据对甲方的风险进行了排序（由低到高，风险从小到大）。

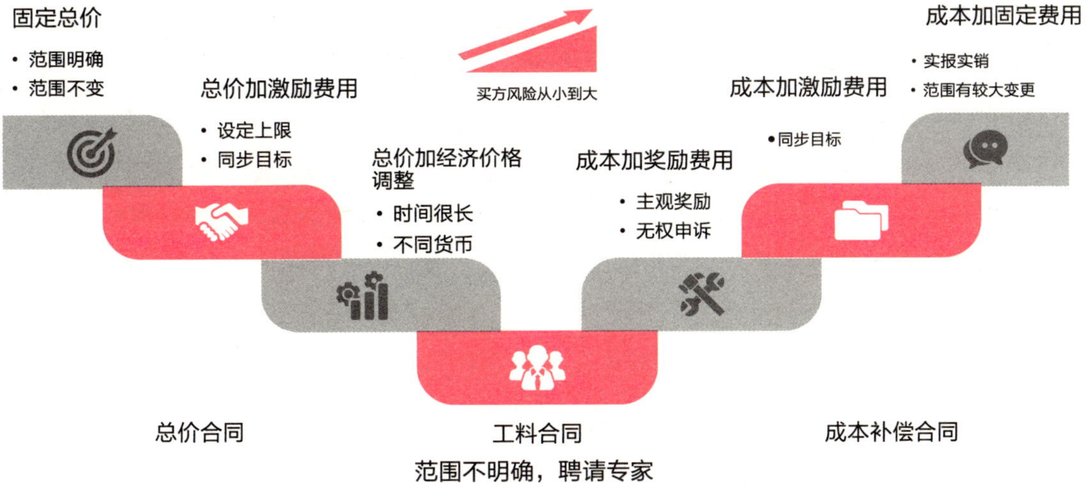

图4-33　七种合同的关键信息

4.19　风险管理计划与风险登记册

风险管理计划与风险登记册的最主要区别是，前者不包含具体的风险，后者包含具体的风险。两者所包含的内容如图4-34所示。

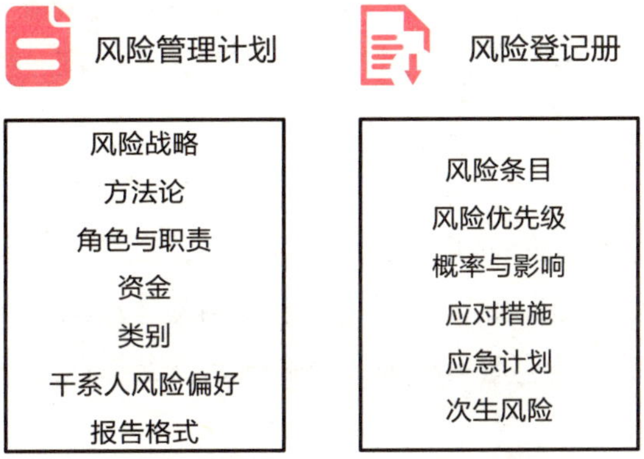

图4-34　风险管理计划与风险登记册

风险管理计划是风险管理的程序性计划，它包含风险战略、方法论、模板格式要求、干系人风险偏好等内容。风险管理计划不包含具体的风险。

风险登记册记录了风险的具体条目，它包含每个风险的优先级、应对措施等，是针对风险的具体应对文件，可以理解为风险管理的实体内容。

例题

在项目执行过程中，发生了一个意外。该事件影响了项目成本，但未影响时间。之前，该事件被项目团队识别为一个潜在的风险。若要限制该事件对项目成本的影响，项目经理应该怎么做？

A. 查看风险登记册，并确定适当和既定的应对措施

B. 分析该事件，包括对成本和时间的影响，并创建变更请求

C. 制定权变措施，并立即实施，尽可能减少成本超支

D. 查看风险管理计划，查询具体的应对策略

答案：A。遇“风险”，先查“册”（风险登记册）。请注意，风险管理计划中无具体的风险应对策略。

4.20 干系人参与计划与干系人登记册

干系人参与计划与干系人登记册的区别在于，前者包括了干系人的应对策略，后者仅记录了干系人的基本信息，如图4-35所示。

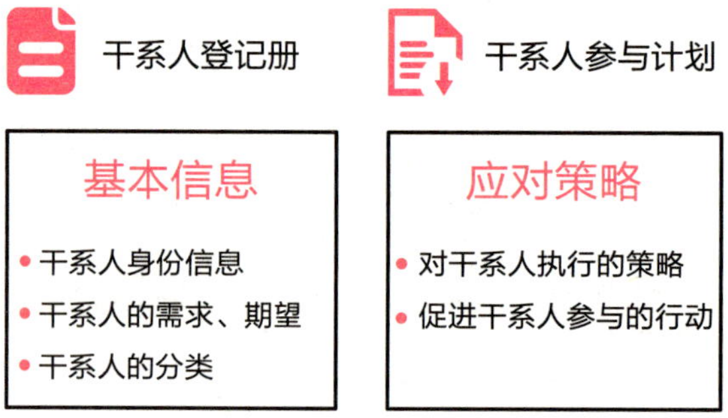

图4-35 干系人参与计划与干系人登记册

我们都知道，风险登记册记录了风险的应对策略，但是干系人的应对策略并没有记录在干系人登记册里。干系人登记册仅记录了干系人的基本信息，如干系人的身份、兴趣、需求、期望和分类。干系人的应对策略被记录在干系人参与计划里。

例题

一位新项目经理被指派管理一个正在执行的项目。在这个项目中，项目经理发现，一些已识别的干系人对项目有顾虑。项目经理应该怎么做？

A. 查看干系人登记册，寻找处理方案

B. 参照以往里程碑，核实会议的与会者

C. 与项目团队讨论该问题

D. 查看干系人参与计划

答案：D。只有查看干系人参与计划，才能找到处理方案。干系人登记册仅记录了干系人的基本信息。

第5章 PMP®考试中的项目流程

在PMP®考试中，考题中经常会出现“项目经理下一步该怎么做”的场景，这种场景考查的是考生对项目流程的理解。本章重点讲述以下五个流程：

- 变更流程。
- 风险流程。
- 采购流程。
- 收尾流程。
- 过程流程。

5.1 变更流程

在PMP®考试中，变更流程是最常考的流程。我们将对整体变更控制流程进行梳理，力求帮助大家不在这类题目上丢分。

5.1.1 整体变更控制流程

项目的整体变更控制流程如图5-1所示。

需要说明的是，每家企业的变更流程都是不同的，具体流程取决于变更管理计划，图5-1所示的流程图仅用作示例。在回答具体题目时，要针对具体场景具体分析。

整体变更控制流程的第一步是干系人正式提出变更，接下来由项目经理和团队分析变更并提出影响，然后再与干系人沟通以确定是否需要变更。若确认需要变更，则要判断变更是否影响基准，若不影响基准，则项目经理自行审批即可；若影响基准，则要向CCB提交含解决措施的变更请求，并等待CCB的审批。若变更请求获得批准，项目经理需要更新项目管理计划和项目文件，通知干系人，然后执行变更。

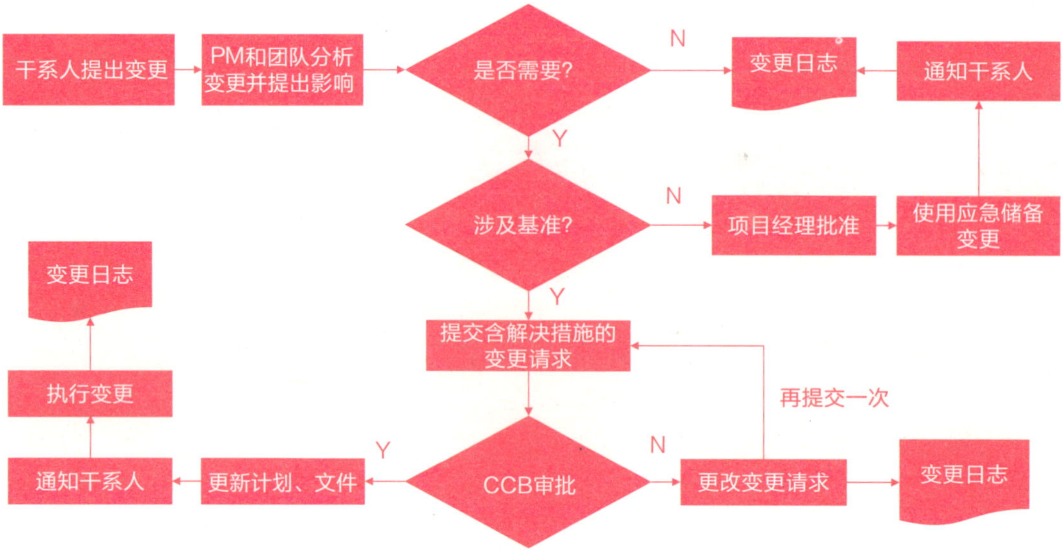

图5-1　整体变更控制流程

5.1.2　审批前，三步骤

前面讲到，每家企业的变更流程都是不同的，但是，它们也有共同的地方。其中一项是，在变更被审批前，有三个固定的步骤，如图5-2所示。

图5-2　审批前，三步骤

变更的第一步是干系人提出变更，然后项目经理和团队分析变更并提出影响，接下来向CCB提交含解决措施的变更请求。在任何公司的变更流程中，都存在这三个步骤。

例题

一名指导委员会的成员提交了一项新请求，这项请求似乎没有得到充分考虑，可能对项目产生负面影响。接下来，项目经理应该怎么做？

A. 评估该请求的影响

B. 记录该请求，并将其提交给变更控制委员会

C. 要求支持的成员说服该指导委员会成员撤回请求

D. 拒绝该请求，并告知该指导委员会成员拒绝的原因

答案：A。指导委员会提交了新的变更请求，项目经理和团队分析并评估请求的影响。

5.1.3　凡变更，必流程

在预测型项目中，只要涉及基准的变更，就必须正式地走变更控制流程。在考题中，

经常会遇到"项目很紧急""领导要求做""客户要求立即做"等场景，此时，一般都要选择正式的变更流程。

例题

在项目执行阶段，有关部门批准了一项监管法律，并责令项目团队立即遵守。这项法律将影响项目的范围、进度和成本，项目经理首先应该做什么？

A. 减轻风险

B. 修改项目范围

C. 将问题升级，并上报给高级管理层

D. 开始变更请求过程

答案：D。凡变更，必流程。

5.1.4　动基准，先变更

三大基准——范围基准、进度基准、成本基准，都是经过高层审批的权威文件。若任何问题使基准发生变更，如项目延迟、范围变化等，则需要第一时间走变更流程。

例题

在项目的最后一星期，一场飓风影响了项目的交付日期，项目经理应该怎么做？

A. 使用储备分析技术

B. 更新风险登记册

C. 提交变更请求

D. 将其报告给项目发起人

答案：C。已经影响交付日期了，说明影响了进度基准，需要先考虑变更。

5.1.5　遇蔓延，找变更

项目蔓延和"项目镀金"都属于未经过正式变更控制流程的范围变化，理论上，这已经使范围基准发生了变更。若遇到这种问题，请参考第5.1.4节的内容——动基准，先变更。

例题

一名工程师在没有提交变更请求的情况下，完成了项目干系人对可交付物的变更。项目经理应该怎么做？

A.获得变更原因的相关信息

B.审查变更的影响，并提交变更请求

C.更新问题日志

D.指示该工程师撤销变更

答案：B。工程师做了范围蔓延的工作，需要提交变更请求。

5.1.6 有变更，要沟通

当干系人提出变更时，他们一般不会考虑变更的影响，但是变更可能导致项目延期、预算超支。此时，项目经理要与干系人沟通，提出具体的影响。如果干系人坚持进行变更，则需要让干系人提交正式的变更请求。

例题

项目经理与客户开会，以协调一个大型项目。在会议期间，客户要求变更范围。项目经理首先应该做什么？

A. 建议客户提交一份正式的变更请求

B. 启动范围变更，以维护良好的客户关系

C. 分析并评估这些变更的影响

D. 拒绝这些变更，因为它们不包含在项目范围说明中

答案：A。客户要求变更范围，此时要和客户沟通，确认必须要变更时，需要客户提交正式的变更请求。

5.1.7 有权变，找变更

权变措施指的是，在未知风险发生后所采取的权宜措施，这个措施一般要使用管理储备，而使用管理储备一定会涉及变更。因此，如果涉及权变措施，应该选择变更。

例题

项目受到一个未预料的风险的影响，迫使项目经理执行了一个权变措施，但是权变措施的作用有限。这一情况将影响需求的达成，项目经理应该怎么做？

A. 将影响归档为质量偏差

B. 将该案例转给专家来判断

C. 提出变更请求

D. 进行敏感性分析

答案：C。权变措施，需要走变更流程。

5.1.8 外部变更和内部变更

外部变更先沟通，内部变更先分析。

先给出外部变更和内部变更的定义。

- 外部变更。在项目绩效正常的情况下，由项目团队成员以外的外部干系人（如客户、发起人）提出的变更。
- 内部变更。在项目绩效出了问题（或者发现了必须通过变更流程才能解决的问题）的情况下，由项目团队成员提出的变更。

外部变更一般是干系人提出的变更。项目经理要第一时间了解变更，同时与干系人沟通变更对项目的影响。若干系人确定要变更的话，则要求干系人正式提出变更请求。

例题

项目经理收到了来自项目组中一个业务分析员的语音邮件。业务分析员指出，一位关键干系人对他们没有在项目开始前参与进来而感到不安。该干系人要求在需求跟踪矩阵中增加一项内容。项目经理应该做什么来改善与关键干系人的关系？

A. 发起一个项目变更请求，以便CCB可以确定它是否在范围内

B. 更新干系人参与计划，以确保干系人被记录在项目干系人登记册中

C. 查看项目范围文件，以确保增加的内容仍在范围内

D. 与干系人开会，在回应干系人请求前了解更多的信息

答案：D。外部干系人提出了一个变更，项目经理应该先与干系人开会沟通，以了解更多的信息。

内部变更的原因其实是项目团队在执行项目时发现了问题。在发现问题后，应第一时间分析问题，包括影响、原因、解决方案。然后，再向CCB提交含解决方案的变更请求。

例题

一位软件升级项目的首席开发人员提出了一些增强功能的建议，他认为这些增强功能可改进项目整体实施和最终用户体验。项目经理应该怎么做？

A. 提交变更请求

B. 确定变更对进度计划和成本的影响，评估该变更的可行性

C. 与项目干系人开会，确定是否应该包含这些增强功能

D. 批准建议的增强功能

答案：B。开发人员属于内部团队成员，“内部变更先分析”，然后再提交变更请求。

5.2 风险流程

风险管理是项目管理过程中非常重要的一个知识领域，但是，在《PMBOK®指南》（第6版）中，并未对风险的概念和流程进行明确的介绍。基于我们多年的教学经验，考试主要涉及以下3个流程：

- 风险整体流程
- 规划风险应对流程
- 监督风险流程

理解这3个流程基本上可以从全局来把握风险流程。

5.2.1 风险整体流程

风险整体流程如图5-3所示。

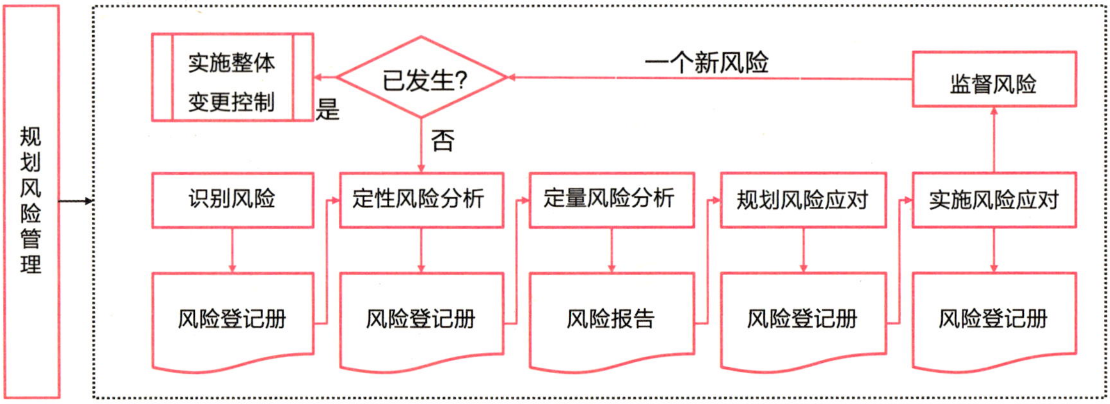

图5-3 风险整体流程

对于项目风险的整体流程，我们在风险管理概述中进行过细致介绍，在这里补充几个细节。具体见第5.2.1.1节至第5.2.1.3节。

5.2.1.1 流程顺序

风险的流程顺序是，先识别风险，再定性分析，然后定量分析（如果有必要），最后规划风险应对。

例题

在识别风险后，项目团队对项目结果的影响意见不一致，项目经理首先应该怎么做？

A. 定量风险分析

B. SWOT 分析

C. 头脑风暴

D. 定性风险分析

答案：D。在识别风险后，先实施定性风险分析。

5.2.1.2　风险登记册的更新

除了规划风险管理和定量风险分析，风险管理中的其他5个流程都需要更新风险登记册。在各个流程中，需要对风险登记册的相关内容进行更新（见图5-4）。

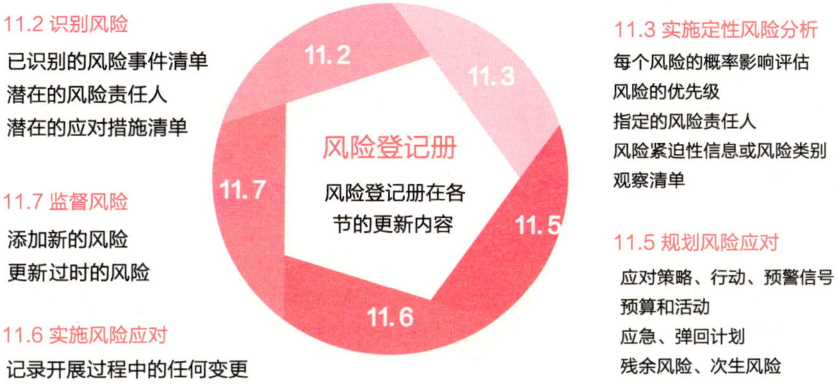

图5-4　风险登记册的更新

- 识别风险。在识别风险后，要将风险事件和潜在的风险责任人、应对措施记录下来。
- 实施定性风险分析。在定性分析后，要把风险的优先级体现出来，并指定风险责任人。
- 规划风险应对。在规划应对后，要把风险的应对策略和相关储备信息记录下来。
- 实施风险应对。在实施风险应对后，要记录开展过程中的任何变更。
- 监督风险。在监督风险时，要将新的风险添加至文件，并更新过时的风险。

例题

在项目执行过程中，职能经理识别出一个有关外包团队的新的内部风险。职能经理向项目经理寻求一个不会对项目产生负面影响的快速解决方案。项目经理应该怎么做？

A. 创建风险分解结构（RBS）

B. 按照严重级别记录风险

C. 执行风险策略

D. 使用变更管理计划

答案：B。在识别出一个新的内部风险后，将风险记录在风险登记册中。

5.2.1.3 未知风险的处理流程

假设在监督风险的过程中发现了一个未知风险。若该风险未发生，则重新回到定性分析流程；若该风险已发生，则需要通过“实施整体变更控制”来应对。

例题

在项目的最后一星期，一场飓风使项目的交付日期受到影响，项目经理应该怎么做？

A. 使用储备分析技术

B. 更新风险登记册

C. 提交变更请求

D. 将其报告给项目发起人

答案：C。未知风险已经发生，应走变更流程。

5.2.2 规划风险应对流程

规划风险应对的流程如图5-5所示。

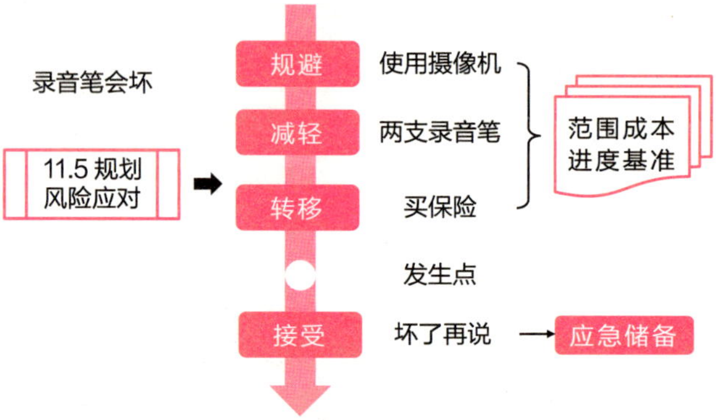

图5-5 规划风险应对的流程

对于规划风险应对的流程，我们在风险应对策略的辨析中提到过（见第4.5节），它比较重要，在这里再强调一次。

以“录音笔会坏”为例，在规划风险应对时，发现录音笔会坏是一个明确需要应对的风险。

从大的方向来讲，有两种应对方式。一种是，在风险发生前就采取具体措施。

- 规避的方法。不使用录音笔，使用摄像机。
- 减轻的方法。再购买一支录音笔，留一支备用。
- 转移的方法。购买保险，若录音笔真的坏了，造成的损失由保险公司承担。

对于以上应对措施，不论是使用摄像机，再买一支录音笔，还是购买保险，其实都需要在风险发生前变更已经计划好的范围、进度、成本等内容。因此，上述应对方式一般会导致基准的变更。

另一种是，在风险发生后采取措施。

- 接受的方法。有两种：1）主动接受，即建立应急储备，一旦真的坏了，可以拿储备的钱再买一支。2）被动接受，即不建立储备。

对于以上应对措施，在风险发生前不需要采取措施，在风险发生后需要采取措施。通常，这种应对方式要求建立应急储备。

5.2.2.1 规划应对变计划

如前文所述，在风险发生前采取的应对措施一般会涉及范围、进度或成本的变更。

例题

一位项目经理刚刚为一个价值387000美元的工程项目制订了风险应对计划。他下一步很可能怎么做？

A. 确定项目总体的风险级别

B. 开始分析项目图纸上出现的问题

C. 在项目的工作分解结构中增加工作包

D. 重估项目风险

答案：C。在制订风险应对计划后，一般要变更项目管理计划，因此选择C，增加项目范围中的内容。

5.2.2.2 建储备，入基准

对于采用接受策略的风险应对方法，一般都要建立应急储备，并将应急储备纳入进度基准或成本基准。

例题

项目发起人通知项目经理：一项新的法律被批准了。该法律将影响项目的进度计划和预算，这种可能性作为一种需要主动接受的风险（威胁）被包含在风险管理计划中。项目经理下一步应该做什么？

A. 更新风险管理计划，并记录经验教训

B. 向变更控制委员会（CCB）提交一份变更请求

C. 使用应急储备来应对这种情况

D. 评估管理储备以控制该风险

答案：C。题干明确了需要主动接受风险，因此选择使用应急储备来应对这种情况。

5.2.3 监督风险的流程

监督风险等同于风险监控过程要做的事情，其流程图如图5-6所示。

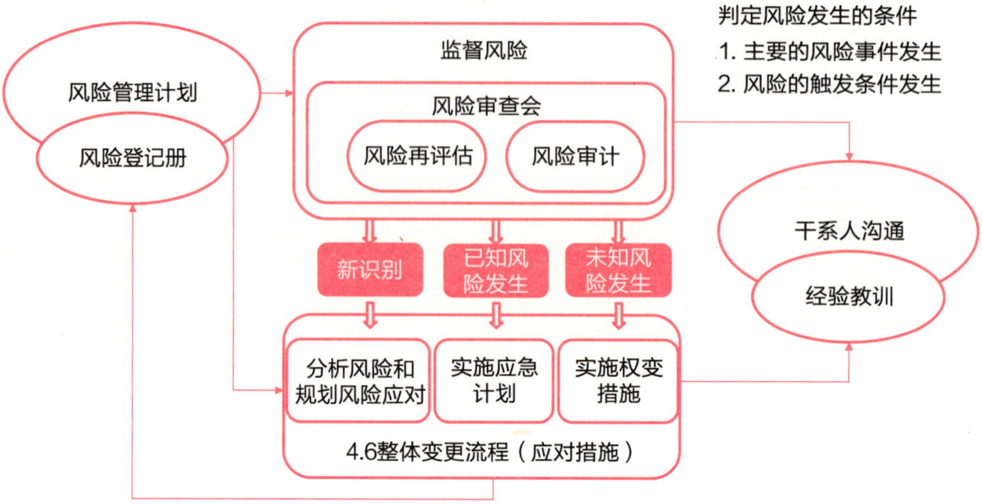

图5-6 监督风险的流程

在监督风险的过程中，需要定期召开风险审查会。通常，风险审查会将进行风险再评估（识别新风险，关闭过时风险，监控风险要素的变化）和风险审计（监督风险管理过程的有效性）。在整个过程中，一般会出现三种情况：

- 识别出一个新风险（但风险未发生）。按照风险整体流程执行即可，即定性风险分析、定量风险分析、规划风险应对。如果应对策略涉及变更基准，则需要执行整体变更控制流程。
- 发生一个已知风险。应该先查看风险登记册中记录的应对策略，实施应急计划。如果需要使用应急储备，则需要获得项目经理的批准。
- 发生一个未知风险。应该实施权变措施并使用管理储备，该措施要执行整体变更控制流程。

5.2.3.1 遇风险，先查册

针对已知/未知风险，一般都采取风险发生后的应对策略，即提前制订应急计划。因此，在发生已知/未知风险后，应第一时间查询风险登记册中的应对措施。

例题

在执行一个高技术项目期间，高层管理人员在未通知项目经理的情况下重新分配了核心团队。整合新团队成员将增加项目进度延迟的可能性。若要确定适当的应对措施，项目经理应参考哪份文件？

A. 经验教训储存库

B. 工作分解结构（WBS）字典

C. 团队技能矩阵

D. 风险登记册

答案：D。遇风险，先查册。

5.2.3.2 已知风险，应急计划

对于已知风险的应对措施，一般称其为应急计划。

例题

在项目执行过程中，指定供应商的仓库发生火灾，导致无法按计划为项目提供所需的产品。为了不影响项目的顺利执行，项目经理决定从原定的备用供应商那里采购所需的产品。项目经理的做法属于？

A. 执行权变措施

B. 执行弹回计划

C. 执行应急计划

D. 执行风险转移

答案：C。已有原定的备用供应商，说明该风险是已知风险，因此采取应急计划。

5.2.3.3 未知风险，权变措施

对于未知风险的应对措施，一般称其为权变措施。

例题

项目经理正在管理一个软件开发项目的执行工作。在执行过程中，发生了一个风险应对计划中没有纳入的风险。项目经理应该怎么做？

A. 使用应急储备来解决风险的后果

B. 把风险的实际情况报告给管理层

C. 召开团队会议讨论权变措施

D. 既然风险没有被纳入风险应对计划，所以不理会这个风险

答案：C。题干明确了所发生的风险是未知风险，因此选择权变措施。

5.3 采购流程

本节所述的采购流程指的是选择供应商的过程，具体流程如图5-7所示。

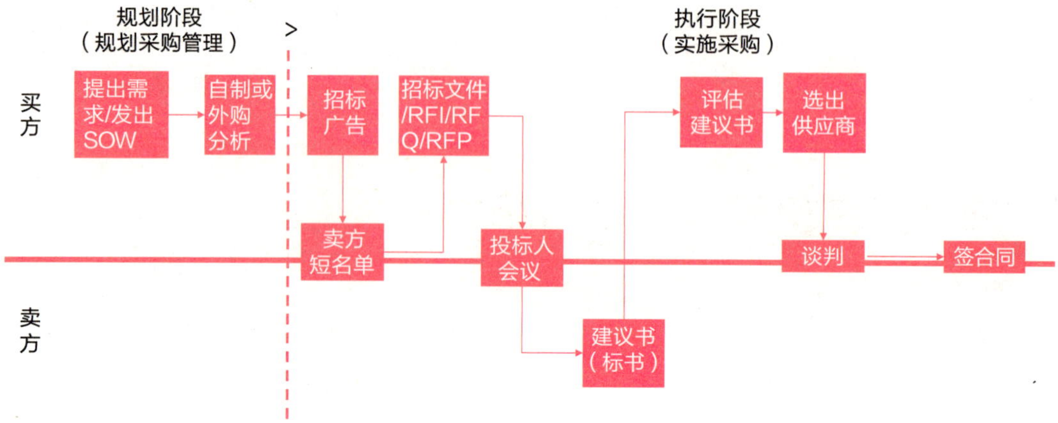

图5-7　采购流程

在图5-7中，可用虚线将其分成左右两个部分，左边是规划采购管理过程要做的事情，右边是实施采购过程要做的事情。

通常，规划采购管理要做2件事：

- 提出需求/发出SOW。
- 自制或外购分析。

若确定采用外购，则进入实施采购阶段。

- 首先由卖方发出招标广告。
- 确认卖方的短名单，即确定潜在供应商的数量。
- 发出招标文件，了解项目的技术和价格信息。
- 召开投标人会议，确保每个潜在供应商都对采购内容有清晰且一致的理解。
- 卖方提交建议书。
- 买方评估建议书，针对技术、服务、价格等因素进行评估。
- 选出供应商。
- 与供应商谈判并签订采购合同。

例题

在为一个价值 1500 万美元的项目进行招标的过程中，采购经理发现，有2家潜在的公司符合招标书的胜任要求。其中，A 公司的费用较高，但比B 公司拥有更多的专业知识。B 公司符合项目的预算，但A公司不符合。采购经理正处于下列哪一个过程？

A. 召开投标人会议

B. 规划采购管理

C. 实施采购

D. 管理采购

答案：C。招标属于实施采购的过程。

5.4 收尾流程

项目的收尾流程如图5-8所示。

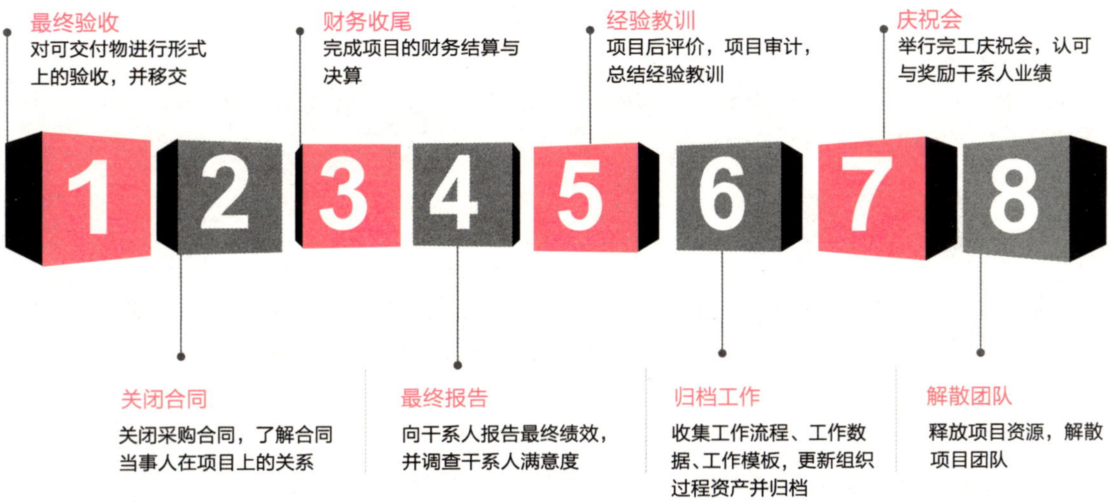

图5-8 项目的收尾流程

项目的收尾流程可以分为以下8个步骤。

- 第1步，对可交付物进行形式上的验收，并移交可交付物。可交付物的实质验收已经在确认范围的过程中完成，收尾阶段的验收是形式上的验收。对之前的验收文件进行整合，然后完成最终验收。在验收后，将可交付物移交给运营团队。
- 第2步，在采购收尾后，关闭合同。
- 第3步，完成项目的财务结算与决算。
- 第4步，完成最终报告并将报告提交给干系人，调查干系人的满意度。
- 第5步，完成项目后评价和项目审计，总结经验教训。
- 第6步，将所有的项目文档归档。
- 第7步，召开庆祝会。
- 第8步，解散团队，重新分配资源。

5.4.1 有收尾，先验收

在应对PMP®的考题时，对于涉及项目收尾的题目，第1步一定是验收。

例题

在一个项目组织中，经验丰富的项目经理正在管理项目的收尾阶段。项目经理接下来怎么做?

A. 核对一个为期多年的新项目的项目分配

B. 将实际项目绩效与原计划进行对比

C. 通知客户项目将收尾

D. 获得客户的验收

答案：D。有收尾，先验收。

5.4.2 遇终止，要收尾

通常，项目的终止来自发起人或高管的要求。当遇到项目终止时，项目经理没必要考虑挽回项目，执行正式的收尾流程即可。可以调查项目终止的原因，然后总结经验教训，以改善未来的项目绩效。

例题

项目在完工前终止，项目发起人说明了终止的原因：缺乏资金。项目经理接下来应该怎么做?

A. 请求项目发起人寻找其他的融资方式，并提出建议，例如向金融机构寻求贷款

B. 请求另一个项目的项目经理启动向其他项目注资的步骤

C. 与项目团队一起集思广益，寻找项目融资的来源

D. 将经验教训和历史信息存入经验教训知识库，以备未来的项目使用

答案：D。遇终止，要收尾。

5.5 过程流程

过程流程包含了项目管理中49个过程之间的逻辑关系。由于这49个过程的关系非常复杂且相互交叉，同时涉及的考点不多。因此，我们仅介绍规划的过程流程（见图5-9）。

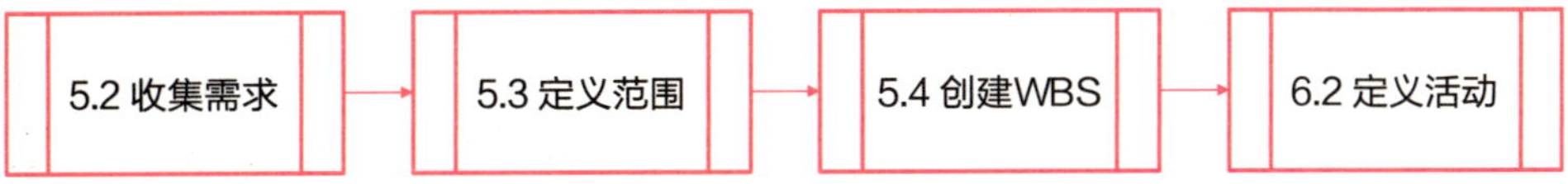

图5-9　规划的过程流程

- 收集需求。规划的第一步是收集需求，项目经理要收集有关项目的所有需求。例如，在请客吃饭项目中，需要收集客人喜爱的菜品。
- 定义范围。哪些需求要做，哪些需求不做。在收集需求后，可能发现客人的需求之间有冲突，例如，油焖大虾与白灼大虾。因此，要与客人一起确认具体做哪些菜，不做哪些菜。
- 创建WBS。将定义好的范围进行分解并将其结构化。例如，可将所有的菜品分成素菜类、荤菜类、汤类、甜品类等。
- 定义活动。需要通过定义活动来确定如何完成每个工作包。例如，将白灼大虾这道菜分解成买虾、煮虾、调制酱料等活动。

只有在定义好活动后，项目的其他规划工作才能逐步推进。例如，资源是基于活动的（活动由谁来做），沟通是基于活动的（何时通知活动可以开始），风险是基于活动的（在买菜的过程中会遇到堵车），等等。

例题

已经创建了WBS和WBS词典，项目团队开始识别风险。发起人找到了项目经理，要求制定一个10万美元的责任分配矩阵。项目将在三个国家执行，使用人员的数量为14人。预计项目的风险很小，而且项目经理有很多执行类似项目的经验。项目经理接下来应该做什么？

A. 理解类似项目发起人的经验教训

B. 制订活动清单

C. 确保项目范围得到了定义

D. 完成风险管理，制定责任分配矩阵。

答案：B。在创建WBS后，要定义活动。题干中描述的责任分配矩阵和风险规划都基于活动，而非基于工作包。

第6章

PMP®考试中的计算

在早期的PMP®考试中，计算题的类型较多，也相对复杂。但随着PMP®考试的改革，计算题越来越少，难度也越来越低。甚至，在近两年的PMP®考试中，考场已经不再提供计算器。据我们观察，在采用新考纲后，PMP®考试的计算题数量可能只有2道左右，且难度很低，其考查要点不在计算，而在于对基础概念的理解。以下是近几年PMP®考试中计算题所涉及的常见考点：

- CPI>1，SPI<1，请问这代表什么?
- 项目的CPI>1，SPI<1，请问项目经理应该做什么?
- 给出简单的项目进度网络图，计算关键路径有多长?

基于以上信息，本章重点讲解两类计算题，一类是关键路径的计算，另一类是挣值管理的计算。

6.1 关键路径计算

在规划进度时，会发现任务可以并行开展，这种并行任务会有多条活动路径，而最长的那条路径就叫关键路径，如图6-1所示。

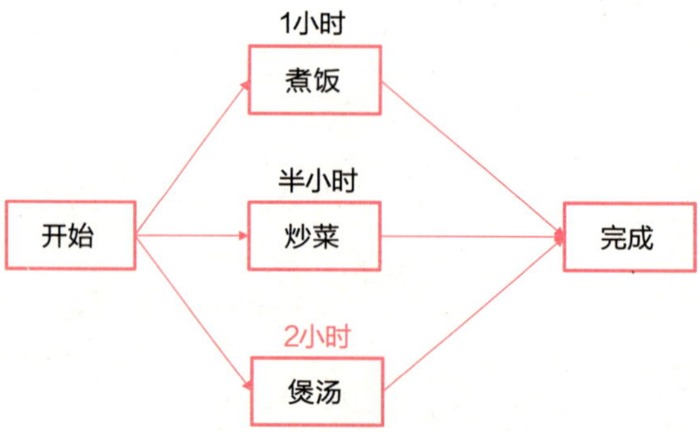

图6-1 关键路径示意

在上图中，做一顿饭有三个活动，分别是煮饭、炒菜、煲汤。显然，我们一般不会将三个活动串行展开，否则做饭的时间将长达3.5小时。一般情况下，我们会先把汤煲上，把饭煮上，然后同时炒菜，这个并行活动执行下来，做一顿饭仅需要2小时即可完成。而关键路径就是最长的那条路径，即煲汤。通常，一个项目的最短完成时间就是最长路径的持续时间。

在理解了关键路径后，再来看浮动时间。浮动时间即非关键路径上可以浮动的时间，例如，炒菜的时间只有半小时，我可以在2小时的做饭时间内自由地选择炒菜的起始时间，既可以在前半小时炒，也可以在后半小时炒，当然也可以选择在中间的半小时炒菜。只要闲下来的时间不超过1.5小时就可以。而这个可以闲下来的时间，就是“炒菜”这条路径的浮动时间。同理可以得出，“煮饭”的浮动时间为1小时。

6.1.1 关键路径法的定义

关键路径法的定义：在项目进度模型中，估算项目的最短工期，确定逻辑网络路径的进度灵活性的一种方法。

这个定义中，有两个关键词：

- 最短工期。确定关键路径，需要确认项目进度网络中最长的那条路径。
- 灵活性。找到浮动时间。浮动时间分为总浮动时间和自由浮动时间（见第6.1.4节）。

在使用关键路径法进行计算时，通常，要计算关键路径的长度和浮动时间的天数，可以用三个步骤来推导以上的内容：

- 梳理逻辑关系。
- 找出关键路径。
- 计算浮动时间。

请阅读以下案例，并尝试进行计算。

活动A是第一个活动，持续时间为2天；活动B依赖于活动A的完成，持续时间为3天；活动C依赖于活动A，持续时间为7天；活动D依赖于活动B，持续时间为2天；活动E的持续时间为4天，需要等待C和D的完成。

1. 请确定该案例的关键路径。
2. 活动D的自由浮动时间是多少？

6.1.2 梳理逻辑关系

根据第6.1.1节的案例所述，可以梳理出以下逻辑关系[1]（见图6-2）。根据这一逻辑关系，我们可以得出两条路径，找出最长的路径即可算出关键路径。

---

1 在《PMBOK®指南》中，活动的天数标注在活动上方的中间位置，而在本图中，我们将活动的天数标注在活动的后面，这一变动不影响计算。读者也可根据自己的习惯进行标注。

活动	持续时间（天）	依赖关系
A	2	—
B	3	A
C	7	A
D	2	B
E	4	C和D

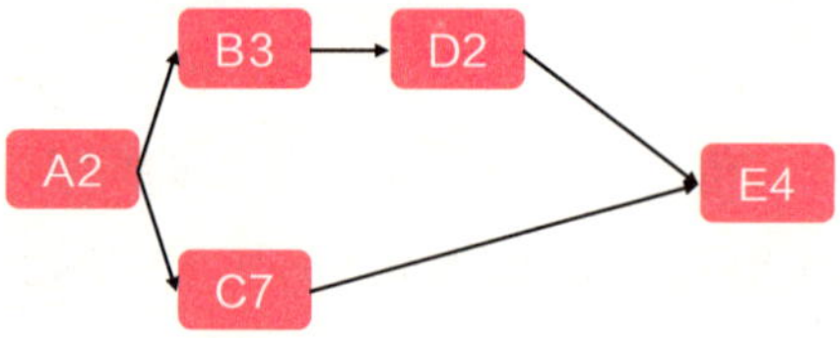

图6-2　梳理逻辑关系

6.1.3　找出关键路径

如图6-2所示，可得出两条路径：

- 路径1。A—B—D—E，共11天。
- 路径2。A—C—E，共13天。

关键路径是最长的路径，因此路径A—C—E为关键路径，共13天。

6.1.4　计算浮动时间

浮动时间可分为两种：

- 总浮动时间。在不延误整个项目的既定完工日期的情况下，一项活动可以延误的最大时间。活动若在总浮动时间内延误，不会造成整体项目的延迟。
- 自由浮动时间。在不延误紧后活动的最早开始时间的情况下，一项活动可以延误的最大时间。活动若在自由浮动时间内延误，不会对后面的活动产生任何影响。

两个浮动时间的计算公式如图6-3所示。

梳理逻辑关系 → 找出关键路径 → 计算浮动时间

概念	描述
最早开始时间ES	所有条件都达成的最早时刻
最早结束时间EF	ES+D（活动持续时间）
最晚结束时间LF	不影响总工期的最晚结束时间
最晚开始时间LS	LF-D（活动持续时间）

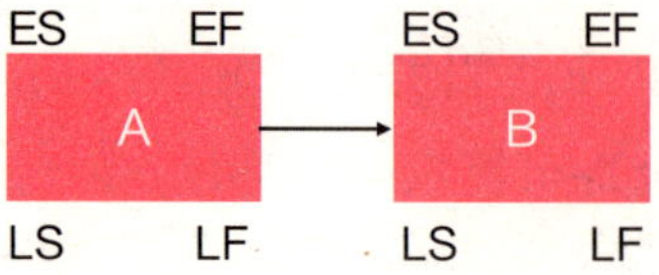

TF= LF-EF
“下减上为总”
不影响整个路径
FF=ES（B）-EF（A）
“右减左为自由”
不影响紧后活动最早开始时间

图6-3　浮动时间的计算

在进行具体计算前，我们先要理解以下四个时间（以活动A为例）：

- 最早开始时间（ES）。活动最早可以开始的时间，标注在活动的左上角。例如，活动于某月1日开始，就在左上角写1。
- 最早结束时间（EF）。ES加上活动持续时间（D），标注在活动的右上角。例如，活动要进行3天，则EF=1日+3天=4日。
- 最晚结束时间（LF）。活动最晚结束的时间，标注在活动的右下角。例如，要求活动必须最晚于某月9日完成，就在活动的右下角写9。
- 最晚开始时间（LS）。LF减去活动持续时间（D），标注在活动的左下角。例如，活动要进行3天，则LS=9日-3天=6日。

以上四个时间的标记如图6-4所示。

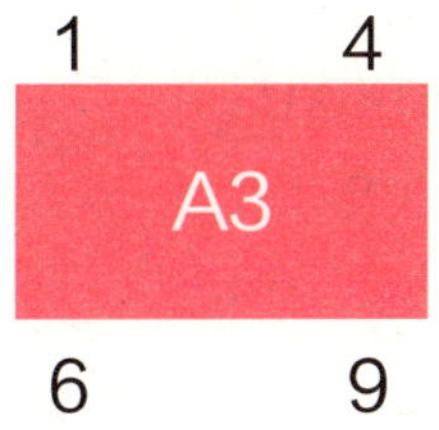

图6-4　活动A的四个时间

接下来，介绍浮动时间的计算公式。

总浮动时间（TF）：TF=LF-EF=LS-ES

根据图6-4可知，活动A的LF=9，EF=4，LS=6，ES=1，将这些参数代入上式可以得到活动A的总浮动时间为5天。

在计算自由浮动时间（FF）时，要用后面活动的最早开始时间减去当前活动的最早结束时间。假如活动A后面有一个活动B（见图6-5），就可以计算自由浮动时间了。

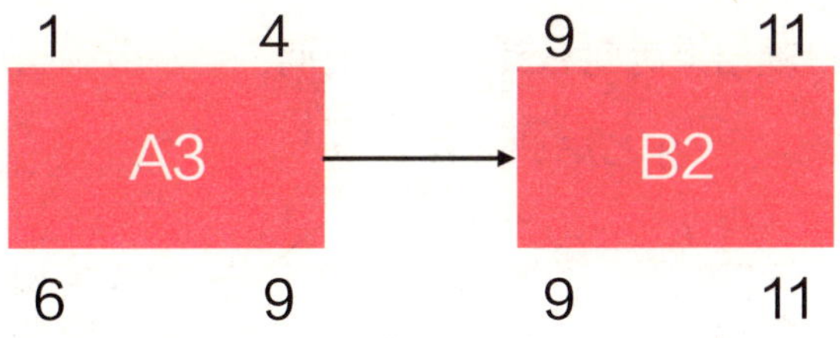

图6-5　活动A和活动B的四个时间

自由浮动时间：FF=ES（B）-EF（A）

根据图6-5可知，活动B的ES=9，活动A的EF=4，将这些参数代入上式可以得到活动A的自由浮动时间为5天。

因此，要想算出每个活动的总浮动时间和自由浮动时间，只需要知道每个活动的四个时间（标注在活动的四个角上），然后套公式即可。通过以上简单的示例，我们了解了计算浮动时间的基本方法。下面，根据图6-2所示的案例，我们推导一下整体的浮动时间。

6.1.4.1　正推法（汇聚处选大）

对于图6-2所示的案例，通过正推法可以推出每个活动的ES与EF，如图6-6所示。

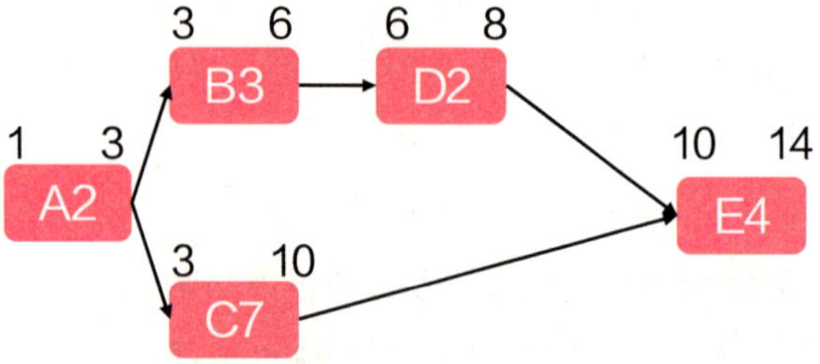

图6-6　正推法

在正推法中，首先假设最早的活动A的起始时间为某月1日。

- 活动A的最早结束时间为1日+2天=3日。
- 活动B和活动C的最早开始时间为3日。
- 活动B的最早结束时间为3日+3天=6日。
- 活动C的最早结束时间为3日+7天=10日。
- 活动D的最早结束时间为6日+2天=8日。
- 活动E的情况稍复杂，活动C和活动D都是活动E开始的前提条件，必须等活动C和活动D都完成后，活动E才能开始。因此，活动E的开始时间要选择活动C和活动D中较晚的最早结束时间——正推法，汇聚处选大（选数值大的时间）。因此，活动E的最早开始时间为10日，最早结束时间为10日+4天=14日。

通过正推法，可以得出每个活动的最早开始时间ES与最早结束时间EF。另两个时间需要通过逆推法来获得。

6.1.4.2　逆推法（汇聚处选小）

逆推法可以推算出最晚结束时间和最晚开始时间，如图6-7所示。

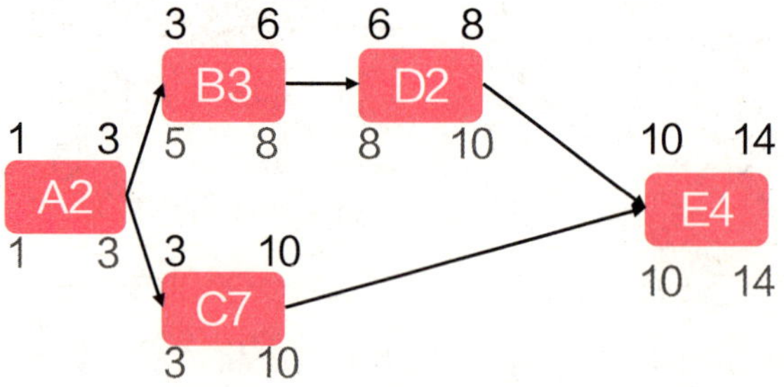

图6-7　逆推法

逆推法的第一步是把活动的最早结束时间标注在最晚结束时间上，然后逆推出其他时间。

- 活动E的最晚结束时间为14日，最晚开始时间为14日-4天=10日。

- 活动C和D的最晚结束时间都为10日。
- 活动C的最晚开始时间为10日–7天=3日。
- 活动D的最晚开始时间为10日–2天=8日。
- 活动B的最晚开始时间为8日–3天=5日。
- 活动A的情况稍复杂，活动A不结束活动B和活动C就无法开始，因此，活动A的最晚结束时间一定要选择活动B和活动C中较早的最晚开始时间——逆推法，汇聚处选小（选择数值小的时间）。因此，活动A的最晚结束时间为3日，最晚开始时间为3日-2天=1日。

在正推和逆推结束后，利用前面给出的公式，可以得出想要的任意活动的浮动时间。例如：

- 活动A、活动C、活动E的总浮动时间为0天，即关键路径的总浮动时间为0天。
- 活动B、活动D的总浮动时间为2天。
- 活动D的自由浮动时间为2天。

6.1.5 总结

在PMP®考试中，一般不会要求考生推算复杂的浮动时间，更常见的是，计算一个最长的关键路径。针对关键路径的计算，我们在这里简单总结一下。

- 项目的最短周期是最长路径的时间，即关键路径的时间。
- 关键路径的浮动时间为0天。
- “下减上为总”，即总浮动时间。
- “右减左为自由”，即自由浮动时间。
- 汇聚处，“正推选大、逆推选小”。

在关键路径的计算中，如果能够计算出关键路径的长度，就可以应对PMP®考试了。

例题

一家公司希望启动一个新的产品线。项目经理确定了下列活动。由于原材料短缺，活动D延期。在不造成项目延期的前提下，项目经理可以接受活动D延期多少天？

关键点	活动	持续时间	紧前工作	紧后活动
A	设计产品	20天	–	B，C
B	制造产品	40天	A	E
C	设计包装	10天	A	D
D	生产包装	20天	C	E
E	包装和运输产品	15天	B，D	–

A. 20 天

B. 10 天

C. 15 天

D. 0 天

答案：B。A—B—E为关键路径，共75天，A—C—D—E为非关键路径，共65天，D在非关键路径上，浮动时间为10天，即最多可以延期10天。

6.2 挣值管理计算

与通用管理技术不同，挣值管理是项目管理独有的管理技术。挣值管理很巧妙地将计划进度、实际进度、计划成本、实际成本这四个量表示为一个量，即用钱来同时表示进度和成本的方法。与前面内容的组织方式相同，本节仍以一个通俗的例子来说明挣值管理中的各个概念与计算公式。具体案例如图6-8所示。

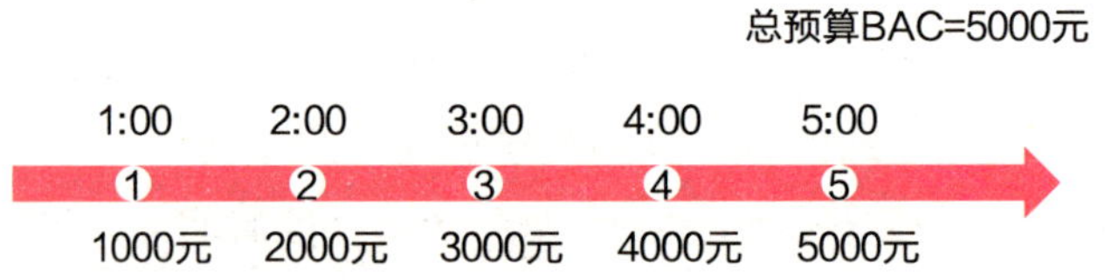

图6-8　挣值管理的案例

你的老板希望采购一些化妆品，他发现从澳门购买会比较便宜。由于每家店限购一份，于是，老板让你去澳门的五家化妆品门店购买。在初步了解了情况后，你做了如下进度和成本的计划：

- 下午1:00去第1家店买，计划总花费为1000元。
- 下午2:00去第2家店买，计划总花费为2000元。
- 下午3:00去第3家店买，计划总花费为3000元。
- 下午4:00去第4家店买，计划总花费为4000元。
- 下午5:00去第5家店买，计划总花费为5000元。

根据图6-8，可以得出一个随时间推进的进度计划，以及随进度推进的成本（花费）计划。总的预算为5000元，可将这5000元定义为：

完工预算（BAC）=5000元。

6.2.1 挣值分析

在挣值分析的过程中，需要收集项目的数据，例如，完成了多少工作，花了多少钱这些基础的数据。基于上述案例，我们先要理解挣值管理最基本的3个概念，如图6-9所示。

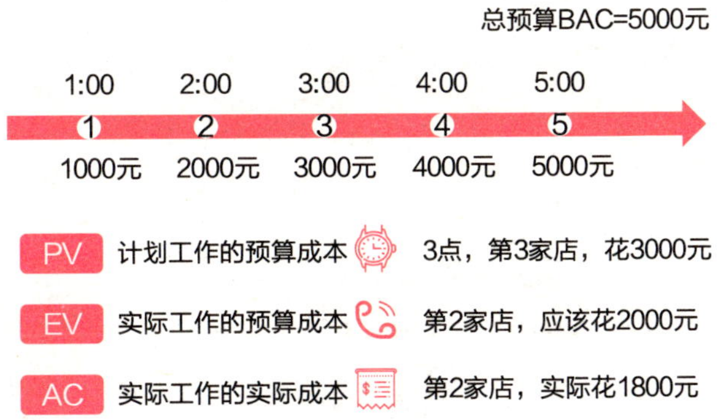

图6-9 挣值分析的基本概念

这3个基本概念分别如下：

- 计划价值（PV）。为计划工作分配的经批准的预算，也被称为计划工作的预算成本。例如，你的老板看了下表，知道现在是下午3点，就知道你应该在第3家店，并且花了3000元，此时的PV=3000元。因此，PV与实际进度和实际花费无关，只与时间有关。知道时间，再知道计划内容，便能得出PV的值。
- 挣值（EV）。已完成工作的经批准的预算，也被称为实际工作的预算成本。例如，老板给你打电话了解进度，发现你不在第3家店，实际在第2家店，那么他就知道，你应该花了2000元，此时的EV=2000元。因此，EV与实际进度有关，与实际花费无关。只要知道你的实际进度，就可以知道对应该进度你应该花费的金额，便能得出EV的值。
- 实际成本（AC）。为完成与EV对应的工作而发生的总成本，也被称为实际工作的实际成本。例如，你在第2家店完成采购后，看了一眼实际的账单，发现你其实没有花掉2000元，只花了1800元，此时的AC=1800元。因此，AC与实际进度和实际花费都有关系，需要在当前进度的基础上了解实际的项目花费，才能得出AC的值。

理解这3个概念非常重要，这3个概念所对应的3个量都用钱来表示，这种表示方法是具有实际意义的。

- PV代表了计划的进度和计划的成本，只与时间有关。
- EV代表了实际的进度和计划的成本，只与进度有关。
- AC代表了实际的进度和实际的成本，与进度和成本（花费）都有关。

把这3个量理解清楚，才能更好地理解挣值管理。接下来，我们试着完成几个小测验（见图6-10）。

1. 预算是10万元，工作完成了70%，EV?

2. 计划投入10万元，预计四天，第一天就干完了3天的工作，EV?

3. 计划投入10万元，铺瓷砖100平米，EV=3万元，当前铺了多少平米?

4. 计划投入10万元，10天完成的项目，今天是第6天，PV?

5. 计划投入10万元，预计10天的工作，今天是第6天，花了8万元，AC?

图6-10 挣值分析的小测验

以下给出每道题的答案，请自行确认是否完全理解。

- 第1题，EV=7万元。EV=10万元×70%=7万元，即完成了70%工作的预算为7万元。
- 第2题，EV=7.5万元。完成了3天的工作，即完成了3/4的工作，因此EV为7.5万元。
- 第3题，当前铺了30平方米。EV代表了当前完成的工作量，因此工作量为100平方米×3/10=30平方米。
- 第4题，PV=6万元。PV只与时间有关，第6天应该花费6万元。
- 第5题，AC=8万元。AC只与实际成本（花费）有关，花了8万元，因此AC为8万元。

例题

一个项目的总预算是60000元，在完成一半的项目任务时，项目经理发现，实际的项目成本已经达到了40000元。项目经理紧急采取措施来补充预算，才将项目重新拉回正常轨道，请问下列哪个选项是正确的？

A. 当前项目的PV是30000元。

B. 当前项目的AC是30000元。

C. 当前项目的EV是30000元。

D. 当前项目的进度已经超期。

答案：C。从题干中无法得出PV和进度是否超期的信息，根据项目任务完成了一半，能得出EV=60000×50%=30000元。AC=40000元，所以选项B是错误的。

6.2.2 偏差分析

偏差分析其实就是一个比较的过程。在收集完进度和成本的数据后，需要知道迄今为止项目到底执行得怎么样了，例如，进度是提前了还是落后了，成本是节约了还是超支了。

在理解了PV、EV和AC三个概念后，就可以进行比较了。接下来，将说明四个偏差分析的指标。

- 进度偏差（SV）=EV–PV
- 成本偏差（CV）=EV–AC
- 进度绩效指数（SPI）=EV/PV
- 成本绩效指数（CPI）=EV/AC

继续结合图6-9所示的案例介绍这四个指标。

假设：现在是下午3点，你在第2家店，实际花费了1800元。

- SV=EV–PV=–1000元。本来预计下午3点在第3家店，实际在第2家店，进度已经落后。因此，CV为负值代表进度落后，CV为正值代表进度超前。
- CV=EV–AC=2000–1800=200元。在第2家店，你本应该花了2000元，实际只花了1800元，成本节约了。因此，SV为负值代表成本超支，SV为正值代表成本节约。
- SPI=EV/PV=实际工作/计划工作=2/3。因此，SPI<1代表进度落后，SPI>1代表进度超前。
- CPI=EV/AC=预算成本/实际成本=10/9。因此，CPI<1代表成本超支，CPI>1代表成本节约。

请注意，这四个指标非常重要，也是PMP®考试中最常考查的内容。

TIP

SPI与CPI指数状态的速记方法。

- S代表Schedule，意思是安排、日程，因此与进度相关，SPI是进度绩效指数。
- C代表Cost，意思是成本，因此与成本相关，CPI是成本绩效指数。
- SPI和CPI大于1是“好事情”，进度提前，成本节约。
- SPI和CPI小于1是“坏事情”，进度落后，成本超支。

另外，对于SPI（用“实际工作”除以“计划工作”），有些人认为应该用AC除以PV，但是这个公式没有意义，因为比较的基准是完成相同任务。例如，用在第2家店的实际花费除以在第3家店的预算花费就没有意义。

例题

以下是为项目计算的，项目的状态如何？

挣值（EV）=200000美元

计划价值（PV）=300000美元

实际成本（AC）=210000美元

A. 进度落后，超过预算

B. 提前进度，超出预算

C. 进度落后，但不超过预算

D. 按计划进行，但超出预算

答案：A。从选项能看出，EV小于PV和AC，因此进度落后，超出预算。

6.2.3 趋势分析

趋势分析就是为了分析产生的偏差是否会持续。例如，项目团队中有位技术熟练的员工离职了，若不及时采取措施，那么会持续导致项目产生偏差。趋势预测的结果将成为是否采取应对措施的重要依据。

趋势分析有以下两个指数。

- 完工估算（EAC）。完成所有工作所需的预期总成本。例如，在前面的案例中，你在第2家店共花费了1800元——产生了偏差，那么接下来就要重新预测本次采购将总共花费多少钱，这个预测的总成本值就是EAC。
- 完工尚需估算（ETC）。完成所有剩余项目工作的预计成本。例如，在前面的案例中，你在第2家店共花费了1800元——产生了偏差，那么接下来就要重新预测在剩下的3家店需要花费多少钱，这个剩余项目工作所需的成本就是ETC。从定义上来看，EAC=AC+ETC。也就是说，完工估算等于已经花出去的钱加上剩余工作（重新估算）要花的钱。

计算EAC略复杂，共涉及四种情况。

- 当前偏差不具备代表性，是非典型偏差：EAC=AC+（BAC−EV）。在前面的案例中，经分析可知，共花费1800元的原因是第2家店有店庆活动，所有货品打8折，其他店没有类似优惠。因此，EAC等于已经花掉的1800元加上在剩下3家店要花的3000元（总预算5000元减去前2家店的预算2000元），即EAC=1800+（5000−2000）=4800元。
- 当前偏差具备代表性，是典型偏差：EAC=BAC/CPI。在前面的案例中，经分析可知，共花费1800元的原因是汇率问题，在每家店的实际购买价格相当于原价的9折（兑换成人民币后的价格），因此，EAC等于总预算除以CPI，即EAC=5000/（10/9）=4500元。

- 最初的计划不再有效：EAC=AC+自下而上的估算。在前面的案例中，经分析可知，共花费1800元的原因是各店的价格完全不同，没有规律。因此，需要重新评估剩下3家的情况，最初的计划不再有效。
- 进度和成本均受到影响，EAC=BAC/（SPI×CPI）。在前面的案例中，经分析可知，共花费1800元的原因是汇率波动太大，买得越早越省钱。因此，计算公式要把SPI和CPI的影响都体现出来。

例题

在什么时候通过增加剩余项目的预算（利用业绩表现修正）来达到当前实际计算的EAC?

A. 在偏差被视为非典型偏差的时候

B. 由于条件发生变化，初始的估算不再可信的时候

C. 当前的偏差被视为未来偏差的代表的时候

D. 初始的估算被认为存在根本性缺陷的时候

答案：C。因为后续的预算需要利用业绩表现修正，所以是典型偏差，当前的偏差被视为未来偏差的代表。

6.2.4 总结

在挣值管理计算中，CPI和SPI所代表的含义及其项目状态信息如表6-1所示。

表 6-1 SPI 和 CPI 指数

序号	指数	状态	可能原因	解决方案
1	CPI＜1 SPI＜1	• 费用超支 • 进度落后	绩效水平差 绩效测量的基准不合理	寻找原因并发起变更
2	CPI＜1 SPI＞1	• 费用超支 • 进度超前	项目经理安排了赶工	进行合理的资源优化
3	CPI＞1 SPI＜1	• 费用节约 • 进度落后	资源没有被真正地投入项目工作	赶工
4	CPI＞1 SPI＞1	• 费用节约 • 进度超前	团队绩效水平高 绩效测量的基准不合理	寻找原因，在必要时发起变更以修改基准
5	CPI=1 SPI=1	• 费用一致 • 进度一致	计划优秀 执行到位	持续监测

挣值管理中的各种概念和指标的具体含义如表6-2所示。

表 6-2　挣值管理中的各种概念

中文名称	英文缩写	含义	计算公式	
计划价值	PV	计划工作的预算成本	与时间相关	
挣值	EV	实际工作的预算成本	与完成工作量相关	
实际成本	AC	实际工作的实际成本	与实际花费相关	
进度偏差	SV	进度的偏差，用差值表示	SV=EV−PV	
成本偏差	CV	成本的偏差，用差值表示	CV=EV−AC	
进度绩效指数	SPI	进度的偏差，用百分比表示	SPI=EV/PV	
成本计划指数	CPI	成本的偏差，用百分比表示	CPI=EV/AC	
完工估算	EAC	完成所有工作的预期总成本	非典型偏差	EAC=AC+（BAC−EV）
			典型偏差	EAC=BAC/CPI
			最初的计划不再有效	EAC=AC+ 自下而上的估算
			进度和成本均受到影响	EAC=BAC/（SPI × CPI）
完工尚需估算	ETC	完成剩余工作的预期成本 ETC=EAC−AC	非典型偏差	ETC= BAC−EV
			典型偏差	ETC=（BAC−EV）/CPI
			最初的计划不再有效	ETC= 剩余工作的自下而上的估算
			进度和成本均受到影响	EAC=（BAC−EV）/（SPI × CPI）

第7章

PMP®考试中的一些场景

现在的PMP®试题基本不会单纯地考查概念，而是将概念融入某个场景。做180道题目就如同做180个项目，在每个项目中，会遇到各种各样的干系人，以及各种各样的项目问题。

我们将“场景”定义为项目管理过程中遇到的各种可能性。例如，在项目启动时发起人不来参加会议，在项目规划时干系人不批准项目，在项目执行时遇到技术困难，在项目监控时发现严重超支，等等。这些千奇百怪的问题也是项目经理经常会遇到的问题。概念是确定的，场景是千变万化的，因此，掌握一些固定场景的答题原则有利于在考试中取得更好的成绩。

本章将从以下几个方面介绍考试中常见的场景和答题原则：

- 干系人的场景
- 冲突管理的场景
- 项目经理的权力
- 上报的场景
- 获取资源的场景
- 索赔管理的场景
- 虚拟团队的场景

7.1 干系人的场景

干系人的场景和答题原则如图7-1所示。

干系人的场景可以大致分成三个。

第一个场景是，干系人管理的成功与否，决定了项目能否成功。在答题时，如果发现“项目绩效好好的，项目还是失败了”，一般情况下，原因是干系人没有被识别或者没有被管理好。

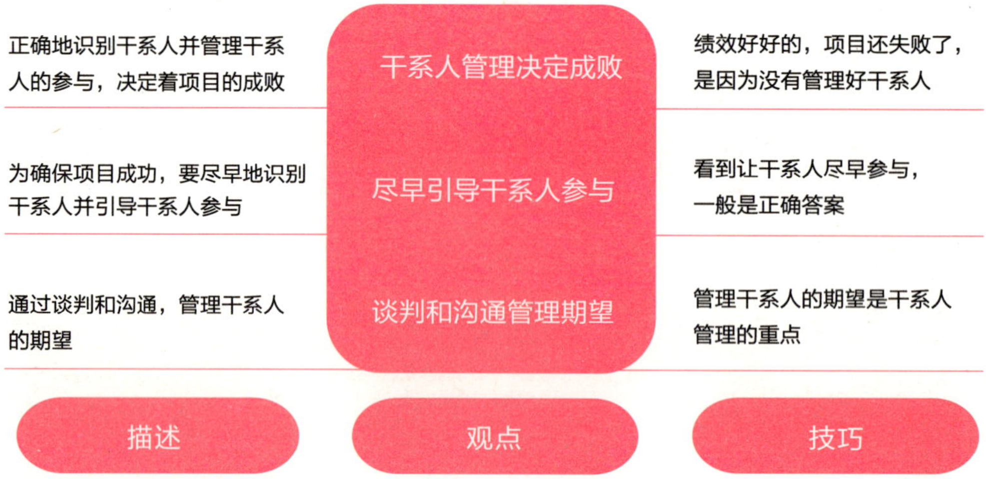

图7-1　干系人的场景

例题

你负责管理某新产品开发项目。高级管理层已经签发项目章程，批准项目计划。项目进度和预算都十分紧张，质量要求也很高。在项目执行阶段，项目干系人一直通过项目沟通计划所规定的方法了解项目的进展情况。项目的范围、进度、成本和质量都符合项目计划的要求。突然，你得知整个项目有可能被取消，因为开发的产品完全无法被接受。导致这种情况的原因是什么？

A. 没有识别出某个关键项目干系人

B. 项目干系人误解了项目的执行情况

C. 高级管理层不再支持项目

D. 项目遇到了技术上的重大难题

答案：A。项目绩效好好的，沟通也到位了，项目章程也获批了，项目还失败了，那么最可能的原因是没有识别出某个关键的项目干系人。

第二个场景是，尽早识别干系人并引导干系人的参与。事实上，在项目启动阶段一共只有2个过程，除了制定项目章程就是识别干系人，干系人的重要性不言而喻。

例题

某停车场能容纳1000辆车。停车场业主刚刚启动一个改造项目，以升级车辆进出管理系统和停车引导系统。为了确保项目成功实施，必须记录详细的需求。作为项目经理应该怎么做？

A. 鼓励项目干系人尽早参与进来

B. 根据需求确定项目目标

C. 对需求变化进行实时监控

D. 定期召开项目状态评审会议

答案：A。必须记录详细的需求，而需求都是由干系人提出的，应该让干系人尽早参与进来。

第三个场景是，管理干系人的期望是管理干系人的重点。干系人往往对项目有着过高的期望，因此，项目经理要通过谈判和沟通管理干系人的期望，确保其期望是合理的。

例题

一个更换关键应用程序的项目将影响多个内部和外部服务。在规划过程中，拥有这些服务的项目干系人未能承诺履行约定的活动。项目经理应该如何改进项目干系人的参与程度？

A. 通过谈判和沟通

B. 将这种情况上报给指导委员会

C. 准备一份概率和影响矩阵

D. 将这种情况记录在问题日志中

答案：A。管理干系人的重点是通过谈判和沟通管理干系人的期望。

7.2 冲突管理场景

如图7-2所示，冲突一般分成五个阶段。

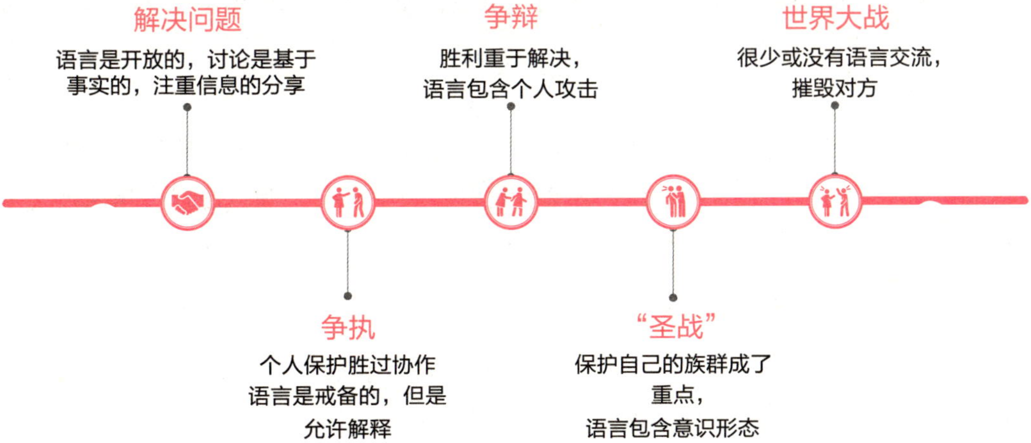

图7-2 冲突的五个阶段

冲突的五个阶段说明。

- 解决问题阶段。语言是开放的，讨论是基于事实的，主要注重信息的分享。示例："这个事情我不是很了解，能分享一下吗？"
- 争执阶段。个人保护胜过协作，语言是戒备的，但是允许解释。示例："我觉得你做的这个事有问题，请你解释一下。"
- 争辩阶段。此时，争辩的目的是胜利而不是解决问题，语言中包含个人攻击。示例："你这个人怎么总是这样？"
- "圣战"阶段。保护自己的族群成了重点，语言中包含意识形态。示例："男人就是这样，从来不顾及女人的感受！"
- 世界大战。很少或没有语言交流，唯一的目的就是摧毁对方。示例："今天咱们两个必须要走一个！"

基于这五个阶段，项目经理进行冲突管理的步骤如图7-3所示。

图7-3　冲突管理的步骤

成功的冲突管理可提高生产力，改善工作关系。同时，如果管理得当，意见分歧有利于增加创造力和改进决策。假如意见分歧成为负面因素，应该首先由项目团队成员自行解决。

例题

一位Scrum主管正在组织一次冲刺回顾会议。由于几个团队成员之间出现了冲突进入第一阶段的迹象，会议中的争议开始增多。对于Scrum主管来说，最好的行动方案是什么？

A.立即避免团队成员之间关系的进一步恶化和受损

B.只有当冲突变得具有破坏性时，才进行干预，并且在必要时休息一下，在私下与冲突参与者进行沟通

C.在会议期间进行处理，追究冲突参与者的责任

D.不要干预，不管发生什么，因为敏捷团队是自我管理的，可以处理任何事情

答案：B。冲突有进入第一阶段的迹象，这时，冲突尚处于初级阶段，团队成员自行解决对团队更有利。

如果冲突进一步升级，项目经理应提供协助，促成满意的解决方案，可采用直接沟通和合作的方式，通常应在私下尽早处理冲突。

例题

作为Scrum主管，你正在领导有关用户故事的相对规模估算练习，有两位开发人员开始就应该分配给特定用户故事的点数而争吵不休。在升级为争执前，你把两位开发人员分开。考虑到不是第一次发生这样的事件，你应该尝试做些什么来解决冲突？

A.取消会议，然后与开发人员会面

B.平均两个团队成员提供的故事点估算值

C.允许开发人员自行解决问题

D.使用理想时间估算方法而不是故事点

答案：A。如果冲突进一步加剧，项目经理要介入并私下处理冲突。

如果破坏性的冲突继续存在，则可使用正式的程序，包括采取惩戒措施。

例题

两名项目团队成员一直对产品设计有不同的意见。即使经过多次尝试，项目经理仍无法解决这个问题，项目现在落后于进度计划。项目经理应该使用哪些冲突解决技术来立即解决这个问题？

A.缓和/包容

B.妥协/调解

C.撤退/回避

D.强迫/命令

答案：D。如果多次尝试也无法解决，项目经理只能使用强迫手段，以避免冲突加剧。

7.3 项目经理的权力

项目经理的权力通常可以分为三种。

- 专家权。项目经理在项目管理技术能力、领导力和个人魅力方面的权力。
- 奖惩权。也被称为项目经理的正式权力、职位权力，项目经理可以使用组织赋予的权力对项目成员进行奖惩。
- 潜示权。项目经理背后的权力，例如，项目经理是某高管的亲属。

在这一场景下，项目经理若可以在多个权力中进行选择，应该优先使用专家权。

例题

项目经理在会见员工时，不管自己有多忙，有多疲劳，都一定要聚精会神、一丝不苟地与员工交谈，使每位员工都感觉到自己被重视。根据上述内容，可以判断以下描述都是正确的，除了

A. 项目经理的有效沟通可以缩小与下级之间的权力距离

B. 清楚地了解每位团队成员的需求和期望是项目经理的职责

C. 项目经理在会见员工时应该充分使用自己的职位权力

D. 项目团队成员可以跨直接上级与项目经理直接沟通

答案：C。项目经理应该充分使用自己的专家权力，而非职位权力。

7.4 上报的场景

上报即找领导者解决问题，这种场景在考试时经常出现，应该谨慎选择上报。图7-4总结了，在什么时候找领导者，以及在什么时候不找领导者的场景。

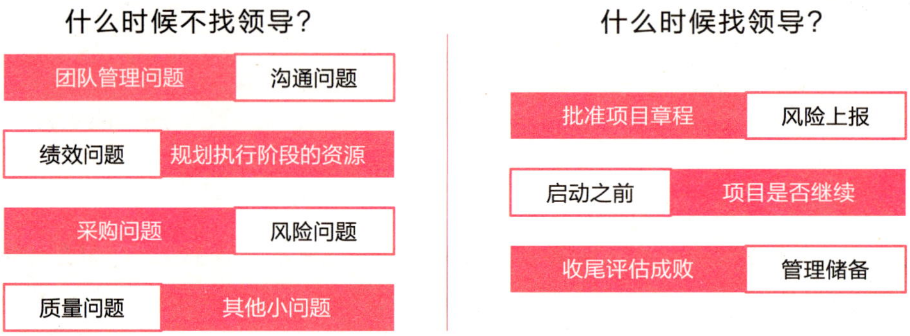

图7-4　上报的场景

总的来说，对于项目管理中的内部问题，通常不需要找领导者解决，需要找领导者的场景一般应具有如下特点：

- 在启动阶段制定项目章程时。
- 在收尾阶段评估项目成败时。
- 在面对项目是否要提前终止的重大决策时。
- 在采取风险上报的应对策略时。
- 使用管理储备需要批准时。
- 在获取资源的过程中，当通过协商也无法解决时。
- 在关键干系人不批准重要的项目计划时。
- 在项目还未启动且需要决策时。

例题

在一个工厂项目的建议书谈判期间，客户通知项目经理需要进行一项变更来提高性能。项目经理该怎么做？

A. 让项目发起人增加额外资金

B. 征求高级管理层的建议

C. 更新工作分解结构（WBS）

D. 修订风险应对计划

答案：B。此项目还在建议书谈判期间，还没有启动，此时可以找领导者提供建议。

以下场景一般不需要找领导来解决。

- 团队内部的管理问题。
- 与干系人的沟通问题。
- 项目绩效问题。
- 风险应对中非上报策略的问题。
- 其他小问题。

例题

团队成员对问题日志中大量未解决的技术问题感到不满。项目经理应该怎么做？

A. 进行解释，说明这些问题应通过让主题专家（SME）参与来解决

B. 请求更多的时间来分析未完成的事项

C. 将该情况上报给项目发起人，以获得支持

D. 提交变更请求，替换项目经理

答案：B。团队成员对问题感到不满，属于项目绩效与团队管理的问题，不需要找领导者解决，项目经理要思考该问题的解决方案。

7.5　获取资源的场景

在不能获得项目所需的资源时，可能影响项目进度、预算、客户满意度、质量和风险；资源或人员的能力不足会降低项目成功的概率，在最坏的情况下，可能导致项目被取消。

因此，获取资源是一个非常重要的过程，项目经理要想尽办法为项目获取最优、最合适的资源。在这一场景中，获取资源的步骤一般如图7-5所示。

图7-5 获取资源的步骤

在资源分配的谈判中，项目管理团队影响他人的能力很重要，如同在组织中的政治能力一样重要。谈判也被称为协商，在获取资源的过程中，谈判技术尤为重要。项目经理的谈判对象有三类：

- 职能经理。
- 其他项目的项目经理。
- 资源提供商。

例题

项目需要一名熟练的工程师来执行某个特定任务，但由于工作量大，该工程师不能参与这个项目，项目经理下一步应该怎样做？

A. 修改进度计划，以适应该资源

B. 与职能经理谈判，以使该资源可以参与项目

C. 培训项目团队来执行该特定任务

D. 向发起人请求更多的时间来寻找另一个可执行该任务的资源

答案：B。在获取资源时，优先选择谈判。

谈判不一定总是有效的，在谈判无果的情况下，项目经理需要学会使用管理层的影响力来帮助自己获取资源。在找了领导者后，如果仍不能解决资源问题，（最后）再考虑招募外部资源。

例题

一个项目已获得批准，且资源管理计划已到位。项目经理联系职能经理，要求将职能经理所在地区的主题专家（SME）分配给项目团队。然而，由于临近年终收尾活动，首席财务官拒绝从其他部门调配主题专家。项目经理应该做什么？

A. 请求项目发起人使用他们的影响力来释放该资源

B. 为该项目雇用一个新的永久性资源

C. 推迟该项目，直到该资源可用为止

D. 获得一个临时的、技能熟练的外部资源

答案：A。如果干系人不给资源，而且也没有谈判或协商的选项，那么应该找领导者来协调资源。

7.6　索赔管理的场景

索赔管理是采购过程中常用的解决争议的工具。在采购过程中难免会有争议，这些争议通常涉及范围、质量等内容。在索赔管理的场景中，解决问题的顺序如图7-6所示。

图7-6　索赔管理的场景

谈判是解决所有索赔和争议的首选方法，项目经理要擅长通过谈判来解决合同中的和执行过程中出现的非一致性因素的争议。若谈判不成功，应采取替代的争议解决方案（ADR）来解决争议。ADR是非仲裁的、非诉讼的选择性争议解决方案的概括性统称，如调解、调停等。

例题

项目在执行阶段被取消。项目经理将所有信息转交给项目发起人，但一位关键干系人不同意项目经理对分包商取消费用的估算。项目经理应该怎样做？

A. 进行采购谈判

B. 更新付款进度

C. 等待分包商提交索赔

D. 修订工作绩效信息

答案：A。当干系人与分包商产生了费用方面的争议时，首选的解决方案应该是谈判。

若其他所有方案都无法解决争议，则需要通过诉讼（由法院审理）来解决争议。

例题

一个将产品的新模型推向市场的项目正在执行中。当竞争对手提起诉讼，声称该产品侵犯了他们的几项专利时，法院站在竞争对手一边，发布了停止令。项目经理首先应该做什么？

A. 寻求终止项目的批准

B. 寻求替代性的纠纷解决办法

C. 因法律原因终止项目

D. 根据需要更新商业论证

答案：A。如果已经到了法院层面，说明B选项的ADR已经做过，因此只能寻求终止项目的批准。C选项不正确的原因是，项目经理没有权限终止项目，发起人才有。

7.7 虚拟团队场景

对于虚拟团队（也被称为远程团队），首先要解决的问题就是沟通。如今的工作场景更加多元化，居家办公已经成为常态，因此，保障居家办公的沟通技术尤为重要。远程会议、企业版的沟通工具、在线的项目管理工具等一系列新兴的技术应运而生。在新版PMP®考试中，虚拟团队的协作模式已经成为常见的考试场景。（见到）虚拟团队找沟通，也是PMP®考试中重要的答题技巧之一。

例题

在项目执行过程中，项目经理被告知，大多数项目团队成员已经加入了新实施的在家工作的公司计划。项目经理应该如何在项目中反映这一变化？

A. 更新干系人参与计划，包括已加入的团队成员的紧急联系信息

B. 在资源管理计划中更新已注册的团队成员的资源日历

C. 在沟通管理计划中为注册的团队成员更新沟通方式

D. 更新责任分配表（RAM）中登记的团队成员的角色和责任

答案：C。（见到）虚拟团队找沟通。

03

第3部分

敏捷项目管理考点

第8章 敏捷的价值观与原则

敏捷型项目与传统的预测型项目存在诸多不同，具体体现在以下5个方面。

（1）预测型项目为封闭体系，敏捷型项目为开放体系。

预测型项目的知识体系涵盖了十大知识领域，任何一个项目都不能脱离这十个知识领域，因此预测型项目是封闭的。而敏捷型项目是开放的，敏捷开发方法的数量目前大于500种。只要开发方法符合敏捷价值观和原则，这种开发方法就属于敏捷开发方法。

敏捷开发方法基于4大价值观和12大原则，如图8-1所示。敏捷实践方法的数量众多，目前还在不断地增加。不论敏捷方法如何改变或增减，其内核的价值观和原则是不会变化的。

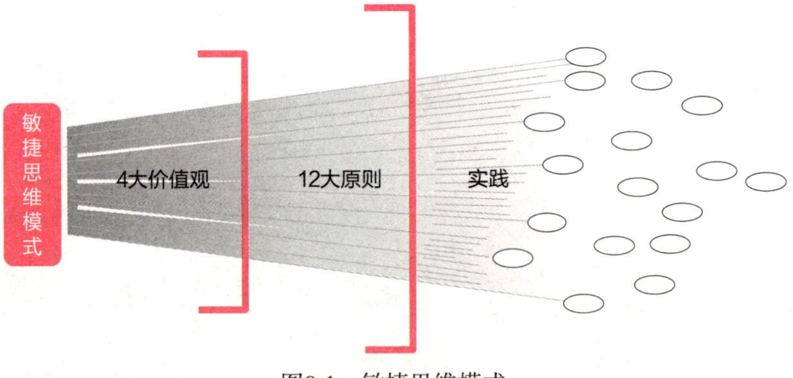

图8-1 敏捷思维模式

（2）预测型项目为一次性交付，敏捷型项目为迭代式（增量式）交付。

敏捷型项目的特点之一是具有不确定的，甚至千变万化的需求。为了应对这种需求不确定的状态，敏捷型项目使用迭代式（增量式）的交付方式，即在宏观需求上，只开发最基本的功能，然后通过演示和评审来不断地迭代及演进，以满足客户不断变化的需求。

预测型项目的需求是确定的（固定的），因此可以一次性将确定的需求规划好，同时再加上少量的风险储备即可。而敏捷型项目的需求是变化的，无法预估将来的需求，因此，应该用2~4周的时间规划并完成已识别的少量高优先级的需求（确定的），其他低优先级的需求可放入待办事项列表。预测型项目和敏捷型项目在规划方面的差异如图8-2所示。

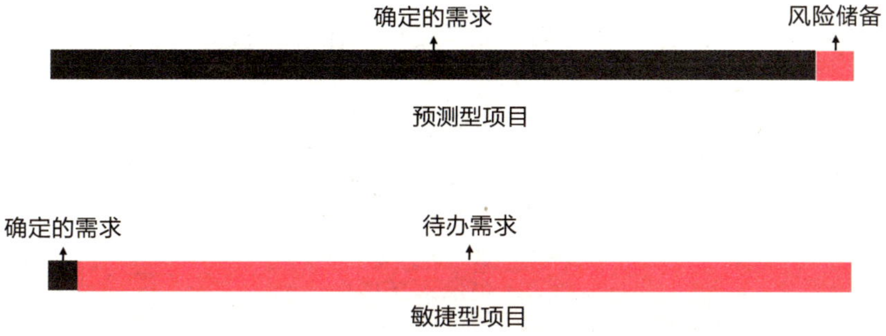

图8-2　预测型项目和敏捷型项目的规划

（3）预测型项目仅关注项目管理本身，敏捷型项目关注产品、项目与技术。

预测型项目的项目管理内容一般不涉及产品管理和技术开发。而敏捷型项目的实践中有偏项目管理的实践，如Scrum；有偏产品管理的实践，如精益；还有偏工程技术开发的实践，如极限编程。

（4）预测型项目重视过程的合规，敏捷型项目重视结果。

预测型项目非常重视项目执行过程对计划的遵循程度，一切工作都必须按照符合计划要求的程序执行。例如，在变更控制流程中，每个步骤都不能少，其产生的文档都要得到详细的记录。而敏捷型项目更重视结果，将可交付的软件或可交付的成果视为衡量进度的首要标准。对于其他的过程文档，都不被视为最重要的内容。

（5）预测型项目关注里程碑，敏捷型项目关注价值。

预测型项目重视里程碑的完成，但是完成里程碑不代表会立即产生价值——仅完成了一个重要节点。例如，对于“完成手机外壳设计”这一里程碑，它是一个重要的事件，但是并不为客户带来价值。而敏捷型项目重视价值，例如，对于“完成首版软件开发”这个活动，其交付的首版软件是客户可以使用的，因此能够为客户带来价值。

虽然有众多的敏捷项目管理方法，但是这些方法都遵循敏捷价值观和敏捷原则的内核。接下来，我们就从这个内核开始介绍。

8.1　敏捷的价值观

2001年2月，17名敏捷行业的推动者组成了敏捷联盟并齐聚美国犹他州，试图达成敏捷开发的共识，他们最终发布了《敏捷软件开发宣言》[1]，并在敏捷宣言网站上公布了68种语言的译文。《敏捷软件开发宣言》包括了敏捷的价值观和敏捷的原则。

敏捷的价值观如图8-3所示。

敏捷软件开发宣言

我们一直在实践中探寻更好的软件开发方法，
身体力行的同时也帮助他人。由此我们建立了如下价值观：

个体和互动 高于 流程和工具
工作的软件 高于 详尽的文档
客户合作 高于 合同谈判
响应变化 高于 遵循计划

也就是说，尽管右项有其价值，
我们更重视左项的价值。

图8-3 《敏捷软件开发宣言》

《敏捷宣言》最初就叫《敏捷软件开发宣言》，它专为软件开发制定。后来，一些行业的研究人员发现敏捷开发方法同样适用于他们所在的行业，如教育业。因此，敏捷的适用性得到进一步的扩大，一些“软件”的描述也被“成果”所替代。

《敏捷宣言》一共分为三个部分。

第一部分明确表示，敏捷开发方法来源于实践，并且实践方法要用于帮助他人。

第二部分是《敏捷宣言》的核心的内容，共包含四大价值观：

- 个体和互动高于流程和工具。敏捷开发方法不仅重视每位项目团队成员，而且重视项目团队成员之间的互动和交流。烦琐的流程和工具不如个体和互动更有效。
- 工作的软件高于详尽的文档。敏捷开发方法更重视价值，只有工作的软件、可用的成果才是对客户有价值的。详尽的过程文档对客户的价值不大，因此，对于文档类的内容，做到勉强够用即可。
- 客户合作高于合同谈判。敏捷开发方法倡导合作，在整个开发过程中可以邀请客户参与项目，以提供指导和评审。
- 响应变化高于遵循计划。传统开发方法需要严格遵守计划，而敏捷开发方法要求快速响应变化，以使风险提前暴露。

第三部分说明了，敏捷价值观的右项有其价值，但是敏捷的从业者更重视左项的价值。

在作答敏捷相关的PMP®题目时，如果看到包含《敏捷宣言》或与敏捷的12条原则相关的选项，一般都要优先考虑，即使其他选项也是正确的。

1 《敏捷软件开发宣言》有多种翻译版本，本书以敏捷宣言网站上的官方翻译为准。

例题

一位关键干系人坚持认为，团队应使用正式的文档并详尽地记录软件代码。产品负责人解释说，虽然一定数量的文档是必要的，但团队成员最好把时间花在开发软件上，因为这对客户来说代表了最大的价值。产品负责人向干系人解释了以下哪一种敏捷概念？

A. 略微分配

B. 服务型领导

C. 勉强够用

D. 结对编程

答案：C。正式且详尽的文档不是敏捷所倡导的，文档勉强够用即可。

8.2　敏捷的原则

敏捷的原则是敏捷项目要依据的准则。价值观是指导思想，也是判定一项事务的内在观念。仅有价值观还不够，还需要判定标准，而这个判定标准就是原则。

敏捷的12条原则如图8-4所示。

1. 我们最重要的目标，是通过持续不断地及早交付有价值的软件使客户满意	7. 可工作的软件是进度的首要度量标准。
2. 欣然面对需求变化，即使在开发后期也一样。为了客户的竞争优势，敏捷过程掌控变化	8. 敏捷过程倡导可持续开发。责任人、开发人员和用户要能够共同维持步调稳定延续。
3. 经常地交付可工作的软件，相隔几星期或一两个月，倾向于采取较短的周期	9. 坚持不懈地追求技术卓越和良好设计，敏捷能力由此增强。
4. 业务人员和开发人员必须相互合作，项目中的每一天都不例外。	10. 以简洁为本，它是极力减少不必要工作量的艺术。
5. 激发个体的斗志，以他们为核心搭建项目。提供所需的环境和支援，辅以信任，从而达成目标。	11. 最好的架构、需求和设计出自自组织团队。
6. 不论团队内外，传递信息效果最好、效率最高的方式是面对面的交谈。	12. 团队定期地反思如何能提高成效，并依此调整自身举止表现。

图8-4　敏捷的12条原则

敏捷的12条原则非常重要，图8-4中的红色文字是每条原则的关键词或短语。接下来，我们将依次介绍这12条原则的内容。

8.2.1　原则1：交付价值

原则1的内容如图8-5所示。

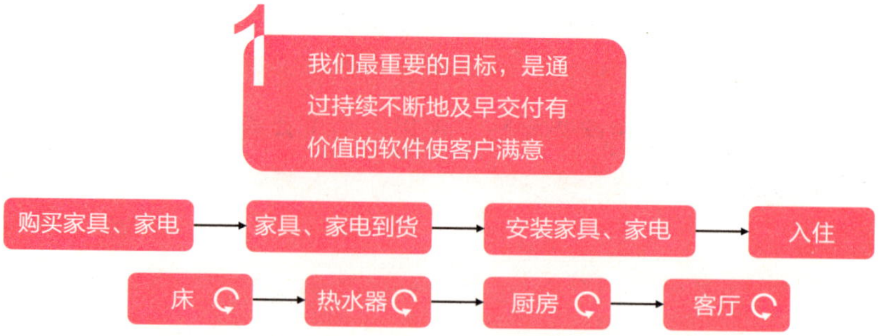

图8-5 原则1：交付价值

第1条原则是交付价值使客户满意。我们将通过一个案例来说明何为交付价值。

假如你买了一套新房子，硬装已经完成，接下来需要购买家居，然后入住，那么你有两种方式来做这件事情。

- 交付里程碑的方式。先购买所有的家具和家电，等家具和家电到货，并统一完成安装后再入住。购买家具、家电—家具、家电到货—安装家具、家电这些活动都是里程碑，都没有产生价值，因为在完成最后一步前不能入住。
- 交付价值的方式。先买一张床并将其安装好，然后就入住。第二天要洗澡，就买热水器，以此类推。这相当于每个步骤都产生了价值，你可以更早地入住，更好地调整需求和计划。

因此，交付价值的本质就是先完成一个最小的可交付物，然后先用起来，哪怕不好用，也可以在之后进行调整和改进。

例题

一家公司待交付的项目一直滞后并超出预算。敏捷管理专业人士建议采取敏捷方法来减少此类问题。敏捷管理专业人士该怎么做才能说服管理层采取敏捷方法？

A. 解释频繁交付价值给组织带来的好处

B. 证明限制质量控制文件能够减少项目预算并缩短交付时间

C. 证明在开始时识别项目范围，能够限制范围蔓延和项目延期

D. 指出敏捷方法可以加快交付，因其可以调整速度来适应项目的进度计划

答案：A。频繁交付价值会给组织带来好处。

8.2.2 原则2：拥抱变化

原则2的内容如图8-6所示。

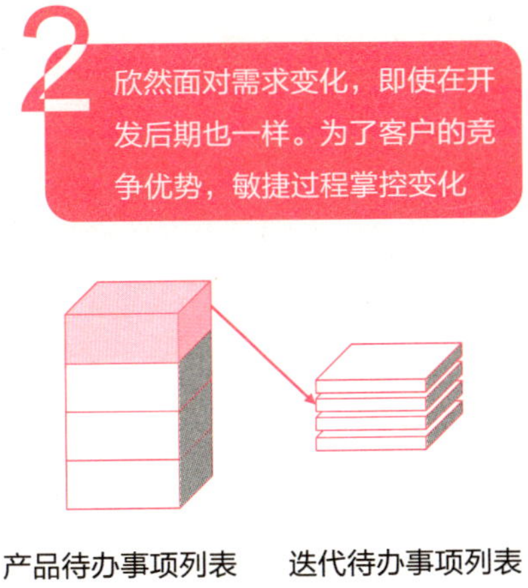

图8-6　原则2：拥抱变化

原则2的核心是拥抱变化。敏捷方法是如何拥抱变化的呢？它使用产品待办事项列表来做到这一点。

产品待办事项列表是描述客户需求的列表，在列表中，优先级最高的条目被置于顶部。产品待办事项列表可能很长，但项目团队只处理优先级最高的条目，他们将产品待办事项列表分解为迭代代办事项列表（自己要完成的工作任务）来执行。

因此，项目团队仅在一个迭代周期内完成优先级最高的条目，其他条目处于待定状态。当客户提出变更后，重新评估产品待办事项列表中条目的优先级即可。

例题

你被指派领导一个敏捷项目来开发一款新的软件应用程序。但软件的需求十分模糊，以至于你甚至不知道从哪里开始规划项目。你意识到，管理项目中的变更将是最大的挑战。在这种环境下，处理变更的最佳策略是什么？

A. 建立严格的变更控制流程

B. 在需求出现时实施所有的变更

C. 允许变更，即使在开发后期

D. 让团队决定要实施哪些变更

答案：C。敏捷拥抱变更。

8.2.3　原则3：短周期

原则3的内容如图8-7所示。

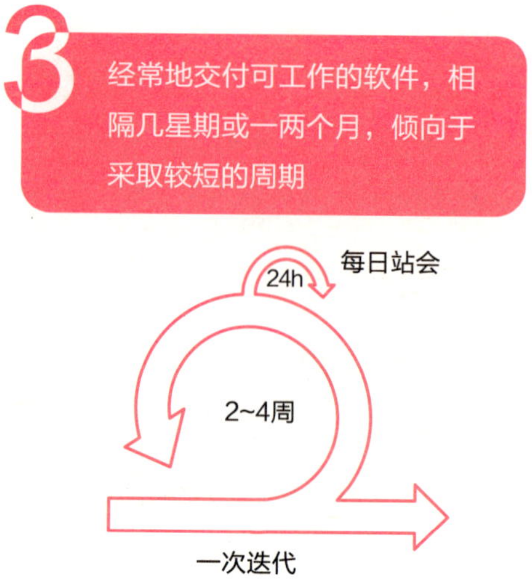

图8-7　原则3：短周期

敏捷项目专注交付价值，交付价值的周期一般是2~4周。即2~4周就要完成一个有价值的功能开发。这个交付价值的周期被定义为迭代或冲刺。在一次迭代（或冲刺）内，要通过每天开会来对齐项目计划和待完成的工作，这个会议被称为每日站会。

例题

下列选项中哪一项不是敏捷项目管理的特点？

A. 短迭代周期　　　　B. 自上而下的决策

C. 跨职能团队　　　　D. 持续改进

答案：B。短迭代周期、跨职能团队和持续改进都是敏捷项目管理的特点，而自上而下的决策是传统项目管理的特点。

8.2.4　原则4：相互合作

原则4的内容如图8-8所示。

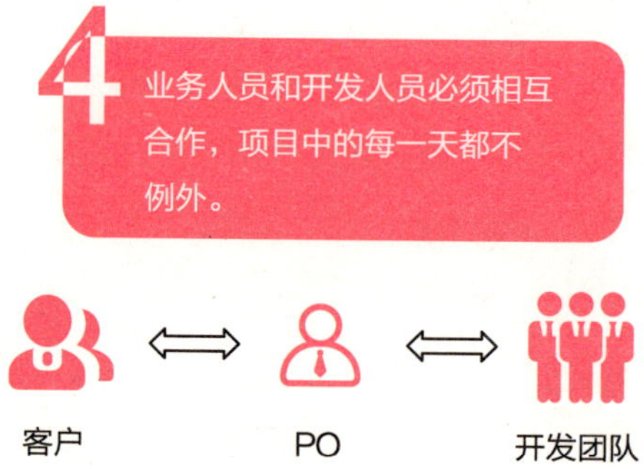

图8-8　原则4：相互合作

敏捷方法倡导相互合作，也建议客户参与项目。若客户无法参与，则由产品负责人（PO）代表客户全程参与。产品负责人可充当业务代表，产品负责人的全程参与能确保整个项目团队持续为客户创造价值。

例题

你正在处理一个为某位客户开发产品的项目。你已经决定采用敏捷开发方法。你注意到，客户不想参与项目，因为他们认为，一旦与你签下订单，你的团队就应该在商定的时间和成本内交付产品。在这种情况下，最好的方法是什么？

A. 在项目的开始阶段签订协议

B. 与产品负责人合作，并进行冲刺审查

C. 等待客户提供反馈

D. 基于类似的项目做出决定

答案：B。如果客户不参与项目，可以让产品负责人充当客户代表。

8.2.5　原则5：激发和信任

原则5的内容如图8-9所示。

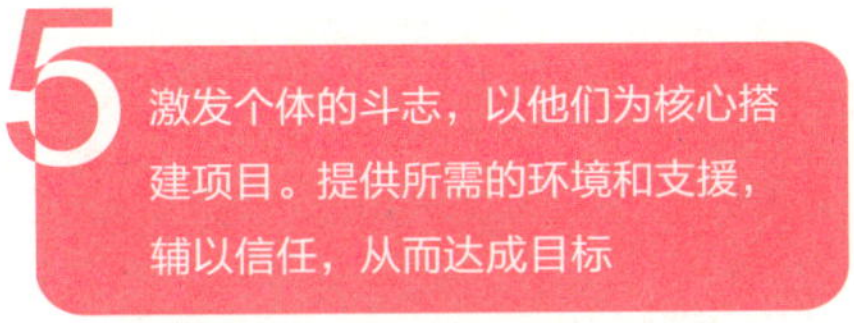

图8-9　原则5激发和信任

在敏捷开发环境中，项目经理应该将管理式的风格转变为服务式的风格，以激发个体斗志，提供帮助和支援，并信任团队能够达成目标。

例题

对一个组织而言，将敏捷方法作为一个新的项目管理方法是合适的，其积极的迹象是什么？

A. 采用严格和死板的项目管理实践的价值观

B. 采用分层决策的价值观

C. 采用自上而下进行管理的价值观

D. 采用信任、集体所有制和适应性的价值观

答案：D。信任团队。

8.2.6 原则6：面对面交谈

原则6的内容如图8-10所示。

6 不论团队内外，传递信息效果最好、效率最高的方式是面对面的交谈。

图8-10 原则6：面对面交谈

在沟通领域有一个“55—38—7”的说法：

- 55%的信息通过表情、肢体语言传达。
- 38%的信息通过语音、语调传达。
- 7%的信息通过语言的内容和文字传达。

对于沟通的信息，语言的内容和文字所能传递的信息量是最小的，93%的信息都是非语言信息，因此项目团队成员在沟通时要尽量面对面交谈。

例题

你的敏捷项目需要一位本地没有的专家。你可以在全球各地找到所需的资源，但由于各种限制，不能在项目期间对专家进行配置。你认为推进项目的唯一方法是在虚拟环境下建立团队。启动会议将在几周后举行。要让团队参加会议，你的最佳行动方案是什么？

A. 让团队成员在会议期间连接到视频会议

B. 如果有可能的话，带团队成员亲自参加启动会议

C. 将会议录下来并将录像发送给团队成员

D. 什么都不做，因为敏捷团队有权做出自己的决策

答案：B。最好的沟通是面对面交谈，如果有可能的话，优先选择亲自参加启动会议。

8.2.7 原则7：可工作的软件

原则7的内容如图8-11所示。

7 可工作的软件是进度的首要度量标准。

图8-11 原则7：可工作的软件

在敏捷软件开发项目中，可工作的软件（用于产生价值的软件）是衡量进度的首要标准。在非软件开发的敏捷项目中，可以将可工作的软件改成可交付的成果。敏捷方法着眼

于交付价值，因此交付价值的数量代表着项目进度的完成情况。

8.2.8　原则8：可持续开发

原则8的内容如图8-12所示。

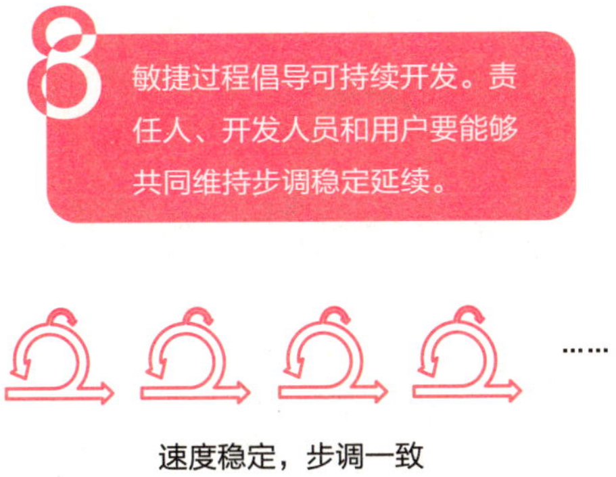

图8-12　原则8：可持续开发

原则8倡导可持续开发，不能竭泽而渔。敏捷的目标不是快，而是能更早地创造客户价值，更好地拥抱不确定性。团队成员的开发节奏很重要，在每次迭代中，需要确保固定且流畅的节奏，干系人和客户也需要共同维护这个节奏。如果迭代的进度计划或目标超过了团队的能力，那么变更迭代的进度计划或目标也是可以的。

例题

为了利用早期的收入，一个项目团队正在逐步生产可交付物。该项目趋于满足所有的基准。然而，项目经理已经确定，在相同的时间段内——在SPI为0.83的前5次冲刺中，团队的速度都是50个故事点。项目经理应该如何回应团队的表现？

A. 提交变更请求以修订项目进度基准

B. 建议团队在冲刺计划中设定更现实的目标

C. 打破时间表，让生产力回到正轨

D. 为每次冲刺分配60个故事点

答案：B。在每次迭代中，规划的速度都是60（50/0.83）个故事点，但是每次都只完成了50个，说明迭代的目标不可行，为了确保可持续开发，需要将迭代目标变更为50个故事点。

8.2.9　原则9：技术卓越

原则9的内容如图8-13所示。

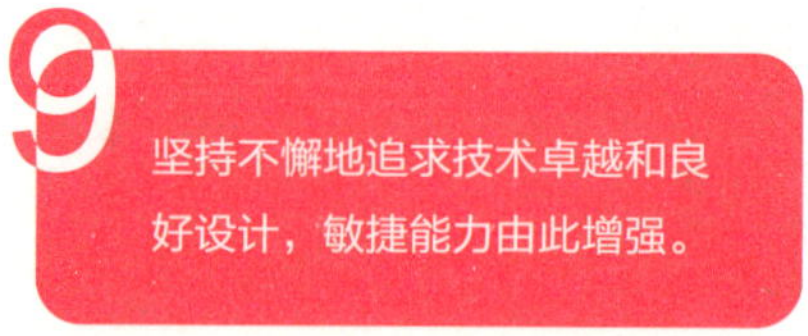

图8-13　原则9：技术卓越

项目团队应该坚持不懈地追求技术卓越，若有技术债务，应该共同讨论如何在某个迭代中对其进行补偿处理。技术债务的定义：指开发人员为了加速软件开发，在应该采用最佳方案时进行了妥协，改用了短期内能加速软件开发的方案，从而在未来给自己带来了额外的负担。

例题

一家公司承接了一个存在大量技术债务的项目，虽然干系人知道这一点，但他们未能了解对交付和产品质量的影响。若要处理这个问题，敏捷管理专业人士应该怎么做？

A. 创建一个重构计划，供干系人审查

B. 提高所有故事点的价值，以说明重构的原因

C. 在下次迭代中为技术债务的事项分配最高优先级

D. 确保所有技术债务问题均已添加至产品待办事项列表

答案：D。需要将技术债务问题添加至产品待办事项列表，然后根据优先级进行处理。

8.2.10　原则10：简洁为本

原则10的内容如图8-14所示。

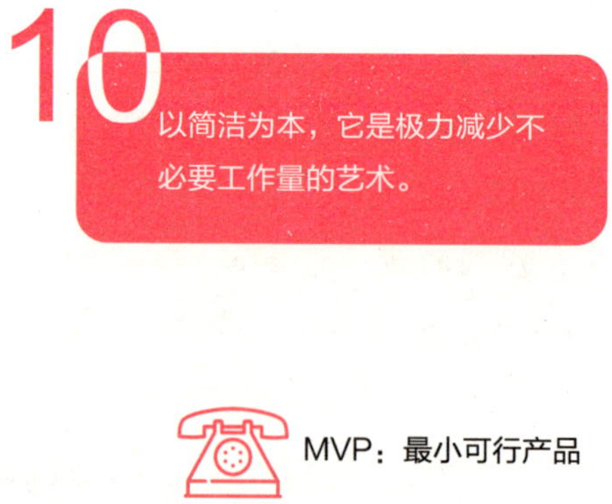

图8-14　原则10：简洁为本

这条原则对应敏捷价值观的前两条，虽然流程工具、详尽的文档也相对重要，但敏捷方法专注交付价值，因此在开发产品时应以简洁为本。在敏捷项目的开发初期，经常只开发仅具有基本功能的产品，这种产品也被称为最小可行产品（MVP）。

MVP通常指仅具有最简单功能的产品。例如，一款通信软件的第一个版本可能只有注册和文字聊天功能。之后，根据用户的需求再不断地对软件进行迭代、优化和调整。

例题

一家公司考虑实施一个项目，以开发新的手机App。由于目前还不清楚目标用户将如何使用该App，公司决定开发一个早期版本——只有必备功能的增量。然后，若用户反馈积极，则使用预测型项目管理方法推进全面开发。手机App的提前发布代表了什么？

A. 敏捷发布规划

B. 最小可行产品

C. 功能完整的原型

D. 工作分解结构

答案：B。公司开发的早期版本只有必备功能，说明该产品是MVP。

8.2.11　原则11：自组织团队

原则11的内容如图8-15所示。

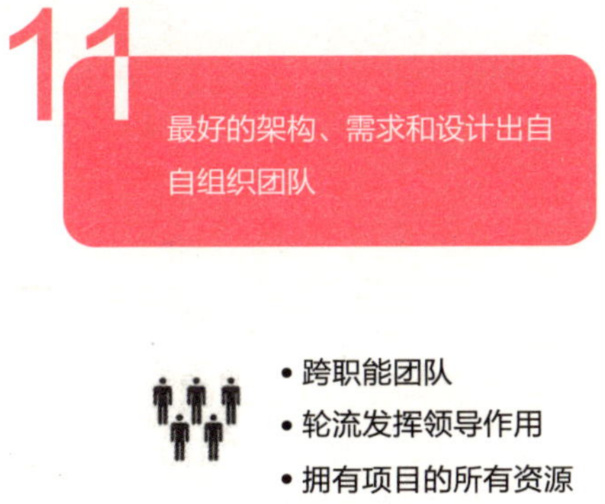

图8-15　原则11：自组织团队

与预测型项目不同，在敏捷项目中，任务并非由项目经理分配，而是由团队成员主动领取。团队成员自行组织，决策项目的任务。自组织团队有如下特点：

- 跨职能团队。每位团队成员都拥有多项技能，会开发的也会测试同时还会项目管理。
- 轮流发挥领导作用。每位团队成员可以轮流发挥领导作用，能够组织会议并讨论问题。
- 拥有项目的所有资源。自组织团队可以直接决策工作任务。

例题

项目经理为其跨职能团队提供了全面的指导、培训和支持，委托团队管理和跟踪他们自己的工作分配，并支持以团队为单位来做出决策。项目经理会定期参加团队会议，以监督团队的进展并提供支持，但通常不会参与有关工作量或团队决策的讨论。项目经理用什么来管理团队？

A. 情商

B. 自组织团队

C. 团队建设

D. 动机

答案：B。自组织团队有权做出团队决策。

8.2.12 原则12：定期反思

原则12的内容如图8-16所示。

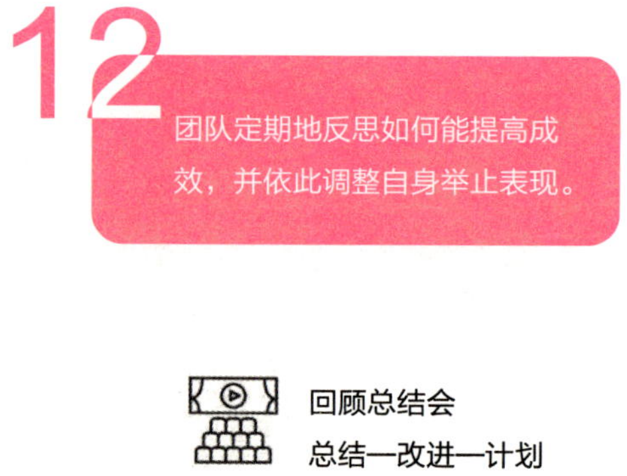

图8-16 原则12：定期反思

敏捷项目的核心理念有两点：一是完成比完美重要，这体现了交付价值的特点；二是总结和改进，在第一点的基础上不断完善工作的内容、流程和方法，这一点非常重要，也可以说是最重要的实践。完成这项实践的会议被称为回顾总结会，主要为了总结过去并改进将来。

例题

一个在瀑布式项目管理方面有丰富经验的项目团队被分配到一个敏捷项目中。为了使转换更容易，已经决定保留瀑布式方法的一些要素。在迭代审查期间，项目经理意识到开发团队之间的误解导致了工作的重复。项目经理如何处理这个问题？

A. 在即将到来的迭代回顾中提出该问题

B. 什么都不做，因为团队成员正在从瀑布式方法过渡到敏捷方法

C. 弹回到瀑布式项目管理框架

D. 提交变更请求以更新沟通管理计划

答案：A。如果在项目的开发过程中遇到了一些问题，可以通过回顾会议来解决此问题。

在介绍敏捷的12条原则的过程中，分别提到了产品待办事项列表、迭代待办事项列表、产品增量、迭代、每日站会、回顾总结会等内容。将这些内容汇总起来，就得到了敏捷方法中的一个重要实践：Scrum方法。在下一章，我们将重点介绍Scrum方法。

第9章
Scrum方法

Scrum方法是单个敏捷团队使用最多的一种方法，该方法简单有效，美剧《硅谷》将它搬上了荧幕，各大互联网企业都利用它来开发各种产品。

Scrum可译为并列争球，是英式橄榄球中争球的一种规则，该规则要求前锋肩靠肩躬身站成一排，通过团队合作来争到球。Scrum方法与之类似，它没有上下级的观念，由团队合作共同完成项目。Scrum是开发和维持复杂产品的敏捷框架，它由特定的角色、事件和工件等元素组成。

Scrum方法的三大支柱是：透明、检视、适应。这三大支柱本质上也是PDCA（计划—执行—检查—行动）的过程。

9.1 Scrum 的整体流程

Scrum的整体流程如图9-1所示。

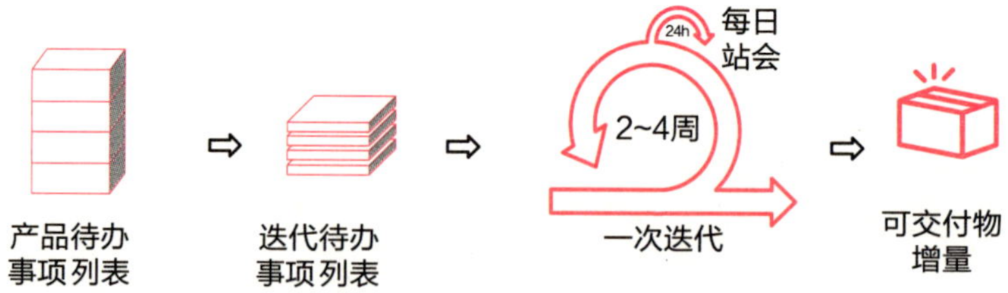

图9-1 Scrum的整体流程

在这个Scrum流程中：

- 产品待办事项列表是一个需求列表，在这个列表中，将按照从高到低的优先级顺序排列需求。
- 迭代待办事项列表是将优先级高的需求分解为在一次迭代中可完成的任务的列表。
- 在需求被分解为任务后，在一次迭代或一个冲刺中，由项目团队完成这个需求。

一次迭代的时长为2~4周，期间要召开每日站会。

- 在一次迭代结束后，会产生一个可交付物增量，这个增量会被集成到之前的可交付物中。

Scrum流程有“3355”的说法，如图9-2所示。

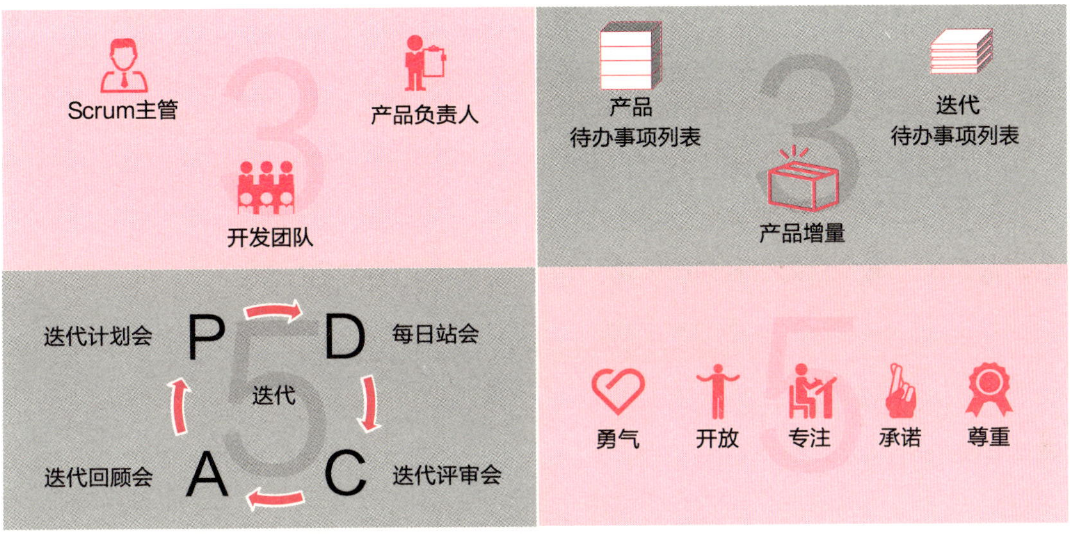

图9-2　Scrum的“3355”

在图9-2中，“3355”代表以下具体内容。

- 3个角色：
  - Scrum主管（Scrum Master），简称SM
  - 产品负责人（Product Owner），简称PO
  - 开发团队（Dev Team）
- 3个工件：
  - 产品待办事项列表（Product Backlog）
  - 迭代待办事项列表（Sprint Backlog）
  - 产品增量（Potentially Shippable Product Increment）
- 5种仪式：
  - 迭代（Sprint），也被称为冲刺
  - 迭代计划会（Sprint Plan）
  - 每日站会（Scrum Daily）
  - 迭代评审会（Sprint Review）
  - 迭代回顾会（Retrospective）
- 5种价值观：
  - 勇气（Courage）

- 开放（Open）
- 专注（Focus）
- 承诺（Commitment）
- 尊重（Respect）

接下来，我们详细介绍“3355”的内容。

9.2 Scrum 中的角色与职责

9.2.1 产品负责人

产品负责人的角色与职责如图9-3所示。

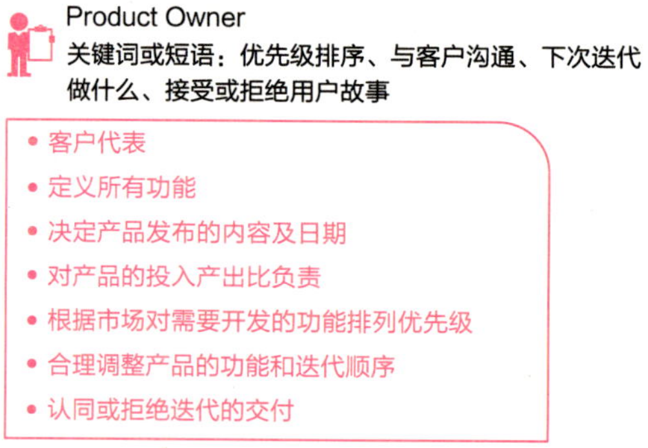

图9-3 产品负责人的角色与职责

产品负责人（PO）是客户代表，他有权对要开发的功能进行优先级排序，也可以接受或拒绝团队完成的产品增量。产品负责人有权决定下次迭代开发什么功能，也有权对正在处理的需求做出变更。产品负责人在Scrum团队中不可或缺，他应是专职人员，而非兼职人员。

> 关键词或短语：优先级排序、与客户沟通、下次迭代做什么、接受或拒绝用户故事。

例题

项目经理通知敏捷团队成员，由于个人问题，产品负责人将不能参加即将开始的冲刺审查。在这种情况下，最有可能的结果是什么？

A. 不清楚团队在冲刺期间开发的产品增量是否被接受

B. 团队无法确定他们用于开发产品的过程是否需要改进

C. 产品负责人缺席了一次冲刺评审会议，这不会产生任何严重后果

D. 无法确定项目团队在最新冲刺期间增加了多少价值

答案：A。产品负责人负责评审产品增量，若他不能参加会议，则不知道产品增量是否被接受。

9.2.2　Scrum主管

Scrum主管的角色与职责如图9-4所示。

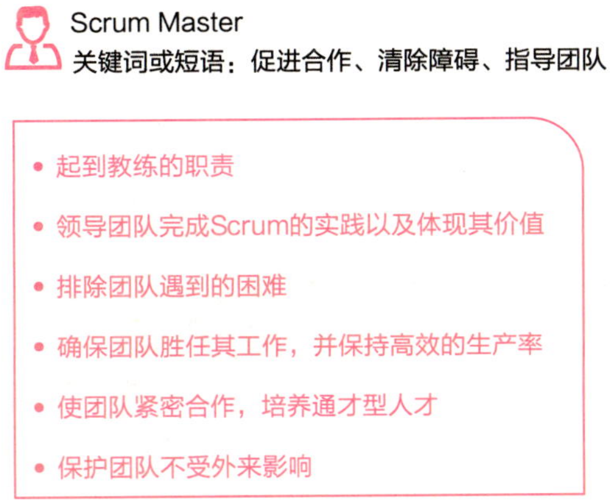

图9-4　Scrum主管的角色与职责

Scrum主管类似预测型项目的项目经理。与预测型项目的项目经理不同的是，Scrum主管的角色并非是管理者的角色，而是仆人与清道夫的角色。

- 仆人式领导。指导并帮助团队提高工作效率，培养人才，促进团队合作。
- 清道夫。帮助团队解决困难，清除障碍，不受外来影响。

关键词或短语：促进合作、清除障碍、指导团队。

例题

Scrum Master正在进行日常的站会。开发团队的每个成员都表示，由于各种阻碍，他们的工作已经停滞。结果，整个开发团队都处于闲置状态，并严重偏离进度基准。Scrum Master首先应该做什么？

A. 在会议期间努力解决问题

B. 分析并优先设置阻碍的优先级

C. 让团队同时参与另一个项目

D. 将该问题升级，上报给项目发起人

答案：B。SM的职责之一是清除障碍。

9.2.3 开发团队

开发团队的角色与职责如图9-5所示。

Dev Team

关键词或短语：通才型专家、自组织团队、让团队决策

- 3~9人的团队
- 通才型专家
- 团队成员以全职的方式参与项目工作
- 团队自我组织和管理
- 团队关系在一次迭代中应该是固定的，个人的职能可以在新迭代开始时发生调整。

图9-5 开发团队的角色与职责

开发团队通常为一个3~9人的团队，每位团队成员都是跨职能的通才型专家，即在开发过程中每位团队成员都了解所有的技术模块。团队成员以全职的方式参与项目工作，同时采用自组织的管理方式，拥有项目的所有资源。

> 关键词或短语：通才型专家、自组织团队、让团队决策。

例题

一位来自传统项目管理组织的项目经理被分配到正在进行的项目中。最近，该组织开始在其项目中使用敏捷方法。项目经理听说，有些团队成员感觉缺乏关键主题的专业知识，并认为团队内部的协作不足。项目经理应该如何回应这些团队成员的担忧？

A. 聘请第三方专家来填补知识空白

B. 通过向发起人提出请求来添加额外资源

C. 添加跨职能的内部资源

D. 在可能的情况下，将甘特图修改为看板面板

答案：C。Scrum团队中的成员都是通才型专家。

9.3 Scrum中的3个工件

9.3.1 产品待办事项列表

产品待办事项列表也被称为产品待办列表，具体的内容如图9-6所示。

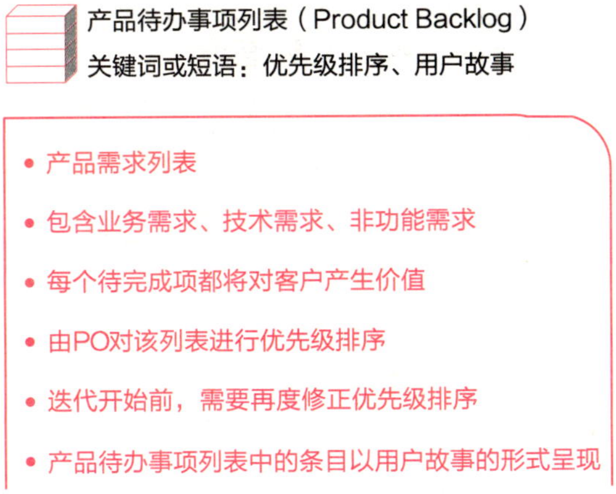

图9-6 产品待办事项列表

产品待办事项列表以用户故事的形式记录了产品的功能需求，每个待完成项都将对客户产生价值。产品待办事项列表中的需求优先级由产品负责人确定。

> 关键词或短语：用户故事、优先级排序。

例题

在下列文件中，哪个文件包含了用户故事，并且需要由产品负责人来定义和确定用户故事的优先级？

A. 产品待办事项列表

B. 迭代待办事项列表

C. 需求文件

D. 需求跟踪矩阵

答案：A。产品待办事项列表描述了用户故事及其优先级。

9.3.2 迭代待办事项列表

迭代待办事项列表也被称为迭代待办列表，具体的内容如图9-7所示。

迭代待办事项列表是将（优先级高的）需求分解为（在一次迭代可完成的）任务的列表。在分解后，由团队成员主动领取任务。团队成员有权添加、删减或更改迭代待办事项列表中的任务。

> 关键词或短语：任务、团队成员。

迭代待办事项列表（Sprint Backlog）
关键词或短语：任务、团队成员

- 产品待办事项列表的子集，只记录当前迭代的工作
- 将用户故事拆分成任务，团队成员主动领取
- 团队成员有共同的迭代目标
- 团队成员可以添加、删减或更改迭代中的任务
- 对迭代待办事项列表中的任务进行估算，每天需要更新剩余工作量的估计

图9-7　迭代待办事项列表

例题

产品经理要找到一位能执行某项任务的人。他需要给出一些与该任务相关的重要信息。产品经理如何获得这些信息？

A. 参加每日站会

B. 在迭代待办事项列表中获得

C. 在产品代办事项列表中获得

D. 在团队的工作记录中获得

答案：B。与任务相关的信息被记录在迭代待办事项列表中。

9.3.3　产品增量

产品增量的内容如图9-8所示。

产品增量（Product Increment）
关键词或短语：集成、可用

- 团队在迭代内完成可交付物，将其集成到以往的迭代成果中，形成增量式的交付
- 每次交付的用户故事必须符合验收条件
- 每次交付的增量成果必须处于可用状态，不管PO是否决定发布这个用户故事
- 从技术层面交付，从管理层面发布

图9-8　产品增量

产品增量是一次迭代的可交付物，它可以被集成到以往的迭代成果中。每次交付的用

户故事必须处于可用状态。

关键词或短语：集成、可用。

例题

为什么团队一直在追求增量式交付？

A. 增量式交付为客户提供了早期价值，降低了可交付物不符合客户预期的风险

B. 增量式交付捆绑了产品特征，使客户觉得交付的价值可观

C. 增量式交付消除了需求变化的可能性

D. 增量式交付简化了整个团队的工作

答案：A。增量式交付能够尽快为客户提供价值。

9.4　Scrum 中的 5 种仪式

9.4.1　迭代

迭代（Sprint）也被称为冲刺。在Scrum框架中，产品待办事项列表将需求或功能分解成一个个小的用户故事，而完成这些用户故事需要进行一次又一次的迭代。

Scrum提供了时间盒的概念。时间盒确定了每次迭代的周期，如四周，如果到了该时间，即使本次任务没有完成，迭代也会结束。

整个迭代周期是一个PDCA（计划—执行—检查—行动）的过程。

图9-9展示了Scrum框架中以迭代为中心的5种仪式。

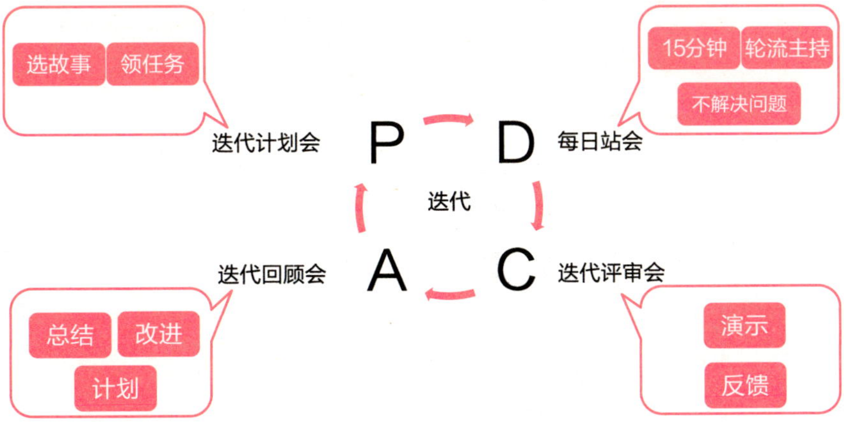

图9-9　以迭代为中心的5种仪式

9.4.2 迭代计划会

迭代计划会的内容如图9-10所示。

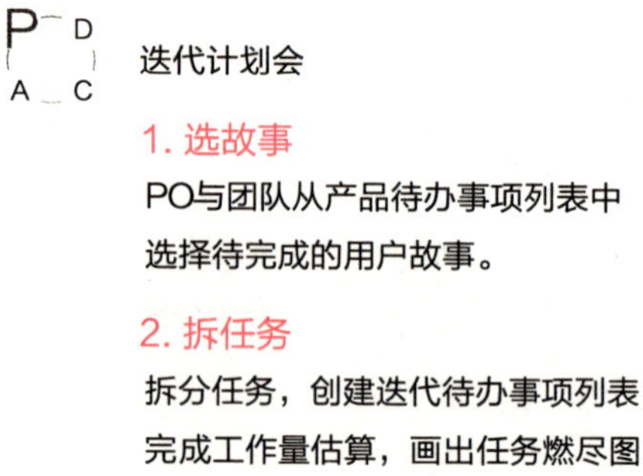

图9-10 迭代计划会

迭代计划会的主要目的有两个。

- 选故事。从产品待办事项列表中选择优先级高的用户故事。
- 拆任务。将用户故事拆分成任务。创建迭代待办事项列表，由团队成员领取任务，完成工作量估算，画出任务燃尽图。

9.4.2.1 更新任务板

在分解完任务后，敏捷团队需要更新任务板，如图9-11所示。

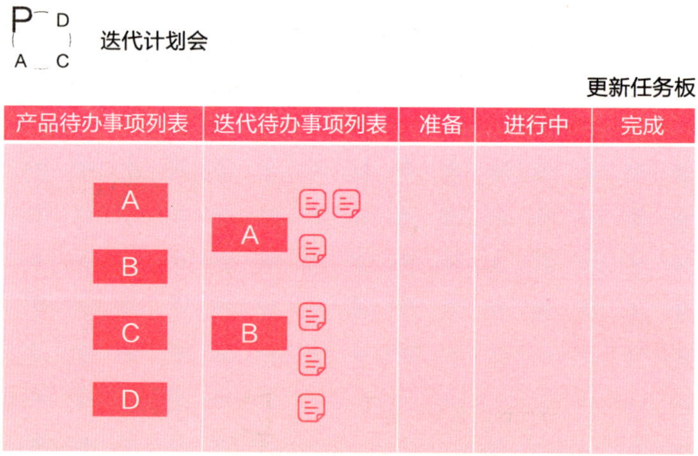

图9-11 更新任务板

在图9-11中，产品待办事项列表中包含四个用户故事（A、B、C、D），当前迭代选择了前两个用户故事A和B。开发团队将两个用户故事拆解成任务，并对任务板进行更新。

任务板也被称为Scrum板，在Scrum方法中，是开展工作的重要工件，有助于组织敏捷项目团队执行工作。在任务板上，能看到哪些任务没有完成，哪些已经完成，哪些正在执行。

9.4.2.2 画出燃尽图

燃尽图（Burn down Chart）是在项目完成前，对需要完成的工作任务的一种可视化表示。随着任务的不断完成，待完成任务也会“燃尽”到零。

与燃尽图相对应的是燃起图（Burn up Chart）。在燃起图中，完成的工作量从0开始，随着任务的不断完成，完成的工作量也不断增加。

从本质上来讲，燃尽图和燃起图都是一样的，具体使用哪个主要根据团队的喜好来确定。例如，如果团队喜欢指标不断上升的状态，那么就使用燃起图。如果一个人正在减肥，使用燃尽图会让人更有动力一些。燃尽图和燃起图如图9-12所示。

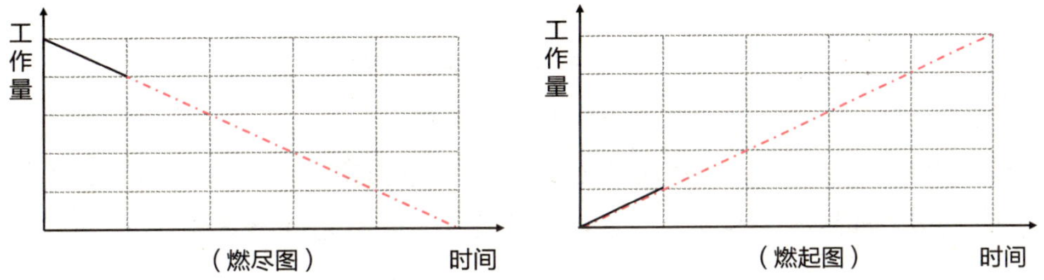

图9-12 燃尽图和燃起图

燃尽图和燃起图都是重要的信息发射源，它们能够简单、透明地展示项目进度。敏捷项目团队需要每天对其更新，以确保干系人了解项目进度。

例题

在迭代计划会上，敏捷教练希望确保她的开发团队能用一种简单的方法来组织他们的工作，并且可对迭代中的剩余工作进行可视化的表示。敏捷教练最好使用以下哪种工具来实现她的目标？

A. 燃尽图

B. 任务板

C. 燃起图

D. 一览表

答案：B。燃尽图和燃起图能够看到剩余的工作，但是无法用来组织工作，任务板可以用来组织工作。

9.4.3 每日站会

每日站会的内容如图9-13所示。

P D A C

每日站会

1. 15分钟3件事

昨天做了什么？今天要做什么？遇到了哪些问题？

2. 角色

可以由团队成员主持

3. 不讨论问题

每日站会不解决问题

4. 对齐

更新任务板，起到沟通对齐作用

图9-13　每日站会

在迭代（冲刺）过程中，团队成员需要进行一系列的沟通，以对齐每天的任务，这个活动通过每天早上开站会来实现。每日站会的持续时间不超过15分钟，每个成员会讨论3个事项：

- 昨天做了什么？
- 今天要做什么？
- 遇到了哪些问题？

虽然每日站会的形式很简单，但不可或缺，它能给项目或团队带来如下的好处：

- 每日规划。让团队成员每天都很充实。
- 提出问题。让团队成员共同知晓问题，便于后续协作。
- 更新任务板。让团队成员每天的工作更加透明。
- 建设团队。可以由开发团队的人员自组织。

团队在每日站会中经常出现的错误：

- 无休止地讨论问题。每日站会不解决问题，只提出问题。若要解决问题，还需要单独开专题会议。
- 开会时间过长。每日站会之所以要站立开会，就是避免会议时间过长。每日站会的持续时间一般不超过15分钟。
- 每日站会变成状态报告会议。每日站会不汇报项目状态，仅用于成员之间的沟通。
- 干系人发言。每日站会不允许干系人发言。

例题

项目的每日站会时间很长，经常超过2小时。项目团队利用每日站会来对项目障碍的解决方案进行扩展讨论。项目经理应该做什么来改进每日站会？

A. 邀请部门经理参加团队成员的讨论，以便以商业方式确定解决方案

B. 要求缩短在每日站会中的讨论时间，以留出更多的工作时间

C. 引入新的团队成员，他将负责管理障碍和会议，以讨论可能的解决方案

D. 指导团队成员，让他们有机会缩短每日站会的时间，并改进他们确定解决方案的方法

答案：D。根据题干，每日站会的开会方式有问题，时间过长，还讨论问题，需要缩短每日站会的时间。

9.4.4　迭代评审会

迭代评审会的内容如图9-14所示。

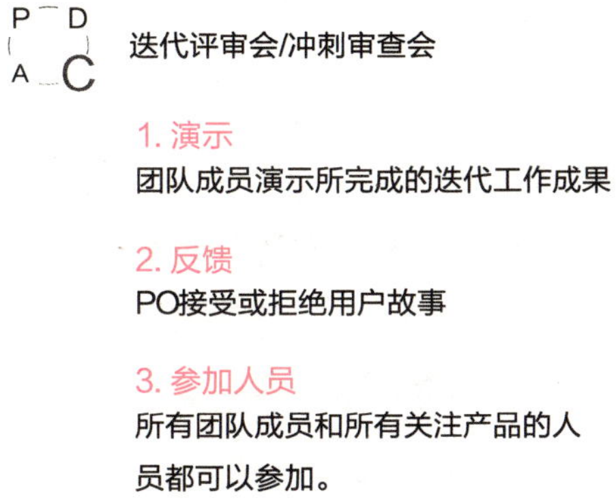

图9-14　迭代评审会

迭代评审会也被称为冲刺评审会。迭代评审会的主要目的是验收迭代的产品增量。整个过程涉及以下两个主要步骤。

- 演示。团队成员演示已完成的迭代工作成果。
- 反馈。PO接受或拒绝成果。

在迭代评审会中，对产品关注的干系人可以参会，并且可以提出意见或建议，项目经理要把相关的意见或建议都记录下来，并在后续的回顾或计划会议中进行讨论和处理。

例题

一家制造公司承包了一个项目，以开发生产线自动化所需的硬件和软件。可交付物将使用敏捷框架生成。可以选择怎样的策略来获得产品范围的正式接受？（可选择两个适合的策略。）

A. 每当开发出足够的特征以形成一个连贯的集合时，就进行演示

B. 一旦整个项目范围按照范围管理计划完成，就要执行确认范围的过程

C. 团队在每次迭代结束时向产品负责人演示已完成的用户故事

D. 要求产品负责人参加每次冲刺的回顾，以审查和批准完成的产品增量

E. 确保在初始项目计划期间，产品范围已完全分解至工作包级别

答案：AC。在Scrum中，验收的会议即迭代评审会，有演示和反馈两个重要环节。

9.4.5 迭代回顾会

迭代回顾会的内容如图9-15所示。

迭代回顾会

1. 总结

总结工作中的经验教训

2. 改进

找到可以改进的工作

3. 计划

计划可改进工作的优先级

图9-15 迭代回顾会

回顾属于敏捷12条原则中的第12条原则，也是敏捷项目非常关键的一个活动。迭代回顾会的主要步骤有以下3个。

- 总结。总结工作中的经验教训，进行反思。
- 改进。找到可以改进的工作。
- 计划。调整将来的工作，将可以改进的工作纳入产品待办事项列表，以便在后续的过程中执行。

迭代回顾会属于PDCA循环里最重要的一个步骤，只有不断地改进，才能让工作结果越来越好，团队水平越来越高。

例题

项目经理安排了一次会议，让Scrum项目团队进行反思和调整。与会者在这次会议上最有可能做什么？

A. 向客户演示产品增量

B. 为下次迭代（冲刺）选择用户故事

C. 讨论正在进行的工作和阻碍进展的障碍

D. 寻找对团队工作的任何改进

答案：D。反思和调整属于迭代回顾会的内容，目的是寻找改进方案。

9.5 Scrum中的其他知识点

在Scrum项目中还有一些其他的知识点，在本节中，我们将对其进行补充。

9.5.1 信息发射源

信息发射源能在任何人都可见的地方显示信息，它能够准确无误地显示项目状态信息，能够与干系人进行无误解的沟通。信息发射源的特点如下：

- 简单。易于掌握。
- 明确。没有模糊信息。
- 实时。必须展示当前的信息。
- 高度可见。容易看到，信息透明。
- 影响。能影响干系人和团队共同解决问题。
- 最小的数量。只显示关键信息。

在敏捷项目中，使用的信息发射源有：

- 燃尽图
- 燃起图
- 问题日志
- 看板面板或任务板

例题

在某敏捷项目中，正在进行第3次迭代。干系人对团队到目前为止所取得的进展并不满意。干系人与团队取得联系，要求团队从现在起告知他们当前的工作的状态。服务型领导者应该如何回应？

A. 邀请干系人参加每日站会、迭代评审会和迭代回顾会

B. 向干系人解释敏捷项目不鼓励进度监督

C. 建议干系人定期查看信息发射源

D. 向干系人提供绩效测量基准

答案：C。如果干系人想了解项目状态，可以直接查看信息发射源。

9.5.2 DoD与DoR

完成的定义（DoD）代表敏捷项目中用户故事的验收标准，应该在确定用户故事的同时就确定DoD。在用户故事完成后，开发团队可基于DoD进行测试。

就绪的定义（DoR）代表产品待办列表中的用户故事已得到清晰描述，可以进入迭代（冲刺）。也就是说，产品待办列表已就绪，开发团队可以干活了。

例题

一个敏捷团队刚刚完成了项目可交付物的最终开发。团队成员正在向项目经理寻求下一步工作的建议。项目经理应该建议团队下一步做什么？

A. 确定验收标准

B. 确保用户故事符合就绪的定义（DoR）

C. 举行项目迭代回顾会

D. 验证可交付物是否符合完成的定义（DoD）

答案：D。已完成了开发，接下来要测试了，需要验证是否符合DoD。

9.5.3 速度

速度（Velocity）是敏捷项目中使用的重要度量指标，可用来预测交付期限，它通过故事点来计算。

速度的计算比较简单，就是已完成的某次迭代中的故事点数量之和。例如，如果一次迭代中有3个用户故事，这3个用户故事的故事点之和为14，则团队的速度为14。

团队的速度在初始迭代时一般都会不稳定且变化很大。在经过一段时间后，速度会稳定下来，此时的平均速度则代表了团队的能力，可用来预测未来迭代的完成数量。

例题

在敏捷团队完成3次迭代后，项目经理确定团队在这3次迭代中的平均速度为30个故事点。项目的剩余部分还有292个故事点。团队需要多少次额外的迭代才能完成项目？

A. 7次迭代

B. 8次迭代

C. 9次迭代

D. 10次迭代

答案：D。通过计算可知，需要约9.7次迭代才能完成项目。对于小数部分，需要专门安排一次迭代来完成。

9.5.4　不确定性锥

不确定性锥如图9-16所示。

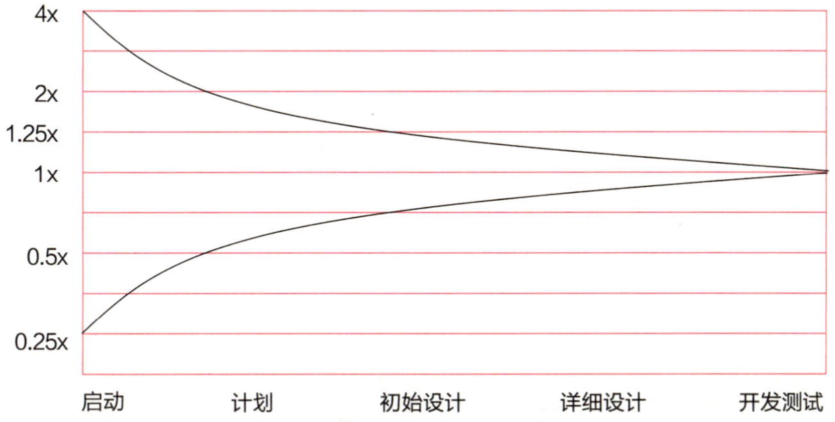

图9-16　不确定性锥

不确定性锥描述了在不同阶段项目估算的准确度。

- 在最早期，项目刚刚启动，只能进行粗略量级的估算，估算误差在16倍。
- 随着项目的进展，估算被持续梳理。
- 到项目后期，估算变得准确，甚至完全等于实际。

基于这个原理，在敏捷项目中，应该在早期尽早强调项目的高风险性，要频繁地进行代码测试。在敏捷项目的执行过程中，要不断与产品负责人讨论解决方案，以提高预测的准确度。

9.5.5　参与式决策

与传统的自上向下的决策不同，参与式决策是团队做决策的过程。决策的结果直接影响团队的绩效和凝聚力，让团队成员参与决策，往往会得到更好的结果。参与式决策包括如下方式：

- 简单投票。由团队成员直接投票，来确定同意或反对。
- 拇指投票。拇指向上代表同意；拇指向下代表反对；拇指平行代表犹豫。
- 决策分级。将决策分成“赞同”“同意但保留意见”“犹豫”“不赞成但同意实施”“否决”五个级别。

第10章 敏捷产品管理

敏捷项目与传统项目的项目边界不同（见图10-1），敏捷项目打破了传统项目的边界。传统项目不用考虑商业需求和成本效益分析，只需要在立项后按照阶段和五大过程组将项目管理好就可以。至于项目是否为客户创造了价值，那就是其他部门的事情了。

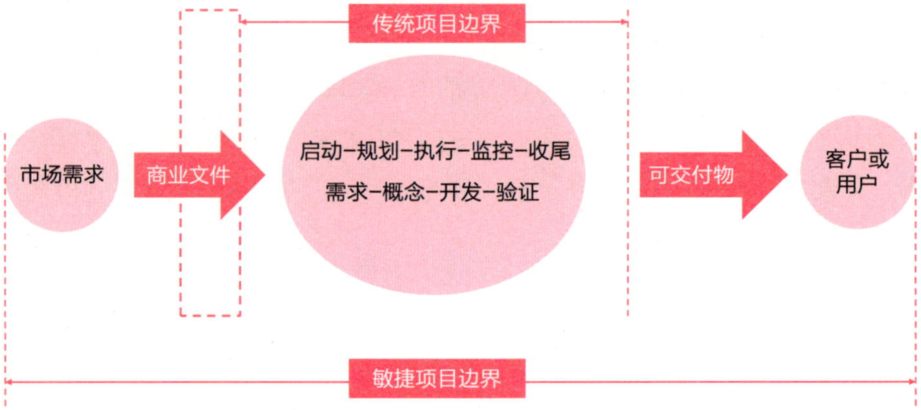

图10-1　项目边界

对于敏捷项目，一方面，很多互联网项目没有所谓的项目收尾，只要产品还在市场上运作，这些软件就要一直迭代下去。另一方面，敏捷方法极其重视价值的交付，因而将产品负责人纳入项目团队。这一前一后，敏捷项目的生命周期基本上等同于产品的生命周期了。

在公司愿景与项目管理之间，存在一段“产品管理真空”，而这段真空就是产品管理的内容，如图10-2所示。

基于敏捷项目的以上特点，需要在产品负责人的产品管理方面进行知识点补充。

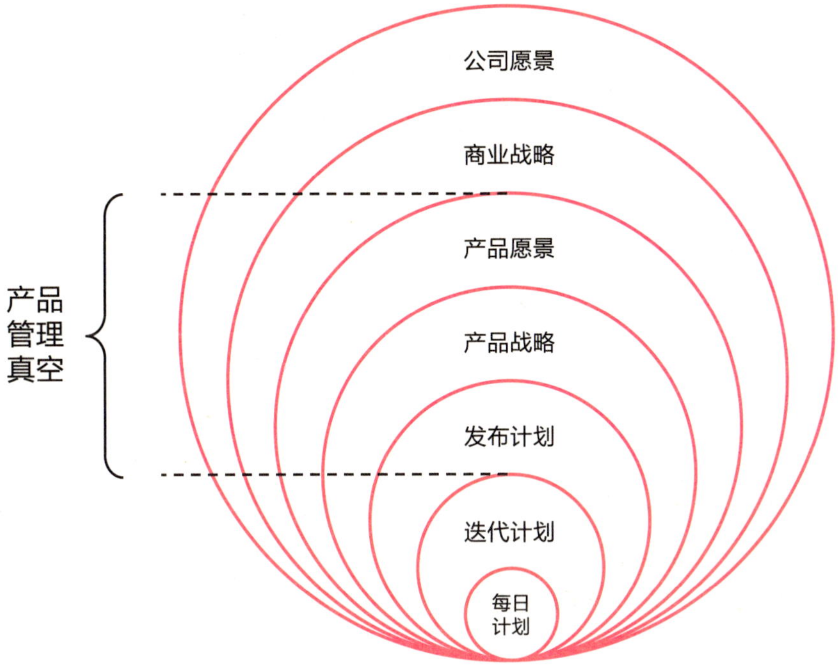

图10-2　产品管理真空

10.1　产品待办事项列表的产生

通过学习前面的章节，我们知道产品待办事项列表是一个列好优先级的功能列表，以用户故事的方式呈现。那么，这个产品待办事项列表是如何产生的，又应如何对其条目设定优先级呢？图10-3给出了流程框图。

图10-3　产品待办事项列表产生流程

10.1.1　产品愿景

产品愿景是产品的目的或最终要实现的目标，起到传达战略、鼓舞人心的作用。产品愿景的内容如图10-4所示。

产品愿景代表了本次开发的产品的目标和达成的效果，产品愿景可以以“电梯演讲”的形式描述，即在电梯上升的这段很短的时间内，将产品愿景完整地描述出来。

产品愿景的示例如下：

为了（目标客户）和他们的（需要和机会），这个（产品名称）是一个（产品类型），它可以（关键优点和使用理由），而不像（同类竞争者），我们的产品（差异说明）。

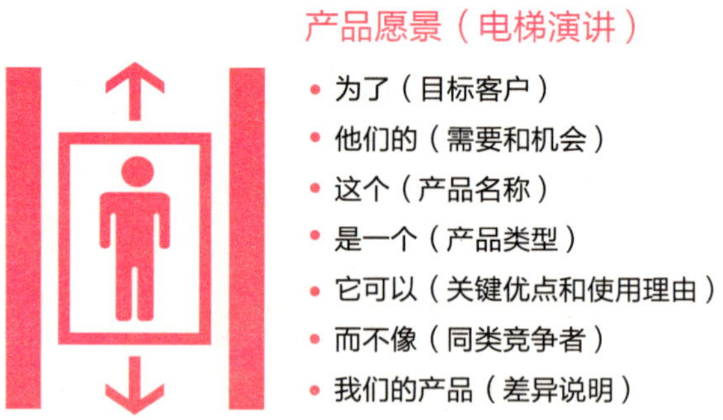

图10-4　产品愿景

需要将产品愿景张贴在显眼的位置，让每位团队成员都能看到它。同时，在每次迭代计划会开始时，Scrum主管或产品负责人都需要重新声明一次产品愿景。多次重申产品愿景的目的是，将产品愿景的信息留在每位团队成员的心里。因此，迭代评审会和迭代回顾会也是重申产品愿景的合适时机。

在产品愿景的描述中，“目标客户”是最重要的部分，因此需要对目标客户进行用户画像描述。

TIP

一个优秀的自组织团队具备两大特点：相同的愿景、明确的边界。前者依赖产品负责人强有力的领导，后者靠Scrum主管来完成。这有些像军事领域开展的军事民主，让士兵参与并了解作战计划，使其能够理解指挥官的战略意图，从而最大限度地确保战斗胜利。从管理的角度来讲，人是一种资源，但是从领导力的角度来讲，人的主观能动性才是创造项目最大价值的关键因素。

例题

在整个项目过程中，敏捷项目负责人希望确保产品愿景不会在团队成员的脑海中消失。对于敏捷领导者来说，实现这个目标的最佳方式是什么？

A. 在启动会议上提出产品愿景

B. 将产品愿景显示为信息发射源

C. 通过邮件将产品愿景发送给所有项目干系人

D. 在每次迭代开始时重申产品愿景

答案：D。在每次迭代开始时重申愿景，有助于团队成员对愿景的理解。

10.1.2　用户画像

敏捷开发以用户为中心，基于定义好的用户画像。因此，项目团队可以更清楚地理解产品需求。用户画像的内容如图10-5所示。

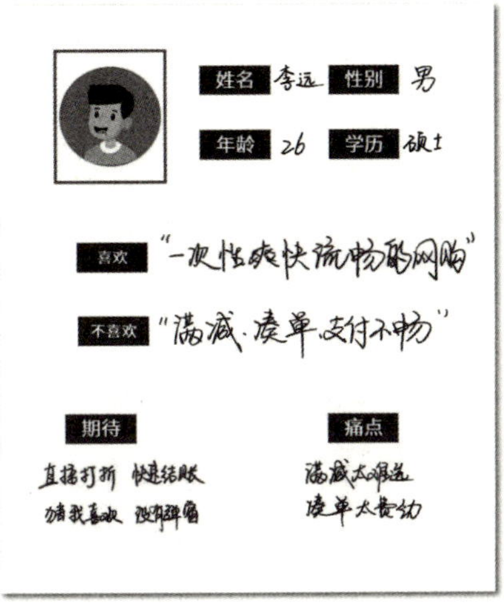

图10-5　用户画像

用户画像的目的是，通过了解用户的信息，找到目标用户。用户画像包含如下内容。

- 基本信息。姓名、年龄等。
- 喜欢和不喜欢。个人特征而非产品特征。
- 期待。用户对产品的期待。
- 痛点。用户认为的产品痛点。

10.1.3　用户故事

用户故事（User Story）可从用户的角度来描述其渴望得到的特性及获得的价值。在传统项目中，经常要撰写厚厚的需求文档，但这个文档并不能使开发团队很好地了解用户的想法。用户故事的描述方法能够解决开发团队和用户在需求理解上存在偏差的问题。用户故事的描述的格式如图10-6所示。

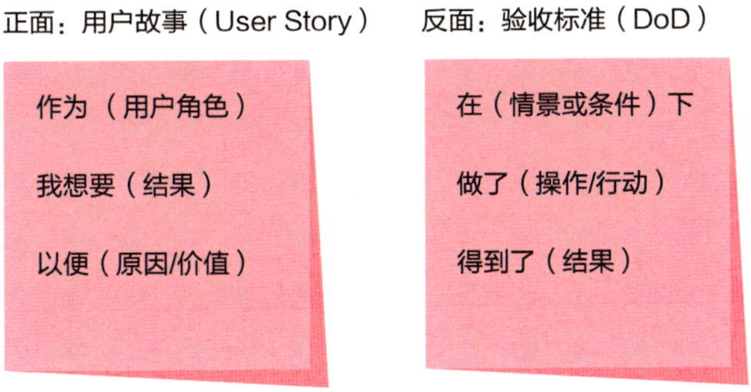

图10-6　用户故事卡片

用户故事从用户的角度来描述需求，它简单明了。例如：

作为一个网络购物者，我想要支持小额免密码支付功能，以便在我点击支付时能够快速完成订单的支付。

将用户故事写在一张便笺或卡片的正面，在卡片的背面写上该需求的验收标准。完成的定义（DoD）是用户故事（需求）的验收标准，应该在描述用户故事的同时就确定验收标准。

用户故事的3C原则：

- 卡片（Card）。将用户故事写在小卡片上。
- 交谈（Conversation）。用户故事背后的细节来自与客户或PO的交谈，以确保各方对需求的理解是一致的。
- 确认（Confirmation）。通过验收测试确认用户故事被正确完成。

用户故事的INVEST原则：

- 独立的（Independent）。用户故事是独立的，不需要其他用户故事来交叉描述。
- 可协商的（Negotiable）。有协商讨论的空间，不需要非常详尽。
- 有价值的（Valuable）。用户故事能向客户展示价值。
- 可估算的（Estimable）。开发人员可以基于用户故事估算工作量。
- 小型的（Small）。开发团队可以在一次迭代（冲刺）中完成多个用户故事。通常为6~12个。
- 可测试的（Testable）。可以很容易验证用户故事，且结果是确定的。

并不是所有的用户故事都能进入迭代（冲刺）。如果用户故事的规模太大，则无法在一次迭代（冲刺）中完成，这种用户故事通常被称为史诗（Epic）。如果将史诗直接纳入迭代（冲刺），会给开发团队带来混乱，因此要将史诗分解为多个用户故事，直至每个用户故事都能够在一次迭代（冲刺）中执行为止。

10.1.4 用户故事地图

用户故事地图可以将产品的各个版本或阶段以可视化的方式展现出来，涵盖从产品愿景到发布规划的所有内容。用户故事地图讲述了整个产品的故事。用户故事地图的结构如图10-7所示。

用户故事地图的创建步骤如下：

- 确定关键用户。将关键用户的画像整理出来。例如，将购物网站的用户群体描述并细分出来。
- 描述用户活动。将用户的价值主张作为关键活动，如注册、登录、搜索、浏览、购买、支付等。

- 将上一步的关键活动分解成史诗。
- 基于史诗编写用户故事，从左到右排列。
- 确定产品的发布版本。例如，发布的第1版产品仅实现注册、登录、搜索和购买功能。发布的第1版产品即MVP。根据从上到下的顺序设定发布优先级。

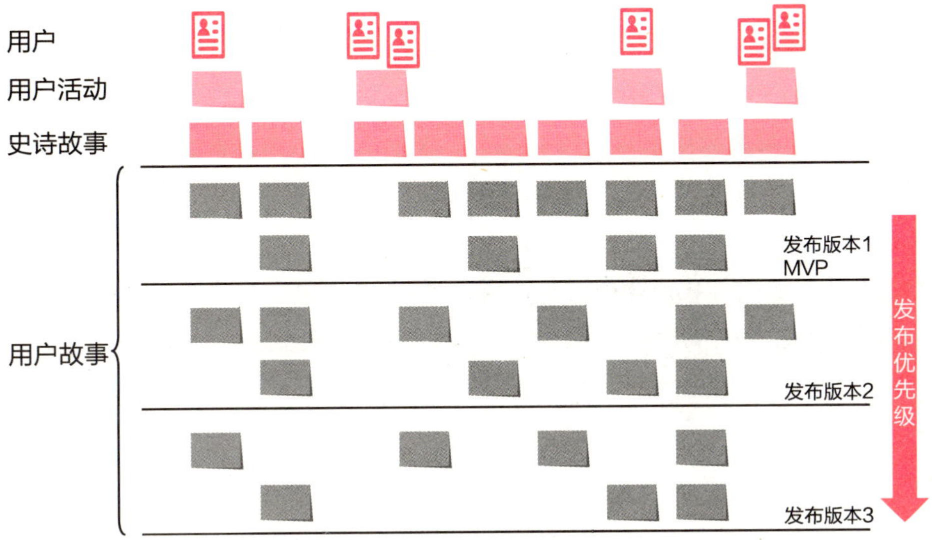

图10-7　用户故事地图

10.1.5　产品待办事项列表

在将用户故事地图整理好后，可以将二维的用户故事地图转换成一维的优先级队列，这个优先级队列就是产品待办事项列表，如图10-8所示。

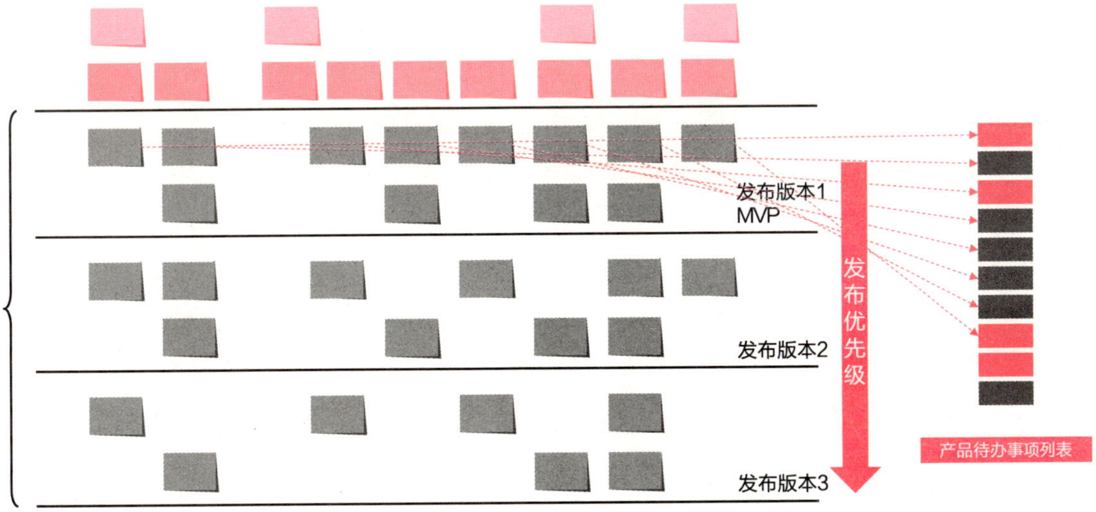

图10-8　产品待办事项列表

产品待办事项列表是从用户故事地图中映射过来的。在排列条目的顺序时，需要考虑如何为用户最大限度地创造价值。图10-8中的产品待办事项列表是一个简化的用户故事规模一致的列表，但实际产品待办事项列表中的用户故事并不是同等规模的。因此，需要专门对产品待办事项列表进行梳理。

10.1.6 产品待办事项列表梳理

通常，产品待办事项列表的梳理会议可简称为产品梳理会或需求梳理会。梳理后的产品待办事项列表如图10-9所示。

产品待办事项列表梳理会议需要在迭代计划会议之前由产品负责人召开。在敏捷团队进行迭代时，产品负责人往往会在迭代中期的一次或多次会议中与团队合作，为即将进行的迭代细化一些用户故事，这样可以让团队了解用户故事的内容和用户故事之间的相互关系。双方并不需要对细化过程的时长达成共识，可以在1小时的时间盒（时长2周的迭代中）内进行细化，可以进行多次细化，还可以进行即时细化。

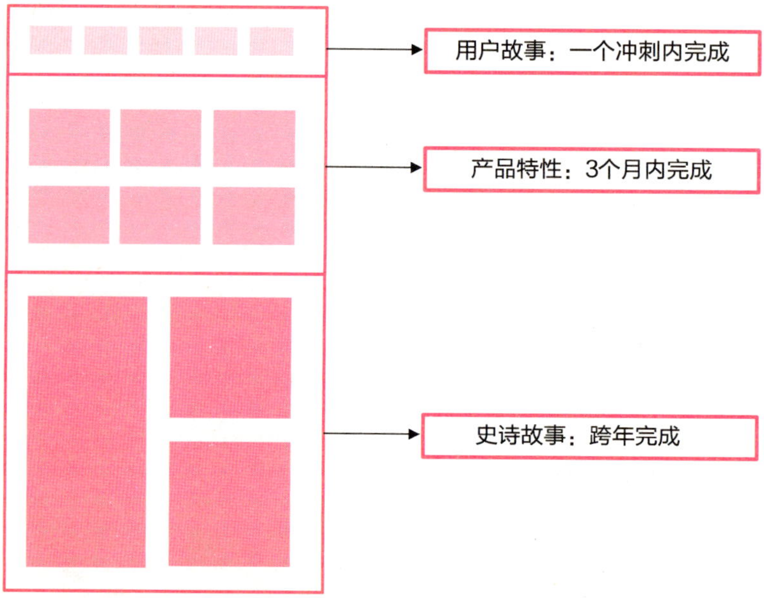

图10-9 已梳理的产品待办事项列表

产品待办事项列表梳理会议的召开时机如图10-10所示。

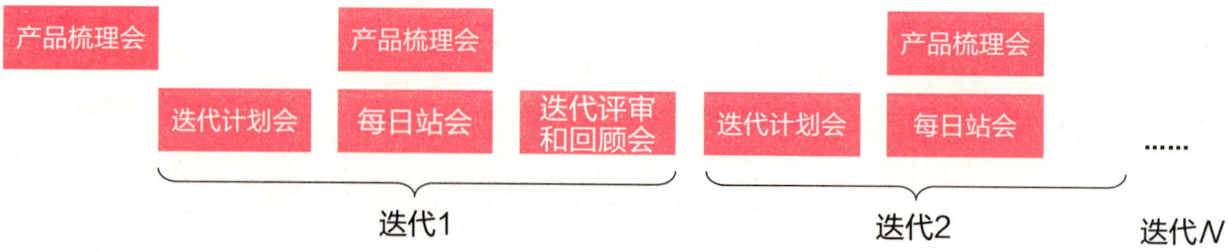

图10-10 产品待办事项列表梳理会议的召开时机

产品待办事项列表按故事的颗粒度可以分成：

- 在一次迭代（冲刺）内能完成的用户故事列表。
- 在3个月内能完成的产品特性（Feature）的用户故事列表。
- 可以跨年完成的粗颗粒度的史诗级用户故事列表。

产品待办事项列表要符合DEEP原则：

- 适当的详细适度（Detailed Appropriately）。用户故事的规模不能太大，也不能太小。
- 估算（Estimate）。需要估算用户故事的规模。
- 涌现的（Emergent）。在项目团队完成顶层的用户故事后，下面需要完成的用户故事会自然涌现出来。
- 优先级排序的（Prioritized）。用户故事的优先级需要满足排序标准。

基于上述DEEP原则，我们将在接下来的两节中介绍用户故事规模的估算和用户故事的优先级排序。在产品待办事项列表梳理会议上，全体团队成员都要对用户故事的规模进行估算，产品负责人要对产品待办事项列表排序，具体内容见第10.8节和第10.9节。

例题

一位敏捷项目的项目经理想把需求文件转换成史诗、能力、特性和用户故事。该项目经理应该在几次迭代中估算用户故事的持续时间？

A. 四次迭代

B. 三次迭代

C. 一次迭代

D. 两次迭代

答案：C。在一次迭代中，项目经理要安排产品待办事项列表梳理会议，以将需求文件转换成史诗、能力、特性和用户故事，并排定优先级。其他选项的时间过长。

10.1.7　用户故事规模的估算

对每个用户故事都要进行规模的估算，该估算需要产品负责人和整个团队共同完成。准确的规模估算有利于敏捷计划和迭代工作的开展。

10.1.7.1　宽带德尔菲

宽带德尔菲技术可用来收集有关项目规模的准确估算。在项目经理收集个人估算后，将结果汇总并发送给团队成员，估算过程匿名完成。宽带德尔菲技术的执行步骤如下：

- 项目经理选择估算专家团。
- 启动会议，说明规则。
- 收集个人初始估算，估算工作需要匿名进行。

- 召开估算会议讨论估算。
- 再次收集个人估算。
- 任务评审（评审后要得出结果）。

10.1.7.2 计划扑克

计划扑克是宽带德尔菲技术的变化模式。

敏捷项目的工作量估算是相对的，不是绝对的。这个相对估算所比较的基准是大家比较熟知的且相对独立的简单工作（例如，页面UI设计就可以作为一个基准），这个基准也被称为故事点（Story Point）。

其他所有任务都会以这个故事点为基准进行估算。例如，开发网页前端的工作量是5个故事点，与基准（页面UI设计）对比，开发网页前端的工作量是UI设计的工作量的5倍。

通常，人们使用计划扑克来估算每个功能的故事点。如果估算的差异很大，则要进行多次估算才能完成。

计划扑克采用类似斐波那契数列的数字序列。斐波那契数列如下：

1，1，2，3，5，8，13，21，34，55，89，……

斐波那契数列的规律是，从第三项开始，每一项都等于前两项之和。计划扑克所用的数列基于斐波那契数列并对其稍加修改，如图10-11所示。

图10-11 计划扑克

计划扑克类似斐波那契数列的主要原因在于“分辨率”。例如，1和2的工作量好分辨，13和14的工作量难以分辨，但是13和20的工作量就比较容易分辨了。

计划扑克中的数字所代表的内容：

- 具体数字代表故事点的数量。
- “0”代表不需要任何工作量。
- “?”代表没有理解需求，无法准确估算。
- “100”代表工作量太大，需要细化。

计划扑克的使用步骤如下：

- 每人准备一副如图10-11所示的扑克牌。
- 产品负责人讲解需求或任务。
- 所有成员同时出牌。
- 查看所有人员的出牌数字。
    - 若估算接近。取平均值，或者采纳对业务最熟悉的人估算的故事点。
    - 若估算差距较大。由给出最低和最高估算的人员分别阐述观点。
- 估算差距较大的话，应重新评估并重新出牌，使估算趋于接近，最多进行3轮。

例题

敏捷团队希望集体决定项目的可能规模，如果他们使用计划扑克来完成这项工作，那么团队将要做什么？

A. 通过使用故事点来估算用户故事的相对规模

B. 通过将其粗略归类来估算用户故事

C. 通过将其与过去类似功能进行对比来估算故事点

D. 使用点数来估算故事点

答案：A。计划扑克可用于估算用户故事的相对规模。

10.1.7.3　亲和估算

亲和估算是一种团队成员用来估算大规模用户故事的技术。如果用户故事的规模过大，例如超过1000个，那么使用计划扑克技术将会耗费大量的时间。

亲和估算是使用亲和图对相似的用户故事分类，然后对同类的用户故事进行快速估算的方法。

亲和估算的使用步骤如下：

- 将用户故事分类。例如，可将用户故事分成：小型故事、中型故事、大型故事、史诗等。在每个分类中，确定一个现有的典型故事。
- 将剩余的所有用户故事全部纳入上述分类。
- 开发团队确定并评审分类（每100个故事不超过30分钟），最终达成共识。
- 产品负责人评审用户故事的分类。
- 开发团队与产品负责人一同讨论。
- 开发团队对史诗和需要澄清的用户故事进行估算。
- 完成估算。

例题

如果敏捷团队使用故事点来集体估算500个用户故事的相对规模，敏捷团队使用的是哪一种估算技术？

A. 计划扑克

B. 投票表决

C. 亲和估算

D. 斗轮体系

答案：C。估算规模较大的用户故事时使用亲和估算。

10.1.7.4 相对尺码估算

相对尺码估算的内容如图10-12所示。

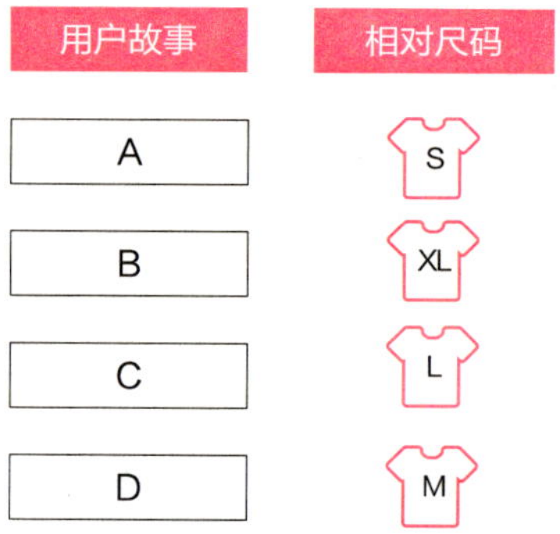

图10-12 相对尺码估算

相对尺码估算是一种简单的估算，可将T恤的尺码类比用户故事的规模。这种估算相对主观，但是易于操作和管理。同时，使用T恤尺码这种生活中常见的类比也能够与干系人快速达成共识。

相对尺码估算也可以结合计划扑克中的数列，将不同的尺码赋予不同的故事点规模。例如，XS的规模为1，S的规模为2，M的规模为3，L的规模为5，XL的规模为8等。

10.1.7.5 总结

在表10-1中，我们对比了宽带德尔菲、计划扑克、亲和估算、相对尺码估算四种工具的特点。

表 10-1 用户故事规模估算的方法

估算方法	特点	适用范围	关键词或短语
宽带德尔菲	收集关于项目规模的准确估算	规模小、耗费较多精力、相对准确的估算	收集、匿名

续表

估算方法	特点	适用范围	关键词或短语
计划扑克	整个团队使用计划扑克，通过协作来估算每个用户故事（需求）的工作量	规模小、故事点明确的估算	扑克、相对规模、故事点
亲和估算	团队成员可用来估算大规模用户故事	大规模用户故事的估算	规模较大、分类、快速
相对尺码估算	可使用T恤尺码来类比估算用户故事的规模	无须数学计算的估算	主观、简单

例题

项目的产品负责人要求Scrum主管推进估算活动。然后，Scrum主管与团队和产品负责人开会，澄清用户故事。会后，团队收集并提供个人的用户故事估算。团队采用的是什么方法？

A. 计划扑克

B. 宽带德尔菲法

C. 正式点计数法

D. 经验教训

答案：B。收集个人的用户故事估算，关键词“收集”，选择宽带德尔菲法。

10.1.8　用户故事的优先级排序

本节介绍三种优先级排序的工具。

10.1.8.1　MoSCoW法则

使用MoSCoW法则对用户故事的优先级进行排序。MoSCoW法则的要点如图10-13所示。

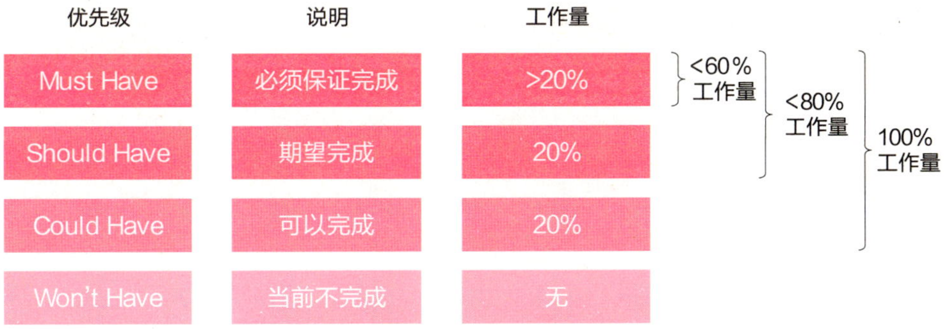

图10-13　MoSCoW法则

MoSCoW法则将用户故事分成如下类别：

- 必须有（Must Have）。必须保证完成的功能，若无法完成则影响交付。首次完成的产品可以理解为MVP。

- 应该有（Should Have）。期望完成的功能，重要但是不必要，若未完成会影响部分功能。
- 可以有（Could Have）。可以完成的功能，若未完成有较小的影响。
- 不会有（Won't Have）。当前可以不完成的功能。

MoSCoW法则要求“Must Have”的工作量要大于20%且小于60%，若加上“Should Have”的工作量则要小于80%，若再加上“Could Have”的工作量要达到100%。

例题

亨利运用MoSCoW法则来了解客户要求的每项特性，针对MoSCoW法则，以下哪一项的描述是正确的？

A. 基于约束的分析技能

B. 基于优先级的分析技能

C. 基于价值的分析技能

D. 基于进度的分析技能

答案：B。MoSCoW是分析优先级的法则。

10.1.8.2　卡诺模型

卡诺（Kano）模型如图10-14所示。

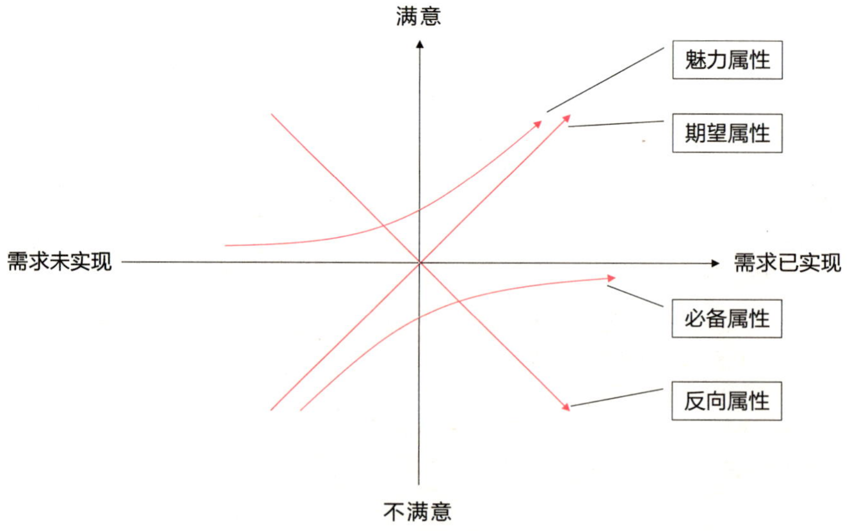

图10-14　卡诺模型

卡诺模型按照需求是否被实现以及客户是否满意来将产品功能分成四类：

- 魅力属性。客户自己都没有想到，但是一旦发现就很兴奋的功能。例如，汽车的自动泊车功能。
- 期望属性。客户要求的但通常不包含在产品内的功能。该功能可以使客户的满意度从“足够好”提升到“非常满意”。例如，汽车的高档音响、导航系统等。
- 必备属性。客户需要的必备功能。若不具备，客户则不满意。例如，汽车的安全带、方向盘等。
- 反向属性。客户不期望有的功能。这类功能越多，客户越不满意。例如，汽车的自动启停功能（只能手动关闭）。

随着时间的推移，魅力属性会变成期望属性，最终变成必备属性。例如，汽车的电动升/降窗功能曾经只是高端汽车才有的配置，现在，该功能已经几乎成为所有汽车的基本配置。

当时间和资源有限时，应该优先满足必备属性，其次满足期望属性，最后满足魅力属性。通常，必备属性加一部分期望属性再加小部分魅力属性的组合就可以作为一个MVP进行发布。

10.1.8.3　相对量级

相对量级考虑以下三个影响优先级排序的因素：

- 商业价值。实现该功能所创造的价值，如收入、成本节约、客户留存率等。价值越高，优先级越高。
- 风险。风险越大，优先级越高。
- 成本/规模。实现功能的成本。成本越低，优先级越高。

这三个影响因素可以用一个公式来简单说明：

也就是说，一个功能的优先级与其商业价值和风险成正比，与实现该功能的成本（或规模）成反比。优先开发高价值和低成本的功能是比较好理解的，但开发高风险的功能为何要对应高优先级呢？当先开发高价值和低风险的功能（之后再开发高价值和高风险的功能）时，如果在后期才发现技术难度大，无法实现，则前面完成的工作可能就变得毫无意义。因此，敏捷方法倡导优先完成高风险的用户故事。

例题

你正在使用敏捷方法领导一个软件开发项目。如果该项目成功，它将为未来的收入和增长打开巨大的机会。该项目有很高的失败风险，但是潜在的收益大于风险。在选择每次迭代的内容时，必须考虑这些风险和回报。在这个场景中，应该优先开发哪些功能？

A. 高价值和低风险功能

B. 低价值和低风险功能

C. 高价值和高风险功能

D. 低价值和高风险功能

答案：C。对于敏捷项目，优先考虑高价值和高风险的功能。

10.2　敏捷价值路线图

敏捷价值路线图如图10-15所示。

图10-15　敏捷价值路线图

敏捷价值路线图代表了敏捷项目从立项到产品发布的整个过程。这个过程中的大多数内容已经在前几节中介绍过。本节重点介绍如下3个过程：

- 敏捷项目章程
- 产品路线图
- 敏捷发布规划

10.2.1　敏捷项目章程

任何项目都要有项目章程，敏捷项目也不例外。前面章节中讨论过的项目章程中的3个作用依然是有效的，只是敏捷项目章程更加轻量化。

敏捷项目章程可以包含如下内容：

- 定义愿景。介绍项目的高层级目标。
- 概要的需求和进度计划。
- 使命。为了达到敏捷项目的目标，需要做的事情。
- 项目成功的标准。

10.2.2　产品路线图

产品路线图（Product Roadmap）定义了产品战略实施的路线。产品路线图在很多企业中都有着广泛的应用。产品路线图通常以季度为时间轴，描述了产品的不同版本要实现的功能。产品路线的内容如图10-16所示。

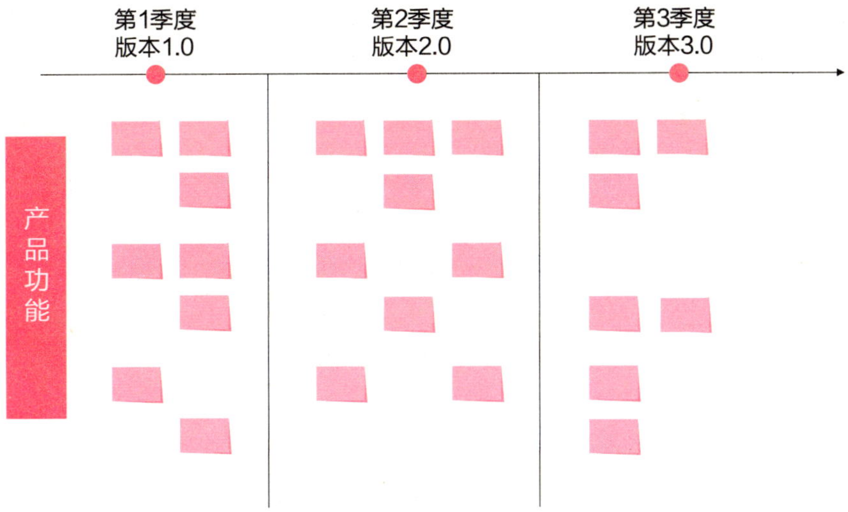

图10-16 产品路线图

10.2.3 敏捷发布规划

敏捷发布规划（Release Planning）也被称为敏捷发布计划，它逐级展示了从产品愿景到具体任务的相关内容，如图10-17所示。

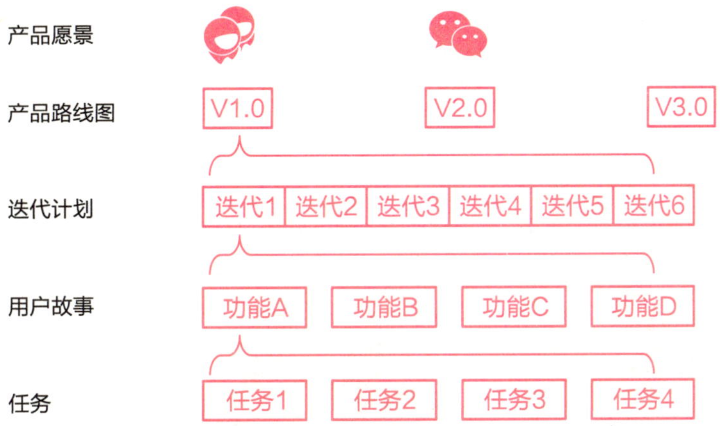

图10-17 敏捷发布规划

敏捷发布规划从产品愿景（目标）出发，高度概括了发布进度的时间轴，通常为3~6个月。同时，敏捷发布规划还确定了发布的迭代次数。

例题

你的公司正在部署新的ERP软件，你要为该项目创建时间表。公司目前正在进行敏捷转型，因此决定迭代开发新的ERP软件。ERP软件的第一个版本应该在四个月内推出，你知道另一个全公司范围内的操作系统升级项目计划在三个月内推出。随着升级项目逐渐影响你的项目，你应该评估以下哪一项来确定在推出前的迭代次数？

A. 敏捷发布规划

B. 产品路线图

C. 迭代待办事项列表

D. 项目章程

答案：A。敏捷发布规划可确定在推出前的迭代次数。

第11章 其他敏捷方法

11.1 看板方法

看板（Kanban）来源于丰田公司的准时制（JIT）生产体系，Kanban是日语的罗马语拼写，可翻译为“卡片”。在使用看板方法进行开发时，常见的面板也被称为看板面板（Kanban Board）。

看板方法的优势有以下几点：

- 将工作流程可视化
- 限制进行中的工作
- 度量和管理流动
- 明确过程策略
- 持续改进

为了让大家更好地理解看板方法，本节将带大家一起从无到有绘制看板面板。

11.1.1 梳理工作流程

工作流程是有先后顺序的，以软件开发为例，其工作流程如图11-1所示。

图11-1 软件开发的工作流程

梳理工作流程的主要目标是梳理工作之间的逻辑关系，例如，软件必须先被开发出来才能对其测试。梳理工作流程是第一步，接下来将画出看板面板。

11.1.2 画出看板面板

在梳理工作流程后，将工作流程以面板的形式展现出来，如图11-2所示。

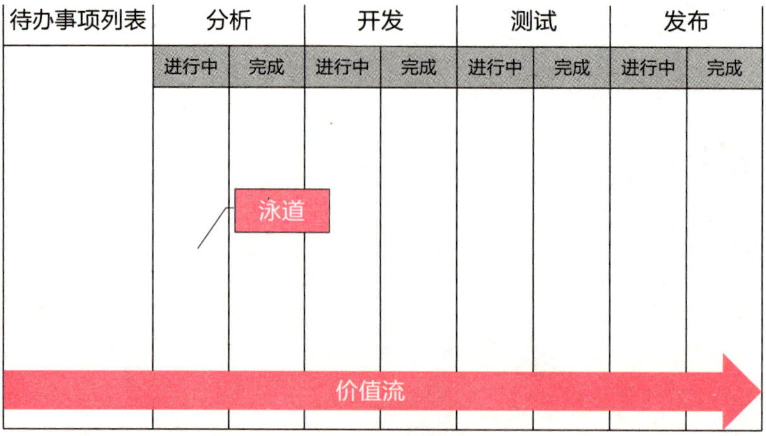

图11-2 画出看板面板

在画出看板面板后，结合前面的工作流程梳理，可将流程分成一条一条的泳道。这样就可以清晰地将任务（黄色标签）所处的位置标注在看板面板上了。例如，在当前时刻，任务的分布如图11-3所示。

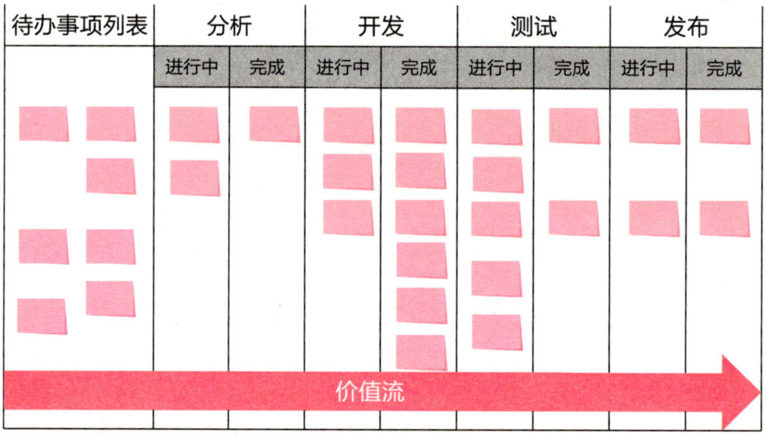

图11-3 任务分布情况

从图11-3可以看出，测试流程存在瓶颈。测试属于耗时相对较长的活动，因此，在测试流程中出现了大量排队的情况。这就像去医院看病，患者通常会在排队上消耗大量时间。要解决这个问题，需要进行下一步操作——设定在制品（WIP）限制。

11.1.3 设定WIP限制

在制品（Work In Process，WIP）是在项目处理过程中的任务。可以将WIP理解为半成品，WIP越多，WIP所需的排队时间越长。解决这种问题的方法是设定WIP的限制，如图11-4所示。

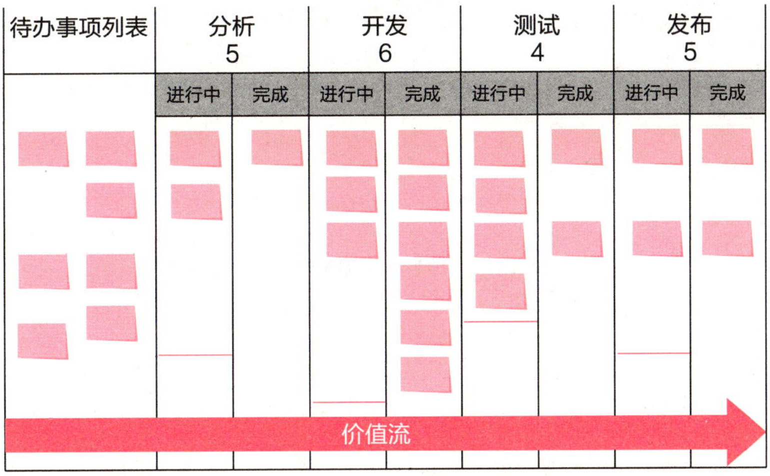

图11-4　WIP限制

假设测试流程最多能够同时处理4个任务，一旦超过4个任务就应该拒绝任何任务。若不到4个任务，就从排在前面的就绪任务中拉取任务，这种方法也被称为拉动（Pull）方法。拉动方法的本质是，后面的工作按照需要拉动前面的工作。

限制WIP的基本原理是利特尔法则，见下式：

$$前置时间=\frac{WIP}{吞吐率}$$

其中，前置时间（Lead Time）等于准备时间（排队时间）+完成时间（处理时间），即WIP从进入看板列表到最终完成的所有时间。

吞吐率（Throughput）代表了整个流程的速度，例如，团队的速度为25个故事点/周。吞吐率取决于执行最慢的那个活动。

根据以上公式可以得出，若想减少前置时间，有两个解决方案：一是减少WIP，即减少任务的数量；二是提高执行速度，即提高团队的速度。以在医院看病为例，若医院想减少患者的排队时间，一方面需要控制排队的总人数（例如，采取预约制），另一方面需要提高医生的看病效率（例如，增加医生的数量或缩短看病时长）。

在敏捷团队中，提高团队速度往往很难，所以最好的解决方案是，根据团队的能力限制WIP。毫无疑问，任务队列中的WIP越少越好，这样能够避免混乱，也能够避免需求过多而排队所导致的客户不满。

在看板方法中，最慢的活动属于瓶颈活动，整个项目团队要群策群力来解决瓶颈问题。

例题

在迭代回顾会上，团队回顾了上一次迭代的各种指标。度量指标包括速度、吞吐量和在制品（WIP）。团队成员分析数据并得出结论，他们的周期时间非常长，应该缩短。该团队向项目经理寻求建议。项目经理最好提供以下哪条建议？

A. 减少WIP数量和吞吐量

B. 提高WIP数量、生产速度和生产效率

C. 提高WIP数量和生产能力

D. 减少WIP数量，提高生产能力

答案：D。要想减少前置时间，需要减少WIP数量，提高吞吐率。

11.1.4 定义完成规则

若想将任务从“进行中”移动到“完成”，需要定义完成的规则，也被称为“完成的定义”。前一步的完成，可以作为后一步的就绪。完成的规则需要由团队一同制定。

11.1.5 召开每日站会

项目团队需要召开每日站会，在看板方法中，每日站会的内容和时间与Scrum方法中的每日站会相同，这里不再赘述。与Scrum方法不同的是，看板方法的每日站会需要当面移动任务便签，例如，“我昨天完成了某项内容”，就需要将完成的内容从“进行中”移动到“完成”。这个动作非常有效，能够将项目的状态以最透明的方式告之整个团队。

同时，对着看板面板进行任务移动，也能够很容易地显示任务的瓶颈，这有利于项目团队一起想办法解决瓶颈问题。

11.1.6 度量和管理流动

在看板方法中，需要使用累积流图来进行项目的度量和管理。累积流图如图11-5所示。

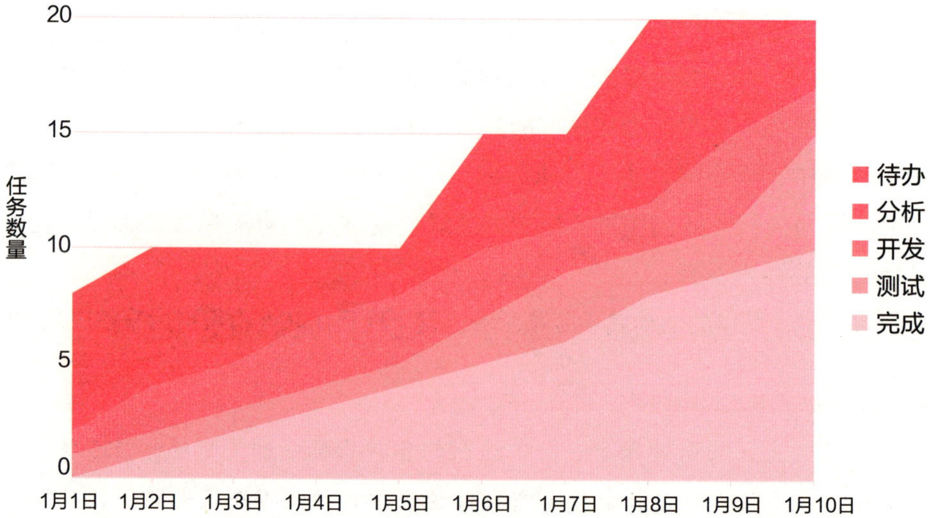

图11-5 累积流图

累积流图显示了每条泳道的任务完成情况，横坐标以天为单位，纵坐标以任务数量为单位。然后，基于每条泳道的累积任务完成数量画出面积图。

- 在制品数量（WIP）。当天的每条线之间的垂直距离。
- 前置时间（Lead Time）。每项工作的持续时间，即从待办到完成的横向距离。
- 吞吐量（Throughput）。“完成”曲线的斜率，斜率越大代表产能越大。

累积流图能够很好地展示项目的完成情况，也能够预测项目的趋势。若垂直线过高，代表该项工作的WIP过多，需要关注。若水平线过长，代表任务的完成时间可能有延迟，需要重点关注。若“完成”曲线的斜率变小，则需要关注团队的速度。

例题

项目经理正在计算项目（长期运行）中用户故事的完成速度，以下哪个图形能够显示此信息？

A. 迭代燃尽图

B. 进展图表

C. 累积流图

D. 看板

答案：C。累积流图可以得出团队的速度。

11.2　极限编程方法

极限编程（eXtreme Programming）简称XP方法，由肯特·贝克（Kent Berk）于1996年提出。相对来说，XP方法更适合小团队进行软件开发，它更关注软件开发的良好实践，而Scrum方法更关注项目管理工作。

与Scrum方法类似，XP方法也有5个价值观：

- 简单
- 沟通
- 反馈
- 勇气
- 尊重

XP方法的迭代周期一般为1~2周，比Scrum方法更短，XP方法的核心实践如图11-6所示。

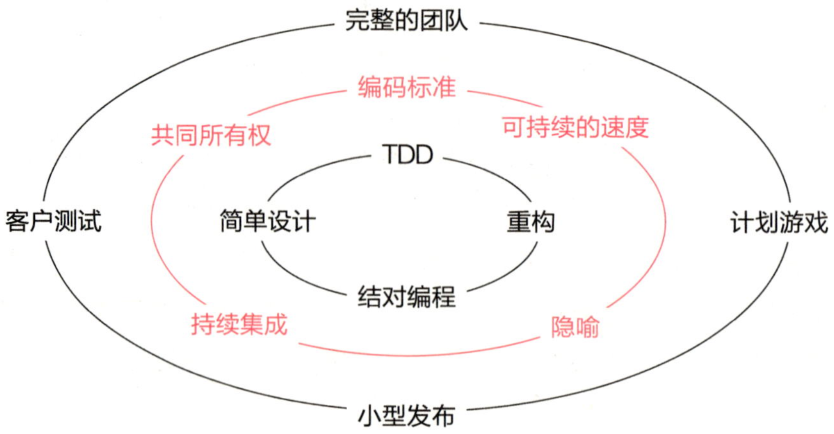

图11-6　XP方法的核心实践

在XP方法的核心实践中，从外到内分成了三个层面，最外层是管理层面，中间层是技术层面，最内层是管理与技术结合的层面。接下来，我们依次介绍这些实践。

11.2.1　管理层面

11.2.1.1　完整的团队

XP项目的所有参与者在一个开放的场所中一起工作，他们是一个完整的团队。这个完整的团队包括：开发人员、客户、测试人员等。在这个工作场所内，会布置一些让项目信息更透明的图表、信息发射源等内容。

11.2.1.2　计划游戏

在XP方法中将制订计划看成一种游戏，目的是让团队成员更加放松，能够使大家群策群力，共同完成计划工作。计划游戏分成三个阶段：

- 探测阶段。团队对需求进行分解。
- 计划阶段。团队共同制订和发布计划。
- 调整阶段。团队根据实际情况，及时调整计划。

11.2.1.3　小型发布

XP方法强调，要在非常短的周期内发布产品增量，这样可以尽早交付价值，同时能够尽可能降低变更的风险。基于TDD（测试驱动开发）、代码重构、持续集成的最佳实践，小型发布得以实现。

11.2.1.4　客户测试

客户会描述一个或多个测试以展示软件是如何工作的。然后，团队构建自动化测试以证明满足了客户的需求。

11.2.2 技术层面

11.2.2.1 共同所有权

XP方法认为，开发团队的每位成员都有权更改代码，并且所有人都对全部的代码负责。共同拥有代码的所有权意味着开发团队的每位成员都对代码负责。

11.2.2.2 编码标准

XP方法强调，要有严格的编码标准，以此促进团队成员之间的沟通，尽量减少不必要的文档。XP方法认为，代码是最好的文档，只有基于统一的编码标准，才会使代码更有可读性。同时，编码标准也是代码共同所有权能够实施的基础。

11.2.2.3 可持续的速度

敏捷项目追求可持续的原则。敏捷方法看重的不是快，而是要有固定的节奏。每周工作40小时是XP方法所倡导的工作时长，这有助于维持可持续的速度。

11.2.2.4 隐喻

隐喻是沟通中非常重要的概念，每个人在每天的沟通中都会大量地使用隐喻，它是一种重新范畴化，例如，“钢铁的意志”“时间就是金钱”等都属于隐喻。

在软件开发中，隐喻可以通过类比形成共识，也可以通过创新的方法找到解决问题的途径。例如，将工作流比喻成一条生产线，就可以让项目团队更清晰地理解工作流，锁定瓶颈并解决问题。

11.2.2.5 持续集成

与小型发布不同，持续集成要求XP团队每天尽可能多地进行代码集成，并且要确保每次集成都在系统运行的单元测试通过之后进行。这样可以及早地暴露由于重构、代码集体所有制所引入的错误，从而尽快将其消除。

11.2.3 管理与技术结合层面

11.2.3.1 测试驱动开发（TDD）

测试驱动开发的意思是测试先行，即先开发测试代码，再开发功能代码。这有点像先放尺子再画直线，而非先画直线再用尺子确定画出的线是否笔直。TDD是XP方法中十分重要的实践，它有助于开发团队保持“简单设计”，最终高质量地输出软件成果。

11.2.3.2 重构

重构是一种对代码进行改进且不影响功能实现的技术。开发团队要有重构不良代码的勇气，可以简化代码或改变代码的结构以使新功能更容易实现。重构是优秀开发人员必备的一项技能。

11.2.3.3 简单设计

简单设计的目的是减少代码冗余，促进团队对代码的理解。简单设计要求：通过所有的测试程序；没有重复的代码；清楚地表现程序员意图；尽可能减少类和方法。

11.2.3.4 结对编程

结对编程是指两个人共同编程，只有一台计算机，一个人编程，另一个人同时进行检查。大量的研究结果证明，结对编程的效率和质量都高于单独编程。

例题

结对编程在极限编程方法中是如何工作的？

A. 在编写用户故事时，开发人员和测试人员共同工作

B. 在确定需求时，客户代表和开发人员共同工作

C. 测试人员编写测试代码，开发人员编写功能代码

D. 在任务中，两位开发人员共同工作

答案：D。结对编程是指两位开发人员使用同一台计算机共同开发软件。

11.3 特性驱动开发（FDD）方法

特性驱动开发（Feature Driven Development，FDD）方法强调特性驱动。特性（Feature）是一个基本的开发单位，是项目的一个增量，指用户眼中最小的有用功能，可以在很短的时间内实现。

功能（Function）与特性（Feature）的区别在于，前者是要实现的目标，后者是实现的方法。例如，轿车必须有刹车功能，而刹车碟片就是实现刹车功能的特性。一个功能可以包含多个特性，要实现一个功能，也可以有多种不同的实现方法。

而FDD的含义就是让业务专家和开发人员共同协作，直接参与到系统的构建中来。FDD的开发过程有以下5个：

- 开发整体模型
- 构建功能列表
- 规划功能开发
- 按照功能设计
- 按照功能构建

例题

哪种软件开发框架是基于产品特征来规划、管理和跟踪的？

A. 验收测试驱动开发（ATDD）

B. 缺陷驱动开发（DDD）

C. 测试驱动开发（TDD）

D. 特性驱动开发（FDD）

答案：D。基于产品特性开发的方法叫特性驱动开发。

11.4　动态系统开发方法（DSDM）

动态系统开发方法（Dynamic Systems Development Method，DSDM）强调以业务为中心，快速且有效地进行系统开发。DSDM的基本观点是，应该用20%的时间完成80%的有用功能。在传统项目中，需求通常是固定的，进度和资源是可变的，而DSDM预先固定了进度和资源，然后尽最大可能满足需求。因此，在DSDM的开发过程中，在冲刺前要进行可行性研究和商业分析，根据商业需求来动态调整开发工作，以更好地支持商业需求。对于动态系统开发方法中的“动态”，就是指通过动态调整来满足商业需求。

例题

以下哪一种敏捷实践方法着重关注一个产品的适用性和市场性（特别重视商业分析）？

A. 极限编程方法（XP）

B. 特性驱动开发方法（FDD）

C. 动态系统开发方法（DSDM）

D. 看板方法（Kanban）

答案：C。DSDM特别重视商业分析。

11.5　水晶方法

水晶（Crystal）方法与XP方法一样，都有以人为中心的理念，但在实践上两者有所不同。水晶方法分为4种颜色：

- 透明水晶
- 黄色水晶

- 橙色水晶
- 红色水晶

划分水晶方法的4种颜色的依据有2个：一是项目涉及的人员规模，二是错误引发的后果。对于错误引发的后果，按其严重程度可分成4种：

- C级。不舒适
- D级。经济损失
- E级。严重经济损失
- L级。生命危险。

将水晶的颜色、严重程度和涉及人员的规模结合起来有以下4种情况：

- 透明水晶——适用于C6、D6项目。项目错误会导致6个人感到不舒适或有经济损失。
- 黄色水晶——适用于C20、D20、E20项目。项目错误会导致20个人感到不舒适或有经济损失、严重经济损失。
- 橙色水晶——适用于C40、D40、E40项目。项目错误会导致40个人感到不舒适或有经济损失、严重经济损失。
- 红色水晶——适用于C80、D80、E80项目。项目错误会导致80个人感到不舒适或有经济损失、严重经济损失。

11.6 敏捷方法小结

我们将各个敏捷方法进行了总结，如表11-1所示。

表 11-1 敏捷方法小结

敏捷方法	定义	特点	关键词或短语
Scrum	它是一种用于开发和维持复杂产品的敏捷框架，它由特定的角色、事件和工件等元素组成	2~4 周的迭代，通过使用待办事项列表来不断增加产品增量	待办事项列表、每日站会、冲刺、PO、SM等
看板	它是一种受到看板库存控制系统启发的敏捷方法，专门用于知识工作	可视化、灵活，提高效率，减少浪费	工作流可视化，限制WIP，提高协作性
极限编程	它是一种敏捷软件开发方法，不仅能提高软件质量，改善软件对不断变化的客户需求的响应能力，还能缩短软件的发布周期，增加发布频率	1~2 周的迭代、短周期，应用于工程技术领域	结对编程、重构、TDD、代码所有权
特性驱动开发（FDD）	它是一种从客户重视的功能特性出发的轻量级敏捷软件开发方法	基于产品的特性驱动	特性
动态系统开发方法（DSDM）	强调以业务为中心，快速且有效地进行系统开发	以业务为中心	业务、商业需求
水晶	它是轻量级敏捷软件开发方法的集合，重点关注特定情况的适应性	用水晶的不同颜色表示项目的复杂度和团队规模	颜色

第12章 《敏捷实践指南》精要

《敏捷实践指南》是由PMI和敏捷联盟特许的，由志愿者收集相关知识并整合开发的一本指南，目的是，在社区内建立对敏捷方法的更深入的理解。很多读者在直接阅读《敏捷实践指南》时都会有一种困惑，困惑于指南本身的逻辑性和易读性。其实，阅读《敏捷实践指南》有一个前提，那就是对敏捷的各种方法已经熟悉。在这个前提下，阅读《敏捷实践指南》才会有一种融会贯通的感觉。

为了让大家更好地理解《敏捷实践指南》，我们将对该书进行重新梳理。基于前面章节所介绍的敏捷基础知识，我们会按照一条逻辑线来为大家解读《敏捷实践指南》，如图12-1所示。

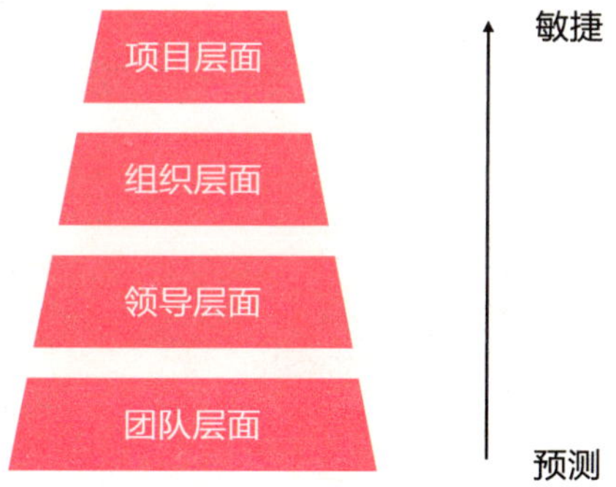

图12-1　敏捷转型

一个组织想要成功实现敏捷转型，变革必不可少，而在敏捷方面的变革往往都要经历以下三个阶段：

- 团队级敏捷。某一个团队实施敏捷项目。
- 产品级敏捷。在产品的整个生命周期实现价值流敏捷。
- 公司级敏捷。整个组织对敏捷的适应与支持。

想要实现敏捷转型，还需要在四个层面进行转换（见图12-2）。这四个层面分别是：

- 项目层面。需要向混合型过渡。
- 组织层面。需要实施组织变革。
- 领导层面。需要进行领导风格的转变。
- 团队层面。团队的角色需要转变。

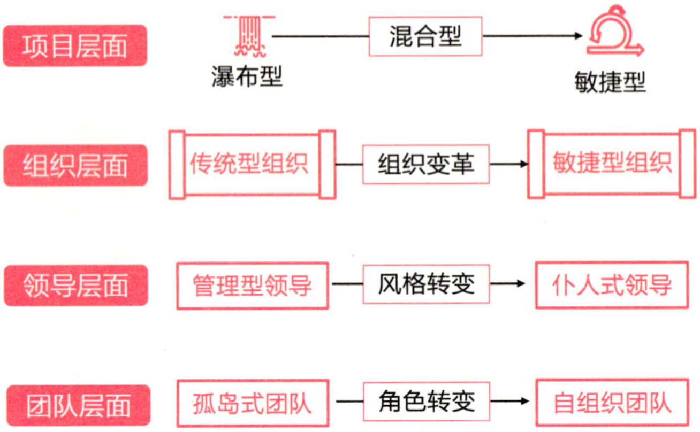

图12-2 敏捷转型的四个层面

敏捷转型的四个层面贯穿《敏捷实践指南》，是该书的一条逻辑暗线。接下来，我们将依次介绍这四个层面的内容。

12.1 项目层面

项目层面的内容如图12-3所示。

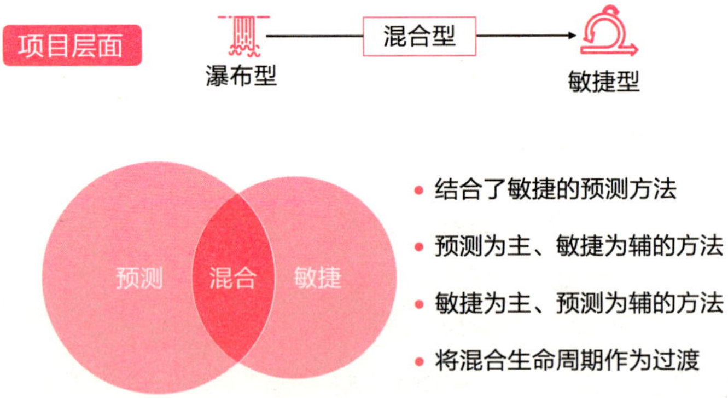

图12-3 项目层面

在很多企业中，那些已经习惯了预测型项目的企业往往无法直接转型至敏捷，因此常常要选择混合型的生命周期作为过渡。例如：

- 预测为主、敏捷为辅的方法。在一家做硬件的公司中，硬件中涉及的软件部分需要用敏捷方式来开发。
- 敏捷为主、预测为辅的方法。在一家生物制药公司中，其IT项目主要以敏捷开发为主，但是审批环节使用预测型方法。

例题

你正在领导一个开发新型智能手机的项目。由于你要预测很多的需求变更，并不断从干系人那里得到反馈以调整智能手机，所以工作将以小的增量迭代完成。然而，这款智能手机的摄像头将由一家拒绝以渐进方式合作的供应商开发。对于该项目，选择什么项目管理方法是最好的？

A. 以敏捷方法为主，带有一些预测方法的组件

B. 以预测方法为主，带有一些敏捷方法的组件

C. 在规划过程中体现预测性，在执行过程中体现敏捷性

D. 在规划和执行过程中，运用敏捷项目管理方法

答案：A。智能手机的开发工作使用敏捷方法，摄像头使用预测方法的组件。

在作答一些PMP®题目时，也要关注题干的描述，可以根据关键词来找到适合题干的场景。例如，当题干中同时出现“范围基准”和“产品负责人”时，就可以判断，这属于一个混合项目的场景。不同生命周期的关键词如图12-4所示。

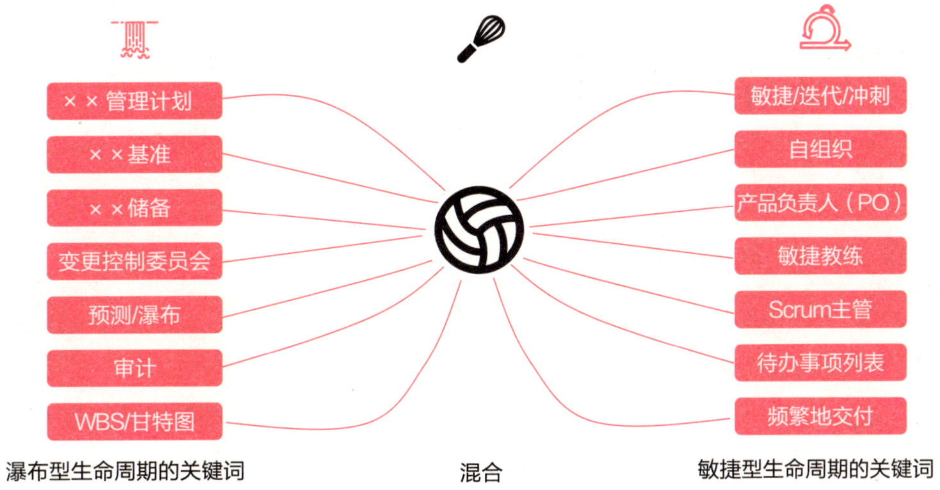

图12-4 不同生命周期的关键词

12.2 组织层面

组织层面的内容如图12-5所示。

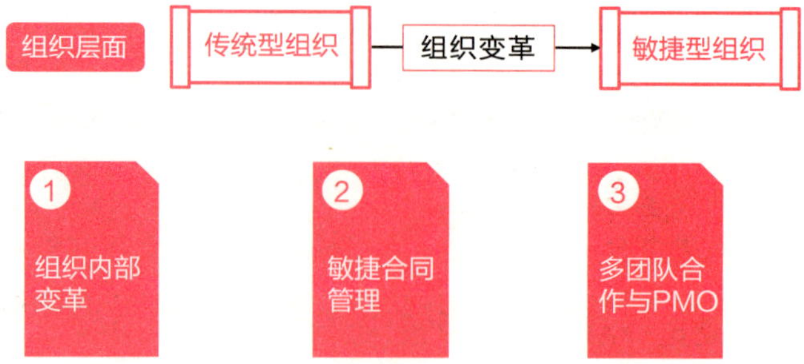

图12-5　组织层面

在组织层面，若要从传统型组织变成敏捷型组织，需要实施组织变革。组织层面的变革涉及三方面的内容，分别是：

- 组织内部变革
- 敏捷合同管理
- 多团队合作与PMO

12.2.1　组织内部变革

组织内部变革的内容如图12-6所示。

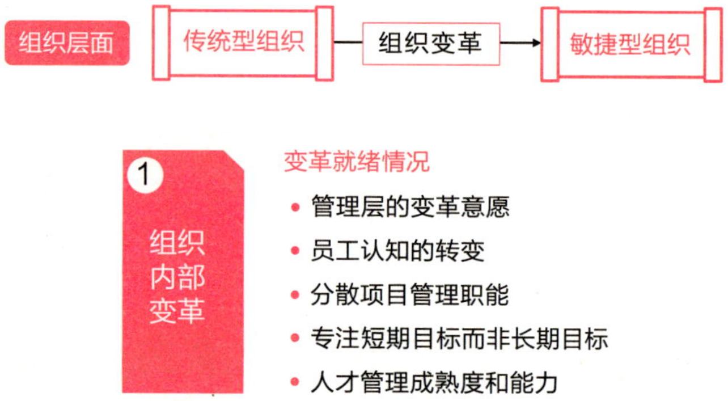

图12-6　组织内部变革

若要实现组织内部变革的成功，需要满足以下五点：

- 管理层的变革意愿。这一点是最重要的，如果组织内部的管理层未就变革达成一致，那么组织变革的失败概率将会非常高。
- 员工认知的转变。这涉及组织的每位员工，所有员工都应了解敏捷并支持敏捷项目。
- 分散项目管理职能。项目管理的职能应该分散到各个自组织团队中。
- 专注短期目标而非长期目标。需求是不断变化的，应该着眼于满足现有的需求，尽快地交付价值。
- 人才管理成熟度和能力。持续改进人力资源的管理能力。

事实上，任何的组织变革都不是一帆风顺的。变革管理一定会导致部分人员感到不满，若变革管理失败，这些不满情绪可能升级为抵制甚至是憎恨。变革管理曲线如图12-7所示：

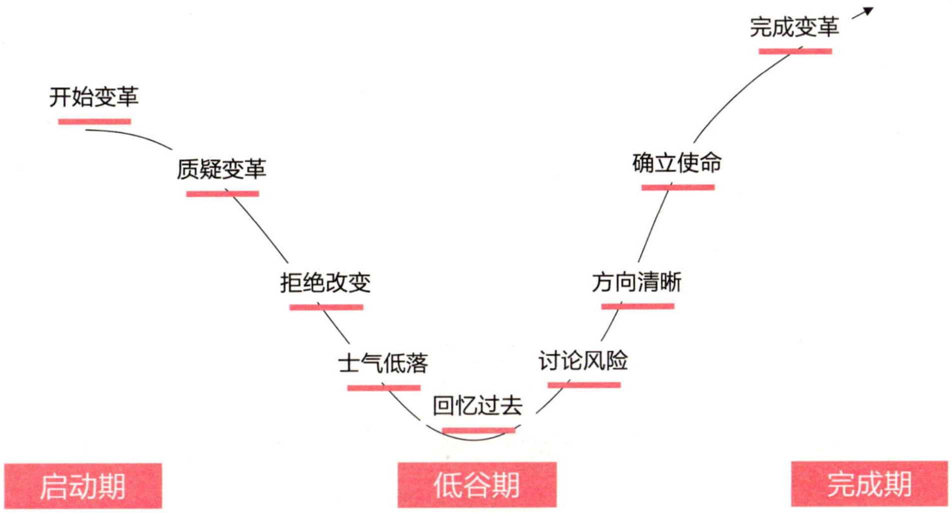

图12-7 变革管理曲线

例题

沉浸于传统瀑布式项目管理的PMO聘请了你。作为敏捷实践者，你要指导组织向敏捷转变。在完成对组织文化的初步评估后，你已经意识到许多干系人都抵制变革。你的最佳行动方案是什么？

A. 提供培训来确保员工更加专业化

B. 同时将所有项目向敏捷过渡

C. 寻求愿意支持这一事业的高级管理层

D. 确保工作被分解成孤岛

答案：C。在敏捷变革中，最重要的一条就是要得到管理层的支持。

12.2.2 敏捷合同管理

敏捷合同管理的内容如图12-8所示。

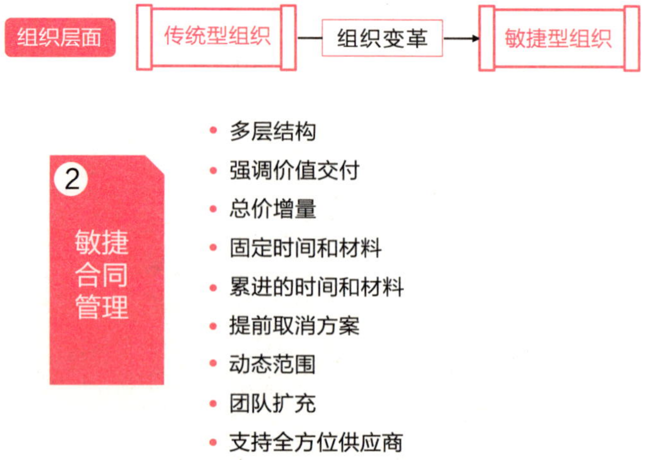

图12-8 敏捷合同管理

《敏捷宣言》中有一段内容是“客户合作高于合同谈判”。因此，在敏捷项目中，更强调与供应商的共享、合作共赢的关系。敏捷合同的管理技术有9种，如图12-9所示。

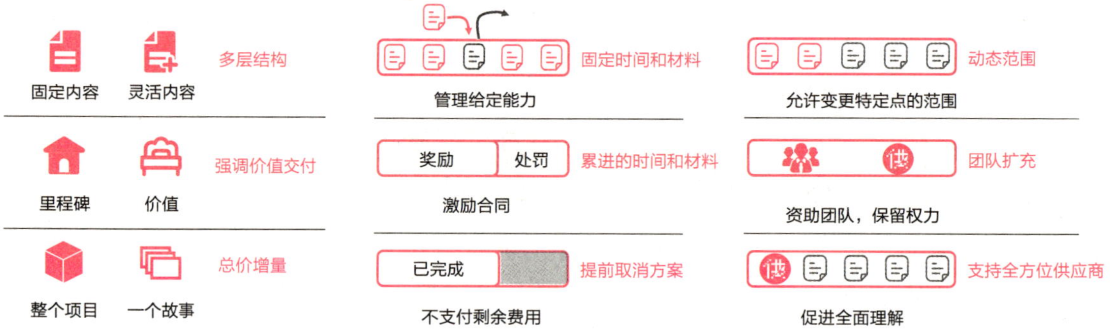

图12-9 9种敏捷合同管理技术

结合图12-9，我们详细描述一下这 9种敏捷合同管理技术的具体内容：

- 多层结构。敏捷合同包括固定内容和灵活内容，固定内容保持锁定，而灵活内容则列在轻量级的工作说明书中。
- 强调价值交付。敏捷项目强调价值交付，而传统项目强调里程碑。
- 总价增量。在敏捷项目中，范围被划分为一个个的用户故事，而在传统项目中，则强调整个项目的整体范围。
- 固定时间和材料。管理给定的能力，例如只能完成5个用户故事。若要进行变更，以新增1个用户故事，则必须删除一个原有的用户故事。
- 累进的时间和材料。类似激励合同，若提前完成给予奖励，延迟完成受到处罚。
- 提前取消方案。若项目做到一半已经能够满足需求，则不需要支付剩余的费用。
- 动态范围。某些范围不能变更，某些特定点的范围可以变更。
- 团队扩充。将供应商团队纳入项目团队，以保留对项目的权力。

- 支持全方位供应商。为了减少风险，在传统项目中，一般会让不同的供应商负责不同的可交付物，而在敏捷项目中，会让一个供应商负责所有的可交付物，以促进供应商对项目的全面理解。

例题

项目经理已经决定使用瀑布式方法管理项目。然而，由于需求不明确，在短时间内，仍将使用Scrum来开发软件。在从组织内部获得团队后，项目经理意识到组织在几个关键领域缺乏技术专长，需要从供应商获得外部资源。然而，本组织希望保留其对所进行工作的战略酌处权。对于项目经理来说，为了最大限度地与供应商协作，最好的承包技术是什么？

A. 团队扩充

B. 提前取消选项

C. 固定价格增量

D. 时间和材料限制

答案：A。团队扩充，可从供应商处获得资源，同时保留权力。

12.2.3 多团队合作与PMO

多团队合作与PMO的内容如图12-10所示。

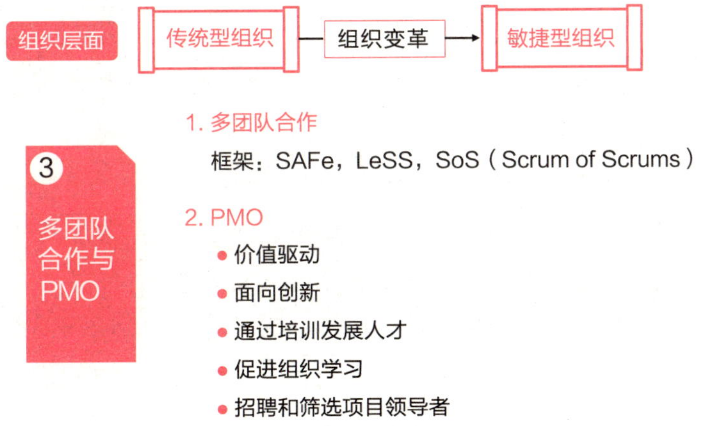

图12-10 多团队合作与PMO

多团队合作的敏捷框架涉及SAFe、LeSS、SoS等内容。

12.2.3.1 规模化敏捷框架

规模化敏捷框架（Scaled Agile Framework，SAFe）用于在IT和软件开发组织内扩展多层次的Scrum团队。SAFe为企业价值流、项目组合、项目集和团队提供详细的实施指导。

在SAFe中，使用了敏捷发布火车（Agile Release Train，ART）模型，它是由多个敏捷小团队（50~125人）组成的大团队，能提供增量型的价值发布（见图12-11）。

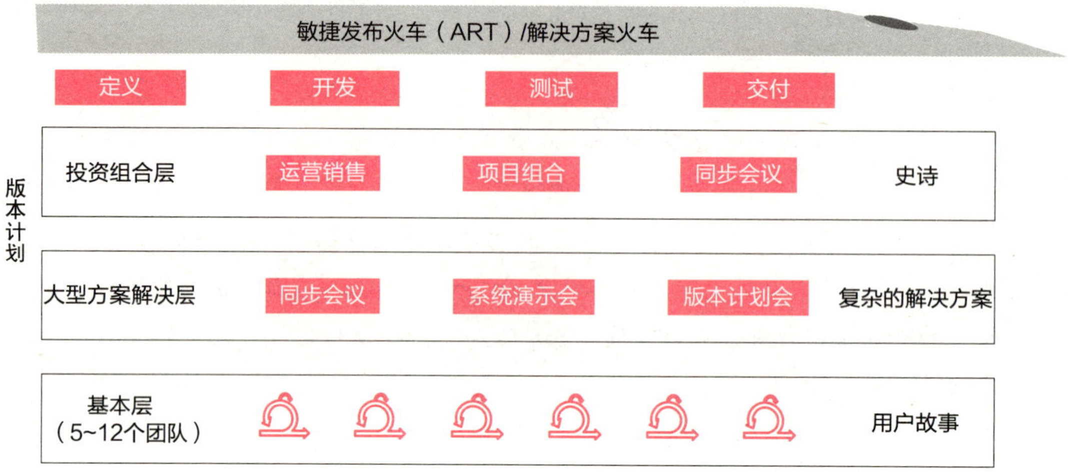

图12-11　SAFe框架

ART以固定的节奏带动5~12个团队同时为项目目标工作，即按照固定的节奏进行开发，按照需要进行发布。

版本计划，即PI（Program Increment）计划。PI计划将敏捷团队统一到一个ART中。“火车”根据已定义的PI节奏，按已知、可行的时间表发车。如果一个功能错过了发车时间，没能进入当前 PI，则可被规划至下一个PI中。

12.2.3.2　大规模敏捷开发框架

大规模敏捷开发（Large Scale Scrum，LeSS）框架是Scrum方法的扩展。在LeSS框架下，通常为1~3个团队配备1名Scrum主管，而1位产品负责人则可以负责多达8个团队。

在LeSS框架下的各种会议中：

- 迭代计划会。需要每个团队安排至少2名成员参加。
- 每日站会。需要来自不同团队的成员参加彼此的会议。参加其他团队每日站会的成员可作为观察员，他们可以参与讨论，也可以不参与讨论。
- 迭代评审会。需要所有团队都正常参加。该会议以“迭代评审集市”的方式进行，每个Scrum团队在一个足够容纳所有Scrum团队的房间内布置自己的展位。干系人可到访感兴趣的展位，Scrum团队将向多位干系人循环展示产品增量。
- 迭代回顾会。在召开迭代回顾会后，每个团队还需要召开整体的迭代回顾会。

12.2.3.3　Scrum of Scrums

Scrum of Scrums（简称SoS）是由两个或多个Scrum团队所使用的一种技术。每天，各个Scrum团队举行自己的每日站会，在会后，各个团队召开SoS会议。SoS会议允许产品负责人、Scrum主管、开发团队成员选出代表来参加多团队的SoS会议。当然，如果团队的规模较大，也可以召开Scrum of Scrums of Scrums会议。SoS与SoSoS的关系如图12-12所示。

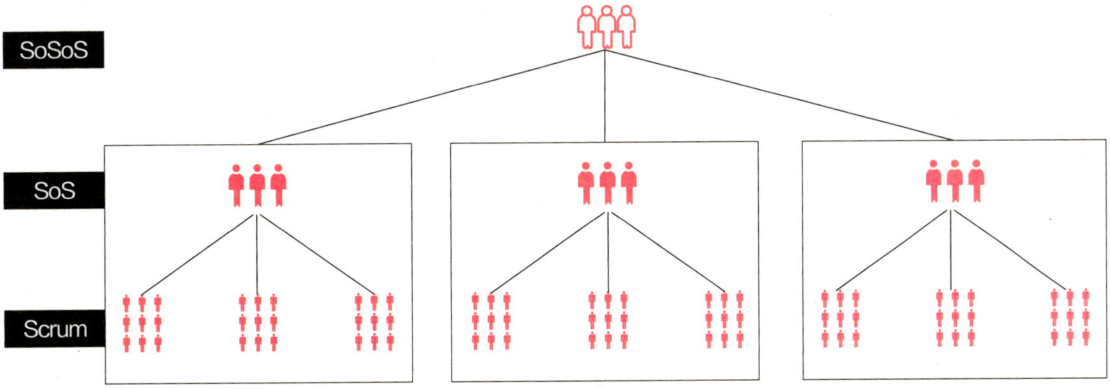

图12-12 SoS与SoSoS

例题

作为制订进度计划过程的一部分，项目经理使用甘特图来创建项目进度计划。三个Scrum团队将开发项目的可交付物。由于有依赖关系，团队需要通过每周两次的延长的站会来协调他们的工作。项目经理接下来应该做什么？

A. 提交将甘特图切换到燃尽图的变更请求

B. 在项目进度计划中包含Scrum of Scrums（SoS）会议

C. 赶进度以消除团队之间的依赖关系

D. 在项目进度计划中反映团队的实际速度

答案：B。多个敏捷团队有依赖关系，要通过SoS会议解决。

12.2.3.4 敏捷项目管理办公室

敏捷PMO是支持型的PMO，它负责的内容如下：

- 价值驱动。敏捷PMO应努力按需且频繁地交付价值。
- 面向创新。提高成员参与度，使用创新工具。
- 通过培训发展人才。协调敏捷课程、教练和导师，以帮助员工过渡到敏捷思维。
- 促进组织学习。收集项目信息，获取回顾后的成果。
- 招聘和筛选项目领导者。使用具有敏捷思维的领导者，这能够让组织更好地向敏捷转型。

例题

一家公司总是在项目管理上使用预测方法，但现在，项目管理办公室想要结合一些敏捷的最佳实践来更早地实现收益。项目经理即将开始为新项目做计划，她担心项目团队不具备在混合环境中工作的能力。项目经理的最佳行动方案是什么？

A. 授权团队自我组织和学习敏捷最佳实践

B. 向项目管理办公室（PMO）申请培训

C. 将团队敏捷技能不足的风险添加至风险登记册

D. 审查敏捷最佳实践的经验教训知识库

答案：B。项目经理担心团队不具备敏捷能力，需要找PMO安排培训。

12.3 领导层面

领导层面的内容如图12-13所示。

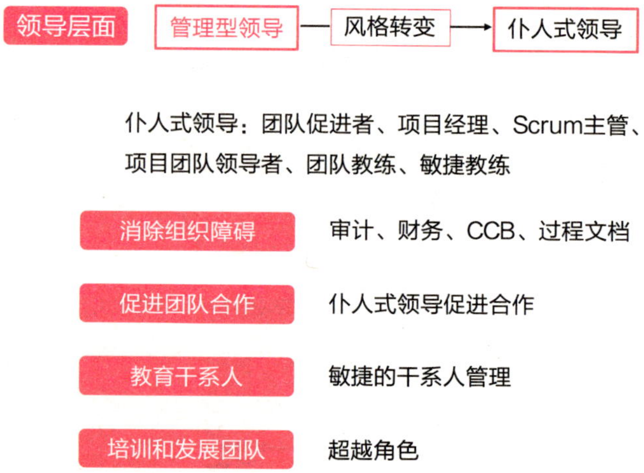

图12-13 领导层面

项目经理的角色在敏捷项目中有一个重大的转变，由管理型领导转变为仆人式领导（也被称为服务式领导）。

TIP

在PMP®考试中，项目经理可能有多个角色的名称，如仆人式领导、团队促进者、项目经理、Scrum主管、项目团队领导、团队教练和敏捷教练，虽然这些角色有区别，但是在考试中这些名称指代的都是一个角色，即“项目经理”角色。

12.3.1 消除组织障碍

在敏捷项目中，项目经理扮演着“清道夫”的角色，任何阻碍项目团队正常工作的部门或干系人，都应该由敏捷项目经理来处理。通常，敏捷项目认为以下部门（或过程）是组织的障碍。

- 审计部门
- 财务部门
- 变更控制委员会
- 一些严格的过程文档要求

敏捷项目经理应该与这些部门合作，简化敏捷项目的流程，让敏捷团队更好地服务于项目本身。

例题

一个组织正在从预测型项目管理过渡到敏捷项目管理。作为项目经理，你即将开展的项目需要提交合规报告，由于监管的原因，这些报告需要提交给内部审计师。如何在这种混合环境中满足合规报告的需要?

A. 与审计师合作来简化过程

B. 分配一位团队成员来完成合规报告

C. 将合规报告的责任转移给法律部门

D. 避免敏捷，因为它不适合在监管环境中运行

答案：A。审计通常是组织的障碍，项目经理要与审计部门合作来简化敏捷项目的过程。

12.3.2 促进团队合作

在成为仆人式领导后，项目经理的工作重点从“管理协调”转向“促进合作”，项目经理将帮助每个人各尽所能地思考和工作，鼓励团队参与、理解，让团队对输出共同承担责任。

例题

组织已经决定使用敏捷框架来管理项目。项目正在实施中。在这种适应型环境中，项目经理应该关注什么?

A. 执行详细的产品计划和交付

B. 建立合作决策的环境

C. 要求项目团队对截止日期负责

D. 在每次迭代中计划需要完成什么

答案：B。敏捷项目经理要促进合作。

12.3.3 教育干系人

敏捷项目经理要与干系人保持沟通，使干系人了解为什么要使用敏捷方法以及如何使用敏捷方法。要告诉干系人交付价值的好处，邀请干系人参加敏捷项目中的各种会议。同时，还要指导干系人，帮助他们了解各种敏捷工具，如燃尽图、看板面板等信息发射源，以便干系人更好地了解项目状态。

例题

你是敏捷项目经理。你发现有一个关键干系人是团队的主要干扰人。他频繁地从团队中获取项目状况信息，提供建议，并有时也会提出变更需求。对此，你应该做什么？

A. 升级问题并禁止他进入团队

B. 邀请干系人参与适当的规划或审查会议，要求他提供自己的观点

C. 倾听干系人的陈述，但忽略他的建议

D. 直接告诉干系人在迭代周期不要打扰团队

答案：B。敏捷项目经理要教育干系人，邀请干系人参与项目。

12.3.4 培训和发展团队

敏捷项目经理应促进团队成员的培训和职业发展，帮助他们超越其当前的角色，即使通过团队来推动他们也在所不惜。

例题

敏捷教练一直在培养和发展团队成员，帮助他们超越其当前的角色。还帮助他们发展了个人和专业技能，使他们觉得已经超越了自己的角色。最终，他们中的一些人离开了团队，在组织内外寻找新的机会。敏捷教练的方法正确吗？

A.不正确，敏捷领导者必须确保团队成员永远不会离开他们的团队

B.正确，敏捷领导者应该培养团队成员，即使这意味着失去他们

C.不正确，敏捷领导者可能会培养团队成员，但不会超越他们当前的角色

D.正确，敏捷领导者必须确保团队成员最终离开团队

答案：B。敏捷项目经理应帮助团队成员超越其当前的角色。

12.4 团队层面

团队层面的内容如图12-14所示。

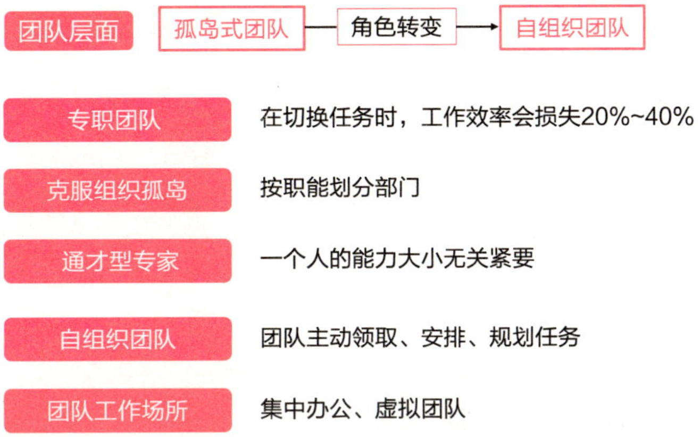

图12-14 团队层面

敏捷项目团队需要从孤岛式团队转变为自组织团队。

12.4.1 专职团队

敏捷方法倡导采用专职团队，团队人数为3~9人。若团队不能进行专职工作，在切换任务时，人员的工作效率会损失20%~40%。随着任务数量的增加，效率损失会呈指数级增长。若出现无法100%专职的情况，项目经理需要根据团队成员的个人能力来调整任务。

例题

你被指派领导一个敏捷项目。然而，当你第一次与你的团队见面时，你意识到由于公司强加的各种限制，大多数团队成员不可能100%致力于项目。你的最佳行动方案是什么？

A. 将开发方法从敏捷切换到Scrum

B. 将迭代时间从2周增加到4周

C. 向加班的团队成员提供奖励

D. 根据个人能力调整任务

答案：D。敏捷方法倡导专职，若无法专职，只能根据个人能力调整任务。

12.4.2 克服组织孤岛

孤岛（Silo）式还可以被翻译为筒仓式、烟囱式。组织孤岛是指组织内按照职能划分部门。这会导致部门之间产生利益冲突，从而减少沟通。这种划分也会将项目切割成一个个的“孤岛”。孤岛式的团队无法建立有效的沟通机制，这将是项目开展的障碍。项目经理需要克服组织孤岛的问题，与不同管理者合作，让他们为团队安排必要的专职人员，建立协同关系。

例题

项目经理被分配到一个项目，该项目将把一个大型组织从预测型转变为敏捷型。在当前状态下，组织中的工作被分解成部门孤岛式，员工最好被描述为专门的贡献者。这种敏捷转换的最佳策略是什么？

A. 使用混合生命周期作为预测型到敏捷型的过渡策略

B. 为所有从预测型转到敏捷型的项目建立一个固定的日期

C. 介绍一些针对大型复杂项目的敏捷技术

D. 调整项目，使其范围是固定的，时间和成本是可变的

答案：A。孤岛式团队直接开展敏捷工作是有困难的，要采用混合生命周期来过渡。

12.4.3 通才型专家

敏捷团队是跨职能的，需要由通才型专家组成。通才型专家也被称为T型人才。这些人才具备一项擅长的专业技能，同时，还拥有多种其他技能的工作经验。也就是说，会分析的人员也会开发；会开发的人员也会测试。一个人的能力大小无关紧要，但如果所有的问题只能由一名专家来解决，这种情况往往是有害的。

例题

一位来自传统项目管理组织的项目经理被分配到正在进行的项目中。最近，该组织开始在其项目中使用敏捷方法。项目经理听说，有些团队成员感觉自己缺少关键主题的专业知识，并且团队的内部协作不足。项目经理应该如何回应这些团队成员的担忧？

A. 聘请第三方专家来填补知识空白

B. 通过向发起人提出请求来添加额外的资源

C. 添加跨职能的内部资源

D. 在可能的情况下，将甘特图转变为看板面板

答案：C。敏捷团队是跨职能的。

12.4.4 自组织团队

自组织团队的核心内容是，团队成员掌握项目的所有资源，同时团队成员可以通过轮换来发挥各自的领导作用。在决定开发任务时，自组织团队能够自行对任务进行领取、安排和规划。一些与任务相关的决策也应该由自组织团队来完成。

例题

项目经理为其跨职能团队提供了全面的指导、培训和支持，委托团队管理和跟踪他们自己的工作分配，并支持以团队为单位来做出决策。项目经理会定期参加团队会议，以监督团队的进展并提供支持，但通常不会参与有关工作量或团队决策的讨论。项目经理用什么来管理团队？

A. 情商

B. 自组织团队

C. 团队建设

D. 动机

答案：B。项目经理不参与具体工作的决策，决策工作由自组织团队完成。

12.4.5 团队工作场所

团队需要一个工作场所来开例会以及张贴各种图表，这种集中办公的方式是敏捷项目所倡导的。

当团队的成员在不同地点工作时，团队属于虚拟团队。请注意，敏捷团队必须时刻保持沟通，才能更好地开展工作。

12.5 总结

我们将本章的所有内容进行了总结，如图12-15所示。

敏捷综述

项目层面

1. 结合了敏捷的预测方法
2. 预测为主、敏捷为辅的方法
3. 敏捷为主、预测为辅的方法
4. 将混合生命周期作为过渡

组织层面

1. 组织内部变革
   - 管理层的变革意愿
   - 员工认知的转变
   - 分散项目管理职能
   - 专注短期目标而非长期目标
2. 敏捷合同管理
   - 9种合同
3. 多团队合作
   - SAFe
   - LeSS
   - SOS
4. PMO
   - 价值驱动
   - 面向创新
   - 通过培训发展人才
   - 促进组织学习
   - 招聘和筛选项目领导者

领导层面

1. 消除组织障碍
2. 促进团队合作
3. 教育干系人
4. 培训和发展团队

团队层面

1. 专职团队
2. 克服组织孤岛
3. 通才型专家
4. 自组织团队
5. 团队工作场所

图12-15 敏捷综述

04

第4部分

《PMBOK®指南》（第7版）考点

继对《PMBOK®指南》（第6版）和敏捷知识的学习后，我们将学习《PMBOK®指南》（第7版）的内容。在翻阅《PMBOK®指南》（第7版）后，细心的学员可能已经发现，与《PMBOK®指南》（第6版）相比，《PMBOK®指南》（第7版）出现了以下非常大的变化。

- 取消了以ITTO为脉络的讲述方式。这个变化是《PMBOK®指南》（第7版）与以往版本最显著的一个区别。在以往的学习中，为了便于大家理解和掌握项目管理的基础知识，尤其是重要工具的使用（方法）和重要产出（工件），我们会建议学员对ITTO进行抄写甚至默背。然而，在这次改版中，直接取消了以ITTO进行陈述的方式，对广大学员来说也算是一个小小的福音。
- 引入了绩效域的概念。在《PMBOK®指南》（第6版）中，我们在分解和学习项目管理体系时，采用的是以整合、范围、成本、进度等专属知识为视角进行拆分的知识领域。而在《PMBOK®指南》（第7版）中，将这些拆分的基础知识进行了重新组合，以结果为导向，形成了干系人、团队、开发方法和生命周期、规划、项目工作、交付、测量、不确定性这八大绩效域。
- 更加广泛地纳入了敏捷知识。在《PMBOK®指南》（第6版）中，首次将预测型生命周期与适应型生命周期相结合。例如，在第5章的项目范围管理中，提及对需求的管理可以选择用户故事的记录方式；在第6章的项目进度管理中，在编制进度计划时，提及可以考虑采用敏捷发布。但这些内容与新考纲中大幅提升的敏捷考点的比例是不匹配的。在教学中，为了让学员们能够适应最新版考纲，我们不得不从《敏捷实践指南》中“借用”了部分基础知识，但在与《PMBOK®指南》（第6版）融合时还是显得颇为僵硬。在《PMBOK®指南》（第7版）中，敏捷知识缺失的问题得以弥补。
- 突出了价值的重要性。在《PMBOK®指南》（第6版）中，价值的论述侧重于在项目立项阶段识别、测算项目成功实施后可以获得的有形价值和无形价值。而在项目正式实施过程中，一旦确立了计划，对于价值的关注度就会相对减弱，也就是说，人们不会轻易调整计划，哪怕可以通过变更计划来获取更大的价值。在《PMBOK®指南》（第7版）中，这种相对僵硬、机械的项目实施方式得以改革，项目经理可以在遵循12项原则的基础上，让项目的实施更具灵活性和可操作性。

上述内容只是对《PMBOK®指南》（第7版）变革后的简单概述，若要了解其具体的变化，还需要各位学员对《PMBOK®指南》（第7版）进行仔细的阅读和深入的学习。

变革的驱动力

项目管理诞生于20世纪，世界的“两极”为实现技术领先而进行了一系列重大研发项目，例如，北极星导弹研发计划。这些项目的需求比较明确，干系人清晰且相对稳定，在编制完成项目实施的路线图后逐步推进即可。所以，项目管理的框架强调：立项的严谨性（避免由于误判而导致项目从立项初始就面临失败的命运）；规划的完备性（要先在纸上完成整个项目的推演，不要盲目行动）；执行的逻辑性（梳理清楚项目实施过程中的前后依赖关系，按部就班地进行推进）。但在军备竞赛结束后，大量的资源得以释放，并投入民用领域。在民用领域，灵活多变的需求、复杂的竞争环境让强调以计划为导向的项目管理体系受到了巨大的冲击。

项目管理是一门经验学科，它的知识体系是人类在生产的过程中通过对大量案例的解构、提炼而形成的，而所汇总形成的理论体系又成为指导人类生产制造水平提升的管理框架，两者循环迭代，相辅相成。例如，在项目管理知识体系的发展中，从金融领域引入了风险管理的相关知识，从日本的制造业崛起中吸纳了精益生产和质量管理的概念，等等。项目管理知识体系要跟上人类生产制造升级的脚步，它的升级是必然的。那么，有哪些因素在推动项目管理知识体系的变革？

- V——易变性（Volatile）。即便在项目前期经过了严谨的论证和规划，在项目实施期间，所准备的商业论证、项目管理计划也将受到灵活变化的项目实施背景的冲击，甚至导致商业论证、项目管理计划失去应有的指导意义。
- U——不确定性（Uncertain）。虽然在原有的项目管理知识体系中已经纳入了对不确定性的管理，但在“VUCA”时代，所涌现的大量不确定性因素对项目的成功提出了更严峻的考验。
- C——复杂性（Complex）。实施项目所要考虑的因素不再局限于传统的组织结构、项目管理技术，还要兼顾新的社会结构变革所带来的新的相关责任，要应对分布式协作、新生代员工进入就业市场等对项目管理带来的冲击。
- A——模糊性（Ambiguous）。对于以预测型开发方法来管理的项目，要想在项目立项和规划阶段就梳理清楚项目实施的具体活动将变得更加困难，人们不得不接受一定程度的模糊性，还要保证项目的实施绩效。同时，由于模糊性的存在，又加剧了不确定性所带来的影响。

以上这些因素只是当今项目管理所面临的挑战的冰山一角。诸多的挑战要求项目管理在严谨与灵活间寻求平衡，在力求简单的管理路径与复杂的项目实施背景间求得破局之道。同时，随着越来越多的国内企业“走出去”，还需要项目经理兼具国际化的视野。为了缓解这些项目管理实践中的压力，人们迫切需要一套新的知识体系来对新时代的项目管理进行指导。

新的项目管理知识体系要具备的指导能力

在新时代的挑战面前，新的项目管理知识体系至少要具备以下指导能力：

- 针对易变性，要以价值作为项目的驱动力，在不停的变化中保持对项目价值的挖掘和追求。
- 针对不确定性，要对不确定性进行有效管理，提升不确定性的积极影响，抑制不确定性的消极影响。
- 针对复杂性，要以较低的管理成本对项目管理的诸多活动进行梳理和规范化，化繁为简，对项目管理活动的实施进行有效控制。
- 针对模糊性，要在严谨的计划与模糊性因素之间求得平衡，既要保证项目的实施路线图得以执行，同时还要对模糊性留有冗余储备。

PMI® 人才能力三角形的变化

新的项目管理知识体系对项目经理提出了更高的能力要求。在旧版PMI®人才能力三角形中，对项目经理的能力要求是，在理解组织战略的基础上，综合使用各种项目管理知识、工具和技术，发挥领导力，带领团队以实现既定目标。但在现实的竞争环境中，项目经理不仅是组织战略落地的实施者，在更多的时候，还是组织进行变革转型的先行者，所以，需要项目经理以更高的视角和更完善的认知来理解项目和实施项目。

因此，在新版PMI®人才能力三角形中，重新提出了合格的项目经理应该具备的三种能力：

以“工作方式”（Ways of Working）替代“项目管理专业技能”（Technical Project Manager）。对于实施项目的方法，不再拘泥于固定的、刻板的项目管理专业知识、技能、工具和技术，项目经理要能灵活自如地综合使用预测型、适应型等生命周期类型，有针对性地选用方法、模型、工件，甚至以自创研发的新工作方式来实现项目的目标。

以“商业敏锐度”（Business Acumen）替代“战略和商业管理”（Strategic and Business Management）。之前，在对项目管理实践案例的梳理过程中，项目管理界的专家发现，如果项目经理能够更积极地参与项目的商业论证，分析并研判项目立项的背景，捕捉稍纵即逝的商业机遇，而不仅是被告知通过项目来实现组织战略的落地，将有助于提升项目的成功概率。这项研究的产出在新的PMI®人才能力三角形中得以体现。

以影响力技能（Power Skills）替代领导力（Leadership）。项目经理将不局限于如何激励项目团队实现项目的目标，还要在组织、行业、专业学科、跨领域的层级上发挥更大的作用，这就对项目经理的影响力提出了更高的要求。

由此可见，新时代的项目经理将从原来的项目管理知识体系中“走出去”，以新的方式来管理项目。对于优秀的项目经理来说，要学习的内容将不再局限于《PMBOK®指南》，而是涵盖PMP、ACP（敏捷实践）、PBA（商业分析）以及项目所在行业的专属领域知识。我们将在后续的讲解中涉及这部分内容。

参考阅读：

《PMBOK®指南》（第6版）52页，第 3.3节 项目经理的影响力范围

《PMBOK®指南》（第6版）56页，第3.4 节 项目经理的能力

《PMBOK® 指南》（第 7 版）与《PMBOK® 指南》（第 6 版）的关系

从以上的分析不难看出，对于合格的项目经理而言，需要更灵活的工作技能来完成项目的实施，需要更敏锐的商业嗅觉来捕获能为项目增值的机会，需要更强的影响力来跨越团队的边界以为项目营造更有利的实施环境，而这些技能显然不是一蹴而就的。要想成为合格的项目经理，仍然需要从项目管理的基础知识开始学起，积跬步才能至千里。此次，《PMBOK®指南》（第7版）不是对《PMBOK®指南》（第6版）的替代，而是在学习了《PMBOK®指南》（第6版），且具备了一定的基础知识后，用于项目经理的能力提升。

在学习《PMBOK®指南》（第6版）时，虽然很多学员都曾经反馈，教材所陈述的内容过于刻板和枯燥，无论是学习还是阅读都有着巨大的困难，但这些内容都是诸多项目案例中经过实践验证的经验汇总。例如，在制订项目章程和项目管理计划时，都采用了ITTO的方式来进行陈述，强调了两个过程之间的前后依赖关系。在实际工作中，是否可以不遵守这样的顺序呢？当然是可以的，如果项目经理为了增加在立项决策会议上的说服力，完全可以事先编制一份自认为完善、详尽的项目管理计划来向与会的干系人进行展示，彰显自己的管理能力，提升与会干系人对项目能够成功实施的信心。但是，如果在立项会议上，干系人对高层级的需求有分歧，需要进行重新规划，这会在很大程度上改变项目的具体实施路线图。项目经理事先拟定的自认为将获得一致通过且得到一片赞许之声的项目管理计划，大概率将面临推倒重来的命运。这也是为什么会说项目管理是一门经验学科——经过了诸多成功和失败的项目实施案例的验证。如果改变前后的逻辑关系，将在很大概率上导致项目失败。

所以，从PMI®对《PMBOK®指南》的升级和改版来看，《PMBOK®指南》（第6版）重点讲解项目管理所需要的基础知识、技能、工具和方法。对于刚刚接触项目，准备走上

项目管理之路的新人来说，《PMBOK®指南》（第6版）所涉及的这些刻板、枯燥、单调的内容是无法绕过的。而《PMBOK®指南》（第7版）则针对具有一定项目管理知识，且具有项目管理实战经验的人员。只有将两版教材结合作用，才能实现项目管理知识的普及和项目管理认知的提升。所以，本书既包含了针对《PMBOK®指南》（第6版）的讲解，同时也包含了针对《PMBOK®指南》（第7版）的解读。

《PMBOK®指南》（第7版）的推出是一次“尝试”，但并不是绝对完美的尝试，也不会是《PMBOK®指南》最后的一个版本。《PMBOK®指南》（第7版）力图在灵活性与严谨性之间求得平衡，尝试采用一套通用框架来同时兼容不同的生命周期和开发方法，这样的改变无论对于教学，还是对于项目管理的学习，都形成了巨大的压力，所以在对《PMBOK®指南》（第7版）进行解读时难免会出现一些不足之处，望各位读者谅解。

第13章 项目管理标准

13.1 引论

13.1.1 《项目管理标准》的目的

《PMBOK®指南》从第6版开始被分为项目管理知识体系指南和项目管理标准两个部分，其中，项目管理知识体系指南是对项目管理实践案例的分析、总结而形成的经验集合，即良好实践。而项目管理标准则讲述了在项目管理领域基于权威、惯例或共识而建立并可以被使用的范例。

由于ITTO已经成为在学界被普遍接受的对项目管理中各项工作过程进行梳理的方式，所以在《PMBOK®指南》（第6版）中，项目管理知识体系指南与项目管理标准有诸多相似之处。

而在《PMBOK®指南》（第7版）中，对项目管理标准和项目管理知识体系指南的论述出现了非常大的差异，项目管理标准从标准的范式、范例转向了对项目管理核心思想的解读，而项目管理知识体系指南则从ITTO转向组成项目管理知识体系的各级组件——绩效域、模型、方法、工件。在《PMBOK®指南》（第7版）的序言中，已经提到了项目管理面临着灵活性与严谨性的“碰撞”，再以严谨、呆板的方式来管理项目存在着诸多不适，但灵活性并不代表项目管理的活动和过程不存在约束。在此，能够起到约束作用的就是项目管理标准。

13.1.2 关键术语和概念

为便于理解和统一语境，现对《PMBOK®指南》（第7版）以及本书所涉及的专有名词进行预先释义。

- 成果（Outcome）。项目管理过程的结果或整个项目的最终可交付物，这里所提及的最终可交付物不局限于实物，而是包含了满足最终用户需要的实物、服务等形式的价值载体。在《PMBOK®指南》（第6版）中对成果的定义侧重于“可交付”，即能够向最终用户提供的可交付物。如“控制质量”这一项目管理过程的输出中的“验证的可交付物”[见《PMBOK®指南》（第6版）的第8.3节]。在《PMBOK®指南》（第7版）中，对成果的定义进行了扩展，不仅包括了最终可交付物，还将能为项目提供价值的输出或工件也纳入了成果的范畴。

- 项目组合（Portfolio）。为实现战略目标而组合在一起管理的项目、项目集、子项目组合和运营工作。对项目组合进行管理，需要针对特定的组织战略目标，对项目、项目集和运营工作进行识别、排序、授权、管理和控制活动。
- 产品（Product）。通过可控制的过程、可测量的绩效而生成的可以满足最终用户群体需求与期望的可交付物（工件）。产品既可以是实物，也可以是服务。如果工件能够满足需求的感知和意象，就具备了产品的属性。既可以在一个项目中按照干系人的需求感知输出产品，也可以通过多个项目来生成一个产品。
- 项目集（Program）。在过去的某些管理学书籍中被称为计划（非项目管理计划）。项目集通常由多个相关的项目共同组成，项目集与项目之间的区别在于，项目集需要依赖一系列项目可交付物之间的相互作用才能形成最终的成果。
- 项目（Project）。为创造独特的产品、服务或结果而进行的临时性工作，是项目集和项目组合的基本单元。
- 项目管理（Project Management）。综合使用各种知识、技能、工具与技术，力求满足项目需求，实现项目预定目标，交付项目预期成果的活动。
- 项目经理（Project Manager）。由组织任命，带领项目团队实现项目目标的负责人，也是项目绩效的责任人。在一些组织结构中，可能由职能部门经理来实际指挥项目团队以实施项目，项目经理的权力仅限于信息的传递和汇总。此时，项目经理对项目绩效的责任是“名义”上的，由职能部门经理承担项目绩效的最终责任。
- 项目团队（Project Team）。由具体负责项目实施的成员组成。根据项目的规模不同，项目团队可大可小。如果项目团队的成员众多，可能在其中成立具有管理职能的管理团队或管理办公室（非PMO）。
- 价值交付系统（System for Value Delivery）。是《PMBOK®指南》（第7版）的一大创新，也是贯穿《PMBOK®指南》（第7版）的脉络。通俗地说，价值交付系统是创造价值的方式，也是为创造价值而建立、维持和推进组织战略业务的系列活动的集合。
- 价值（Value）。某个事物对干系人所引发的反应，这种反应可以体现为实用性或重要性，以及由实用性或重要性引发的主观感受。面对不同的干系人，同样的事物所引起的反应是不同的。所以，由不同的干系人来评估某个事物的价值，所获得的结果是不同的。例如，最终用户侧重于功能或特性是否满足自己的需要，组织会侧重于是否能获得预期的商业收益。

参考阅读：

《PMBOK®指南》（第6版）11页，第1.2.3节　项目、项目集、项目组合以及运营管理之间的关系

《PMBOK®指南》（第6版）33页，第1.2.6.2节　项目效益管理计划

《PMBOK®指南》（第6版）131页，第5章　项目范围管理引言

13.1.3　哪些受众需要项目管理

如今，项目管理的应用领域已不再局限于传统的IT、水利、土木工程等领域，在医疗、能源、文化、体育、金融、新材料等领域，项目管理也得到了广泛的应用。越来越多的企业开始采用项目的方式来应对市场的挑战和动态变化的需求，较高的项目管理水平也成为企业维持竞争优势的关键。所以，当你有以下需求时，建议系统地学习项目管理知识体系。

- 成为项目、项目集或项目组合的负责人。
- 在多个项目之间负责协调工作。
- 频繁处理临时性需求。
- 整合跨部门或跨组织的协作。

13.2　价值交付系统

本节包含以下内容：

- 创造价值——从价值的维度重新审视项目管理的意义。
- 组织治理系统——治理框架对项目价值交付的重要性。
- 与项目有关的职能——项目实施过程中的职能分工和参与角色。
- 项目环境——项目内部环境和外部环境因素如何作用于项目。
- 产品管理考虑因素——产品管理与项目组合、项目集、项目的结合方式。

13.2.1　创造价值

在第13.1.2节（关键术语和概念）中，对什么是价值已经做了解读。对于项目来说，可以通过以下途径来创造价值：

- 创造满足客户或最终用户需要的新产品、服务或结果——满足客户或最终用户的期望。
- 做出积极的社会或环境贡献——体现社会责任和环境价值。
- 提高效率、生产力、效果或响应能力——提高生产效率和服务能力。
- 推动必要的变革，以促进组织向期望的未来状态过渡——推动组织变革。
- 维持以前的项目集、项目或业务运营所带来的收益——成为组织内部价值传递系统的重要一环。

从这些创造价值的途径来看，《PMBOK®指南》（第7版）并没有脱离《PMBOK®指南》（第6版）中关于项目的特点和立项驱动的论述，而是从价值的视角重新审视了项目。从项目创造价值的方式以及项目体现价值的多样性上，反映了项目管理的适应性，驱动了越来越多的企业开始采用项目的组织形式来实现预期的目标，以强化组织的竞争优势。

13.2.1.1 价值交付组件

在价值管理方面，基于《PMBOK®指南》（第6版），《PMBOK®指南》（第7版）进一步指出，价值的获取并不只靠单一的项目，而是需要项目组合、项目集、项目、产品和运营的综合作用（见图13-1）。

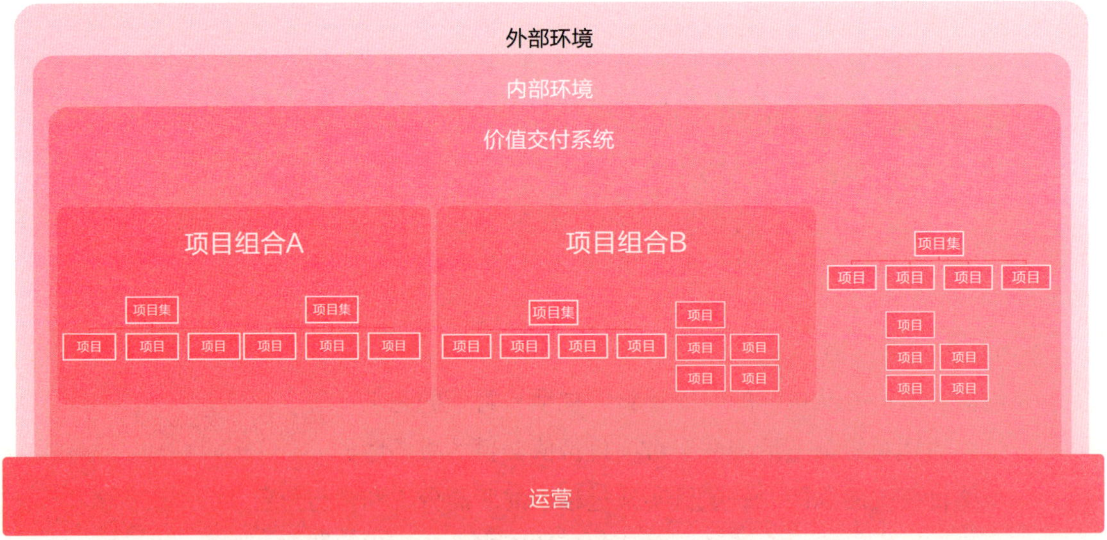

图13-1　价值交付系统的组件

- 项目组合将组织战略转化为一系列的项目集和项目。
- 项目集和项目产出承载价值的产品。
- 运营将产品的价值持续传递给最终用户。

在整个过程中如果出现障碍，将很可能导致：

- 项目组合中包含的一系列项目集和项目与组织战略的关联程度并不高，甚至出现相背离，导致项目集或项目从立项初期就存在极大的隐患。
- 项目集和项目所产出的产品并不符合预期的目标或最终用户的期望，导致应由产品传递的价值被大打折扣。
- 由于运营失当，产品的生命周期提前进入衰退期，产品的价值无法得到充分展现。

在预测型生命周期（瀑布模型）中就存在这样的弊端。由于预测型项目的成果要在完全交付后才能检验其价值，所以在理解组织战略，选定项目目标的环节中，如果出现理解上的偏差，将导致在价值交付的过程中出现极大的阻碍，甚至导致项目失败。

参考阅读：

《PMBOK®指南》（第6版）11页，第1.2.3节　项目、项目集、项目组合以及运营管理之间的关系

《PMBOK®指南》（第6版）33页，第1.2.6.2节　项目效益管理计划

13.2.1.2　信息流

科学管理需要反馈的回路，这样才能将落在纸面的计划与实施状态相互印证，评估计划与实施之间的偏差，再通过不断分析偏差的原因来持续提升决策的水平。同样，对于传递价值方式的选择和决策，也离不开信息的支持。若要提升价值交付系统的管理水平，就需要得到反馈的信息。所以，在价值交付系统中，信息流是非常重要的组成部分（这里提到的信息流并非日常生活中所收到的推送消息），如图13-2所示。

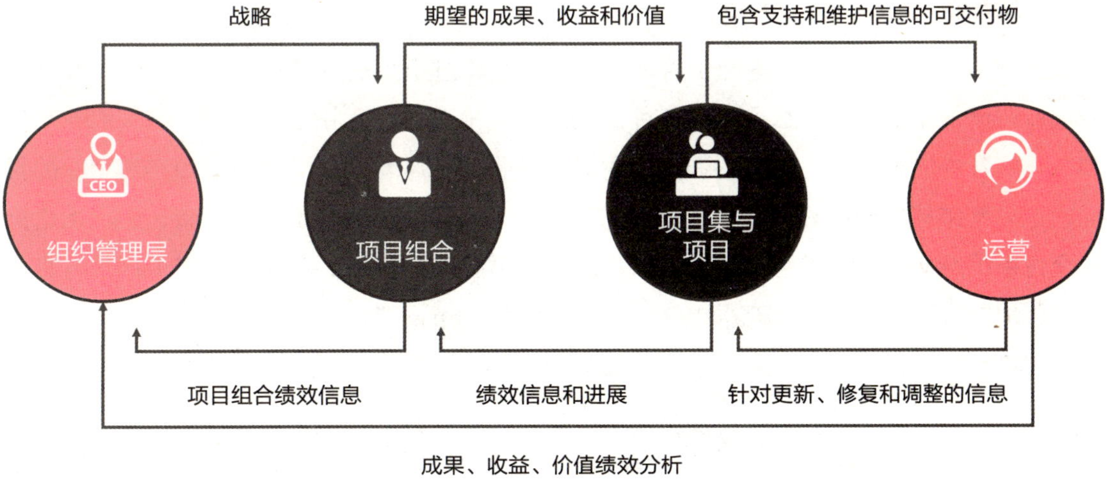

图13-2　价值交付系统中的信息流

在价值交付系统中，包括了从组织管理层到运营的逐级信息传递：

- 从组织管理层到项目组合。结合组织治理结构，明确组织战略落地的方式。

- 从项目组合到项目集与项目。指出项目集或项目所期望获得的成果、收益和价值。
- 从项目集与项目到运营。移交项目集和项目的可交付物，为保障与运营的平稳衔接，还需要同时进行知识转移。

信息的传递不能是单向的，如果形不成反馈回路，将导致决策缺少依据，只能靠“拍脑袋”。所以，信息还需要从运营向组织的管理层进行“流动”：

- 从运营到项目集与项目。在运营过程中，完成产品的检验与评估，提供针对产品更新、修复和调整的建议。在一些组织中，由运营发出的反馈也被称为“来自一线的声音”。
- 从项目集与项目到项目组合。提供项目集或项目的绩效信息，反馈与预期计划之间的偏差及导致偏差的原因。
- 从项目组合到组织管理层。汇总项目组合绩效信息，评估组织战略的落地实施状态。

从组织管理层到运营，再从运营到组织管理层，信息的传递不能成为单次的行动，需要持续地循环“流动”。在这个过程中，如果信息传递的层级过多，信息在传递过程中出现了“污染”或误传，都可能造成信息“流动”的不畅，进而干扰价值的传递。

> **参考阅读：**
> 《PMBOK®指南》（第6版）26页，第1.2.4.7节 项目管理数据和信息

13.2.2 组织治理系统

治理（Governance）不等同于管理，管理是指通过指令的方式进行资源的分配并对活动进行调度，而治理是指综合采用各种方式来实现预期目标。在组织层级，组织引导和控制企业的各种流程结构，平衡备选方案中的各种收益和风险，以增加价值和实现企业的目标，这一套结构框架被称为组织治理系统（Organizational Governance System）。无论价值交付系统是从理解组织愿景出发来梳理组织所需要的“价值”，还是做出组织战略目标如何落地的决策，都不能脱离组织治理系统的评估决策框架。组织治理系统的存在也为信息的“流动”提供了基础。组织治理系统中的原则、决策和过程能确保落实价值的责任，并保持公开透明。

除了在组织的管理层级上存在治理框架，在项目的层级上也存在评估决策的管理架构，即项目治理（Project Governance）。项目治理对项目的重要事项进行决策，例如，选定项目的目标，对重大变更进行决策等。像我们熟悉的项目发起人，就属于项目治理中的重要角色。在项目治理中，还包括设置PMO（项目管理办公室），由于项目治理委员会参与项目的次数是有限的，涉及项目之间的协调、支持、协作通常都由PMO来完成。

13.2.3　与项目有关的职能

项目与运营的最大区别在于整合，也就是由项目团队将原本不属于当前项目的资源进行统一、协调、综合，发挥出单个资源所无法产生的效果。这里提及的资源不仅来源于组织内部，也可能来源于组织外部。所以，若想以项目的形式来获得价值，项目团队是必不可少的。项目团队也是项目实施过程中的重要资源。

项目团队的构成和管理模式在不同的生命周期和开发方法中存在区别。在预测型生命周期中，项目经理和项目管理团队（如果有）将承担整合的关键职责。而在适应型生命周期中，在团队成员具备相应的能力后，会逐渐让团队成员承担整合的职责，项目经理则侧重于在组织治理和项目治理中为团队的运转提供保障。

不论在哪一种生命周期中，也不论项目团队以什么样的方式协作，项目团队应整体协作才能产生价值和收益。不能人为地让项目团队中的某个人（这个人通常是项目经理）为价值和收益负责，这种行为违背了价值交付系统全员参与的理念。

13.2.3.1　提供监督和协调

在价值交付系统中，除了要在组织管理层、项目组合、项目集与项目、运营之间完成信息的传递和流转，在每个系统组件内部，也需要建立跟踪反馈机制，不能将对价值的验证完全寄托于信息流的下一环。譬如，将一个严重偏离目标的项目成果强行移交给运营。因此，在项目实施过程中，要建立监督回路，定期与项目预期的目标进行对比评估，保证项目的目标得以实现，从而获得预期的价值和收益。在项目结束后，也可以通过项目审计或实施后评价的方式来跟踪项目成果是否达到预期（特别是对于某些成果，它们需要时间来验证。例如，推出竞争性产品来提升市场占有率）。持续的监督不仅能够提升项目管理的水平，同时也能提升项目治理的决策水平。

在项目执行过程中，团队要协调各种资源的参与。在使用这些资源时，不仅要考虑资源参与的时间和方式，还要考虑资源与资源间的相互衔接。例如，采用不同标准的资源该如何匹配，等等。除了协调资源的参与，在广义的干系人之间，团队还要协调干系人对项目的期望以及干系人参与项目的方式。例如，在预测型生命周期中，需要关键干系人在重要的阶段关口参与项目。而在适应型生命周期中，为了避免干系人对项目的实施带来干扰，要尽量避免干系人插手团队成员的日常工作。

参考阅读：

《PMBOK®指南》（第6版）105页，第4.5节　监控项目工作
《PMBOK®指南》（第6版）121页，第4.7节　结束项目或阶段
《PMBOK®指南》（第6版）504页，第13章　项目相关方管理引言

13.2.3.2 提出目标和反馈

请注意，项目的客户和最终用户可能为同一人。例如，对于出资定制某项产品或服务的项目，项目的客户出资并提出自己的期望和需求，最终成果需要达到他们的预期目标才能获得认可。项目的客户和最终用户也可能为不同的人。例如，对于一个推动组织变革、提升组织服务能力的内部项目，它的客户可能是某位正在推动组织转型的高层管理者，它的最终用户可能是使用新服务能力的组织员工。所以，客户提出的需求和最终用户的体验之间可能存在差距（甚至是抵触），尤其是当项目的成果导致组织资源被重新分配时，这种差距可能引发组织内部的剧烈震荡。所以，对于项目的目标，项目团队要努力进行协调和引导，以寻求客户和最终用户均可接受的方案。

在过去的项目管理实践中，项目经理较少介入项目目标的论证。在完成论证后，通常由组织安排某一项目团队来实施。但由于项目团队介入得较晚，它对目标的理解和选择会存在障碍（甚至没有选择的可能性），进而影响项目的成功执行。随着越来越多的组织和学者认识到，只有产出最终用户需要的成果、结果、服务才能获得预期的价值，因此，越来越多的项目团队开始介入项目目标的论证、商议和拟定（项目团队在这时可能还不是组织正式宣布的项目执行团队）。

参考阅读：

《PMBOK®指南》（第6版）80页，第4.1.2.3节　人际关系与团队技能

13.2.3.3 引导和支持

除了要在干系人之间进行引导，以选定共同认可的项目目标，还需要在团队内部形成共识。多数项目经理处于弱矩阵的组织结构中，对团队成员的影响力弱于职能部门经理。如果再叠加项目临时性的特点，项目经理的正式权力所能起到的效果还要大打折扣。因此，项目经理在对团队施加影响时，更多的是通过运用领导力来形成共识，以共识驱动团队成员发自内心地认可当前项目。凝聚共识的过程伴随着分歧和冲突，而以建设性冲突为代表的碰撞和批判恰恰是创造力的来源。所以，对于项目经理来说，不必视团队成员之间的冲突如“洪水猛兽”，因为一团和气的团队的执行效率往往不会太理想。

对于团队成员在项目实施过程中的困惑和遇到的障碍，项目经理要协助他们，共同解决问题。即便团队的发展已经进入了成熟阶段，可以进行自我组织、自我管理，但在面对一些团队无法克服的障碍时，项目经理仍要及时伸出援手。

参考阅读：

《PMBOK®指南》（第6版）348页，第9.5.2.1节　人际关系与团队技能

13.2.3.4　开展工作并贡献洞察

项目团队可以根据事业环境因素和项目的关键驱动因素来选择工作方式，例如，如果办公环境的空间相对充裕，为了加强团队成员之间的相互沟通，可以选择集中办公的方式。如果团队成员分散在不同的地点，可以基于沟通技术组建虚拟团队。工作方式的选择，要根据项目的目标和项目的驱动因素来决策，不同的工作方式会对团队的管理带来不同的挑战，例如，集中办公会增加团队成员之间讨论分歧的频率，虚拟办公会带来激励方面的难题，等等。

同时，在对项目团队的认知上，不能简单地将其视为活动的执行者，不要只聚焦于成员的实施绩效而忽视团队的主观能动性。如果项目团队能够从多方面观察项目实施过程中出现的问题（Issue），把握问题的核心和本质，就可以做出对当前项目更有利的决策。作为创新的重要来源，洞察（Insight）也能够在拟定的计划之外使项目提供更多的价值。

参考阅读：

《PMBOK®指南》（第6版）340页，第9.4.2.1节　集中办公

《PMBOK®指南》（第6版）340页，第9.4.2.2节　虚拟团队

13.2.3.5　运用专业知识

除了需要特殊的管理知识和技能，项目管理还需要领域的专属知识。虽然在《PMBOK®指南》（第6版）中介绍了49个项目管理过程，以及包括整合、范围、进度、成本等在内的十大知识领域，但是，在项目管理实践中，仅仅关注这十大知识领域是不够的，还需要一些额外的知识来支持项目工作。例如，需要特定知识对组织的愿景进行解读，需要财务知识以满足项目的合规性要求等。因此，在项目实施过程中，要在项目团队内部营造有利于知识传递和分享的氛围，促进项目团队提高知识和技能的水平。

参考阅读：

《PMBOK®指南》（第6版）98页，第4.4节　管理项目知识

《PMBOK®指南》（第6版）342页，第9.4.2.6节　培训

13.2.3.6　提供业务方向和洞察

为了使项目可交付物的价值最大化，需要完成对项目目标的选定和规划。为了能够捕捉增加项目价值的机会，可能要在项目实施过程中对目标和规划进行调整。既要“变”，又要不偏离价值交付这条主线，还要避免不合时宜的“变”给正在实施的项目带来干扰。这就需要选择商业人员、项目治理委员会、关键干系人与项目团队进行交互的时间节点。

- 在预测型生命周期中，通常在项目立项时明确项目的目标，圈定项目的高层级需

求。在项目的阶段关口，商业人员、项目治理委员会、关键干系人对项目上一阶段的实施效果进行评估，对是否要调整下一阶段的任务目标进行决策。

- 在增量型和迭代型生命周期中，通常在一个增量或一次迭代结束后，对项目的目标和规划进行再次评估，以保证项目实施方向的正确性，从而保证项目能够获取价值。
- 在适应型生命周期中，通常在一次迭代（时间盒）中不对当前迭代的任务进行调整，而是在迭代计划会议上集中调整。

参考阅读：

《PMBOK®指南》（第6版）75页，第4.1节 制定项目章程

13.2.3.7 提供资源和方向

项目的实施需要理解组织的战略，以选择适当的目标并对项目的实施路径进行决策，所以需要有一个角色来承担组织层级与项目层级衔接的职责。除了参与项目的目标和实施路径的决策，该角色还要协助项目经理和项目团队获取资源。并对干系人施加影响。

在项目执行过程中，这一角色通常被称为“项目发起人”（简称发起人），发起人可以是具体出资的客户，也可以是组织内具有影响力的干系人。他要在组织内外宣传项目立项的必要性，为项目的执行争取资源，包括但不限于资金、人员、关注度等。因此，在一些组织中，也将项目发起人称为项目的担保人。虽然项目经理对项目的绩效负责，但在组织内部，对于项目能否成功执行，发起人所承担的责任要大于项目经理。

当项目的规模较小时，发起人可以由单个自然人担任。当项目的规模较大、涉及资源与领域众多时，由单个自然人担任的发起人会感到力不从心。此时，由众多干系人组成的指导委员会应替代单个自然人来承担发起人的重任。

参考阅读：

《PMBOK®指南》（第6版）77页，第4.1节 制定项目章程引言部分

13.2.3.8 维持治理

前文已经提到，项目治理框架用于项目目标的选定和重大决策，所以，在项目实施过程中要遵循治理框架。虽然项目经理是组织战略（正向）落地的“执行人”，但是项目经理通常很难（反向）直接影响组织战略的拟定。因此，只有遵循项目治理框架，才能衔接组织战略和项目实施，这也是在项目实施过程中维持治理的原因。

13.2.4 项目环境

项目的执行不能脱离项目环境，项目环境会对项目形成正面或负面的影响，这些影响

既可能增加项目通过成果、结果或服务所获的价值，也可能限制项目实施过程中某些活动的发挥。在一些项目实践案例中，曾经出现过这样的情况：项目经理为争取在组织内部通过立项审批而人为夸大项目环境的正面影响，弱化项目环境的负面影响，最终导致项目执行出现了非常严重的问题。所以，要正确看待项目环境，不要进行主观筛选。

参考阅读：

《PMBOK®指南》（第6版）38页，第2.2节 事业环境因素

《PMBOK®指南》（第6版）39页，第2.3节 组织过程资产

13.2.4.1 内部环境

内部环境的常见因素有（但不限于）：

- 过程资产。是项目少走弯路的重要输入（因为由项目团队在实施过程产生，也可以被称为工件），包括方法论、项目的档案、可用的工具与技术和知识等。过程资产由项目产生，在项目结束后，在组织内部由PMO或专门设置的知识管理部门维护。
- 治理文件。对治理框架政策和流程的说明，如项目立项流程。
- 数据资产。数据是企业进行正确决策的依据，所以，积累的数据也越来越成为组织的重要资产。除了在组织的生产经营过程中所产生的数据，组织还可能购买组织外的数据以作为相应的补充，如行业分析报告、商业数据库、行业年鉴等。
- 知识资产。知识并不只是被简单地存储，知识的积累、萃取、交互能够成为新的价值来源。
- 安保和安全。安保和安全属于合规性要求，会对项目的实施形成制约，会限制项目活动的自由度。
- 组织文化、结构和治理。是很容易被项目经理忽视的制约因素，组织文化、结构和治理流程会对项目团队的管理带来挑战。
- 设施和资源的地理分布。对项目执行会造成强制约影响，例如，为了使处在不同地理位置的团队成员可以协作，通常会采用虚拟的方式组建团队。
- 基础设施。基础设施的水平关乎一个项目能否正常开展，所以在很多大型制造类项目启动之前，会要求满足“三通一平”的基础设施条件。
- 信息技术软件。信息技术软件不仅包括在项目管理中常用的项目管理信息系统（PMIS），还包括网络、办公等工具软件。例如，在最新的项目管理实践中，一些组织已经开始采用仪表盘来更直观地展示绩效信息。
- 资源可用性。项目的执行需要资源，不能为“无米之炊”，所以，资源的可用性既影响实施项目的路径，还影响项目的进度和成本。如果需要采用组织外部的资

源，不仅要考虑如何调动外部资源，还要考虑外部资源的参与时间和成本。

- 员工能力。员工能力是一个动态的因素，在刚接触项目时，员工能力会显得相对不足。随着对项目了解的加深以及培训工作的开展，员工能力会出现一个跃升。

参考阅读：

《PMBOK®指南》（第6版）195页，第6.4节 估算活动持续时间

《PMBOK®指南》（第6版）342页，第9.4.2.6节 培训

13.2.4.2 外部环境

外部环境的常见因素有（不限于）：

- 市场条件。市场条件是一个动态发展的因素，也是很多项目失败的因素。在立项初期，虽然会通过调研来了解和预判市场条件，但在项目执行过程中，市场条件并不是一成不变的，所以需要对市场条件进行持续的跟踪和观察。
- 社会和文化影响与问题。社会和文化将影响项目的工作价值观、可能采用的方法、社会责任和伦理等方面。
- 监管环境。对项目提出了合规性的要求，尤其是在涉及跨区域的合作时，监管环境的差异会导致项目团队需要重新审视如何满足新的合规标准。
- 商业数据库。见数据资产（见第13.2.4.1节）。
- 学术研究。学术研究的成果既能带来新的制约，如监管环境的改变，也能激发新的项目价值。
- 行业标准。行业标准通常为强制约性因素，无法满足行业标准的成果通常不能进入流通环节，所以在选定项目成果所遵循的质量标准时要考虑行业标准和法律法规的要求。
- 财务因素。财务因素已逐渐成为一个热门话题，它对项目价值造成的影响越来越大，特别是在竞争较为激烈的领域，所以建议项目团队具有一定的“财商”。
- 物理环境。通常表现为强制约因素。

13.2.5 产品管理考虑因素

有关产品管理的部分不属于《PMBOK®指南》的重点论述内容，但是在产品管理过程中，需要与项目管理相互结合（见图13-3），结合方式有下列几种：

- 在产品生命周期中有多个项目、项目集参与。产品生命周期的跨度大于单个项目或项目集的实施周期，通常用于大型产品或系列产品。在产品生命周期的每个阶段，根据当前的产品管理需求，启动项目或项目集来满足相关需求。例如，在测试市场反馈的阶段，就可以启动以检验市场为目的的小型项目，推出具备核心功

能、卖点的产品。而在产品生命周期的成熟阶段，就可以启动以完善产品功能需求为目的的新项目或项目集。

- 在产品生命周期中有单个项目。产品生命周期跨度与项目的实施周期相近甚至等长，立项的目的就是创造具有完整生命周期的产品（作为成果）。

在项目集中包含产品管理。产品管理作为一个项目集中的一个特设子项目，为保障产品顺利推出并获取价值，会为其配套启动其他子项目，如市场调研、市场营销推广等。

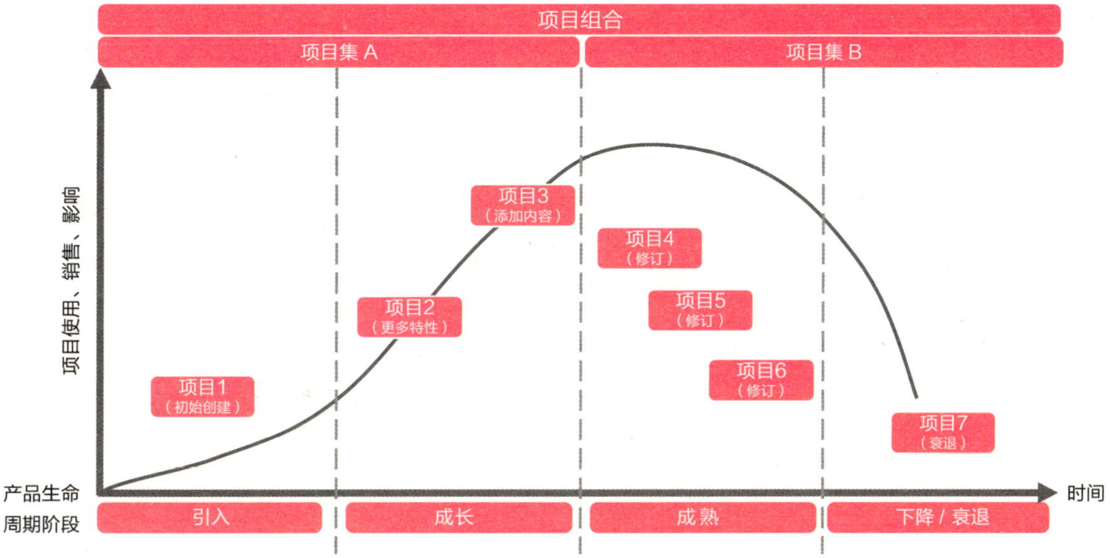

图13-3 产品生命周期

13.3 项目管理原则

在上一节中，我们提到“价值”已成为整个项目管理的核心（见第13.2节）。为了获得项目通过成果所体现的价值，在项目执行过程中要机动灵活地选择适当的知识、工具和技术。而机动灵活处置的要求与采用过程的方式“按部就班”地实施存在着矛盾。所以，《PMBOK®指南》（第7版）中不再以过程的方式来定义项目管理标准，而是以12项项目管理原则来制约和指导项目管理的活动和行为。

12项项目管理原则既赋予项目管理自由，也为项目的活动设置了边界（虽然这种边界更多的是建议，而不是强制性的规定）。同时，12项项目管理原则还提示，在通过“裁剪”的方式重新组合项目管理的活动、知识与技能、工具与工件、模型与方法时，哪些是值得提倡的，哪些是不推荐的。这12项项目管理原则分别为：

- 成为勤勉、尊重和关心他人的管家。
- 营造协作的项目团队环境。
- 有效的干系人参与。

- 聚焦于价值。
- 识别、评估和响应系统交互。
- 展现领导力行为。
- 根据环境进行裁剪。
- 将质量融入过程和可交付物。
- 驾驭复杂性。
- 优化风险应对。
- 拥抱适应性和韧性。
- 为实现预期的未来状态而驱动变革。

从12项项目管理原则来看，项目管理原则更接近“项目管理宣言”，号召的意味要强于指导（指导实际的项目管理活动）。项目管理这门学科在持续向前发展，在未来的某个版本的标准中，重新定义更具指导示范作用的新原则也不是不可能的，所以对于这12项项目管理原则，学员们要着重理解原则将如何体现在具体的项目管理活动中，而不要只停留在原则的表面陈述上。至于为什么有12项原则，而不是11项原则，或13项原则，学员们更没有必要深究。在管理学界，在主观驱动下拟定××原则、××习惯不是个案，所以不用对这些有过多的联想。

除了12项项目管理原则，在《PMI道德与专业行为规范》中，还提出了项目管理的4项基本价值观：

- 责任。对所做的决策或未做的决策，所采取的行动或未采取的行动以及所产生的后果承担最终责任。
- 尊重。对项目实施过程中获得的各种资源保持关注。互相尊重，互相信任，并在各种多元化的看法和观点得到鼓励和认可的氛围里打造互相合作的环境，从而实现绩效卓越。
- 公平。公平、客观地进行负责任的决策和行动。项目经理的行为必须与私利、偏见和个人喜好划清界限。
- 诚实。理解真相并在沟通和行为中保持真诚的态度。

学员们可能将敏捷的4项核心价值观和敏捷的12项原则与项目管理的4项价值观和12项项目管理原则联系起来。在这里，我们要提醒一下各位学员，项目管理的4项价值观和12项项目管理原则互为补充，而敏捷的12项原则则是在敏捷的4项核心价值观的基础上所做的延伸。

13.3.1 成为勤勉、尊重和关心他人的管家

在遵守内部和外部准则的同时，管家应以负责任的方式行事，以正直、关心和

可信的态度开展活动。他们应对其所支持的项目的财务、社会和环境影响做出广泛的承诺。

这一原则要求项目经理不仅要关心项目的财务收益，还要关注项目对社会和环境所体现的价值，不能“野蛮生长”。同时，要尊重、关心项目团队成员，在满足合规的要求下完成交付。

对于该原则的遵守，有如下具体要求：

- 管家式管理包括在组织内部和外部的职责。

  此要求指出了管家式管理不仅体现在团队层级和组织内部的职责，还包括了组织外部的职责。

- 管家式管理包括：正直、关心、可信、合规。

  此要求指出了管家式管理的“价值观”。

- 秉持整体观的管家式管理会考虑财务、社会、技术和可持续的环境意识。

  此要求指出了衡量关键管家式管理的评价维度。

若想理解管家式管理（Stewardship），就需要了解“管家”的日常事务都有哪些。

- 团队层面。管家要承担起服务整个团队的责任。这种服务的责任体现在建设团队上，也体现在管理团队上（要努力消除团队运行的障碍）。在适应型生命周期中，管家式管理还体现为仆人式领导。
- 组织内部层面。管家要为项目的整体绩效负责，为团队“代言”，既要保证项目能够顺利交付，还要满足组织内部的合规性要求。
- 组织外部层面。在组织外部的干系人看来，项目经理除了身为项目负责人，在某种程度上还是组织的代表。所以，项目经理的举动也代表了组织的价值观和社会责任。这对项目经理的行为施加了更多的约束。

从“管家”的日常事务来看，项目经理需要在每个层面都起到“部分”代言人的作用：在团队层面，项目经理为组织内部和组织外部代言，例如，为团队成员争取适当的奖励或激励。在组织内部层面，项目经理为团队代言，承诺项目绩效和合规责任。在组织外部层面，项目经理为团队和组织代言，承诺项目的社会价值和环境责任。

管家式管理的活动是十分灵活的，哪些可以做，哪些不可以做，需要准绳。这个准绳就是管家式管理的核心价值观。若想实现管家式管理，就不能逾越价值观，否则会出现问题。

- 诚信。在与项目团队、干系人进行沟通时，要做到诚实和符合《PMI道德与专业行为规范》。对于团队成员薪酬、职业发展的诉求，做不到的不要随意做出承诺，“空头支票”的兑现成本更高。

- 关心。在团队层面，项目经理要更多地采用人际关系技能来关心团队成员的表现；在组织内部层面，项目经理要关心组织内部事务对项目造成的影响；在组织外部层面，项目经理要关心项目执行的背景环境和社会层面所发生的变化。
- 可信。要对职责角色进行事先的定义，明确权责。在合作的过程中，如果有输送利益的嫌疑，要及时进行说明甚至进行规避。在现代项目的执行背景环境中，如果事先未对利益关系进行说明，事后成本通常会非常高昂。
- 合规。受法律法规、规则的约束，项目要满足合规性要求，否则项目的成果很难获得承认，甚至会被拒绝接受。合规性要求可以保障成果在产出的过程中遵循事先约定的法律法规、组织内部的规则、行业的标准，以减少问题发生的概率，对提升项目成功实施的概率是大有裨益的。在满足合规性要求的同时，为满足合规性要求而进行的审查审计可能对项目的执行带来阻碍。项目经理要与合规人员（质量保证团队）协作，在完成合规性目标的同时裁剪合规步骤。

除了以上4项价值观，项目经理要在项目实施过程中采取诚信和透明的领导方式。诚信和透明是维持团队信任的关键。虽然我们在讲解团队的发展过程时，提到了团队成员能够逐渐意识到自己可以做出正确的决策而进入高产、高效的成熟阶段，但是这种状态并非不能被破坏。当团队中出现了严重破坏信任的行为时，将会使团队出现重大回退，甚至是解散，所以诚信和透明对于建设团队来说尤为重要。另外，对于感知外界信息相对滞后的团队来说，项目经理是获知治理框架信息和进行决策的重要沟通渠道，诚信和透明的服务方式也可以消除掉诸多“流言蜚语”。除了在项目团队内部维持诚信和透明，项目经理也要在项目与干系人之间维持诚信和透明，尤其是当项目的实施越来越多地体现其社会价值时。在一些项目管理实践案例中，项目经理为了争取对自己相对有利的条件，而刻意隐瞒项目所面临的风险，这样的举动违背了诚信和透明的要求。

参考阅读：

《敏捷实践指南》33页，第4.2节 仆人式领导为团队赋权

13.3.2 营造协作的项目团队环境

项目团队由具有多样的技能、知识和经验的个人组成。与独自工作的个人相比，协同工作的项目团队可以更有效率且有效果地实现共同目标。

这一原则要求项目经理建设高绩效团队，积极培养团队的技能和能力，确保所有团队成员都遵守组织文化和规章制度。

对于该原则的遵守，有如下具体要求：

- 项目是由项目团队交付的。

  此要求指出了需要整个团队的协作才能够完成项目交付。

- 项目团队在组织和职业文化及准则的范围内开展工作，通常会建立自己的“本地”文化。

  此要求指出了项目团队会受企业文化和规章制度的制约，但是在项目的实施过程中，项目团队会在企业文化和规章制度的基础上创建团队自身的基本规则和团队章程。

- 协作的项目团队环境有助于与其他组织文化和指南保持一致，个人和团队获得学习和发展，为交付期望成果做出最佳贡献。

  此要求指出了管理和建设团队所能取得的效果。

- 与其他组织文化和指南保持一致。所形成的团队文化将与组织的文化、规章制度保持一致，使整个团队的活动不突破约束，不触发风险。
- 个人和团队获得学习和发展。在一个适合协作的环境中，不仅整个团队可以获得高绩效，对于单个团队成员来说，也可以获得相应的能力提升。
- 为交付期望成果做出最佳贡献。项目经理要在建设和管理团队方面投入精力，因为：一方面，项目的成功依赖于整个团队的协作；另一方面，团队协作的紧密程度对团队成员的个人能力差距有放大作用。

项目是由整个团队通过协作而交付的。虽然在项目实施过程中，可能确有几位团队的中坚骨干发挥了重要作用，但是若离开其他团队成员的辅助，项目也很难取得预期的效果。所以，在项目实施过程中，并不提倡“个人英雄主义”。作为项目经理，要做好项目团队的建设和管理，让整个项目团队发挥出超越单个成员之和的能力。不提倡“个人英雄主义”并不意味着不进行激励和奖励。事实上，有效且及时的激励或奖励对提振团队士气，甚至提升团队绩效都是非常有效果的。但是，在选择激励或奖励的方式时，需要事先洞察团队成员的动机。

优秀的团队不是一夜之间就可以成长起来的，它也会经历自己的发展阶段。在不同的发展阶段，团队会表现出不同的风格，需要项目经理采用对应的管理策略。以常用的塔克曼阶梯模型为例，在团队的形成阶段，团队成员相互不熟悉，对于工作的内容也存在着困惑，项目经理适合采用教练的方式来完成团队建设。在组建团队的过程中，团队受组织内部的企业文化和规章制度的制约，但是随着团队成员的相互熟悉，会逐渐形成团队如何协作的契约，也就是团队章程（也可以在一开始就规定，然后在后续实施过程中进行不断的优化）。团队章程的存在对于约定团队的协作方式和管理团队成员之间的冲突，都是非常有效的。当为团队增加新成员时，需要考虑这是否会对团队内部已形成的协作状态带来冲击，这也是在获取新资源时优先考虑组织内部资源的重要原因。

参考阅读：

《PMBOK®指南》（第6版）307页，第9章 项目资源管理引言

《PMBOK®指南》（第7版）166页，第4.2.6.1节 塔克曼阶梯

《PMBOK®指南》（第7版）168页，第4.2.7.1节 冲突模型

13.3.3 有效的干系人参与

积极主动地让干系人参与进来，使他们的参与达到促使项目成功和客户满意所需的程度。

这一原则要求通过评估干系人对项目的期望和影响，制定有效的策略来引导干系人支持项目的决策、规划和执行，进而推动价值交付。

对于该原则的遵守，有如下具体要求：

- 干系人会影响项目、绩效和成果。

  此要求指出了干系人管理的重要性。

- 项目团队通过争取其他干系人的参与来为他们服务。

  此要求指出了对干系人的管理不应局限于“知会”，而应想办法调动其“参与”。

- 干系人参与能积极推动价值交付。

  此要求指出了有效调动干系人参与项目将有助于价值的传递。

在不同版本的《PMBOK®指南》中，对于受到项目影响或者可以影响项目的人和群体的称谓略有差别，例如，《PMBOK®指南》（第6版）将其称为相关方，《PMBOK®指南》（第7版）则将其称为干系人。称谓上的差别并不代表称谓的指代存在差异，实际上，无论相关方还是干系人都指的是在项目实施过程中可能受到项目积极或消极影响的人和群体，或者可以对项目施加积极或消极影响的人和群体（见图13-4）。干系人除了可以提供需求以定义范围边界，还可能在关键节点具有决策权，或者可能具有提供资源的能力。所以，为了提高项目成功的概率，对干系人需要进行有效的管理。

图13-4 常见的干系人群体

对于干系人的管理，不能只局限于信息的沟通，虽然干系人管理源于沟通管理知识领域。在早期的项目管理知识体系中，对干系人的管理还局限于信息的交互，并未提及干系人对项目的深远影响。在发现干系人管理对项目的成功概率有极大的影响（尤其是在项目实施的中后期，关键干系人可能突然“发难”）后，项目管理知识体系将干系人管理独立为一个新的知识领域，用来整合管理干系人的一系列模型、方法和工件。若想争取干系人对项目的支持，并尽可能减少干系人对项目的抵制，就需要综合运用各种模型、方法和工件来促进干系人合理参与项目。

调动干系人参与项目不仅能争取干系人对项目的支持，同时也有助于打消干系人对项目的顾虑（可能因文化因素，干系人不一定公开表达顾虑）。总会有一些干系人对项目“热心过度”或者“焦虑万分”，想尽各种办法插手项目的执行细节，此时，可以设置适当的参与方式和时间节点，让干系人能够看到项目实施的进展。这样的参与方式不仅有助于展示项目价值，同时也有助于对齐目标。例如，在适应型生命周期常用的Scrum框架中，就可以在每次冲刺结束后的审查会议上，向关键干系人演示当前冲刺所完成的产品增量，以验证当前冲刺的产出结果是否满足关键干系人的期望。但是，在对干系人的期望进行管理时，要注意干系人期望的易变性，即干系人的期望会在项目实施期间发生变化。

参考阅读：

《PMBOK®指南》（第6版）503页，第13章　项目相关方管理

《敏捷实践指南》55页，第13章　项目相关方管理

13.3.4　聚焦于价值

对项目是否符合商业目标以及预期的收益和价值持续进行评估并做出调整。

这一原则指出，将“以价值为导向”作为新的项目管理知识体系的核心理念，即执行项目的最终目的是交付价值。在项目执行过程中，需要持续关注价值体现并在必要时进行灵活调整。

对于该原则的遵守，有如下具体要求：

- 价值是项目成功的最终指标。

  此要求指出了价值是检验项目是否成功的最终标准，而非输出成果。

- 价值可以在整个项目执行期间、项目结束时或项目完成后实现。

  此要求指出了价值并不仅体现在交付时，而是伴随在作为价值载体的成果的完整生命周期中。

- 价值以及对价值具有促进作用的收益可以从定性和/或定量的角度来定义。

此要求指出了项目的价值体现不仅包括可以用财务指标测算的有形价值，还包括需要采用量表等方式估算的无形价值。

- 聚焦于成果可使项目团队能够支持创造价值的预期收益。

  此要求指出了虽然检验项目成功的最终标准是价值，但并不意味着可以放松对成果的管理。

- 项目团队评估进展并进行适应性调整，从而使期望的价值最大化。

  此要求指出了在项目实施过程中，不能拘泥于计划，而应当引入适应性，从而捕捉机会，提升价值。

在过去的项目管理理念中，项目的成功意味着按照立项的共识输出成果，并获得关键干系人的认可。而项目执行是否完善的评价基准是项目管理计划。在有主观成分的项目成功标准与以客观定量指标为主的项目管理计划之间，会存在接受的差距。例如，项目团队按照项目管理计划产出了成果，但是关键干系人认为成果未达到其预期，并对项目成功持保留意见。造成这种情况的关键在于，人们对价值的理解存在差异。在评估价值的重要性和实用性时，存在一定的主观因素，项目团队认为很重要的成果，在关键干系人看来却不一定重要。所以，当对价值的理解存在偏差时，项目成功的可能性就会受到影响，甚至会导致项目的失败。

项目所体现的价值并不只局限在项目交付环节，在一些狭隘的观念中，当项目成果交付给最终用户的那一刻，就代表着取得了预期的价值。但在宏观视角下，项目的价值既可以体现在项目实施过程中（例如，可以通过展示阶段成果来打消干系人的顾虑，同意分配更多的资源），也可以体现在项目成果的全生命周期内（如都江堰水利工程）。从项目的视角来看，工程早已结束，但从价值的维度来审视，工程一直在体现着它的价值。

对于价值的衡量和展示，既要考虑可以用财务指标进行标记的有形价值，如净现值（NPV）、投资回报率（ROI）、内部报酬率（IRR）、回收期（PBP）、效益成本比率（BCR），又要考虑社会影响力、环境价值、客户满意度等无形价值。对于以主观感受为主的无形价值，在进行测量时，需要借助量表等工具来完成定性数据的定量化。

虽然判断项目成功的最终标准是价值而非成果，但并不意味着无须对成果进行管理。作为价值载体的成果如果在能力上存在欠缺，体现的价值也必然会有所缺失。所以，价值与成果并不是对立的，而应将两者作为一个整体来看待。要理解价值在项目中传递的过程，这有助于对齐不同干系人的目标，不要在价值交付系统中只关注自己所在意的环节。

在以价值为导向的实施过程中，项目团队要灵活运用各种模型、方法和工件来努力让项目所获取的价值最大化。不要机械地按照计划执行——这极其考验项目团队的适应性管理的能力。既要提升交付能力，又不能过于“灵活”而让整个项目变得混乱，这也是对项目经理提出的新挑战。

参考阅读：

《PMBOK®指南》（第6版）30页，第1.2.6.1节　商业论证

《PMBOK®指南》（第7版）7页，第2章　价值交付系统

《PMBOK®指南》（第7版）55页，第3.11节　拥抱适应性和韧性

13.3.5　识别、评估和响应系统交互

从整体角度识别、评估和响应项目内部和外部的动态环境，从而积极地影响项目绩效。

这一原则要求项目经理以系统的视角理解项目管理，更加积极地影响项目绩效，从而获得价值。

对于该原则的遵守，有如下具体要求：

- 项目是由多个相互依赖且相互作用的活动域组成的系统。

  此要求指出了项目具有系统的属性。
- 系统思考需要从整体角度了解项目的各个部分如何相互作用，以及如何与外部系统交互。

  此要求指出了系统思维的重要性。
- 系统不断变化，需要始终关注内部和外部条件。

  此要求指出了系统变化的驱动因素。
- 项目团队应该对系统交互做出响应，从而允许项目团队充分利用积极的成果。

  此要求指出了项目团队要对系统的变化做出响应。

系统是各种组件的集合，可以实现单个组件无法实现的效果。对于项目来说，影响项目的诸多因素，如管理要素、治理框架、组织结构类型、作用域、工件、方法、模型等以及它们之间的相互作用，也构成了独特的系统。对于项目管理，要能意识到项目具有系统属性，不能以简单的线性思维来思考问题。同时，对系统属性的认知也有助于项目经理理解开构成系统的各项因素之间的交互影响，从而避免项目经理深陷“复杂性的泥潭”而不可自拔。

系统思考或系统思维是在《PMBOK®指南》（第7版）中着重强调的管理理念（见图13-5）。在日常的教学中，虽然我们曾反复强调，要理解项目各因素的交互响应，不能简单地以线性的方式进行思考，但对于大多数学员来说，仍只知其然而不知其所以然，很难理解为什么要做某项看似不正确的决策。对于这个困扰大家许久的问题，在这次改版中以原则的方式进行了说明。

系统思考的一个特征是整体性。不能把组成项目的因素视为孤立的个体，因素之间的变化会引起系统的整体响应，这也是为什么在进行变更管理时会强调整体变更控制，而不是个体变更控制。例如，在项目实施过程中，如果改变了项目的范围，就很可能带来工期的延长和额外的成本支出。所以，在做出涉及范围变更的决策时，不能只评估变更请求对范围边界的冲击，还要考虑在范围边界改变后，其他因素所受的影响。

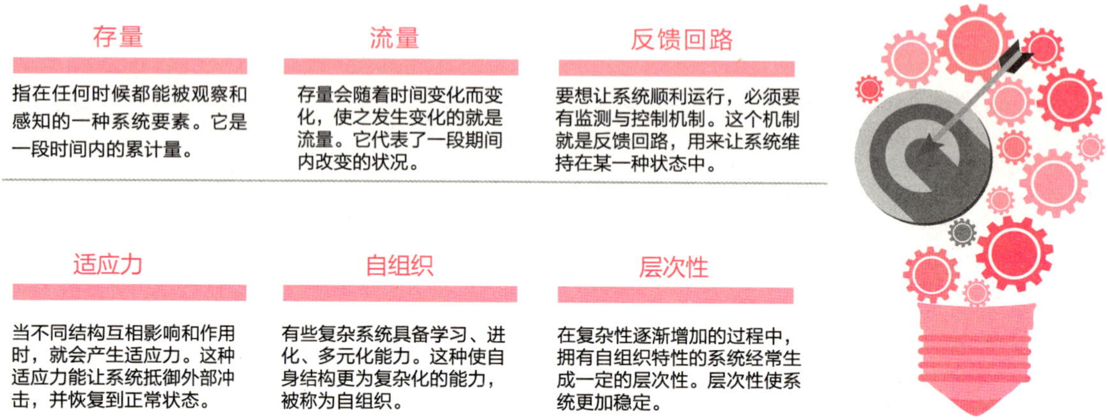

图13-5　系统思考

系统思考的另一个特征是动态性。“人不能两次踏进同一条河流。”同理，组成系统的组件和因素不会保持静止不变，而是与时间密切相关。这种变化主要体现在两个方面：一是，构成系统的内部因素所处的结构位置及其交互关系会随时间而发生改变，例如影响项目调用资源的组织结构可能在项目实施期间发生变化。二是，由于系统具有开放的特征，所以会与项目背景环境发生交互，进而改变当前系统，例如外界竞争态势的变化就会反向影响项目的执行状态。

面对系统因素所发生的变化，项目团队成员不能简单地坐而观之，被动地任凭系统自动产生影响，而要积极地对系统的动态变化做出响应。例如，在面对组织结构的变化时，项目团队要积极梳理组织结构的变化对项目的影响，重建或规划新的沟通渠道。同理，在面对外界竞争态势的恶化时，项目团队也应该积极应对而不是消极地认为项目即将终止。从竞争态势的改变中捕捉能够提升项目价值的机会，不仅有可能改变项目不得不终止的命运，而且可能发现变革的契机。

参考阅读：

《PMBOK®指南》（第6版）42页，第2.4节　组织系统

《PMBOK®指南》（第6版）113页，第4.6节　实施整体变更控制

13.3.6　展现领导力行为

展现并调整领导力行为，为个人和团队的需要提供支持。

这一原则要求项目经理在项目情境日趋复杂的趋势下，通过领导力来指导、激励和带领项目团队，以取得项目的成功。

对于该原则的遵守，有如下具体要求：

- 有效的领导力可促使项目取得成功，并有助于项目取得积极成果。

  此要求指出了领导力对项目管理的重要性。

- 任何项目团队成员都可以表现出领导力行为。

  此要求指出了领导力并不是项目经理的专属，项目团队成员也可以展现出自身的领导力。

- 领导力与职权不同。

  此要求指出了领导力与职权之间存在区别。

- 有效的领导者会根据情境调整自己的风格。

  此要求指出了领导力的风格并不是唯一的，也并非是不可改变的。

- 有效的领导者会认识到项目团队成员之间的动机差异。

  此要求指出了只有了解项目团队成员的不同动机，才能对团队成员进行有效的激励。

- 领导者应在诚实、正直和道德等行为规范方面展现出期望的行为。

  此要求指出了领导力的核心。

领导力是指有能力让一个群体为了一个共同的目标而努力，并像一个团队那样工作。通俗地讲，可以将领导力理解为：通过他人来完成工作的能力。在整个项目中，项目经理要负责建立和维持项目愿景，理解组织战略并进行沟通，建立信任和建设团队，影响、指导和监督团队工作。所以，领导力对项目经理尤为重要，因此也成为旧版PMI®人才三角形的重要一边。在面对挫折和失败时，项目经理的领导力也能够发挥非常重要的作用。项目在实施过程中少有一帆风顺的情况，尤其当涉及变革项目时，免不了会遇到挫折。在逆境中，能够战胜挫败感，带领团队成员重新面对项目执行过程中的问题，更加考验项目经理的领导力。

当然，领导力并不是项目经理的专属能力，项目团队成员也可以在某些方面表现出领导力。例如，工程师可以根据自己积累的经验来说服项目经理采用更加优秀的解决方案，市场人员可以根据自己对市场的判断来说服项目干系人接受项目目标的设定。在这种时刻，项目经理不能认为自己的权威受到了挑战，而应该鼓励团队成员表现出领导力。尤其是在多元化、多样化的团队中，领导力更能激发创意的火花。

领导力不等同于职权。虽然在项目实施过程中，项目经理对项目的整体绩效负责，但是项目经理通过正式立项所获得的授权并不足以支持项目经理无障碍地获取资源和控制资源。如对于外部供应商，除了通过合同来约束对方履约，项目经理无权对供应商的日常事务进行干预。在组织内部，项目经理同样也会面对类似的困扰。例如，在矩阵式组织结构中，项目团队成员面对职能部门负责人和项目经理的双重管理，对于团队成员的激励就会面临“衰减”甚至是无效的困境。所以，对于项目经理来说，通过正式立项可获得正式的权力，而有效的管理则更加依赖于领导力。

领导力可以表现为多种风格。例如，比较常见的风格有放任型领导力、交易型领导力、服务型领导力、变革型领导力等。这些风格在项目实施期间并非是一成不变的，可以根据项目实施的情境进行调整。例如，当需要推动变革时，项目经理可以表现出变革型领导力，当需要带领团队成员激发创造力或拥抱适应性时，项目经理可以表现出服务型领导力。

当项目经理通过领导力来激发项目团队成员的创造力时，要梳理清楚有效的激励因素，才能够取得预期的效果。当错误地判断激励因素时，所采取的激励措施不仅难以达到预期效果，甚至可能适得其反。

尊重和信任而非畏惧和顺从，是有效领导力的关键要素。项目经理要在诚信和遵守职业道德方面做出表率，这一点尤为重要。信任的氛围一旦被破坏，即便团队处于能够自我组织、自我管理的成熟阶段，也会出现非常严重的回退甚至解散的后果。

参考阅读：

《PMBOK®指南》（第5版）514页，第X3.1节 领导力
《PMBOK®指南》（第6版）45页，第2.4.4.1节 组织结构类型
《PMBOK®指南》（第6版）65页，第3.4.5.1节 领导力风格
《PMBOK®指南》（第6版）318页，第9.1.2.3节 组织理论
《PMBOK®指南》（第7版）24页，第3.1节 成为勤勉、尊重和关心他人的管家
《PMBOK®指南》（第7版）55页，第3.11节 拥抱适应性和韧性

13.3.7 根据环境进行裁剪

根据项目的背景及其目标、干系人、治理和环境设计项目开发方法，使用“刚好够用”的过程实现预期成果，同时使价值最大化，管理成本并提高速度。

这一原则要求项目经理突破项目管理过程的束缚，根据项目的背景、环境、目标、干系人对项目的期望来灵活选用适当的生命周期类型和开发方法，以提高交付速度，减少管理成本的支出，进而提升项目的收益。

对于该原则的遵守，有如下具体要求：

- 每个项目都具有独特性。

  此要求指出了项目的独特性与采用一套标准框架进行管理之间存在的悖论。

- 项目成功取决于适应项目的独特环境，以确定产生预期成果最适当的方法。

  此要求指出了要在分析项目的背景环境后，选择适当的生命周期类型和开发方法、模型和工件。

- 对方法的裁剪是迭代的，因此在整个项目进行期间，这种裁剪是一个持续的过程。

  此要求指出了在项目实施期间要进行持续的过程分析，对生命周期类型和开发方法的使用应根据项目背景的变化进行调整。

《PMBOK®指南》（第7版）力图打造“全频谱式”的项目管理方法，覆盖预测型、增量型、迭代型、适应型和混合型五种生命周期类型。这种尝试是一次巨大的跨越，单纯采用项目管理过程的方式来覆盖预测型生命周期和瀑布式开发方法已属不易，同时覆盖五种生命周期类型和开发方法更是难上加难。而且，采用一套“标准”的项目管理方法来对具有独特性的项目进行管理，这本身就是一个悖论。所以，既能兼顾项目的独特性，又能使用一套相对标准（一致性）但又具有灵活性的管理框架，就需要用到裁剪。裁剪的应用拓展了项目管理标准和项目管理指南的适应性。

没有最正确的生命周期类型和开发方法，只有最合适的生命周期类型和开发方法。在不同的项目背景环境中，适用的生命周期类型和开发方法也存在着差异。例如，在需求清晰和解决方案相对完善的项目背景环境中，就可以采用预测型生命周期和瀑布模型进行管理，并选择符合预测型生命周期特点的模型、方法及工件。但是，在需求模糊或解决方案具有模糊性的项目背景环境中，如果采用预测型生命周期进行管理，在项目立项阶段就会产生大量的分歧（特别是当没有人能说清项目的前景时）。在项目执行阶段，还会因为背景环境中的因素发生变化而触发变更，频繁的变更会让团队逐渐失去项目的目标，同时也会让团队陷入对自我能力的质疑。

在选用项目生命周期类型和开发方法、模型及工件时，既要考虑项目的背景因素，还要兼顾管理成本。“完美主义”所带来的往往是管理成本的升高，所以要做到“够用就好”。除了要兼顾管理成本，在项目实施期间还要根据项目的变化对所采用的模型、方法、工件进行灵活调整，以创造更高的价值。例如，在一个采用预测型生命周期管理的项目中，如果发现存在某个具有不确定性的机遇，可以尝试通过适应型生命周期和开发方法来进行验证（风险刺探）。

参考阅读：

《PMBOK®指南》（第7版）32页，第2.3节　开发方法和生命周期绩效域

13.3.8 将质量融入过程和可交付物

对可交付物的质量保持关注，这些可交付物要符合项目目标，并与相关干系人提出的需要、用途和验收需求保持一致。

这一原则要求项目经理着眼于项目的质量管理。项目的成果是否能够获得干系人的认可，一方面要看是否按照约定完整提供了干系人所需要的条件或能力，另一方面要评估满足需求的程度。质量关注的是对满足需求的程度的评估。

对于该原则的遵守，有如下具体要求：

- 项目质量要求达到干系人的期望并满足项目和产品需求。

  此要求指出了项目质量管理的目的，项目质量管理的最终目的是能够成功交付成果。

- 质量聚焦于达到可交付物的标准。

  此要求指出了项目质量管理的方向和度量方式。

- 项目质量要求确保项目过程尽可能适当且有效。

  此要求指出了项目的质量管理要符合项目的要求。

质量是一种评估方式，用来评估产品、服务或结果是否满足干系人的需求。对于项目的可交付物，若想获得干系人的认可和接受，既要比对实现已确认的干系人需求的完备性，还要比对需求满足的程度。如果满足的程度低于干系人的要求，则项目成果的可用性就会打折扣，甚至可能完全不具备可用性。所以，项目的质量管理水平将直接成为项目是否能够成功交付的关键。

在范围说明书中，包含了干系人或干系人授权的代表对项目的可交付物进行评估的验收标准。验收标准既检测可交付物是否满足既定需求，又检测满足的程度，即是否达到了约定的质量水平。二者缺一不可，如果只满足其中一项验收条件，意味着可交付物的功能存在缺失或部分缺失。在项目的执行过程中，对需求的满足程度的评估，有一套更加细化、更加严格的评估标准，也就是项目的质量标准。在项目的质量标准中，既要考虑达到何种程度或水平才能满足干系人的需求，还要考虑外界的制约条件，如法律法规和行业标准。如果不考虑法律法规和行业标准，即便项目成果能够获得干系人的认可，也很难获得进入流通领域的资格。

对于现代的质量管理体系来说，除了关注可以通过一系列的质量指标测量的“结果质量”，还需要关注“过程质量”。过程质量既可以通过流程和标准的约束来减少潜在的质量问题，也可以从主观上增强干系人对项目质量管理水平和可交付物质量水平的信心。

质量水平太低，自然无法满足干系人对可交付物可用性的要求；质量水平太高（远超干系人的需要），又带来投入资源的浪费。所以，对于质量水平的选择，要适当且合理，避免无谓的投入。同理，对于过程质量管理的投入，也要符合项目的需要及生命周期的特点。虽然过程质量的管理能以较小的成本撬动质量水平的提升，但若应用不当，反而会干扰正常项目管理活动的实施。

参考阅读：

《PMBOK®指南》（第6版）154页，第5.3.3.1节 项目范围说明书

《PMBOK®指南》（第6版）163页，第5.5节 确认范围

《PMBOK®指南》（第6版）288页，第8.2节 管理质量

13.3.9　驾驭复杂性

不断评估和驾驭项目复杂性，以便这些方法和计划使项目团队能够成功驾驭项目生命周期。

这一原则要求项目经理在项目实施期间不断地识别、评估造成项目复杂性的因素，寻找合适的生命周期、模型、方法和工件。在项目实施期间，项目经理要能够对复杂性进行有效的管理，而不只是被动地接受复杂性的影响。

对于该原则的遵守，有如下具体要求：

- 复杂性是由人类行为、系统交互、不确定性和模糊性造成的。

  此要求指出了要正视复杂性的存在，复杂性的存在不以人的意志为转移。

- 复杂性可能出现在项目期间的任何时候。

  此要求指出了驾驭复杂性要贯穿项目始终，不局限于项目的某个阶段。

- 影响价值、范围、沟通、干系人、风险和技术创新的事件或情况可能造成复杂性。

  此要求指出了复杂性的来源。

- 在识别复杂性的要素时，项目团队要保持警惕，并通过各种方法来降低复杂性的程度或影响。

  此要求指出了项目团队管理复杂性的责任和路径。

项目是诸多因素交互作用的系统。在这个系统中，既包括具有主观情绪的人类行为，也包括系统中各因素之间的相互影响，以及项目先天的模糊属性（源自渐进明细的项目特点）。这些因素之间的相互作用构成了项目的复杂性。对于项目来说，只要它可以被定义为以“项目”进行的生产组织形式，就必然带有复杂性的特点，这并不以项目团队成员对项目的理想期望为转移。

在项目实施过程中，复杂性会贯穿项目的始终。例如，在项目立项阶段，评估项目未来预期的方式和评估因素之间的相互作用，是否能够真实反映最终用户对项目可交付物的接受度；在项目执行阶段，项目干系人对项目的态度是否会发生变化，不同项目干系人对

项目的态度是否会产生相互影响；在项目收尾阶段，项目可交付物是否能够获得最终用户的认可，甚至有机会创造更大的价值。因此，对于复杂性的管理和干预，并不局限在项目的某个阶段，不存在所谓的“一劳永逸”。

若想对项目所面对的复杂性进行有效管理，首先要梳理复杂性的来源：

- 人类行为。作为项目实施过程中最特殊的资源，人具有与其他资源显著不同的主观因素。不仅单个资源的行为、举止会受到个体情绪的影响，资源与资源之间还会产生相互影响。
- 系统行为。系统中的因素相互依赖，一个因素的变化可能引发另一个因素的正反馈或负反馈。反馈的累积会导致整个系统不以线性的方式呈现，变得更加难以预测。
- 不确定性和模糊性。不确定性和模糊性与复杂性相互影响。模糊性的存在意味着缺失清晰的信息——这会造成不确定性，不确定性与模糊性相互干扰，又会导致复杂情况（多种可能性）的出现。
- 技术创新。技术创新是提升项目价值的方式，可以通过技术创新、技术更新来提升生产效率和降低成本，但是技术创新是存在风险的，当技术创新的占比过高时，可能导致项目失控。例如，在某特定领域，当技术创新的占比超过25%时，项目成功的希望就会比较渺茫。

通过对复杂性进行梳理，可以看出复杂性是项目实施过程中客观、动态存在的因素，不能通过一次性的投入或努力将其消除。所以，在项目实施过程中，要学会在具有复杂性的背景下进行有效的决策（至少可减少一些错误），同时还要掌握应对复杂性的方法。例如，采用适当的模型来进行快速分析，采用适当的工具或方法对交织在一起的复杂因素进行解耦。

参考阅读：

《PMBOK®指南》（第7版）120页，第2.8.3节 复杂性

13.3.10 优化风险应对

持续评估风险敞口（包括机会和威胁），以便将正面影响最大化，将项目及其成果的负面影响最小化。

这一原则要求项目经理在项目实施期间持续关注风险，提高正面风险（积极的风险）的概率或影响，降低负面风险（消极的风险）的概率或影响，从而提高项目成功的可能性。

对于该原则的遵守，有如下具体要求：

- 单个风险和整体风险都可能对项目产生影响。

  此要求指出了具有不确定性的新事件可能对项目造成有利或不利影响。除了要注意会对项目造成影响的单个事件，还要注意相互作用的单个事件所形成的整体影响。

- 风险可能是积极的（机会），也可能是消极的（威胁）。

  此要求指出了项目所面临的风险既可能带来机遇，也可能造成危害。

- 项目团队会在整个项目进行期间不断应对各种风险。

  此要求指出了管理项目风险的工作将会贯穿项目始终。

- 组织的风险态度、偏好和临界值会影响风险的应对方式。

  此要求指出了在选择适当的风险应对方式时应考虑的因素。

- 风险应对措施应该与风险的重要性相匹配，具有成本效益，在项目环境中切合实际，与相关干系人达成共识，由一名责任人承担。

  此要求指出了制定风险应对措施的注意事项。

项目风险是指在项目执行过程中存在的具有不确定性的事件或条件，当这些不确定性事件发生或条件为真时，可能对项目造成正面或负面的影响，而且，在风险发生后，风险对项目带来的收益或损失会超过针对该风险所投入的管理成本。在项目实施过程中，除了要管理由单个事件所形成的风险，还要防范由单个事件相互作用所形成的整体风险。

作为从金融领域引入项目管理知识体系的理念，风险管理越来越成为组织和企业进行竞争的关键。在项目执行过程中，项目“先天”存在风险因素（渐进明细），所以对于项目管理来说，不存在把所有不确定性事件消除后再执行的情况。在项目实施过程中，既要防范消极风险（威胁）对项目造成的不利局面，也要及时捕获积极风险（机会）带来的能提升项目价值的机遇。

对于项目风险的管理，不仅是项目经理的责任，与价值交付和质量管理一样，也需要全员参与。虽然在项目风险管理过程中，项目经理为项目的整体绩效（风险管理水平）负责，但具体的风险跟踪管理，要落实到具体的团队成员身上。风险管理不存在“一劳永逸”之说。虽然绝大多数风险可以在规划阶段被识别出来，但是风险发生的概率和影响处在动态的变化中，而且在项目执行过程中还会出现新的风险，需要进行全程跟踪，以避免由于对风险管理的疏忽给项目带来的不利影响。

对风险进行干预的策略并不局限于一种，但是在选择适当且能够被组织所接受的方式时，要考虑组织的风险态度和偏好。不同领域的组织对风险的态度会有很大的区别。例如，在某些以安全为首要目标的组织中，风险的态度和偏好趋向保守，甚至完全无法接受风险的发生。而在一些竞争激烈的领域，风险的态度和偏好趋向包容，组织甚至会主动采取风险刺探的方式来捕获机会，以提升项目的商业价值。组织对风险的态度和偏好会转化为评估风险水平的临界值，当风险发生的概率和影响超出临界值时，也就意味着风险管理的水平很难获得组织层面的认可。

适当且有效的风险应对措施（风险应对计划）需要资源的投入。因此，风险应对计划不仅要与风险的重要性相匹配，还要避免资源错配而造成的浪费。同时，要实施的风险应对措施应具备可实施性，应设定专人负责，并要获得组织内部关键干系人的认可。

参考阅读：

《PMBOK®指南》（第6版）395页，第11章 项目风险管理引言

《PMBOK®指南》（第6版）437页，第11.5节 规划风险应对

《PMBOK®指南》（第6版）453页，第11.7节 监督风险

13.3.11 拥抱适应性和韧性

将适应性和韧性融入组织和项目团队的方法，以帮助项目适应变革，从挫折中恢复过来并推进项目工作。

这一原则要求项目经理要意识到：项目少有“一帆风顺”的时候，不断变化的情形所带来的冲击和挫折是项目执行过程中的常态，因此在项目团队使用的方法中要考虑适应性与韧性（例如，采用具备动态属性的方法）。同时，团队也要具备适应性和韧性，能从一时的打击中振作起来并快速走出困境。

对于该原则的遵守，有如下具体要求：

- 适应性是指应对不断变化的情形的能力。

  此要求指出了项目管理为什么要具有适应性。

- 韧性是指接受冲击的能力和从挫折或失败中快速恢复的能力。

  此要求指出了什么是韧性，以及韧性的重要性。

- 聚焦于成果而非输出，有助于增强适应性。

  此要求指出了针对适应性的管理建议。

在项目实施过程中，即便制订了完善的计划，也无法避免在项目执行过程中出现改变，也就是我们常说的变更。在对变更进行管理时，要遵循既定的变更控制流程，要耗费时间，并增加管理成本。而且，过多的变更会导致项目的实施越来越偏离最初的目标，也会让项目团队逐渐陷入“迷茫”。所以，既要能对项目实施期间的变更进行响应，还要对变更进行管理。这考验了项目经理对适应性的管理能力，也就是要努力采用一种“张弛有度”的方式来执行项目，而不是采用刚性的管理模式，以避免在项目实施过程中“左支右绌”。

韧性是指能够坦然接受项目所遇到的挫折和冲击，能够对失利快速分析原因并寻求

解决办法的能力。在项目团队中，项目经理接受挫折的能力尤为关键，尤其是当项目面临着较多不确定性因素的时候。负面或消极的风险一旦发生，将影响项目的绩效，项目团队可能陷入自我否定和自我怀疑的困境。此时，项目经理要发挥领导力，带领团队走出阴霾。如果项目经理先于团队表现出气馁等负面情绪，则整个团队的士气将受到极大的影响。除了要在项目团队层面勇敢接受挫折和冲击，还要在所采用的项目管理方法上体现适应性和韧性。例如，采用动态的需求管理工件来应对在项目实施过程中可能发生的需求变更；采用较短的反馈周期（频繁交付）来检测干系人对项目成果的接受程度；采用风险刺探技术来验证项目风险的概率和影响。不要等待冲击出现后再由团队来接受冲击。

在项目实施期间，在对是否变更进行决策时，建议以“能够带来价值的成果”为导向，而不拘泥于要符合某个项目活动或过程。这种思想上的转变贯穿于《PMBOK®指南》（第7版）。在对变更进行评估时，项目团队要思考变更会对项目带来什么样的影响，有没有可能捕获更好的机遇从而提升价值。这既考验项目团队对多个备选方案的策划能力，也考验团队成员的创意能力，因此建议团队成员的构成是多样化的。

13.3.12　为实现预期的未来状态而驱动变革

使受影响者做好准备，以采用和维持新的和不同的行为和过程，即从当前状态过渡到项目成果所带来的预期的未来状态所需的行为和过程。

这一原则要求项目经理要意识到变革的重要性，并认识到在项目管理过程中，如何通过项目来实现变革的目标。

对于该原则的遵守，有如下具体要求：

- 结构化的变革方法可帮助个人、群体和组织从当前状态过渡到预期的未来状态。
  此要求指出了变革并不是盲目的，存在结构化的方法。通过有序的变革，可以将个人、群体和组织过渡至期望的状态。
- 变革可能源于内部影响或外部来源。
  此要求指出了变革的驱动因素既有可能来自组织内部，也有可能来自组织外部。
- 促成变革可能具有挑战性，因为并非所有干系人都接受变革。
  此要求指出了变革并不会一帆风顺，在变革过程中，既有对变革的强力支持者，也有对变革的抵制者。
- 在短时间内尝试进行过多的变革可能导致变革疲劳和/或受到抵制。
  此要求指出了变革饱和度的概念。
- 干系人参与和激励的方法有助于使变革顺利进行。

此要求指出了如何调动干系人参与变革的策略。

这是一个变革的时代，固守陈规，沉迷于昨日辉煌只会让自己被时代所淘汰。对于组织来说，需要借助项目的执行来推动甚至引领组织的变革。事实上，连项目管理方法论也在这个时代进行着升级和变革。对于组织来说，项目是组织变革的重要途径，这也是项目的特点之一。组织不可能采用“休克”的方式来完成组织的升级和变革，以项目和项目成果的方式进行渐进式的变革就成了必经之路。但在选择变革的目标时，要注意管理干系人的期望与变革之间的相关性，避免某些过度热情、满怀憧憬的干系人由于期望未得到满足而横生阻碍。另外，对于变革的实现，还需要采用结构化的方法，不能指望完全凭借参与人员的积极性来完成变革。

变革的驱动因素既可能来自组织内部，也可能来自组织外部。由外部因素驱动的变革往往是对外部环境变化的回应。例如，竞争态势的变化、新颁布的法律法规，都会激发变革的需要。而内部驱动因素往往源于组织内部的计划，例如，产出所需的成果，引入新技术或推动持续改进。

在努力让干系人适应变革的过程中，项目经理要注意变革的跨度和频率，频繁的变革（又称变更饱和，Change Saturation）往往会同频繁的变更一样，招致人们对变革的不信任甚至抵制。既要推动变革，又要尽量规避变革疲劳。这需要维护变革列表，评估哪些变革是紧迫的，哪些变革是可以暂缓的。变革列表和变革清单的设立也为分配资源提供了依据。同时，针对正在进行的变革，变革列表也可以及时预警有可能出现的变革饱和。

变革往往带来权力的转移和重新分配。在推动变革时，不仅要寻求干系人的支持，同时还要想方设法打消对变革持负面态度的干系人的顾虑。尤其要兼顾项目的适应性原则，对于很多采用职能型架构进行管理的组织来说，适应性的存在会带来极大的不适感。因此，对于努力推动变革的项目经理来说，要尽量消除阻挡变革的障碍。使关键干系人参与变革是打消干系人顾虑的策略之一，但是，对于关键干系人的参与，要注意参与的方式和时间节点。关键干系人的“过度热情”很可能对变革形成新的障碍。

参考阅读：

《PMBOK®指南》（第6版）4页，第1.2.1节 项目

《PMBOK®指南》（第6版）150页，第5.3节 定义范围

《PMBOK®指南》（第6版）503页，第13章 项目相关方管理引言

第14章 项目管理指南：绩效域

14.1 引论

14.1.1 《PMBOK®指南》的结构

《PMBOK®指南》（第7版）包含3部分内容，分别是：

- 项目绩效域。《PMBOK®指南》（第7版）不再像《PMBOK®指南》（第6版）那样采用知识领域的方法来组合项目管理的各种活动和过程，而是以绩效（价值的体现）为导向，综合使用各种模型、方法和工件来实现项目目标。
- 裁剪。《PMBOK®指南》（第7版）提出以一本指南来覆盖所有类型的项目和所有的生命周期，所以在选用合适的模型、方法和工件时，要有选择性地进行组合，这种组合方式被称为裁剪。在对项目的裁剪过程中，如何进行裁剪，对裁剪后的问题如何进行改进，《PMBOK®指南》（第7版）也给出了建议。
- 模型、方法和工件。介绍在项目管理过程中常用的模型、方法和工件。

14.1.2 《PMBOK®指南》和《项目管理标准》的关系

在上一章中，我们学习了项目管理标准，其中包括在这一次改版中最大的两处改动：价值交付系统和项目管理原则。那么，项目管理指南与项目管理标准有什么关联呢？

虽然项目管理标准指出了在最新的项目管理理念下如何实施项目，即对项目管理进行指导，但项目管理标准并未指出该如何具体操作。因此，需要结合一些成功实践的经验将项目管理标准中的理念落地，将这些成功实践（案例）的经验汇总，就形成了《PMBOK®指南》。《PMBOK® 指南》是对项目管理案例进行总结、归纳后给出的建议，不是对项目如何执行的强制性要求，但如果能够按照指南执行，将会大大提高项目的成功概率。

14.1.3 《PMBOK®指南》的修改

与《PMBOK®指南》（第6版）相比，《PMBOK®指南》（第7版）最大的变化就是取消了沿用数版的ITTO。ITTO聚焦于如何通过过程的形式逐步地推进项目，而《PMBOK®指南》（第7版）聚焦于以价值为导向，综合使用各项模型、方法和工件来实现交付成果，所以不能再用一组相对固定的过程来限制模型、方法和工件的灵活组合。

对于广大PMP学员来说，ITTO已经成为《PMBOK®指南》的代名词。在取消ITTO后，对于PMP的初学者来说看似更轻松了，但事实上，需要灵活裁剪的方法论比固定的ITTO更加难以掌握。

除了取消ITTO的陈述方式，《PMBOK®指南》（第7版）还首次尝试囊括所有生命周期和开发方法，即除了延续对传统的预测型生命周期的管理，还纳入了对增量型、迭代型生命周期的管理，甚至还将在IT行业中被广泛应用的适应型生命周期也纳入进来。这种“尝试”也被称为“全频谱”（Spectrum）项目管理方法，即只要以项目的形式来进行组织和执行，均能在《PMBOK®指南》（第7版）中找到可以借鉴的模型、方法和工件。

参考阅读：

《PMBOK®指南》（第7版）42页，第2.3.5节 生命周期和阶段的定义

14.2 项目绩效域

将项目实施的一系列活动拆解为一个个的过程，有助于梳理某一类活动该如何推进，这种以ITTO为表现形式的记录方式对记忆项目管理的活动和依赖关系也是比较有利的。对于单个项目管理过程的执行来说，绩效的测评侧重于单个项目管理过程的实施结果——这一类活动有没有执行，有没有获得预期成果。这割裂了项目之间的整体性，而项目的执行需要一系列的过程综合作用才能实现项目预期的效果。所以，从绩效管理的视角来看，将项目管理的活动拆解为一个个固定的过程，削弱了项目的价值导向。因此，在《PMBOK®指南》（第7版）中，提出了以综合绩效来重新组合项目管理活动，也就是绩效域的概念。

绩效域概念的提出，除了将单一的过程绩效转变为过程组绩效，将简单绩效衡量转变为综合绩效评估，还将以计划为基准进行测评的绩效转变为以价值为导向的绩效，即项目最终是否成功，是从8个维度的绩效来综合判定的，而不是机械地与项目最初所设定的计划进行比较。例如，在项目实施过程中，出现一个能够为项目增加价值的机遇，从计划的维度来看，可以选择接受，也可以选择不接受（即便选择不接受，也不会影响项目的整体绩效）。但从价值的维度来看，项目可能错失一个非常重要的价值来源。

其实，在之前的项目管理中，就体现了综合的绩效评估，如阶段关口。在阶段与阶段之间的关口，关键干系人要听取项目经理关于前一阶段的概述总结。概述总结包含多个项目管理过程的综合作用效果。例如，在完成规划的一系列过程中，要汇总并编制项目实施总路线图——项目管理计划。要想获得关键干系人的认可，以便能够进入执行阶段，项目经理需要向关键干系人展示规划阶段的诸多过程的综合成果，这展示的是整体成果而不是某一过程的成果。过去，这种整体展示环节依赖于项目经理的经验和对干系人的了解，存在着很大的灵活性，如果掌握不好，与会的关键干系人很难认可上一阶段的输出成果，自然会对批准下一阶段的执行存在顾虑。

所以，从项目管理指南的角度出发，给出了根据良好项目管理实践（案例）总结出来的8个绩效域。这8个绩效域既有助于提升项目管理水平，又能取得关键干系人对项目管理活动的认可。这8个绩效域分别是：

- 干系人绩效域。
- 团队绩效域。
- 开发方法和生命周期绩效域。
- 规划绩效域。
- 项目工作绩效域。
- 交付绩效域。
- 测量绩效域。
- 不确定性绩效域。

14.3　干系人绩效域

干系人绩效域由涉及干系人的活动和功能组成，有效执行干系人绩效域中的活动将会取得如下效果：

- 在项目执行期间与干系人建立富有成效的工作关系，并在项目执行过程中，根据与干系人的关系灵活调整构建工作关系的策略和计划。
- 识别干系人，分析和了解他们的利益、参与度、相互依赖性、影响力和对项目成功的潜在影响。在他们的期望与需求之间取得一致，而不是陷入无休止的争论，同时还要保证商定的项目目标在之后能够得以实现。
- 在项目执行期间，项目经理能够与干系人进行沟通和协作以满足其期望，处理问题，并促进干系人合理参与项目。这种沟通和协作可使项目经理尽可能多地获得干系人的支持，减少干系人的抵触。

名词解析：

- 干系人。能够影响项目或受项目影响的人员、团队或组织。
- 干系人分析。一种活动，以获知干系人在组织中的位置、在项目中的角色、与项目的利害关系、期望、态度，以及对项目信息的兴趣。

参考阅读：
《PMBOK®指南》（第7版）31页，第3.3节 有效的干系人参与

14.3.1 干系人参与

干系人通常很早就会介入项目，例如，在项目立项阶段，关键干系人就对项目的目标、要取得的成果提出了自己的期望和诉求。因此，对干系人的管理几乎要与项目的启动同步进行，甚至可能要更早。但在管理干系人参与时，执行的时间点不应局限于项目的初始阶段，而应在项目执行的持续过程中。对干系人参与的持续管理有以下几项重要活动：

- 识别干系人
- 理解干系人
- 分析干系人
- 优先级排序
- 调动干系人参与
- 监督干系人参与

持续进行这些活动，将形成一个带有执行反馈的“回路”，也符合项目管理持续改进的管理思想。

14.3.1.1 识别干系人

若想对干系人进行有效管理，就需要首先知道谁是项目的干系人。在项目实施过程中，常见的干系人有（包括但不限于）：

- 项目发起人。项目发起人为项目提供支持，包括宣传项目将给组织带来的利益，游说更高层的管理人员以获得组织的支持。因此，也有人称项目发起人为项目的“担保人”。
- 职能部门经理。为项目实施提供实物资源，如人力资源经理。
- 项目团队。对于项目团队的干系人属性，有广义和狭义之分。从广义上的干系人定义来看，团队属于干系人中的一个类别，因为项目团队既受项目的影响，又能影响项目。从狭义上的干系人定义来看，项目团队又不属于干系人，因为干系人管理在本质上管理的是与干系人的关系，而对项目团队的管理可以动用项目经理

的正式权力。

- 供应商。为项目提供所需的外部资源。
- 最终用户。项目成果的最终使用者或管理者。

除了上述常见的干系人类别，在项目执行过程中，还存在着其他类别的干系人。例如，在土建工程施工过程中受到噪声污染的居民，也属于项目干系人的范畴。对于干系人的识别，要在项目执行过程中持续进行。例如，项目的最终用户可能在项目的立项阶段不参与项目，但是在项目执行过程中他们可能被邀请参与内部测试。

若想尽可能全面地识别干系人，需要梳理下列项目文件、项目计划（包括但不限于），从中查找干系人的相关信息。

- 项目章程。记录了关键干系人清单，特别是具有批准项目章程权力的关键干系人清单。
- 商业文件。在商业论证和收益管理计划中指出了谁将在项目中获得收益或受到影响。
- 协议。在对协作（内部或外部）进行约定的协议中，通常会注明接口人员。例如，在与供应商签订的外部采购合同中，会明确指出在合同履约期间供应商的代表。

参考阅读：

《PMBOK®指南》（第6版）507 页，第13.1节 识别相关方

14.3.1.2　理解和分析干系人

在识别干系人后，需要展开对干系人的分析工作，分析的内容有以下几个方面（包括但不限于）：

- 权力。通常来自干系人在组织中的职位和正式授权。
- 作用。能够对项目产生的影响或效果。
- 态度。对项目的支持程度，可以采用不知晓、抵制、中立、支持、领导等维度来划分和评定干系人对项目的支持程度。
- 信念。对项目持有的某种观点，这种观点会支配干系人行为的个性倾向。
- 期望。对项目目标、成果的心理预期，预期可以转变为具体的需求，但在项目执行期间，干系人对项目目标、成果的心理预期会发生变化。
- 影响程度。对项目所产生的作用的大小。
- 与项目的临近性。与项目的相关性、临近性越近，通常对项目造成的影响程度越大；临近性越远，通常对项目造成的影响程度越小。

- 在项目中的利益。在项目中所能满足的客观需求。

除了采用分析技术来了解干系人在项目执行过程中的各方面需求，还需要深入了解干系人的动机，这样才能从根本上理解干系人的诉求。例如，在对干系人的期望进行管理时，如果不能从动机上来理解干系人提出的这样或那样的期望，就很难找到满足干系人诉求的最佳路径。这也是在适应型生命周期中强调以用户故事来记录需求的原因——在模糊了需求提出者的身份后，很容易错失最佳的解决路径。

除了要理解和分析单个项目干系人，还要注意干系人之间的相互影响。例如，在项目实施过程中，某些干系人的话语权、领导力较强，就很容易误将其个人观点当作干系人群体的整体意见。因此，在对干系人进行分析时，需要考虑干系人之间的结盟活动。

在完成干系人分析后，要谨慎管理分析结果的记录。如果不慎外泄，干系人分析结果中的某些评语可能激起干系人群体的“反弹”。

参考阅读：

《PMBOK®指南》（第6版）144 页，第5.2.2.6节 人际关系与团队技能

《PMBOK®指南》（第6版）512 页，第13.1.2.3节 数据分析

《PMBOK®指南》（第7版）174 页，第4.4.1节 数据收集和分析

14.3.1.3 优先级排序

项目经理的精力是有限的，管理干系人的精力同样不会“用之不竭”。为了将有限的精力有针对性地分配到需要管理的干系人群体上，就需要对干系人的优先级进行排序。较为常用的优先级排序方法为权力利益方格，权力利益方格从权力和利益两个维度将干系人分为4类：

- 亲密型。对项目具有很大的权力，也很关注项目的结果。对于这类干系人，项目经理应该“重点管理，及时报告”。
- 满意型。这类干系人虽然利益不多，但是权力相对较大，因此需要“令其满意”。
- 知会型。干系人的权力小，但关注项目的结果，因此项目经理要“随时告知”其项目情况。
- 监督型。这类干系人的特点是权力小、对项目结果的关注度低，因此对其投入的管理精力可较少。

从优先级来看，项目经理要优先关注亲密型的干系人群体，其次要关注满意型和知会型的，最后为监督型的。在完成干系人群体的优先级排序后，干系人的优先级在项目实施期间还可能发生变化，所以对干系人的优先级排序是一个持续进行的项目管理活动。

除了权力利益方格，还可以借助凸显模型来对干系人的优先级进行排序。凸显模型通过干系人的权力、紧迫性和合法性这三个维度对干系人进行分类。凸显模型比较适合用在相对比较复杂的干系人群体或干系人之间存在较强相互影响的干系人群体，它可用来凸显干系人的相对重要性。

参考阅读：

《PMBOK®指南》（第6版）512 页，第13.1.2.4节 数据表现

《PMBOK®指南》（第7版）171 页，第4.2.7.5节 凸显模型

14.3.1.4　调动干系人参与

通过适当的项目管理活动来调动干系人参与项目能够更好地满足干系人对项目的期望和需求，从而处理项目所遇到的问题。这种参与可以通过沟通和协作来实现，这也是干系人管理源自沟通管理知识领域的原因。

在项目执行过程中，无论是干系人通过团队的反馈来了解项目实施的情况，还是团队通过干系人的反馈来获知干系人对项目的期望和需求，都离不开信息的传递，也就是沟通。常用的沟通类型可以分为正式沟通和非正式沟通：

- 正式沟通（Formal Communication）。正式沟通是指在组织系统内，依据组织所规定的原则进行的信息交流或传递。
- 非正式沟通（Communication Unofficial）。非正式沟通是指正式沟通以外的信息交流和传递方式。非正式沟通是非正式组织的产物，非正式沟通一方面以较大的弹性满足了沟通双方对信息交流的需求，另一方面也弥补了正式沟通的不足。

在正式沟通和非正式沟通的基础上，可以根据口头和书面形式对其进行再次划分：

- 口头（正式）。如对项目阶段成果的展示、演示，对最终产品的展示，贡献创意和灵感的头脑风暴，都以口头的方式来交流信息。但是，要事先约定好如何实施。对于正式且重要的口头沟通，可以在事后以书面文件的形式记录沟通的过程和结果，如会议纪要。
- 口头（非正式）。如口头的对话和对障碍的分析及讨论，都可以由团队成员自由进行，无须在组织的规章制度中明文要求。
- 书面（正式）。如进展报告、项目文件、商业论证，除了要求以书面形式来传递信息，通常还要求遵循一定的行文规范。
- 书面（非正式）。如常用的便条、电子邮件、IM工具、社交媒体等，常常通过各种社交联谊活动或传闻而进行沟通。

通常，口头沟通的信息传播速度快，并且能够及时获得反馈，便于在短时间内传递大

量信息。但是口头沟通大多没有记录信息的环节，不便于核查。另外，如果信息经过多层传递，很容易出现失真。

在干系人之间分享信息的常用沟通方法有下列几种：

- 交互式沟通。适合在两方或多方之间进行实时多向的信息交换。
- 推式沟通。适合向特定接收方发送或发布信息，使用不当会造成“信息超载”。
- 拉式沟通。主动获取信息，适用于传递大量复杂信息或有大量受众的情况。

通过采用适当的沟通方式，可以加快干系人的反馈速度，缩短反馈循环。这有助于提前发现项目与干系人需求和期望之间的偏差，减少问题的发生，提升项目所能获得的价值。

参考阅读：

《PMBOK®指南》（第6版）374页，第10.1.2.5节 沟通方法

《敏捷实践指南》8页，第2.2节《敏捷宣言》及思维模式

14.3.1.5 监督干系人参与

项目在实施过程中，干系人参与活动的效率和效果会出现波动，需要对其持续关注，并通过修订参与策略和计划来引导干系人合理参与项目。在项目执行期间，干系人的权力和态度也可能发生变化，例如，随着项目的日益复杂，由组织中的单个自然人所担任的发起人角色无法再起到足够的支持作用，可能要将发起人角色让渡给由多人组成的项目指导委员会。随着陆续向项目投入资源，干系人对项目的支持态度会逐渐趋于保守。这些变化都会影响干系人在项目中的参与程度。

同时，干系人参与，并不代表干系人要时时刻刻地参与项目（当然，这里所指的干系人是团队以外的狭义干系人）。干系人无时无刻地“混迹”于项目团队，不仅不会带来积极的效果，反而可能导致障碍。通常，适合干系人参与的时间节点是重要的决策点或阶段关口。例如，在适应型生命周期中，干系人可以参与评审会，以评估可交付的产品增量是否符合自己的预期。在预测型生命周期中，可以通过阶段评审会来听取干系人的反馈。

除了可以通过重要的决策点或阶段关口来收集关键干系人的反馈，还可以通过问卷调查的形式来快速收集大量干系人（如面向公开市场的广大用户）的反馈。但是，在使用问卷调查时，要精心设计调查问题，否则收集到的反馈会偏离干系人的真实意愿。

参考阅读：

《PMBOK®指南》（第6版）530页，第13.4节 监督相关方参与

《敏捷实践指南》35页，第4.2.1.2节 仆人式领导消除组织障碍

《PMBOK®指南》（第6版）142页，第5.2.2.2节 数据收集

14.3.2　与其他绩效域的相互作用

干系人绩效域与其他绩效域的相互作用包括（但不限于）以下几个方面：

- 开发方法和生命周期绩效域。干系人对项目的态度和期望会影响开发方法和生命周期的选择，例如，如果干系人希望在项目实施过程中可以频繁地检查项目成果，那么就不适合采用预测型生命周期。
- 规划绩效域。干系人对项目的期望将会转变为项目的需求，进而形成项目的范围边界。
- 项目工作绩效域。干系人在项目中起到的效果和作用将影响项目的实施。
- 交付绩效域。干系人对项目的认可包括客观的评测和主观的感受，它们都将影响项目成果的交付。
- 测量绩效域。干系人对项目的要求、期望会影响评价方式和度量指标的选择。
- 不确定性绩效域。干系人的风险偏好会影响对不确定性的控制水平，同时，对不确定性的控制水平又会影响干系人对项目的态度。

14.3.3　检查结果

针对干系人绩效域的管理效果，可以通过以下方式来评估：

- 在整个项目期间与干系人建立富有成效的工作关系——能够与干系人建立良好的协作关系，在项目实施过程中，即便干系人的权力和态度发生了改变，也不会从根本上恶化与干系人的关系，进而影响项目。
- 干系人对项目的目标表示同意——在项目实施期间，即便干系人微调了项目的目标，但不会从根本上改变项目的目标，尤其是那种会模糊项目价值的改变。
- 作为项目受益人的干系人表示支持并感到满意，对项目或其可交付物可能表示反对的干系人没有对项目结果产生负面影响——干系人对项目的实施表示满意和认可，不会抵制项目的实施。

14.4　团队绩效域

团队绩效域由涉及和负责生成项目可交付物以实现商业成果的相关人员的活动和功能

组成。有效实施团队绩效域中的活动将会取得如下效果：

- 团队能够意识到项目的成果需要整个团队的协作。因此，项目的绩效是团队的共同责任，不要单纯地认为只有项目经理对项目的绩效负责。
- 能够形成高绩效的团队。团队要像一个整体那样运行，而不是体现为个体的集合，即便在没有监督的情况下，团队也能够做出正确的决策。
- 所有团队成员都能展现相应的领导力和其他人际关系技能。在项目实施期间，团队成员的能力得以提升，团队中也充满了适合团队成员展现领导力和人际关系技能的氛围。

名词解析：

- 项目经理。项目经理是由执行组织委派，领导团队实现项目目标的个人，也是项目绩效的负责人。虽然最终由项目发起人承担项目失败所造成的损失，但项目的绩效责任名义上仍然归属项目经理。
- 项目管理团队。要与PMO区分开。如果项目的规模较大，通常会有一些团队成员侧重于团队的管理职能，这些成员共同组成了项目团队中的项目管理团队。在项目立项阶段，除了会明确谁是项目经理，通常也会确定核心的项目管理团队成员，以此来强化干系人对项目成功执行的信心，例如，某些明星成员的加入。
- 项目团队。由兼职或全职成员所构成的群体，共同完成项目目标。

14.4.1 项目团队的管理和领导力

在项目管理原则中，我们学习了对于项目经理来说，为什么领导力要比权力更为重要。在不同的项目背景下，结合不同的管理需要，可以灵活选择合适的领导力风格，常见的领导力风格包括：

- 放任型领导力。支持少，指导少，将决策的过程委托团队成员来完成。
- 交易型领导力。强调任务目标、工作标准和产出，往往关注任务的完成和员工的服从，更多地依靠组织的奖励和惩罚手段来影响员工。
- 服务型领导力。与项目团队成员建立关爱、尊重、信任、接纳的关系，激励团队成员发挥个人最大的潜能，激发团队成员的创造力。
- 变革型领导力。通过自身的行为（发挥表率作用）和对下属需求的关心来优化团队成员的互动，同时通过对组织愿景的共同创建和宣传，来营造变革的氛围，从而富有成效地推动适应性变革。
- 魅力型领导力。有远大目标和理想，对理想有着贯彻始中的追求。明确地向团队成员传达目标和理想，并获得团队成员的认同。
- 交互型领导力。综合了交易型领导力、变革型领导力和魅力型领导力的特点。

参考阅读：

《PMBOK®指南》（第6版）65页，第3.4.5.1节 领导力风格

《PMBOK®指南》（第7版）40页，第3.6节 展示领导力行为

14.4.1.1 集中式管理和领导力

集中式协作并非指团队成员在物理位置上处于集中的状态，而是指要有集中式的管理过程，即统一管理制度、信息集中。项目立项阶段的重要成果——项目章程，赋予了项目经理进行集中式管理的权力。在集中式管理中，项目经理可以采用交易型领导力风格（采用奖励和激励措施）、变革型领导力风格（推动变革）、魅力型领导力风格（传递理想与目标）、交互型领导力风格来对团队进行管理。

14.4.1.2 分布式管理和领导力

与集中式协作相对应的是分布式协作。同理，分布式协作并非指团队成员在物理位置上处于绝对分散的状态，而是指在整个团队中没有明确的管理层级划分，即团队成员共同承担项目的管理任务（例如，选择适用的整合方案）。当团队发展到成熟阶段后，团队还能形成自我组织、自我决策的能力。此时，项目经理应更多地参与团队的日常活动，而不是对团队成员“发号施令”。因此，项目经理在分布式管理中要更多地采用服务型领导力风格。服务型领导力风格关注团队成员和团队能力的提升，并努力消除阻碍项目取得高绩效的诸多障碍。

服务型领导力风格（行为）可能体现下列特征（但不限于）：

- 消除障碍。在项目执行过程中出现的障碍会影响团队的运转效率，进而影响价值的交付。例如，不合理的项目治理结构会对项目的决策形成干扰，组织的合规性审计会占据过多的工作时间，等等。单靠项目团队成员的努力是很难克服这些障碍的，需要项目经理的介入。
- 避免分心。分布式协作可对团队成员进行授权，以激发团队成员的创造力和领导力。当然，这样的协作方式有利有弊。弊端就是，在分布式协作中，由于缺乏项目经理的强力控制，团队成员容易“模糊”了项目的目标，甚至为了自己的收益而忽视项目应该获得的价值。项目经理应该借助关口、检查点、冲刺计划会等来明确目标并聚焦目标。
- 鼓励和发展机会。从集中式管理过渡到分布式管理，并不只是简单地进行授权，还包括团队成员能力的挖掘和提升。在这个过程中，团队成员难免会出现失误，项目经理要营造团队成员敢于决策、敢于谏言的协作氛围，而不要粗暴地否定团队成员的想法。

参考阅读：

《PMBOK®指南》（第6版）347页，第9.5.1.4节 团队绩效评价

《敏捷实践指南》34页，第4.2.1节 仆人式领导的职责

14.4.1.3 团队发展的共同方面

不论使用哪一种生命周期和开发方法，也不论团队成员是通过集中式管理还是分布式管理来完成项目目标的，下列各项内容对团队管理都是通用的：

- 愿景和目标。组织需要愿景，项目同样需要愿景，尤其对于那些存在不确定性的项目来说，愿景对如何选择价值的传递路径至关重要。在项目的实施过程中，不仅要在立项阶段描绘项目的愿景和目标，还要在项目的实施过程中定期回顾和重温愿景和目标，以避免模糊了项目的方向。
- 角色和职责。需要明确团队成员的角色和职责，可以采用责任分配矩阵和资源管理计划来对角色和职责进行划分。在适应型生命周期中，由于项目的实施存在灵活性，不宜严格划定团队成员的角色和职责，应激发团队成员自我组织的意识，让其认领自己的角色和职责。
- 项目团队协作。对于团队成员的协作方式和在协作中的注意事项（例如，如何解决冲突），需要事先进行约定，以形成团队的“社会契约”，也就是团队章程。团队章程可繁可简，重点在于取得团队成员的认同。
- 指导。在项目执行过程中，项目经理要能理解团队成员的困惑，给予指导。另外，团队成员在项目执行过程中需要弥补任务要求与自身能力之间的差距。因此，需要对团队成员进行培训。对于培训的效果，要给予评估，以衡量团队成员能力提升的幅度，为后续培训提供相应的决策依据。
- 成长。良好的团队氛围能够加强团队成员之间的相互协作，因此团队成员之间的紧密程度会直接关系到团队的实施效率，进而影响项目绩效。对于团队成员而言，良好的团队氛围还能够带来个人能力、团队能力的提升。在现在的团队管理中，更依赖团队的整体能力而不是一两位表现突出的明星成员。从人力资源管理的视角来看，在评价绩效时，更倾向于关注团队绩效而不是个人绩效。

参考阅读：

《PMBOK®指南》（第6版）318页，第9.1.3.1节　资源管理计划
《PMBOK®指南》（第6版）319页，第9.1.3.2节　团队章程
《PMBOK®指南》（第6版）342页，第9.4.2.6节　培训
《PMBOK®指南》（第6版）347页，第9.5.1.4节　团队绩效评价
《PMBOK®指南》（第6版）348页，第9.5.2.1节　人际关系与团队技能
《敏捷实践指南》49页，第5.1节　项目章程和团队章程

14.4.2　项目团队文化

团队文化是在团队协作中产生的，而不是在纸面上规划出来的。在规划团队的协作方式时，可以先制定一份用作践行基础的倡议，然后，在团队成员的后续互动和协作中，不断对其进行优化，直至形成团队专属的文化。

项目团队文化是团队成员共同认可和遵守的行为规范，包括但不限于以下方面：

- 透明。在传递和交流信息上能够做到无障碍、无隐瞒。
- 诚信。对于违背职业道德的行为及早进行揭示和规避，即便团队处于成熟阶段，一旦信任的氛围被打破，团队将会从成熟阶段“跌落”。
- 尊重。尊重每位成员，尊重群体智慧，在讨论针对项目问题的备选方案时，即便团队成员提出的思路存在明显的缺陷，项目经理也要尊重团队成员的表述，不要粗暴地予以否决，“千金买马骨”。此外，尊重也能满足团队成员参与项目的动机。
- 积极地讨论。营造开诚布公的气氛，并控制冲突（冲突几乎是必然的）。项目经理要特别注意，如果你身处冲突的一方，即便团队成员与自己的意见不同，也不要轻易动用权力来强压团队成员接受自己的意见。这样的举动会对团队的稳定性和凝聚力带来非常严重的负面作用。
- 支持。当团队成员遇到问题时，项目经理可以给予帮助，也可以通过启发技术来引导其他团队成员参与分析和讨论，以提升整个团队的能力。
- 勇气。当面对项目的问题、复杂性和不确定性时，要有挑战的勇气。优秀的解决方案不仅能清除阻拦项目实施的障碍，同时也会为项目带来新的价值。这需要团队成员敢于试错，同时也要在团队内部营造敢于创新的氛围。
- 庆祝成功。不仅团队成员的成果需要展示，团队成员的风貌也需要展示。在展示过程中，如果能够坚定项目关键干系人对团队成员的信心，从而赢得后续的合作机会，也就相当于增加了项目所能获取的价值。

项目团队文化会形成制约作用。在高度协作的高绩效团队中，如果贸然引入了新的团队成员，现有的团队文化可能被破坏。所以，组织通常倾向采用团队扩充的方式，以及内部获取资源（通才型专家）的方式。这也是现在不提倡采用招聘的方式从外部获取资源的原因。如果迫不得已，需要从外部获取资源，项目经理要做好使新成员融入的准备工作。

参考阅读：

《PMBOK®指南》（第6版）127页，第4.7.2.3节 会议

《敏捷实践指南》35页，第4.2.1.2节 仆人式领导消除组织障碍

14.4.3 高绩效项目团队

高绩效项目团队是发展目标清晰，在任务实施前后能力出现显著提升，团队成员在有效的领导下相互信任、沟通良好、积极协同工作的团队。在高绩效项目团队中，能够看到下列特征：

- 开诚布公的沟通。团队成员愿意公开且诚实表达自己的想法，哪怕是负面的想法，团队成员也能够积极主动地聆听别人的意见。不同的观点和意见都能够得到尊重。
- 共识。在项目执行过程中，如果完全依靠权力来进行协调和管理，将会带来非常高的管理成本。所以，为了使团队成员愿意为项目的愿景和目标努力，需要团队成员对此达成共识，而不是制定严格的规章制度。这样才能更好地实现项目目标。
- 共担责任。在高绩效项目团队中，项目团队成员将表现出很强的责任感和使命感。
- 信任。信任是奠定团队高绩效的基础，也是团队文化的体现。
- 协作。协作不同于合作，在高绩效项目团队中，团队成员相互配合，协调工作内容，以获得高绩效。
- 适应性。高绩效项目团队不拘泥于固定的计划，而是在项目执行过程中灵活地选择适用的工作方式来实现项目的目标。这种灵活的工作方式更加考验团队成员的能力。
- 韧性。在面对项目的复杂性和不确定性时，团队的工作很难“一帆风顺”。在遇到挫折时，高绩效项目团队能够从中吸取教训，然后重新上路。
- 赋能。高绩效项目团队具备自我组织和自我管理的能力，团队成员愿意贡献自己的智慧，主动认领任务，而不是等待项目经理分配任务。
- 认可。被认可意味着被尊重，有助于提升团队的士气。如果涉及奖励和激励，要提

前进行规划，奖励和激励措施要对应团队成员的动机。还要注意，奖励和激励具有时效性，如果错过了团队成员最期待的窗口期，奖励和激励的效果会被削弱。

在打造高绩效项目团队的过程中，有的项目经理可能有负面情绪甚至怨言，他们发现总有团队成员在团队建设完成后离职，因此，认为不值得为团队成员的发展投入资源和精力。虽然培养的团队成员会流失，但是这些离开的团队成员可以在不同的行业、领域普及项目管理知识，形成适宜项目管理的环境，将组织级项目管理扩展到业界，形成共同语言，进而减少项目管理的执行和协作阻力。从这样的角度来理解，即便团队成员流失，打造高绩效项目团队仍然有着非凡的意义。

参考阅读：

《PMBOK®指南》（第6版）318页，第9.1.2.3节 组织理论

14.4.4　领导力技能

领导力技能不是项目经理的“专利”，实际上，很多潜在的项目经理都是在其作为团队成员时在项目执行过程中的某一刻表现出了过人的领导力而被发现的。

14.4.4.1　建立和维护愿景

愿景是什么？通俗地理解就是“希望看到的景象”，是项目所追求的目的和最终意义。对于在项目执行过程中“埋头赶路”的团队成员来说，他们需要时不时地“抬头看路”，来判断自己是否迷失了方向。在遥远的前方，能够指示方向的“路标”就是项目的愿景。

项目的愿景将项目的社会责任和环境价值结合在一起。在项目愿景中，要向项目的干系人回答下列问题：

- 项目的目的是什么？
- 项目工作成功的定义是什么？
- 项目成果交付后，未来将如何才能变得更好？
- 项目团队如何知道自己偏离了愿景？

拟定项目愿景的过程，不仅回答了密切关注项目的干系人所关切的问题，也是项目团队成员自我审视的过程。项目愿景既保证了项目在执行过程中不会“迷失方向”（这点对于适应型生命周期尤为重要），同时也能够对团队成员产生强大的激励。借助激励模型，我们能认识到最强的激励来自尊重和自我实现，所以，对于项目团队成员来说，伟大的项目愿景与使命会产生强大的自驱力。如果项目的愿景和使命在项目执行期间发生了重大转向，可能给团队成员带来较大的挫折感。

在建立项目愿景时，要注意将其与产品愿景（Product Vision）进行区分。产品愿景是

产品管理的长期战略目标，由于产品可能要通过多个项目来实现其战略目标，所以项目愿景和产品愿景可能存在差异。

14.4.4.2 批判性思维

批判性思维（Critical Thinking）是指，能抓住问题的要领，遵循逻辑规则，不断质疑和反省的思维方式。

在项目执行过程中，当面对问题时，通常不会只存在唯一的解决路径。例如，对于进度滞后的问题，既可以调整活动之间的提前量和滞后量，也可以采用快速跟进和赶工。若想在多个备选方案中寻求最优解，就需要采用批判性思维。对于批判性思维的运用，需要项目团队：

- 观察和识别问题。既然要解决问题，首先要定位问题。
- 分析和研究问题。对问题进行深入研究，了解导致问题发生的根本原因。
- 使用集体智慧（Collective Intelligence）来解决问题，而不是只听取单个观点。
- 制定解决方案。
- 跟踪问题解决后的效果，进行持续改进。同步进行归因分析，提升解决问题的思维能力。

批判性思维的训练是一个持续的过程，需要在一次又一次对问题的分析和解决中提升自己的认知和决策水平。在运用批判性思维的过程中，可能有的团队成员感觉到“被冒犯”，所以要注意，运用批判性思维是为了抓住问题的要领，找出解决问题的最佳路径，而不是针对个人（对于假借运用批判性思维的名义进行人身攻击的行为，要坚决予以抵制）。但是，一团和气的团队又是没有执行力的，思维的“碰撞”是创新的源泉，因此对于团队管理人员来说，还要熟练运用冲突管理技术。

> **参考阅读：**
> 《PMBOK®指南》（第6版）111页，第4.5.2.2节 数据分析

14.4.4.3 激励

若想对团队成员进行有效的激励，先要了解团队成员的激励因素，避免资源错配，然后才能有针对性地设计激励方案。关于如何分析激励因素，在各种组织理论和模型中都有相应的归纳和整理。在管理过程中，套用模型能够快速对复杂问题进行解耦。

对于激励方案，要注意以下几个原则：

- 目标结合原则。激励方案要与项目目标有相关性。
- 物质激励和精神激励相结合的原则。既要考虑物质激励，也要考虑精神激励。如何协调物质激励和精神激励，要根据团队成员的激励因素进行规划。

- 引导性原则。激励可将团队成员的积极性引导至项目目标上来，实现个人收益和项目绩效的协同发展。
- 合理性原则。激励的措施要适度，要根据所实现目标的价值大小来确定适当的激励措施。另外，激励条款要考虑公平性。
- 明确性原则。要事先明确并公开激励的目的，不能事后进行补充说明。此外，对于激励的指标和措施，无论是物质激励还是精神激励，也需要进行事先说明。
- 时效性原则。激励的影响效果有其时间窗口，随着时间的推移，激励措施所起到的作用会逐渐衰减。所以，当满足条件时，要及时进行激励，“雪中送炭”和“雨后送伞”所起到的效果是天差地别的。
- 正激励与负激励相结合的原则。激励措施既包括对团队成员达成项目目标后给予的奖励，也包括对团队成员没有达成项目目标后给予的惩罚。当然，在不同的组织结构中，项目经理所能获得的权力存在差别，是否能够运用负激励措施要根据项目背景进行判断。
- 按需激励原则。不同团队成员的激励因素是不同的，而且随着项目的执行，激励因素还可能发生变化。例如，在最初加入项目组时，团队成员可能更关注项目奖金，随着项目的推进，团队成员可能更看重项目成功所带来的荣誉。项目经理既要调查研究团队成员关注的激励因素，还要不断观察激励因素的变化趋势。

参考阅读：

《PMBOK®指南》（第6版）341页，第9.4.2.5节 认可与奖励

14.4.4.4 人际关系技能

在项目中，常用的人际关系技能包括（但不限于）：

- 情商（Emotional Intelligence）。也被称为情绪智力，是指以积极的方式理解、使用和管理自己的情绪及他人的情绪，以减轻压力、有效沟通、同情他人、克服挑战和化解冲突。通俗地讲，情商是对“信心”“乐观”“急躁”“恐惧”“直觉”等情绪的反应。情商是各种领导力的基础，一个无法管理自己情绪的人很难影响其周围的人。

情商通常由4个属性来定义：

  - 自我意识。认识自己的情绪以及情绪会如何影响自己的思想和行为。知道自己的优缺点，具备自信心。
  - 自我管理。能够控制冲动的感觉和行为，以健康的方式管理情绪，积极主动，履行承诺，并适应不断变化的环境。
  - 社会意识。理解他人的情绪、需求和担忧，了解情绪暗示，在社交中感到舒

适，并认识到团队或组织中的权力动态。

- 社交技能。即关系管理，懂得如何发展和维持良好的关系，清晰地沟通，激励和影响他人，在团队中良好工作，并能管理冲突。

- 决策。其本质就是做出决定和选择。若想正确地做出决策，需要注意下列方面：
  - 明确决策目标。决策是为了解决问题，或者为了达到期望的目标。因此，需要先明确问题或目标是什么，并且问题或目标要清晰具体。
  - 提供备选方案。本质上，决策的目的是选择行动方案。为了能够取得最优效果，最好能提供两个或多个方案（如果只有唯一的方案，基本上不需要进行决策），这些方案被统称为备选方案。对于很多决策者来说，他们更关注的是分析问题后所提出的方案，而不是问题本身。“别给我带来问题，给我解决方案”是很多新手项目经理在与关键干系人沟通中常碰到的“钉子”，尤其是当以沟通的方式来调动干系人参与时。
  - 多标准决策分析。如果待决策的方案中存在多个因素或多个属性，则需要对因素或属性的权重进行排序和遴选，进而选择出最满足当前关切的因素或属性的方案。
  - 个人决策和集体决策。项目经理可以凭借个人的智慧、经验及所掌握的信息进行个人决策。这种决策方式速度快、效率高，适合常规事务及紧迫性问题的决策。项目团队也可以发挥群体智慧，集思广益，从而保证决策的正确性和有效性，适合长远规划、全局性问题的决策。
- 冲突管理。冲突是项目经理都会碰到的问题。对冲突进行管理要注意以下事项：
  - 开诚布公。项目经理以“一对一”逐个对话的方式来化解矛盾，只会留下隐患。合作的态度依赖于开诚布公和冲突双方放下之前的固执和异见。
  - 聚焦于问题。聚焦于问题而不聚焦于人。在破坏性冲突中，对问题的讨论和分析常常会逐渐偏离问题本身而引发人身攻击，从而导致矛盾的激化。
  - 着眼于当下。解决冲突是为了解决问题，改善项目的实施绩效，所以聚焦于过去没有太大的意义。
  - 思维碰撞。思维碰撞不是用来确认谁应承担责任，而是通过这种方式找到更加稳妥有利的方案。

参考阅读：

《PMBOK®指南》（第7版）168页，第4.2.7.1节 冲突模型

14.4.5　裁剪领导力风格

在项目实施过程中，领导力风格并不是固化的，应该随着周围环境的变化而不断地发展和调整。能够影响领导力风格的因素包括（但不限于）：

- 特定类型项目的经验。当项目团队成员对当前类型的项目有较丰富的经验时（例如，执行过类似的项目），团队所需要的指导就相对较少；当项目存在很大的模糊性和不确定性时（例如，创新类项目），就需要通过指导团队的方式来对齐目标。
- 项目团队成员的成熟度。当项目团队尚处于形成阶段时，由于团队成员对项目内容不熟悉，项目经理需要提供更多的指导；当项目团队发展到成熟阶段后，团队成员之间已经形成了高度协作的互动模式，项目经理此时需要更多地参与项目，而不是提供指导。
- 组织治理结构。在组织治理结构中，组织结构将影响领导力风格的选择，即在不同的组织结构中，项目经理所能获得的权力存在差异。例如，在项目型组织结构中，项目经理能够获得所有的权力，可采用的领导力风格会与在弱矩阵组织结构中所采用的领导力风格不同。
- 分布式项目团队。分布式团队的管理和激励是个很大的难题，但在当下的组织结构中，分布式团队又被越来越频繁地应用。在业界，人们对如何管理和激励分布式团队有着较多的困扰，这自然也就非常考验项目经理对领导力风格的运用。

参考阅读：

《PMBOK®指南》（第6版）340页，第9.4.2.2节　虚拟团队

14.4.6　与其他绩效域的相互作用

团队绩效域与其他绩效域的相互作用包括下列方面（但不限于）：

- 开发方法和生命周期绩效域。不同的开发方法和生命周期对团队的管理方式存在差异
- 规划绩效域。在进行规划时和在重要的决策节点（如阶段关口、冲刺计划会），团队需要向干系人展现项目的愿景和收益。
- 项目工作绩效域。项目团队是实现项目目标的主体。
- 交付绩效域。同上。另外，要事先指定承担交付任务的成员。
- 测量绩效域。同上。
- 不确定性绩效域。在项目实施过程中，对于不确定性事件的管理，要明确具体的团队成员，即风险责任人。

14.4.7 检查结果

针对团队绩效域的管理效果，可以通过以下方式来评估：

- 共担责任——团队能够理解项目的愿景和目标，愿意共同承担交付项目可交付物和项目成果的责任，而不是只有项目经理对此负责。
- 高绩效团队——团队能够发展到成熟阶段，团队成员能够高效协作，展现高绩效团队所具备的特点。
- 所有项目团队成员都展现出相关的领导力和其他人际关系技能——团队能够营造供团队成员展示领导力的氛围，团队成员也能够在适宜的项目背景下展示自己的领导力。

14.5 开发方法和生命周期绩效域

开发方法和生命周期绩效域由涉及项目的开发方法、开发节奏和划分生命周期阶段的活动和功能组成。有效实施开发方法和生命周期绩效域的活动将会取得如下效果：

- 能够根据项目可交付物的要求来选择合适的开发方法和生命周期。
- 选用的开发方法和生命周期能够在合适的时间点与干系人互动。
- 选用的开发方法和生命周期能够满足交付节奏的要求。

名词解析：

- 可交付物。在某一过程、阶段或项目完成时，必须产出的任何独特的且可核实的产品、成果或服务能力。它通常是项目结果，也可能包括项目管理计划的组成部分。
- 开发方法。项目创建产品、服务或结果的方法，常见的开发方法有5种，分别是预测型、增量型、迭代型、适应型以及由上述4种开发方法中的两种或多种所组成的混合型。
- 节奏。项目实施过程中均匀、有规律的工作进程。
- 项目阶段。一组具有逻辑关系的项目活动的集合，通常以一个或多个可交付物的完成为结束。
- 项目生命周期。项目生命周期指项目从启动到完成所经历的一系列阶段。

14.5.1 开发、节奏和生命周期之间的关系

项目的可交付物的类型和开发方法会影响项目交付的次数和节奏。例如，如果项目的可交付物是具有完整能力的产品，就需要在项目收尾时进行整体交付，适合采用预测型开发方法（在规划阶段完成产品功能的整体设计，然后进入开发过程，通过验收后由干系人

确认接收）。如果项目的可交付物是可以分批、多次、逐渐提供的服务，就可以在项目执行过程中的约定时间点上交付给干系人，这种规律的交付间隔形成了交付的节奏。

可交付物的交付，依赖于此前诸多项目活动的综合作用，通常以可交付物的交付来划分项目的阶段。例如，在预测型生命周期中，项目的启动阶段要产出项目章程，通常以项目章程的批准来界定启动阶段的结束和规划阶段的开始。将形成完整交付能力的多个阶段进行汇总，就构成了项目的生命周期。

参考阅读：

《PMBOK®指南》（第6版）19页，第1.2.4.1节　项目和开发生命周期

《PMBOK®指南》（第6版）20页，第1.2.4.1节　项目阶段

14.5.2　交付节奏

项目的可交付物可以分为一次交付、多次交付和定期交付。

- 一次交付。项目的可交付物只在项目收尾时进行交付，如变革项目，新的产品或服务具有替代效果，可以采用一次交付、整体替代的方式完成可交付物的移交。
- 多次交付。项目的可交付物在项目实施过程中的约定时间点上分批次交付，例如，为了减少项目可能面临的不确定性，将项目的可交付物以增量的方式进行交付，在第一阶段，交付具有一定能力的可交付物来供干系人进行检验和评估。经过评估后，再决策是否按照原定计划启动第二阶段的开发（多次交付）。
- 定期交付。定期交付也具有多次交付的特征，但与多次交付相比，定期交付的节奏感会更强。通常，定期交付会事先约定交付间隔，例如，以1~4周作为一个交付周期。

14.5.3　开发方法

对于5种开发方法，《PMBOK®指南》（第7版）着重介绍了其中的3种，分别是预测型开发方法、迭代型开发方法，以及通常作为从预测型开发方法过渡到适应型开发方法的混合型开发方法（近些年的PMP认证考试中频繁出现开发方法考点）。从预测型开发方法到适应型开发方法的过渡并不是“泾渭分明”的，可以在预测型开发方法中授予项目团队一定的自由选择和决策的权力，并逐渐增加对迭代和增量的尝试，最终过渡到由项目团队来选择整合的适应型开发方法。这种逐渐的过渡犹如电磁波的频谱一样（从红色光到紫色光呈现的是一个连续的频谱），并没有显著的界线，所以也可以将3种开发方法的衔接视为一个频谱。这就是《PMBOK®指南》（第7版）提出的“全频谱覆盖”的由来，《PMBOK®指南》（第7版）要实现对各种开发方法的指导。

- 预测型开发方法。预测型开发方法适合在项目初始时完成项目的整体规划。在项目实施过程中，轻易不会对项目进行变更，即便发生变更，也需要遵循整体变更控制流程，并在项目收尾阶段完成可交付物的整体移交。预测型开发方法可以保证在项目执行过程中依照事先的规划进行，可以随时比对项目执行的绩效，能够减少项目所面临的不确定性。
- 适应型开发方法。当项目面对高度的不确定性和易变性时，采用预测型开发方法将是一场灾难。例如，在预测型开发方法中，如果项目环境具有高度的不确定性和易变性，可能动摇用于论证项目可行性的商业论证的基础，为此，不得不进行频繁的变更。而频繁的变更又模糊了项目的目标和愿景，使项目团队陷入混乱。所以，当项目的实施环境具有高度的不确定性和易变性，无法清晰定义项目目标时，建议采用适应型开发方法。适应型开发方法结合了长期的目标和短期的任务，采用有序的交付节奏来完成可交付物的提交，既保证了能够实现长期的目标，又能对动态的任务保持“弹性”，这个特点是预测型开发方法所不具备的。
- 混合型开发方法。当可交付物既包含需要事先明确和周密计划的部分，又包含可能出现的动态、弹性需求（在产出过程中）时，单纯地采用预测型开发方法或适应型开发方法都无法满足开发的需要。此时，需要兼顾两种开发方法的特点，对于需求明确、不确定性小，可以进行事先计划的部分，采用预测型开发方法；对于在产出过程中存在动态、弹性需求的部分，可以采用适应型开发方法。这种组合开发方法被称为混合型开发方法。在当今商业竞争环境中，少有企业还能坚持“酒香不怕巷子深”，多数企业或多或少都要在市场的检验中完成可交付物的迭代和升级。因此，混合型开发方法的应用正在变得日益广泛。此外，很多组织也会将混合型开发方法作为组织转型的过渡方法。

14.5.4 选择开发方法的考虑因素

在选择项目所采用的开发方法时，具有“独特性”特点的项目自然不会有唯一的、绝对适用的开发方法——只有最合适的开发方法。挑选最适合当前项目的开发方法需要考虑以下因素：产品、服务或结果，项目和组织。

14.5.4.1 产品、服务或结果

从产品、服务或结果的角度来选择开发方法，要考虑的因素（评估条件）包括（但不限于）：

- 创新程度。创新项目通常要面对高度的不确定性，需要尽快获得干系人的检验。因此，创新项目通常会与“完美主义”做一定的妥协，较宜采用适应型开发方

法；反之，则选择预测型开发方法。

- 需求确定性。如果项目的需求明确且能够得到清晰的描述，则可以采用预测型开发方法；如果项目的需求处于动态、弹性、模糊的状态，则建议采用适应型开发方法。毕竟，原地等待动态、弹性、模糊的需求变得清晰且明确，很可能错失竞争机会。
- 范围的稳定性。预测型开发方法对范围稳定性的要求最高，因为在规划阶段需要通过充分的讨论来寻求参与项目的干系人对项目的范围边界达成一致；适应型开发方法适合应对动态、弹性、模糊的需求，对范围稳定性的要求比预测型开发方法要弱。
- 变更的难易程度。在采用预测型开发方法时，在项目执行期间轻易不会发生变更，至少不会出现大的变更，即便出现了也会被抑制。清晰的范围边界和经过讨论所达成的共识也增加了变更的难度。所以，如果在项目执行期间需要进行频繁的变更，就不适合采用预测型开发方法。在预测型开发方法中，变更需要被严谨地评估、审核及记录，频繁的变更还容易导致项目的目标、愿景被模糊。
- 交付选项方案。如果可以分批次交付项目的可交付物，就可以采用增量式开发方法（多批次交付）、迭代式开发方法（在每次交付时提供部分能力）、适应型开发方法（以约定的交付节奏频繁交付）；如果项目的可交付物不能被拆解，就需要采用预测型开发方法。
- 风险。对于项目实施所面临的风险，既可以在项目初期通过投入资源来识别和规划应对（例如，采用预测型开发方法，在规划阶段对大多数风险进行识别并提前制订应对计划），也可以在项目执行过程中，对不确定性进行灵活应对（例如，采用适应型开发方法，通过风险刺探、风险价值矩阵来对风险进行管理）。
- 安全需求。为满足安全需求，通常需要事先进行大量的规划工作（也能够提升干系人对项目安全性的信心，例如，事先进行理论验证、测试、调研等），适合采用预测型开发方法。
- 合规。合规性审计会带来大量的文档工作，会与适应型开发方法的价值观（工作的软件高于详尽的文档）相冲突。所以，当项目面临严格的法律法规限制时，较适合采用预测型开发方法。如果项目必须采用适应型开发方法，但又要面对合规性要求，就需要对合规性审计进行适当的裁剪和优化。当然，这需要获得关键干系人的同意。

参考阅读：

《PMBOK®指南》（第6版）409页，第11.2节 识别风险

《敏捷实践指南》8页，第2.2节 《敏捷宣言》及思维模式

14.5.4.2 项目

从项目的角度挑选开发方法，要考虑的因素（评估条件）包括（但不限于）：

- 干系人。干系人在项目执行期间参与的频率与开发方法相关。在预测型开发方法中，干系人在关键的时间节点，如阶段关口，参与项目的决策。在适应型开发方法中，需要干系人频繁参与，并与项目团队产生良好的互动（此处的频繁参与不是指时刻参与，而是在约定的时间点上以约定的方式参与，如评审会）。
- 进度制约因素。在受到进度的强制约，且时间因素不容商量时，可能要对范围进行有针对性的缩减。在适应型开发方法中，进行这种缩减的难度要远小于在预测型开发方法中进行。这是因为在预测型开发方法中，实现约定的需求是按照计划推进的，不能体现需求的轻重缓急。而在适应型开发方法中，可以对需求的紧迫性、重要性进行排序，优先开发关键功能。
- 资金可用情况。与进度制约因素一样，当资金受限时，采用预测型开发方法会面临因资金链断裂而不得不终止项目的窘境，不仅无法提供可交付物，前期的投入还会变成沉没成本；而在适应型开发方法中，由于优先开发重要的、紧迫的功能，能够率先推出具备核心能力的最小可行产品，能够以最少的资金获得最大的价值，用最少的成本来验证市场以使干系人对项目可交付物充满信心。

参考阅读：

《敏捷实践指南》55页，第5.2.5节 展示/评审

《敏捷实践指南》23页，第3.1.3节 增量型生命周期的特征

14.5.4.3 组织

从组织的角度挑选开发方法，要考虑的因素（评估条件）包括（但不限于）：

- 组织结构和组织能力。开发方法是否执行顺利，会受到组织结构的制约（组织治理框架下的组织结构会限制项目的“野蛮生长”）。在学习过程中，虽然我们的视角聚焦在如何使用各种敏捷工具和框架来实施采用适应型开发方法的项目，但是对于组织来说，采用适应型开发方法意味着将对原有的管理模式进行“革命”。
- 文化。适应型开发方法需要团队具有自我组织、自我管理的能力。除了团队要具

备所需的能力，组织管理层也要能够认可团队成员的创意、创造力和群体智慧。如果组织文化中充斥着上级对下级的指导，则很难在项目团队中形成积极主动的团队文化，团队的建议也很难被组织所采纳。例如，对于自下而上估算，单个工作包的估算结果源于一线人员的评估数据。但凡组织层面的管理人员不认可、不接纳一线人员的意见，那么一线人员的评估数据就无法累加，也无法成为组织可以接受的评估结果。

- 项目团队的规模和所处位置。通常会将采用适应型开发方法的团队的规模限制在5~9人，超出后会带来管理成本的增加，反而失去了适应型开发方法的灵活性。当项目的范围较为宏大时，还需要通过多个采用适应型开发方法的团队进行相互协作来满足需求。

参考阅读：

《PMBOK®指南》（第6版）202页，第6.4.2.5节 自下而上估算

《敏捷实践指南》80页，第6.5节 多团队协作和依赖关系

14.5.5　生命周期和阶段的定义

对项目阶段的划分主要依赖交付节奏和开发方法。《PMBOK®指南》（第7版）给出了常见项目的阶段划分示例：

- 可行性（研究）阶段。在可行性（研究）阶段，项目组（或者项目筹备组，其中的成员可能被预定为准项目团队成员）聚焦于收集和编写市场调研数据或者参与编写某个立项需求的商业论证，收集关键干系人的期望和需求，论证促成项目立项的某个需要（社会需要、市场需要等）是否具有可行性。
- 设计阶段。完成对可交付物的整体规划（或顶层设计），其中还包括为产出可交付物需要进行的活动。
- 构建阶段。按照设计阶段的产出（通常指项目管理计划）来交付项目的可交付物，同时开展质量保证活动来确保可交付物的质量水平能够满足干系人的期望。
- 测试阶段。在提交验收前，项目团队通过测试来评定和检测项目可交付物的质量水平（满足需求的程度），并对暴露出来的问题及时进行纠正。
- 部署阶段。将项目可交付物安装至最终用户的使用环境，并由最终用户或最终用户的代表完成功能性验证。
- 收尾阶段。在收尾阶段，关闭合同，处理财务结算，总结经验教训并将其汇总至组织过程资产，最后解散团队。

这种阶段的划分示例带有非常浓厚的IT项目的风格，并不代表所有的项目都要以此为

模板来进行划分，例如，医药研发项目就要有临床试验这种领域专属的阶段。

在阶段与阶段的衔接处，往往是组织对项目的控制节点，也被称为阶段关口。组织的管理层可以不关注项目的具体实施细节（也不应该关注，否则会对项目组形成干扰）。但是，在阶段关口，组织要审查刚刚完成阶段的输出成果，评估其是否达到了预期，以决策阶段目标是否达成以及是否要启动下一阶段。所以，对于项目经理来说，若想获得关键干系人的批准，就需要在阶段关口对项目的实施概况进行展示并提交待决策的工件。

14.5.6 与其他绩效域的相互作用

开发方法和生命周期绩效域与其他绩效域的相互作用包括（但不限于）下列方面：

- 干系人绩效域。在项目的生命周期中，干系人要与项目的成果、团队产生交互，不同的开发方法和生命周期在交互的时间点、作用、交互的形式上都存在差异。
- 团队绩效域。团队对不同的开发方法和生命周期的认知是不同的。与预测型开发方法相比，适应型开发方法更需要团队具有自我组织和自我管理能力。
- 规划绩效域。在不同的开发方法和生命周期中，会在不同的时间点进行规划。例如，在预测型生命周期中，会在项目设计阶段（或规划阶段）制订整个项目的计划，并设定项目实施路线图；而在适应型生命周期中，则在项目实施期间以约定的时间节奏对下一次迭代进行规划。
- 项目工作绩效域。预测型开发方法遵循计划，按部就班地产出项目可交付物；适应型开发方法在一次迭代中完成当前迭代的任务，产出可交付产品增量。
- 交付绩效域。采用不同的开发方法，交付节奏存在差异。在预测型开发方法中，会在收尾阶段进行整体交付；在适应型开发方法中，会以约定的节奏频繁进行交付。
- 测量绩效域。在预测型开发方法中，在每项需求完成后检测需求的完成水平，在交付前进行完整的功能性验证；在适应型开发方法中，在每次迭代完成时进行检验。
- 不确定性绩效域。在不同的开发方法和生命周期中，对风险的管理和态度也存在差异。采用预测型开发方法和生命周期的项目，对风险的态度相对比较保守，希望项目能够一帆风顺地结项；而采用适应型开发方法和生命周期的项目，由于在选择开发方法和生命周期时已经考虑了解决方案或需求的不确定性，所以对风险的态度更加包容，也乐于在项目的实施过程中捕获能对项目提供增值的积极风险（机遇）。

14.5.7　检查结果

针对开发方法和生命周期绩效域的管理效果，可以通过以下方式来评估：

- 与项目可交付物相符的开发方法——所选择的开发方法要与项目可交付物的交付要求相匹配，开发方法如果与交付要求冲突，将会影响可交付物的最终移交。
- 由从项目开始到结束的各个阶段组成项目的生命周期，这些阶段将业务交付与干系人的价值诉求联系起来——要结合干系人所需要、所希望看到的价值来划分项目的阶段，阶段与阶段的交界点也是干系人能够对价值进行评估的决策点。
- 由促进生成项目可交付物所需的交付节奏和开发方法的阶段组成项目生命周期——在划分阶段时要兼顾项目生命周期的要求。

14.6　规划绩效域

规划绩效域由组织和协调涉及交付项目可交付物和项目成果的活动与功能组成，这些活动与功能不仅在项目初始时进行，在项目实施过程中也会持续进行和演变。有效实施规划绩效域的活动将会取得如下效果：

- 项目能够有条理、有节奏地推进，而不是陷入一片混乱。
- 对如何交付项目成果能够统筹安排。
- 在项目实施过程中，能够对动态变化的项目背景、信息、需求进行及时响应。
- 由规划绩效域的活动与功能所产生的管理成本不会高于项目执行的成本。
- 在协调和组织相关的活动、功能时，会兼顾与干系人绩效域的相互作用。
- 对于在项目执行过程中新增的需求或新出现的制约条件，可以做到有序调整。

名词解析：

- 估算。根据已有的信息，运用一定的方法和手段，对项目需要投入的成本、资源、时间（严格意义上，时间也属于一种特殊的资源）进行预测。
- 准确度。估算结果与正确结果之间的符合程度。准确度通常以误差来衡量。误差越小，准确度越高；误差越大，准确度越低。
- 精确度。多次测量后，结果相互接近的程度反映了数据的再现性。精确度通常以偏差来表示。偏差越小，说明结果的精确度越高。对于估算的准确度和精确度，项目与项目之间的要求存在差异，不是所有的项目都要求很高的准确度或精确度。通常，如果规划的管理成本要求在可控、可接受的范围内，就可以保留一定的模糊性。
- 赶工。通过增加资源，以最小的成本来压缩进度的一种技术。
- 快速跟进。用于压缩进度的一种技术，将正常情况下按顺序执行的活动或阶段改为并行执行（至少部分）。

- 预算。用数字编制的、经过批准的，在项目执行期间的投入预测。预算既可以针对整个项目，也可以针对某一工作包，甚至活动。

14.6.1 规划概述

项目的规划是通过积极主动（而不是被动）的方式来预设创建项目可交付物的方法。但项目的规划不是一个一蹴而就或一劳永逸的任务，而是一个逐步清晰细化的过程。在项目立项初始，项目干系人的期望和需求更偏向“宏观”层面，规划工作侧重于达成共识。此时，高层级的规划属于顶层设计，没有具体指导项目执行的作用。随着项目的推进和与干系人的深入交流，干系人的期望和需求得到逐渐细化，规划将逐渐偏向“微观”层面。在项目执行期间，项目的规划还会随着项目环境和需求的变化而调整，因此，规划要具有弹性。

在完成项目的高层级规划后，除了最基本的财务评估，越来越多的企业将项目对环境和社会的影响（例如，在生产制造过程吸纳肢体障碍人士）也包含在内。对于企业而言，项目为环境和社会所带来的增益都属于无形收益。

参考阅读：

《PMBOK®指南》（第6版）30页，第1.2.6.1节 项目商业论证

14.6.2 规划的变量

每个项目都有它的独特性，每个项目的规划方式自然也不尽相同。能够影响规划的因素被称为变量，因素的变化或者选择不同的因素，都会对规划的结果造成影响，常见的变量包括（但不限于）：

- 开发方法。在预测型开发方法中，通常会在初始阶段完成高层级的规划和详细设计，在项目执行期间轻易不会对既定规划进行调整；而在适应型开发方法中，则会在明确项目的愿景后，在每一次迭代前规划具体的任务。
- 项目可交付物。通常，需要将可交付物一次性整体交付给最终用户。对于投入成本较高、变更难度较大的项目可交付物，会在项目初始阶段完成所有设计，以减少项目在执行过程中的不确定性。对于需要频繁获得最终用户验证、变更相对容易、关键干系人可以接受频繁验证的项目可交付物，可以根据项目执行期间所获得的反馈来进行动态规划。
- 组织需求。组织治理、组织政策、组织程序等制约因素会影响规划方式的选择。例如，在侧重于采用指导的方式来进行干预的组织治理结构中，通常会要求在项目初始阶段就提交完整的规划可交付物（项目管理计划）。在一些重特大项目

中，为了减少投入资源后的不确定性，还会将规划活动当作一个规模相对较小的项目来独立进行。

- 市场条件。高度竞争的环境需要快速实施项目和快速获取反馈，因此不能在规划活动上浪费太多的时间。请学员注意，这也是在高度竞争的环境下采用预测型开发方法将是一场灾难的原因。
- 法律和法规限制。在某些行业，产品必须具备全部能力后才能获得销售资质，如制造业。在这个背景因素下，需要事先完成可交付物的整体规划，甚至在生产可交付物前就进行申报。

14.6.2.1 交付

对项目可交付物或项目成果进行规划，需要从以下几个方面入手：

- 商业论证。在商业论证中，记录了为实现业务需要而建议的范围、能力，同时还包含了从商业视角给出的建议方案。
- 干系人需求。干系人对项目的可交付物或项目的成果提出的思路、想法和要求。如果无法满足干系人的需求，项目的可交付物或成果就很难被接受，自然也无法完成交付。
- 产品范围。产品范围是对最终产品或服务所包含的具体功能和特征的描述。通常，其定义就是对产品要求的度量。
- 项目范围。为交付具有规定特性和功能的产品、服务或成果而必须完成的工作。如果项目的目标是产出具有完整特定功能的产品，通常，产品范围会包含在项目范围内。

在上述需要考虑的因素中，产品范围的确定要对照产品要求来衡量，项目范围的确定要对照项目计划来衡量。因此，应该将这两种范围的定义紧密结合，进而将这两种范围的管理相结合，以保证项目的实施结果能够最终交付一个或一系列满足特别要求的产品。

在不同的开发方法中，关于如何将项目范围拆解为能够指导项目实施的具体活动或任务存在着区别。在预测型开发方法中，先通过规划来制定范围的基准，然后将范围基准拆解为活动；在适应型开发方法中，需要将由高层级需求构成的史诗故事（也可简称为史诗）逐步进行细化和分解，最终形成可以在单次迭代中完成的用户故事。

参考阅读：

《PMBOK®指南》（第6版）131页，第5章 范围管理引言

《PMBOK®指南》（第6版）156页，第5.4节 创建WBS

《敏捷实践指南》52页，第5.2.2节 待办事项列表编制

14.6.2.2 估算

在估算项目的成本、进度、资源的投入时，项目经理需要在纸面上对项目如何实施进行提前规划，估算的结果也会成为决策的重要依据。因此，如何进行估算和估算的准确度将影响项目的执行。能够影响估算的因素包括（但不限于）：

- 区间与准确度。在项目初始时，估算的精确度较差但是够用（量级估算主要向干系人传递项目的投资规模以获得干系人的支持，此时，由于干系人对项目的需求还偏向宏观，所以也没必要做精确的估算）。在项目执行期间，由于对项目的了解逐渐加深和一线团队成员的逐步介入，估算的准确度会得以提升。
- 精确度与信心。对估算结果的评价，也可以理解为对估算的认可度。在干系人拿到估算结果时，免不了会对估算结果产生疑问。所以，若要获得干系人对估算准确度的认可，就需要对估算结果进行有理有据的说明。在估算过程中，如果存在定性数据（例如，人力资源能力水平的评估），要将定性数据量化，同时保证评价标准的一致性。如有可能，最好采用组织的官方评价标准，这对争取干系人的支持更有说服力。
- 学习曲线。项目团队的执行效率会随项目的进行而得到提高，即“熟能生巧”，所以，对人工效率的评估会因不同的项目阶段（如项目的初始阶段、项目的执行阶段等）而出现较大的差异。

对于估算结果的展示和调整有如下方法：

- 确定性估算和概率估算。确定性估算是针对某一个评估项的单点估算结果。概率估算是在具有不确定性的前提下，依照概率分布来计算和展现估算结果的方式，例如，常见的三点估算就以贝塔分布的数学原理来提升估算的精确度。
- 绝对估算和相对估算。绝对估算以绝对值来展现估算结果。但是，在面对由复杂因素所构成的估算对象时，绝对估算通常不够准确，越复杂的估算项偏差越大。此时，通常要引入相对估算，利用估算对象与“标尺”的倍率来提升估算水平。这也是在适应型开发方法中要用故事点进行估算的原因。
- 基于工作流的估算。在进行估算时，也可以通过在一个时间周期内测算资源消耗、团队产出工作量的方式来进行估算，这种估算被称为基于工作流的估算。例如，在适应型生命周期中，在评估团队的执行效率（吞吐量）时，会采用燃尽图和燃起图来进行估算和展现。
- 调整对不确定性的估算。在估算结果中，除了可以通过确定性估算获得的结果，还包括因存在不确定性而无法准确获得的结果。例如，在项目执行过程中，可能由于某些不确定性事件导致工期延长、成本增加，此时，就需要根据对不确定性的评估来预留资源予以应对，同时也需要展示和说明不确定性的大小，例如，可以用概率区间来展示受不确定性干扰的项目工期及成本的概率分布。

参考阅读：

《PMBOK®指南》（第6版）201页，第6.4.2.4节 三点估算

《PMBOK®指南》（第6版）213页，第6.5.2.4节 数据分析

《PMBOK®指南》（第7版）172页，第4.4.2节 估算

《敏捷实践指南》60页，第5.4节 敏捷项目的衡量指标

14.6.2.3 进度

通过规划所生成的进度计划是对项目如何执行的模型化展示。在这个模型中，能够体现每个活动的持续时间、活动与活动之间的依赖关系，以及活动对资源的需求。在经过关键干系人的认可后，项目的进度计划就会成为测量项目执行绩效的基准。在不同的开发方法中，制订进度计划的方式存在差异。在最常见的预测型开发方法中，制订进度计划要遵循下列步骤：

- 第1步，将项目的范围基准拆解为可以具体实施的活动。
- 第2步，梳理活动之间的依赖关系，排列活动的实施顺序。
- 第3步，估算单个活动的持续时间，测算执行活动所需的资源。
- 第4步，基于资源可用性为执行活动预分配资源。
- 第5步，对进度计划进行优化，调整资源，直到进度计划满足项目总工期的制约，并获得项目团队和关键干系人的一致同意。

当初步制订的项目进度计划无法满足关键干系人的期望时，通常有下列优化方法：

- 快速跟进。将正常情况下按顺序进行的活动或阶段改为并行进行（至少部分）。
- 赶工。通过增加资源投入，以最小的成本来压缩进度工期。由于希冀以最小的成本来撬动最大的效果，因此赶工一般针对关键路径上的活动。
- 调整提前量和滞后量。通过调整紧后活动的开始时间来编制一份可行的进度计划。调整提前量用于在条件许可的情况下提前开展紧后活动；而调整滞后量用于在某些限制条件下，在紧前和紧后活动之间增加一段不需要工作或资源的自然时间。

在使用“快速跟进”来优化项目进度时，不仅要考虑将顺序活动改为并行进行所带来的风险，还需要考虑活动之间的依赖关系所造成的制约。例如，紧后活动依赖于紧前活动的产出而无法并行进行，将会限制进度压缩技术的使用。活动之间的依赖关系（也被称为逻辑关系）有下列4种：

- 强制性依赖关系。强制性依赖关系也被称为硬逻辑或硬依赖关系，是法律或协议所要求的，或者由工作的内在性质决定的。这种关系是活动之间固有的，项目团

队通常无法改变这种逻辑关系。

- 选择性依赖关系。选择性依赖关系也被称为软逻辑关系、优先逻辑关系、可自由处理的依赖关系，是基于某应用领域或项目方面的最佳实践（例如，针对活动顺序）而建立的逻辑关系。这是人为确定的一种先后关系。
- 外部依赖关系。外部依赖关系涉及项目与非项目活动之间的关系，往往取决于项目外部的第三方的逻辑关系，如政府部门的审批、供应商的履约等。
- 内部依赖关系。内部依赖关系是项目活动之间的紧前关系，通常在项目团队的控制之内。

与预测型开方法相比，在适应型开发方法中，制订进度计划的方式有所不同。适应型开发方法所面对的项目背景的不确定性更大，也更有弹性，所以在编制进度计划时更强调价值传递和交付的间隔。因此，在适应型开发方法中，制订进度计划通常要遵循以下步骤：

- 第1步，定义产品愿景。产品愿景要清楚描述从哪些方面为客户或最终用户之类的干系人提供价值。
- 第2步，定义产品功能概述和产品路线图。路线图要有时间表、版本信息和对应的特性功能信息。产品路线图可用来展现产品随着时间的推移，如何以增量的方式进行构建和交付。
- 第3步，制订发布计划或版本计划。根据产品路线图的时间路标，从产品列表中选取适当的特性，将其添加至对应的发布计划或版本计划。发布计划或版本计划要在范围、进度和资源之间取得平衡。
- 第4步，制订迭代计划。迭代计划聚焦于实现迭代所应开发的用户故事的详细任务及任务的下发。一次迭代是一个较短的执行周期，通常持续2~4周。项目团队从待办事项列表中选择优先级较高的用户故事，将其纳入要进行的迭代以进行开发。

在适应型开发方法中制订进度计划要注意以下事项：

- 时间盒。在适应型开发方法中，原则上，在一个执行周期内不对迭代计划进行调整（除非有优先级极高的任务）。在这个周期内，项目团队的工作通常不会受到干扰——对团队的工作具有保护作用，因此也将这样的一个执行周期称为一个时间盒。在确定时间盒的“大小”时，既要考虑在一个时间盒内能够完整地实现用户故事，还要兼顾干系人想要看到可交付产品增量的急迫心理。
- 边际收益递减。当某些活动需要加速时，可以选择增加人力资源来加速活动，但是，这种加速活动的投入产出比并不是线性的。随着人手的增加，由协作所产生的管理成本和沟通成本均会大幅上升，这一点在预测型开发方法中同样适用。

参考阅读：

《PMBOK®指南》（第6版）183页，第6.2节 定义活动

《PMBOK®指南》（第6版）320页，第9.2节 估算活动资源

《PMBOK®指南》（第6版）214页，第6.5.2.5节 提前量和滞后量

《PMBOK®指南》（第6版）215页，第6.5.2.6节 进度压缩

14.6.2.4 预算

不能将商业论证的结果或项目章程中记录的成本测算、资金需求直接列为项目的预算，这是因为，这两个值是以“整进整出”的方式来估算项目需要投入的成本。但是对于项目管理来说，不仅需要更加精确的估算结果，还需要通过制定预算的过程将项目的实施路线与资源需求相结合。在将预算提交给关键干系人进行审批时，其实也相当于提交了一份项目的实施路线图。

项目的先天属性会导致项目具有不确定性，因此，在编制项目的预算时，需要考虑为项目所面临的不确定性预留资源，这些预留资源形成了项目的储备。为“已知—未知”的不确定性所预留的资源形成了项目的应急储备；为“未知—未知”的不确定性所预留的资源形成了项目的管理储备。要特别提到的是，在《PMBOK®指南》（第7版）中，由于排版问题，储备在基准和整体预算中的构成不够明确，这给各位学员造成了一些干扰。事实上，《PMBOK®指南》（第7版）仍然将应急储备包含在基准之中，由项目经理掌握其使用权限；将管理储备包含在预算之中，由组织掌握其使用权限。

参考阅读：

《PMBOK®指南》（第6版）254页，第7.3.3.1节 成本基准

14.6.3 项目团队的组成和结构

在规划项目团队的构成时，除了要考虑团队成员的技能要求，还要考虑技能的熟练程度和相关项目经验的年限。通常，团队成员的技能越熟练、相关经验越丰富，项目团队的执行效率也会越高，项目成功的概率也越大。当然，几乎所有项目经理都能意识到这一点，所以在向提供资源的关键干系人提出申请时，会先抢占技能熟练、经验丰富的资源（人力资源）。因此，即便拟定好了资源需求，项目经理仍然免不了要与提供资源的职能部门经理和其他项目的管理人员“讨价还价”。

在规划团队成员的构成时，要考虑采用组织内部资源还是引入外部资源。外部资源的引入会带来不同的成本结构，同时，还需要考虑企业文化的制约，以及对当前团队效率的影响。另外，还需要考虑团队成员的物理分布，这可能涉及采用集中办公或虚拟团队。

参考阅读：

《PMBOK®指南》（第6版）341页，第9.4.2.4节 人际关系与团队技能

《PMBOK®指南》（第7版）20页，第2.2.2节 项目团队文化

14.6.4 沟通

沟通是调动干系人有效参与项目，支持项目的重要策略，一位合格的项目经理会将日常90%的时间投入到沟通上。因此，要想让沟通取得应有的效果，不浪费项目经理的日常精力，需要对沟通进行事先规划，并至少对下列问题考虑周全：

- 需要将信息传递给谁？
- 需要向他/她传递什么信息？
- 为什么要向他/她传递信息？
- 如何向他/她传递信息？
- 信息的源头是谁？

管理沟通的目标是，在正确的时间，以正确的方式，将正确的信息，传递给正确的人。若想实现这个目标，要在向干系人传递信息前，先展开对干系人的分析。

参考阅读：

《PMBOK®指南》（第6版）366页，第10.1节 规划沟通管理

《PMBOK®指南》（第6版）388页，第10.3节 监督沟通引言

14.6.5 实物资源

对于在项目执行过程中所涉及的资源，除了人力资源，还包括需要调配和仓储管理的实物资源。管理实物资源要依赖供应链，凭借资源调配单进行实物资源的拨付。所以，在纸面上对成本、进度的规划也体现了对资源的调用。

在项目收尾中，行政收尾工作要对调配的实物资源进行妥善安置。有的学员错误地认为，当项目完成交付或收到项目终止通知时，就可以解散项目组，以便团队能够与新的项目进行衔接。这种思维是错误的。不仅要妥善遣散项目所使用的人力资源，还要交接和安置项目所使用的实物资源。

参考阅读：

《PMBOK®指南》（第6版）325页，第9.2.3.1节 资源需求

14.6.6 采购

当组织内部无法提供执行项目所需的资源时，通常需要从外部获取资源，这就需要事先规划采购管理。在发起采购前，项目团队需要进行自制或外购分析（也被称为自制或外购决策）。在进行自制或外购分析时，通常需要考虑以下因素：

- 经济效益。侧重评估外购对成本的影响。
- 质量保证。从外部获取资源是否会影响当前项目的质量管理。
- 供应的可靠性。外购资源是否可靠。
- 专利。是否存在专利纠纷。
- 技能与材料。是否具备生产所需资源的技能与材料。
- 灵活性。外购资源是否能够满足当前项目对灵活性和适应性的要求。
- 生产的专业化程度。生产的专业化程度是否能够支持外购资源。例如，当前组织是否有能力对外购资源进行管理。

对于规模较小或采购制度不完善的企业，项目组可以直接发起采购。对于规模较大或已经建立了规范的采购管理制度的企业，通常需要与专门的采购负责部门协作来进行采购。因此，对如何进行采购进行提前规划将有助于推动采购活动的顺利进行。

参考阅读：

《PMBOK®指南》（第6版）466页,第12.1节 规划采购管理

14.6.7 变更

再完善的计划也可能被调整，在整个项目期间，需要根据新出现的和不断变化的需求或条件对如何调整做出约定，即事先规划如何对变更进行管理。在项目执行过程中，通常有4种情况会触发变更，分别是：

- 纠正措施。为使项目工作绩效重新与项目管理计划一致，而进行的有目的的活动。
- 预防措施。为确保项目工作的未来绩效符合项目管理计划，而进行的有目的的活动。
- 缺陷补救。为修正不一致的产品或产品组件，而进行的有目的的活动。
- 更新。对正式受控的项目文件或计划等进行的变更，以反映修改或增加的意见或内容。

对于变更管理，在不同的开发方法中存在着不同的处理机制。在预测型开发方法中，需要建立严格的控制流程来抑制不必要变更。在适应型开发方法中，为了增加项目可能获得的价值，人们对变更的态度相对积极，也会采用待办事项列表这样具有弹性的工件来对

变更进行管理。但是，在某些极端情况下，原计划已经完全失去了通过变更来纠正的可能性。例如，如果估算的成本基准严重失去了可信度，就不能通过变更来处理，而应进行重新规划。

参考阅读：

《PMBOK®指南》（第6版）113页，第4.6节 实施整体变更控制

《敏捷实践指南》24页，第3.1.4节 敏捷生命周期的特征

14.6.8 度量指标

科学管理主张计划与实施的统一，即计划成为衡量实施的基础，实施的绩效也要能在计划中标定。连接计划与实施之间的纽带就是度量指标。度量指标需要明确：指标的定义、测量的方法及测量的时间点。在设定度量指标时：

- 要考虑获取度量值的成本，原则上，项目的管理成本不应超过项目的执行成本。
- 如果不能以直接采样的方式来量化度量对象，就需要将定性结果以事先约定的标准转化为定量结果（量化数值），如团队绩效测评。

参考阅读：

《PMBOK®指南》（第6版）261页，第7.4.2.2节 数据分析

14.6.9 一致性

项目的规划要将影响项目系统的诸多因素整合起来，如干系人的期望、项目团队的能力水平、资源的可用性、项目所面临的不确定性、交付的承诺等，要从系统的交互影响上进行通盘考虑。同时，还要注意各个因素之间的协调性，例如，干系人的期望与项目团队的能力水平之间的协调性。如果干系人对项目可交付物的期望远远超出项目团队的能力水平，项目经理一时又难以找到高水平的外部资源，就不得不在干系人的期望与项目团队的能力水平之间寻求一个折中方案。

为了实现项目目标，除了要在构成项目系统的诸多因素之间求得一致性、协调性，还要考虑项目在价值交付系统中的一致性和协调性。毕竟，作为价值交付系统的重要一环，项目的规划要与项目组合、项目集的计划相匹配。

对于项目的规划来说，虽然在达到指导项目执行的目标之余，可繁可简，但是还要兼顾为制定规划而产生的管理成本与总成本之间的协调性。对于小型项目来说，投入大量时间、精力、资源来制定一份事无巨细的行动路线图，总归有“头重脚轻”之嫌。

参考阅读：

《PMBOK®指南》（第6版）82页，第4.2节 制订项目管理计划

《PMBOK®指南》（第6版）16页，第1.2.3.6节 组织级项目管理（OPM）和战略

《PMBOK®指南》（第7版）7页，第2章 价值交付系统

14.6.10 与其他绩效域的相互作用

规划绩效域与其他绩效域的相互作用包括（但不限于）下列方面：

- 干系人绩效域。干系人的期望和需求是规划绩效域的重要输入和依据。规划绩效域拟定了与干系人交互的方式和时间点。
- 团队绩效域。团队的水平影响规划的结果（专业的团队能交出高质量的规划结果），规划绩效域的结果又指导团队的组建和工作。
- 开发方法和生命周期绩效域。不同的开发方法和生命周期影响规划的方式和进行规划活动的时间点。
- 项目工作绩效域。规划绩效域的输出成果可成为指导项目工作的基础，同时也是测量项目工作绩效的基础。
- 交付绩效域。规划绩效域的输出成果同样属于交付成果，规划绩效域和干系人绩效域共同确定了交付的节奏和方式。
- 测量绩效域。在规划绩效域，拟定了测量指标和获取测量结果的方式。
- 不确定性绩效域。在规划过程中要考虑不确定性对项目造成的影响，预设对不确定性的管理措施，而管理措施是否有效，又将影响规划的调整。

14.6.11 检查结果

对于规划绩效域的管理效果，可以通过以下方式来评估：

- 项目以有条理、协调一致和经过周密考虑的方式推进——整个项目的实施能够有节奏地进行。
- 有一种交付成果的整体方法——对项目的规划既有实施的细节，也包含顶层设计。
- 对不断演变的信息做出详细说明，以生成项目所寻求获得的可交付物和项目成果——规划活动能够根据不断变化的项目信息有序展开，以支持产出项目可交付物和成果。
- 规划所花费的时间适合于相关情况——由规划产生的管理成本是适度的，并符合项目要求。
- 规划信息足以管理干系人期望——规划活动的成果和对可交付物的规划要能满足

干系人对项目的期望。

- 根据新出现的和不断变化的需要或条件，在整个项目期间，有一个对计划进行调整的过程——规划的相关活动不仅要能输出成果，还要预设调整计划的机制。

14.7 项目工作绩效域

项目工作绩效域由建立项目过程、管理实物资源和营造有利于团队成长的学习环境的活动与功能组成。有效实施项目工作绩效域的活动将会取得如下效果：

- 项目能够按照规划绩效域的成果实施，产生有效果、有结果的绩效。
- 能够建立适合项目和项目背景的项目过程。
- 干系人在项目实施过程中有效参与、有效沟通。
- 能够对实物资源进行有效管理。
- 能够对采购过程进行有效管理。
- 营造适合团队成长的氛围，提升团队能力，优化项目绩效。

名词解析：

- 招标文件。招标文件用于征求潜在卖方的建议书。如果主要依靠价格来选择卖方（如购买标准产品），通常使用标书、投标或报价等术语；如果有其他至关重要的考虑因素（如技术能力或技术方法），通常使用建议书之类的术语。具体的采购术语也可能因行业或采购地点而异。
- 投标人会议。又被称为承包商会议、供应商会议或投标前会议，是在卖方提交建议书前，在买方和潜在卖方之间召开的会议。其目的是确保所有潜在投标人对采购要求都有清楚且一致的理解，并确保没有任何投标人会得到特别优待。
- 显性知识。也被称为明晰知识、外显知识，是指能够被清晰表达的知识，即可以通过文字进行记录且可以被传播的知识。
- 隐性知识。是难以明确表述和说明逻辑的知识，是人类非语言智力活动的成果。例如，难以表达的技能、技巧、经验和诀窍等。

14.7.1 项目过程

对于项目过程的管理，要进行过程改进，一方面可以消除项目过程中的无效活动，即非增值活动，减少不必要的资源投入。另一方面通过优化过程，也有助于减少导致问题发生的隐患。在广义的质量管理中，过程改进已被纳入管理质量的范畴。在预测型生命周期中，主要通过管理质量的活动来进行过程改进，尤其是质量审计。通过质量审计既可以检查项目的实施是否满足法律、规章制度的要求，同时也有助于坚定干系人对项目可交付物的信心。

在之前的讲解中，已经提到过，虽然合规性审查对于保障项目可交付物的质量水平意义重大，但是大量的合规性要求可能对项目的实施造成阻碍。这个障碍在适应型开发方法中将更为凸显，因此，既要保障适应型开发方法的灵活性，又要使项目可交付物满足合规性要求。对此，需要采取裁剪的办法。在裁剪时，通常有下列方法可以采用：

- 精益生产方法。使用价值流图来展示所有生产活动，梳理其中的增值活动和非增值活动以帮助企业理解和精简生产流程。
- 回顾会议和经验教训总结。若想以较低的成本来撬动较大的过程改善，要利用好回顾会议和经验教训总结，一方面回顾会议和经验教训总结可以深入剖析导致问题的原因，另一方面全员的参与、听取、分享也践行了“质量管理是整个团队的责任”这一宗旨。
- 下一笔资金最好花在哪里。过程的改进和优化都需要资源的投入，在项目系统中，针对不同的要素投入相同的资源所产生的撬动作用是不同的，所以要争取做到“好钢用在刀刃上”。

参考阅读：

《PMBOK®指南》（第6版）294页，第8.2.2.5节 审计

《敏捷实践指南》50页，第5.2.5.1节 回顾

14.7.2 平衡竞争性制约因素

在规划绩效域，项目团队要平衡制约项目的诸多因素。例如，传统的范围、进度、成本三重制约因素，还包括法律法规、文化、组织结构，以及随着对项目管理认识的加深而新增的社会价值、环境责任等因素。这些因素并不是一成不变的，在项目实施期间，可能由于某些原因，制约因素会出现变化。例如，项目的工期被提前了，项目的资金被缩减了等。所以，在项目实施过程中，需要不断监控制约因素的变化，要争取使变化后的各制约因素重新取得平衡。

项目的范围、进度、成本这些相对传统的制约因素的波动与干系人期望之间存在关联性。在讲解干系人绩效时，曾经提到，干系人的期望在项目实施期间会发生变化。所以，对于制约因素的平衡，脱离不了对干系人的有效管理。

参考阅读：

《PMBOK®指南》（第6版）523页，第13.3节 管理相关方参与

《PMBOK®指南》（第6版）8页，第2.1节 干系人绩效域

14.7.3 使项目团队保持专注

项目团队是产出项目可交付物的主体，所以在项目执行过程中，项目经理不能忽视对项目团队的管理。项目经理需要跟踪团队成员的工作表现，影响团队的行为，管理冲突以及解决问题，让团队能够“心无旁骛”，高绩效地完成项目。

对于团队的管理，既要能够按照计划及时对团队成员的绩效表现进行激励，也要能够对团队成员遇到的问题及时地施加援手。在项目执行过程中会遇到各种障碍，有一类障碍（例如，干系人插手项目的具体实施）是项目团队成员通常无法自行解决的，在遇到这类障碍时，项目经理要起到保护团队的作用。在适应型生命周期中，将容易受到“狼群”骚扰的项目团队称为“羊群”，而将保护团队的项目经理称为“牧羊犬”。

参考阅读：

《PMBOK®指南》（第6版）345页，第9.5节 管理团队

《敏捷实践指南》35页，第4.2.1.2节 仆人式领导消除组织障碍

14.7.4 项目沟通和参与

在项目执行过程中，要确保能够及时且恰当地收集、生成、发布、存储、检索、管理、监督和最终处置信息。沟通管理会涉及与有效沟通有关的所有方面，包括使用恰当的技术、方法和技巧。对沟通进行管理的目的在于促成信息的有效流动，所以，这些技术、方法和技巧要具有灵活性，能够根据沟通的需要进行调整与组合。例如，近些年，随着对实时沟通、准实时沟通的需要不断提升，沟通便捷迅速、信息承载量大的即时聊天工具和信息发射源得到了广泛应用。

参考阅读：

《PMBOK®指南》（第6版）379页，第10.2节 管理沟通

14.7.5 管理实物资源

对于项目所使用的资源，除了具有主观能动性的人力资源，还包括地理位置、基础设施、机器设备、原材料等实物资源。在管理实物资源时，要结合组织的供应链管理和库存管理，力争：

- 减少或消除不必要的搬运和存储。在搬运实物资源时，既带来了物流成本，也增加了实物资源被损坏的风险。而且，超出使用需要的存储将占用组织的财务资源。
- 消除材料的等待时间。等待材料的时间越长，意味着材料的周转速度越慢。

- 将报废和浪费最小化。物尽其用，充分挖掘实物资源的价值。
- 促进安全的工作环境。保证实物资源的使用安全有序。

项目的进度计划也同时反映了对实物资源的调用和安排，所以，在编制项目进度计划时要考虑实物资源可用性的制约。

14.7.6 处理采购事宜

在大多数组织中，采购事务由专门的采购部门负责，一方面可以通过规模化采购管理来降低成本（将单个项目的采购要求汇总，以形成议价能力），另一方面“术业有专攻”，专业人员的参与可以减少在采购过程中所发生的问题并降低风险，尤其是在品类繁多的供应链管理领域。因此，没有权力签订合同的项目经理通常要与采购部门相互配合来完成采购过程。

在启动正式的采购流程前，项目经理需要向采购部门提交采购工作说明书，一方面向采购部门阐明拟采购的产品、服务或成果，另一方面便于潜在的供应商评估自己的供应能力。

参考阅读：

《PMBOK®指南》（第6版）477页，第12.1.3.4节 采购工作说明书

14.7.6.1 招标过程

项目的招标过程通常分为发放招标文件、举行投标人会议、选择投标人三个步骤。这三个步骤如何进行不能因项目团队一时“心血来潮”随意确定，而是要在采购管理计划中进行事先约定，否则招标结果将失去公平性和严谨性。

招标文件通常包括下列三种类型：

- 信息邀请书。在实施采购的过程中，需要向潜在的供应商了解一些信息，这时就可以发出信息邀请书。当然，只得到信息并不足以达成从外部获取资源来实现项目目标的目的，所以通常还会继续发出报价邀请书或建议邀请书。
- 报价邀请书。如果采购服务和产品的规格要求是非常清晰的，各供应商之间只有价格差异，可以发出报价邀请书。报价邀请书通常也被称为报价单。
- 建议邀请书。在项目执行期间，如果需要一套解决方案而不是单纯的资源，可以发出建议邀请书。建议邀请书是最正式的也是最常见的招标文件。当然，建议邀请书也不是任由供应商自由发挥的。在建议邀请书中，会列出需要供应商应答的框架和内容。

在将招标文件和采购工作说明书下发给潜在的供应商后，请注意，文字的陈述方式有时会产生疑问和歧义。为了对疑问和歧义进行澄清，要举行投标人会议。在会议上，要针

对供应商的疑问进行应答与解释。在会议结束后，将会议纪要下发给所有的供应商，公平对待，以避免在信息获取上造成偏差。如果招标的时间相对比较充裕，可以将会议纪要中澄清的内容更新至投标文件，然后再次下发。如果时间相对紧张，可以用会议纪要中的内容覆盖投标文件中的对应内容。

在收到潜在的供应商提交的投标文件后，要展开评标工作。如果只关注价格信息，且各供应商之间并无本质差异，就可以将报价最低的供应商确定为中标的供应商。但是，在进行采购时，通常需要兼顾多个因素，如质量水平、交付能力、价格、行业经验等。在根据众多因素来选择最合适的供应商时，需要使用建议书评价技术，通过结合评估各因素的权重系数，筛选出“最佳供应商”。最佳供应商的标准绝不是报价最低（当然，不排除这种可能性），而是最能满足项目获取外部资源的需求。

参考阅读：
《PMBOK®指南》（第6版）482页，第12.2节 实施采购

14.7.6.2 签订合同

在明确最终选用的供应商后，为保证双方的权益，需要签订合同。通常，会在招标前明确合同的类型，并将合同模板打包在招标文件中提前下发，供潜在的供应商提前评估自己在交付过程中可能遇到的问题和潜在风险。

合同的类型要匹配项目环境，例如，如果采购的资源规格清晰、范围明确，就适合采用固定总价合同。如果在项目实施过程中可能发生增项，就适合采用成本类合同。在适应型开发方法中，会频繁变更，需要选用更灵活的合同类型来与供应商合作共赢。

在签订合同后，项目的范围、进度、成本都会受到供应商交付能力的影响，需要建立对供应商供应能力的绩效评估。另外，还要将供应商纳入干系人管理，与供应商建立沟通渠道。

参考阅读：
《PMBOK®指南》（第6版）471页，第12.1.1.6节 组织过程资产

14.7.7 监督新工作和变更

干系人对项目的期望会随着项目的实施而发生变化。例如，因为见到项目的支出与日俱增，原本承诺给予足够支持的干系人可能收回最初的承诺，原本对项目持保留态度的干系人可能又提出了新的想法，等等。干系人期望的变化可能触发变更过程，需要根据在规划绩效域中拟定的变更控制机制来进行应对。

在预测型开发方法中，要通过变更控制系统来处理变更请求。先由项目团队成员评估

变更请求的影响，对是否有必要实施变更进行决策，并判断变更请求是否会影响关键干系人已确认过的基准。如果变更请求不会影响项目的基准，项目经理就可以批准变更；如果影响了项目的基准，就应将变更提交给变更控制委员会（CCB），由其进行决策。

在适应型开发方法中，要频繁地应对变更。如果采用像预测型开发方法那样的变更控制流程，将带来大量的时间开销，对变更请求的响应也会不够及时。因此，会采用动态的待办事项列表来进行管理。是否受理变更请求的决策权也从项目经理、CCB移交给项目团队。

参考阅读：

《PMBOK®指南》（第6版）113页，第4.6节　实施整体变更控制

14.7.8　整个项目期间的学习

通过项目的实施，不仅可以为组织提供新的竞争能力，还可以为团队的能力带来提升。所以，在项目执行期间，要营造适宜的氛围，利用好经验教训总结会和回顾会这类能促进共同学习的机会。尤其是在现在的项目环境中，项目所面临的问题越来越复杂，要想厘清复杂系统的诸多驱动因素，找出最佳解决方案，就必须从学习入手，只有这样，才能从根本上解决问题。

14.7.8.1　知识管理

对于项目知识的管理，要能使用现有知识并能生成新知识，以实现项目的目标。同时，可以利用已有的组织知识来创造或改进项目成果，也可以使用当前项目创造的知识来支持组织运营和未来的项目或阶段。

知识管理不仅是当前项目的责任，对于组织来说，知识管理同样重要。如今，知识管理的目标已经发生了改变，从通过知识的积累和分享来降低问题发生的概率，到在知识的收集和汇总中发现新的商业机会以获取新的价值。所以，在项目的层面，项目经理要组织团队成员进行知识的学习和分享，同时也要结合组织的知识管理体系（框架）来完成知识的归档和挖掘。对于组织内知识管理体系（框架）的维护，通常是由PMO或组织中专设的知识管理部门来承担。

参考阅读：

《PMBOK®指南》（第6版）98页，第4.4节　管理项目知识

14.7.8.2　显性知识和隐性知识

在项目执行过程中，定期收集和记录的经验教训会在项目收尾时汇总至组织的过程资产，这种知识通常是“显性知识”，即容易落于纸面、容易记录的知识。在显性知识外，

还有大量不易收集的知识，被称为“隐性知识”，如洞察力、诀窍等。这些知识像金沙一样，需要用特殊的方式才能萃取出来，并展现在众人面前。有关显性知识和隐性知识的冰山模型如图14-1所示。

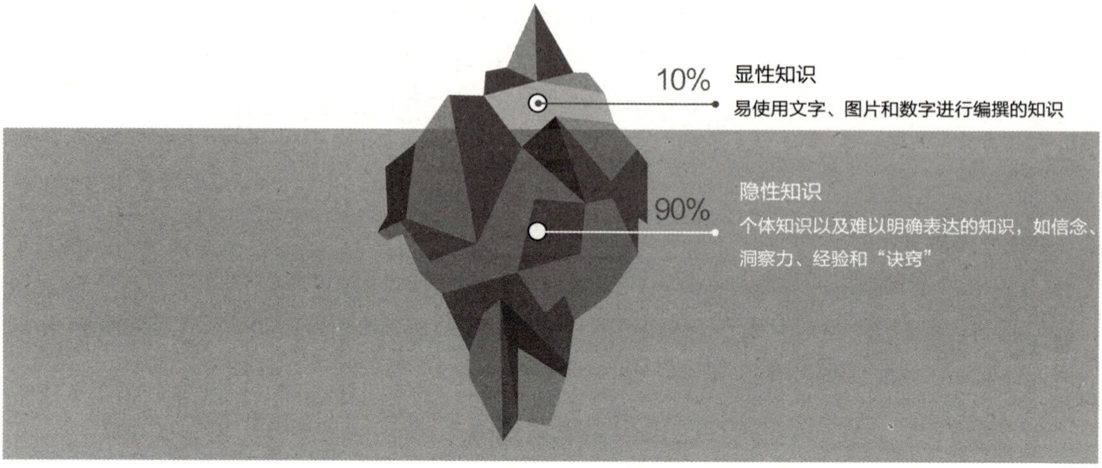

图14-1 显性知识和隐性知识的冰山模型

所以，在进行知识管理时，既要注重显性知识的收集，还要兼顾隐性知识的收集。知识的收集和管理受限于文化背景。如果整个组织或整个项目的实施背景基于职能型组织结构（或者以命令的方式由上至下进行管理），那么对于知识的收集和萃取是非常不利的。对于组织的管理者和项目经理，要努力营造一种轻松的氛围，使团队成员愿意参与知识的学习和分享，贡献自己的智慧。曾经，有的企业在对知识管理时出现偏差，把收集经验教训变成了对错误的责任认领。很显然，这种方式是不利于知识管理的。

参考阅读：

《PMBOK®指南》（第6版）102页，第4.4.2.2节 知识管理

14.7.9 与其他绩效域的相互作用

项目工作绩效域与其他绩效域的相互作用包括（但不限于）下列方面：

- 干系人绩效域。项目的成功实施离不开对干系人期望和需求的有效管理。
- 团队绩效域。项目的实施需要团队的努力，所以团队绩效域的表现将影响项目工作绩效域的达成。
- 开发方法和生命周期绩效域。对于不同的开发方法和生命周期，有不同的实施方法，如变更管理和知识管理。
- 规划绩效域。项目工作要依照规划绩效域的产出来执行，同时，项目工作绩效域的表现又为规划绩效域的活动提供了决策基础。

- 交付绩效域。项目的可交付物由项目工作绩效域的活动产出。
- 测量绩效域。通过项目工作绩效域产出可交付物后，要由测量绩效域的活动完成检验。
- 不确定性绩效域。不确定性绩效域的活动将影响项目工作绩效域的产出和绩效。

14.7.10　检查结果

对于项目工作绩效域的管理效果，可以通过以下方式来评估：

- 有效率且有效果的项目绩效——项目能够按照规划实施，并能够对照规划的结果获得项目实施绩效。
- 适合项目和环境的项目过程——通过审查和审计来确保项目过程符合项目和项目环境的需要。
- 适当的干系人沟通和参与——在项目实施期间，在管理干系人时，既要发挥干系人对项目的积极作用，又要抑制干系人对项目造成的负面影响。
- 有效管理实物资源——对实物资源的管理要有序且有效。
- 有效管理采购——按照计划展开采购活动，并选定适合的供应商。
- 通过持续学习和过程改进来提高团队能力——营造学习氛围，打造学习型组织，使整个团队在项目执行期间能吸取经验教训，提升能力水平。

14.8　交付绩效域

交付绩效域由交付项目要实现的范围和质量的活动与功能组成。有效实施交付绩效域的活动将取得如下效果：

- 项目能够按照约定实现项目目标，推动组织战略落地。
- 项目成果达到在启动时所约定的交付条件。
- 项目在总体里程碑进度计划下实现预期收益。
- 项目团队清晰理解干系人所提出的需求，能够满足干系人的期望。
- 干系人对项目可交付物表示认可，感到满意。

名词解析：

- 需求。为满足业务需要，某个产品、服务或成果必须达到的条件或具备的能力。
- 工作分解结构（WBS）。以项目可交付物为导向对项目范围进行的分解，每下降一层代表对项目范围进行了更详细的定义。
- 完成的定义（DoD）。是团队需要满足的所有标准的核对单，只有可交付物满足该核对单，才能被视为准备就绪（可供客户使用）。
- 质量。一系列内在特性满足要求的程度。

- 质量成本。也被称为质量费用，是在整个产品生命周期中产生的所有成本。

14.8.1 价值的交付

项目的价值与项目的交付密不可分。项目的可交付物，更准确的说法应该是被干系人接受且认可的成果，是项目预期价值的载体。如果项目的可交付物不被干系人接受，项目的价值将低于预期，甚至价值全无。当然，如果将其作为一个失败的项目案例，还是有点价值的，至少可以为后续的项目提供参考。

如果项目在实施期间就可以交付部分成果、产品、服务，也意味着在项目中交付了部分价值。在项目收尾时，项目的成果、产品、服务形成完整的能力，所以，在这个时间点上，项目交付的价值通常是最大的。但对于项目的可交付物来说，它所承载的价值不局限于当前项目。在项目结束后，只要项目的可交付物依然存在，就可以继续体现它的价值。例如，都江堰水利枢纽至今仍然在造福成都平原。

对于项目的价值，在项目立项之初，项目经理和筹备组应通过商业论证的形式来向项目干系人进行展示。除了说明项目在成功实施后所获得的价值，为了增加说服力，还需要事先说明：价值是如何体现的；在什么时间点上可以实现价值；应如何衡量价值。需要特别说明的是，项目的价值不能脱离于组织的战略。如果组织投入资源实施项目，但最终成果与组织战略的相关性并不高，那么组织在获取价值方面就会存在问题。

参考阅读：

《PMBOK®指南》（第6版）30页，第1.2.6.1节 项目商业论证

《PMBOK®指南》（第6版）33页，第1.2.6.2节 项目效益管理计划

《PMBOK®指南》（第7版）8页，第2章 价值交付系统

14.8.2 可交付物

可交付物的形式可能是实物（如生产研发项目），也可能是某项服务（如组织能力提升项目）或某个验证结果（如市场调研项目），这些可交付物都以独特的形式体现了价值。例如：

- 实物。交付具体的产品、工具，可能提供应用的价值。
- 服务。交付特殊的服务能力，可能提供商誉的价值。
- 结果。交付某个结论，可能提供公共利益的价值。

这些可交付物的形式，一方面体现了价值的不同形式和不同干系人的不同价值视角，另一方面也反映了源自生产制造领域的项目管理越来越多地展现出跨领域应用的趋势。对于项目可交付物所传递的价值来说，可能是综合的，例如，既可以获得财务上的回报，抢占市场份额，也可以扩大商誉，提高市场占有率。在这些价值的组成部分中，会存在主次

之分，项目经理要能对其进行筛选和排序。

参考阅读：

《PMBOK®指南》（第6版）4页，第1.2.1节　项目

14.8.2.1　需求

通常，需求来源于干系人的期望和推动项目立项的业务需要，但项目的需求往往不会在项目立项之初就得到非常清晰的梳理。在项目的启动阶段，干系人提出的需求偏向宏观，因为，此时所讨论的重点是“要不要立项”，而不是“项目该如何实施”这样的细节问题。对于干系人此时提出的需求，我们通常称其为高层级需求或宏观需求，并将其记录在项目章程中。在项目的规划阶段，项目团队获得充分的授权，可以动用资源来收集干系人的详细需求，从而界定项目的范围边界。在项目执行过程中，干系人的需求将逐渐清晰和细化，从宏观需求到对需求的精准描述。需求管理人员要综合采用多种技术（如原型法、标杆对照、观察法等）来收集、描述、对标需求。在适应型生命周期中，还可以借助迭代评审会、演示的机会来启发干系人，以获得更为详细的需求描述。

- 需求启发。在收集需求时，干系人通常在精确描述需求方面或多或少存在障碍，他们很难精确描述自己对项目成果的期望，所以，在收集需求时要采用启发技术。在汇总需求时，要满足下列要求：
  - 清晰。内容不存在歧义。
  - 简洁。在需求可以被清晰描述的前提下，描述应尽可能简洁，冗长的描述容易使需求变得模糊。
  - 可核实。提供判定需求得以实现或满足的评估方法。
  - 一致性。需求与需求之间不存在相互冲突。
  - 完整。与当前项目相关的需求不出现遗漏，与当前项目无关的需求要声明并排除。
  - 可跟踪。在需求与成果之间，要具备双向跟踪能力，既可以从需求记录跟踪至可交付物的某个功能、特性，也可以从可交付物的某个功能、特性逆向找出原始的需求记录。因此，需要建立需求跟踪矩阵。
- 不断演变和发展的需求。在所有的开发方法中，随着项目的实施，很可能涌现新的需求，或者原有需求被替代和展开。在预测型开发方法中，由于在规划阶段已清晰界定了需求，需求发生变化的概率比较小。而在增量型开发方法、迭代型开发方法、适应型开发方法中，需求从一开始就存在一定的模糊性，出现新需求和对原有需求进行更新的概率就比较大了。
- 管理需求。在管理需求时要保持一定的灵活性，要便于增删改查。如果管理需求

的方式过于僵化，则很难将需求的变化纳入其中。同时，在管理需求时又要保持一定的稳定性，这个稳定性不代表在项目实施期间不能对需求做任何改动，而是尽可能不大幅度调整已经明确的、经干系人认可的需求。需求的频繁变动，一方面会带来额外的管理成本，另一方面会模糊项目最初的目标。

参考阅读：

《PMBOK®指南》（第6版）138页，第5.2节 收集需求

14.8.2.2 范围定义

需求不同于范围，因为收集上来的需求并不代表都要在当前的项目中实现。在对需求进行筛选、评价后，在当前项目的可交付物中，要实现的产品、服务和结果以及相关活动才是项目的范围，对产品、服务和结果以及相关活动的描述也被称为范围边界。对于未进入项目范围的需求，要在需求文件和需求跟踪矩阵中进行备注。

- 范围分解。对于界定好的范围，需要将其分解为可分配给执行部门跟踪的最小单元。在不同的开发方法和生命周期下，分解的方式存在着区别。在预测型开发方法中，要将范围分解至工作包级别，形成工作分解结构，也就是常说的WBS。而在适应型开发方法中，则要分解至可在一个冲刺内完成的用户故事。用户故事保留了角色的差异，有助于项目团队寻找最适合的实现需求的路径。
- 完成可交付物。为验证范围是否被完整地实现，需要采用相应的方式对其验证。
- 验收标准或完成标准。常见于预测型开发方法，在创建界定范围的范围说明书时，同步生成项目的验收标准或完成标准，以便在交付验收环节评估需求是否得到实现。
- 技术绩效测量指标。对于产品的技术规范，可以形成独立的规范文件，也可以将其记录在WBS词典（对WBS进行说明）中，范围说明书、WBS、WBS词典共同构成了预测型开发方法的范围基准。
- 完成的定义（DoD）。在适应型开发方法中，为验证列入冲刺计划的用户故事得以实现，需要事先定义检查要求以判定是否达到用户期望，即满足所有要求的核对单。

参考阅读：

《PMBOK®指南》（第6版）150页，第5.3节 定义范围

《PMBOK®指南》（第6版）156页，第5.4节 创建WBS

14.8.2.3　完成的目标不断变化

在项目执行期间，用于判断项目是否完成的目标会发生变化。所以，预测型开发方法会面临一个困境：项目的执行周期越长，以立项时的目标来衡量项目是否成功就会越远离竞争环境，这样的现象也被称为“目标漂移”。而在适应型开发方法中，可以在项目执行期间灵活地调整目标。

在项目执行过程中，范围管理领域的另一个常见的问题是“范围蔓延”。虽然范围蔓延对目标的改变不会像“目标漂移”那样剧烈和突然，但是所造成的麻烦并不见得会少，甚至可能更多。对于范围管理，小功能、化整为零的需求重组可能不会引起人们的警惕，但是，它们一旦被汇总就可能对项目目标带来剧烈的冲击。

> **参考阅读：**
> 《PMBOK®指南》（第6版）167页，第5.6节 控制范围

14.8.3　质量

质量代表满足需求和范围的程度。当满足的程度达不到设定的要求时，范围和需求将很难体现出应有的价值（甚至无效）。例如，虽然交付的产品具备了约定的功能，但是功能仅部分可用；虽然交付了服务能力，但是距离让干系人满意还相差甚远；虽然出具了结果，但是无法让最终用户完全信服。因此，在对交付进行管理时，一方面要关注需求和范围的完整性，另一方面要关注需求和范围在实现后的匹配程度。

质量管理不是单一项目独自承担的管理责任，它既属于组织的战略，也代表组织的竞争力。所以，一方面组织要对项目团队提供质量管理方面的支持，另一方面项目团队也要遵循组织层面的质量管理框架。

> **参考阅读：**
> 《PMBOK®指南》（第6版）271页，第8章 项目质量管理引言

14.8.3.1　质量成本

在进行质量管理时，需要投入资源进而产生成本支出。为保证成果的竞争力，要在成本投入和质量水平之间寻求平衡。对此，要进行成本效益分析，找出最佳的投资平衡点。此外，对于质量管理，在一些组织内部也会存在一些不和谐的声音，认为只要能够将成果成功地交付给最终用户就能够获得预期的价值，在质量管理上的投入能省则省——为这种“看不见”的细节投入成本属于浪费。此时，就需要采用质量成本的分析结果来说服干系人，让他们认识到质量管理的重要性。

质量成本通常由4部分构成：

- 预防成本。预防特定项目的产品、可交付物或服务因质量低劣而带来的相关成本。
- 评估成本。评估、测量、审计和测试特定项目的产品、可交付物或服务所带来的相关成本。
- 内部失败成本。在将可交付物交付最终用户前，通过内部检查发现产品、可交付物或服务与干系人的需求或期望不一致而导致的相关成本。
- 外部失败成本。在将可交付物交付最终用户后，由最终用户发现产品、可交付物或服务与干系人的需求或期望不一致而导致的相关成本。

在构成质量成本的4个部分中，预防成本和评估成本的投入是在缺陷发生前产生的，是用于将质量与要求保持一致而付出的成本，将其归类为一致性成本。而内部失败成本和外部失败成本是由于质量与要求不一致而造成的损失，将其归类为非一致性成本。

缺陷在项目执行过程中不会消失，而且随着项目进度的推进，修复缺陷的成本将会越来越高。在现代质量管理理论中，将质量缺陷消灭在过程中比最终用户发现质量缺陷再进行修复所付出的成本要小得多。当最终用户发现质量缺陷，并由此带来损失时，除了要付出修复成本，同时还伴随声誉的损失。

质量成本也能够从项目可交付物的全生命周期的视角来审视资源的投入，特别是对于那些抱有“买定离手，概不负责”等侥幸心理的关键干系人来说，可以通过分析质量成本来提醒他们：虽然可以在产出项目可交付物的过程中节约成本，但是在交付给最终用户后会造成更大的麻烦。

参考阅读：

《PMBOK®指南》（第6版）282页，第8.1.2.3节 数据分析

《PMBOK®指南》（第6版）288页，第8.2节 管理质量

14.8.3.2 变更成本

随着项目进度的推进，持续投入的资源和增加的成本将会为变更增加阻碍。所以，越临近项目的收尾，变更的代价越大。为了降低因为出现质量缺陷而增加的变更成本，应将质量要求和质量标准贯彻项目全程。需要从需求管理开始，着手考虑如何将质量要求落实到具体的实施细节上，从而控制项目可交付物的质量水平，减少质量缺陷的发生。这种方式也被称为“面向质量的设计”。

参考阅读：

《PMBOK®指南》（第6版）295页，第8.2.2.6节 面向X的设计

《PMBOK®指南》（第6版）145页，第5.2.2.6节 人际关系与团队技能

14.8.4 次优的成果

如果项目的工期充裕，项目团队可以产出尽可能完美的项目可交付物——非常理想的项目实施结果。但是很遗憾，在很多项目中，时间是一种非常稀缺的资源，项目团队不得不与“完美主义”进行妥协。特别是在高度竞争的市场环境，项目价值的时效性就显得更加重要了。此时，就需要用最快、最简明的方式来输出项目可交付物，以供最终用户验证。这种以较低的成本来尽可能展现核心功能的产品策略也被称为最小可行性产品（MVP）。

> **参考阅读：**
> 《敏捷实践指南》23页，第3.1.3节　增量型生命周期的特征

14.8.5 与其他绩效域的相互作用

交付绩效域与其他绩效域的相互作用包括（但不限于）下列方面：

- 干系人绩效域。对于交付的节点和方式，一方面要获得干系人的认可，另一方面交付绩效域的结果将影响干系人对项目的态度。
- 开发方法和生命周期绩效域。在不同的开发方法和生命周期中，有不同的交付方式和节奏，并且管理需求的方式也存在差异。
- 规划绩效域。交付的标准和方式应在规划绩效域事先约定。
- 项目工作绩效域。项目工作绩效域的产出要满足交付要求。
- 不确定性绩效域。不同的交付方式会带来不同的不确定性，同时不确定性绩效域的活动将对选择交付绩效域的活动产生影响。

14.8.6 检查结果

对于交付绩效域的管理效果，可以通过以下方式来评估：

- 项目有助于实现业务目标和推进战略——项目以产出可交付物的方式实现业务目标，推动组织战略落地。
- 项目实现了要交付的成果——项目按照约定产出可交付物，可交付物的形态可以是产品、服务、成果。
- 在规划的时间框架内实现了项目收益——项目能够在预计的工期内完成交付，取得收益。
- 项目团队对需求有清晰的理解——项目团队成员，特别是需求管理成员，能够理解项目干系人的期望和诉求，挖掘出最能满足干系人期望的可交付物的功能。
- 干系人接受项目可交付物，并对其感到满意——干系人接受项目可交付物，认为

项目可交付物能够满足其期望。

14.9 测量绩效域

测量绩效域由评估项目绩效以及为维持预期绩效而进行的活动与功能组成。有效实施测量绩效域的活动将会取得如下效果：

- 能够掌握项目实施状况。
- 产出供决策使用的数据。
- 当绩效偏离时进行及时干预，确保项目总体绩效符合预期。
- 根据绩效数据评估和预测项目的执行状态，确保项目获得预期价值。

名词解析：

- 度量指标。用于描述项目或产品的属性，同时还包含如何获取评估结果的方式。
- 基准。通常由整合在一起的范围、进度和成本基准组成，用来与项目执行情况相比较，以管理、测量和控制项目绩效。
- 仪表盘。是新兴的管理实践，可以通过仪表盘将大量指标的实际值和标准值生动形象地展示出来，直观高效地传递绩效信息。

14.9.1 制定有效的测量指标

绩效测量结果是管理项目执行的重要依据，如果缺乏有效的绩效测量结果，将无法判断项目的当前执行状态。从系统（由多个因素组成）的视角来看，项目也需要“反馈”的信息回路来维持系统的稳定性。理想的绩效测量应该具备以下特点：

- 简约性。需要追踪的测量指标要少且有效，过于繁杂的绩效指标会带来管理成本的增加。
- 预测性。除了能汇总项目实施状态，测量结果还应能对未来的趋势进行预测。
- 普及性。应将绩效测量纳入治理框架，通用的绩效测量标准有助于跨部门、跨项目横向比较，从而提升组织治理水平。
- 稳定性。应保持绩效测量的稳定性，即使因项目目标的调整而需要变更绩效测量标准，也应采取渐进的方式进行改变，以使团队成员有长期目标的意识并保持行为的一致性。
- 薪酬适应性。团队成员所能获得的奖励和激励要与绩效相关联。在选定绩效测量标准时要事先进行协商，否则团队成员可能会对其抵制。

参考阅读：

《PMBOK®指南》（第7版）24页，第2.2.4.3节 激励

14.9.1.1　关键绩效指标

绩效测量指标同样遵循“80/20”原理。其背后的逻辑是，在创造价值的过程中，80%的工作任务是由20%的关键活动完成的。因此，需要对这20%的关键活动进行分析和衡量，这样就能够掌控绩效评估的核心。与这20%的关键活动相关联的绩效测量指标就是关键绩效指标（Key Performance Indicator，KPI）。KPI分为两类：

- 提前指标。也被称为先行指标、超前指标、预兆性指标，可起到预测作用，能够提前反映趋势变化的早期迹象。例如，它可以展示项目实施背景正在发生变化；干系人对项目的态度出现波动；风险敞口有扩大的趋势……
- 滞后指标。也被称为后续指标、跟随性指标，可起到总结作用，这类指标在项目执行过程中滞后于相关活动。通过评估滞后指标，一方面可以总结之前项目活动的效果，另一方面还可以验证提前指标的预警效果，提高其预警准确度，提升治理水平。

在项目执行过程中，两类指标都要使用，一方面要对项目的执行状态进行持续跟踪并评估其偏差，另一方面还要对偏差的趋势进行预测，以决策是否投入资源进行干预并测算需要投入的资源量。

> **参考阅读：**
> 《PMBOK®指南》（第6版）111页，第4.5.2.2节　数据分析

14.9.1.2　有效度量指标

项目团队要确保所选择的测量指标是有必要的且有用的。评估一个测量指标是否有效要遵循SMART原则，具体如下：

- 具体的（Specific）。绩效测量指标要指向具体的测量内容，不能笼统。
- 可测量的（Measurable）。绩效测量指标要能被量化，且评估结果可以以数据的方式获得。如果被测量的内容存在定性的部分，可以采用量表的方式对定性结果进行划定。
- 可实现的（Attainable）。绩效测量指标应在付出努力的情况下可以实现，过高或过低的目标都不利于项目的管理。
- 具有相关性（Relevant）。绩效测量指标所产生的信息要有实际的价值。
- 具有时效性（Time bound）。要有明确的完成绩效测量指标的特定期限。
- 在《PMBOK®指南》（第7版）中，对SMART原则中的“M”与“T”给出了另一种解读：
- 有意义的（Meaningful）。绩效测量指标应该能够与商业论证、基准、需求相关联。

- 具有及时性（Timely）。绩效测量指标要得到及时更新，与项目的实施相匹配，特别是在适应型开发方法中。

两种解读方法并无对错之分，都适用于选择有效的关键绩效指标，前一种解读方法相对更为通用。事先明确关键绩效测量指标，可以减少很多潜在的纠纷。例如，在判定项目是否成功这个仁者见仁智者见智的问题上，需要有一个清晰的目标，以避免在项目收尾过程中因对目标存在理解上的偏差而无法结项。同时，这也能对干系人的期望进行干预，尤其是那些想方设法把与项目目标关联性不强的需求塞入项目范围的干系人。

参考阅读：

《PMBOK®指南》（第6版）81页，第4.1.3.1节 项目章程

14.9.2 测量内容

项目经理常用的测量指标类别（也是干系人希望获知的项目状态反馈）包括：

- 可交付物度量指标。评估通过执行项目交付的产品、服务或结果。
- 交付。评估与交付相关的状态。
- 基准绩效。评估项目的实际绩效。
- 资源。评估资源的价格和利用率。
- 商业价值。评估项目的收益。
- 干系人。评估干系人对项目的满意度。
- 预测。评估项目的未来趋势。

14.9.2.1 可交付物度量指标

与项目交付的产品、服务或结果相关的指标包括（但不限于）：

- 有关错误或缺陷的信息。对发现的缺陷进行跟踪和记录，包括缺陷的来源、类别、数量和状态。
- 绩效测量指标（MOP）。与物理或功能相关的描述指标，如尺寸、重量、可靠性等。
- 技术绩效测量指标（TMPS）。系统性能的描述指标，如并发数、连接数等，常见于IT领域。

14.9.2.2 交付

评估与交付相关的状态通常用于适应型开发方法，包括（但不限于）：

- 在制品。正在生产制造、处理的产品或任务的数量。跟踪在制品数量，可以帮助团队及早发现积压的产品或任务，减少由于积压而造成的损失。
- 提前期。与“在制品”指标一样，都来源于制造业，用来测量从提交需求到收到

可交付物或成果的时间间隔。提前期越短，项目团队的执行效率越高，对需求的管理水平也越高。

- 周期时间。与“提前期”指标相关联，用来评估团队的执行效率。在适应型开发方法中，通常用“在一次迭代中完成的需求量”来折算周期时间。
- 队列大小。用来评估待办事项列表中记录的需求的数量，结合团队的执行效率，可以测算出项目的完成时间（假设不再新增需求）。
- 批量大小。用来评估在一次迭代中完成的工作量，通常以故事点为单位。
- 过程效率。也被称为流程效率，用增值时间和非增值活动的比率来评估响应速度。

适应型开发方法虽然在IT行业中应用得更为广泛，但其管理理念发源于制造业，所以，从指标的设计上带有浓厚的制造业色彩。

14.9.2.3 基准绩效

最常见的基准是成本和进度。这里的“最常见”是指，在一定的管理水平下，只能获取有关成本和进度的有效测量值，但是随着管理水平和管理学科的进化，绩效的类别将更加丰富和细化，将有其他类别的度量指标被纳入基准。常见的评估项目进度绩效的指标包括（但不限于）：

- 开始日期和完成日期。最直观的指标，可评估项目是否按照规划的进度计划执行。
- 人力投入和持续时间。在人力资源效率没有出现突变的前提下，项目或活动的持续时间通常会与人力资源的投入相关联，所以也可以采用人力资源的投入和持续时间来评估进度。
- 进度偏差（SV）。挣值技术的关键指标之一，用评估时间点的挣值减去计划价值。如果进度偏差大于0，说明项目当前的进度超前于计划；如果进度偏差小于0，说明项目当前的进度落后于计划。
- 进度绩效指数（SPI）。挣值技术的关键指标之一，用评估时间点的挣值除以计划价值，用来评估当前项目的执行效率。如果进度绩效指数大于1，说明项目当前的进度超前于计划；如果进度绩效指数小于1，说明项目当前的进度落后于计划。在进度偏差指标之外设置进度绩效指数，是因为单从偏差值上无法判断偏差的幅度有多大。
- 特性完成率。在适应型开发方法中，在审查期间，通过已验收的特性的比率可以测算完成所有需求所需的时间，进而评估项目的进度绩效。

常见的评估项目成本绩效的指标包括（但不限于）：

- 与计划成本相比的实际成本。最为直观的评价项目成本绩效的指标，如果项目实施的实际成本低于计划成本，说明项目的成本绩效良好。反之，则说明项目的成本绩效不佳。在项目管理实践中，如果实际成本低于计划成本，要先排除需求管理方面出现疏漏的嫌疑。

- 成本偏差（CV）。挣值技术的关键指标之一，用评估时间点的挣值减去实际的成本投入。如果成本偏差大于0，说明项目当前的资金使用低于预期，存在结余；如果成本偏差小于0，说明项目当前的资金使用超出预期。
- 成本绩效指数（CPI）。挣值技术的关键指标之一，用评估时间点的挣值除以实际成本投入，用来评估当前项目的资金使用效率。如果成本绩效指数大于1，说明项目当前的资金使用效率较为理想；如果成本绩效指数小于1，说明项目当前的资金使用效率较低。

参考阅读：

《PMBOK®指南》（第6版）261页，第7.4.2.2节 数据分析

14.9.2.4 资源

成本管理是项目执行期间对资源调度管理的侧面反应。采用不同的资源，甚至在不同的时间点上采用相同的资源，都可能带来不同的成本支出，所以，与资源相关的测量指标相当于成本管理的子集。常见的评估资源调用绩效的指标包括（但不限于）：

- 与实际资源利用率相比的计划资源利用率。如果实际资源利用率高于计划资源利用率，将带来成本的节约；如果实际资源利用率低于计划资源利用率，就需要增加成本（投入）。
- 与实际资源成本相比的计划资源成本。在规划资源管理的过程中，虽然通过市场调查等方式了解了资源的成本，但是在项目执行过程中，仍然可能因行情波动等因素造成实际资源成本发生变化。如果实际资源成本高于计划资源成本，就需要增加成本（投入），反之，则可以节约成本。

参考阅读：

《PMBOK®指南》（第6版）352页，第9.6.2.1节 数据分析

14.9.2.5 商业价值

商业价值可用来“游说”关键干系人，使其支持项目的最关键的绩效，其中的财务指标对干系人的影响是非常直接和直观的。可以评估商业价值的绩效指标包括（但不限于）：

- 成本收益比（Cost-Benefit Ratio）。项目的初始成本和预测收益的比值，也可以用

预期收益和项目的初始成本的比值（Cost-Benefit Ratio）来进行度量。如果成本收益比小于1，说明项目的初始成本无法获得正向的收益，除非项目可以获得其他价值，如社会价值、环境价值，否则将很难获得关键干系人的认可。

- 与实际收益交付相比的计划收益交付。在编制商业文件时，要事先说明如何获取、在什么时间获取、以什么方式获取项目可能实现的价值，并将这些内容记录在收益管理计划中。在项目执行过程中，收益管理计划不能被束之高阁，要动态跟踪项目收益，评估项目商业价值和预期价值间的差距，判断项目是否偏离了最初的预想，以决策是否继续执行项目。
- 投资回报率（ROI）。投资回报率是指通过投资应获得的回报，其计算方法简单，但缺点是，没有考虑资金的时间价值因素，也不能直接利用净现值。
- 净现值（NPV）。项目投资所产生的未来现金流的折现值与项目投资成本间的差值，通常与投资回报率结对使用。

参考阅读：

《PMBOK®指南》（第6版）30页，第1.2.6.1节 项目商业论证

《PMBOK®指南》（第7版）81页，第2.6.1节 价值的交付

14.9.2.6 干系人

需要将对干系人的情绪和影响的评价结果定量化，毕竟，不能用检测的方法来衡量干系人某时某刻的心情。可以评估干系人对项目满意度的绩效指标包括（但不限于）：

- 净推荐值（Net Promoter Score，NPS）。又被称为净促进者得分，是一种计量某个客户将会向其他人推荐某个企业或服务的可能性的指数，是目前最流行的客户忠诚度分析指标。这个指数的计算方式是，用推荐者所占的百分比减去批评者所占的百分比。
- 情绪图（Mood chart）。是一种通过图表化的方式对观察对象的情绪进行记录和分析的工具。简单的情绪图可以采用颜色或表情符号来对情绪状态进行记录，复杂的情绪图可能还会引入情绪和身体状态的等级划分。累计的记录结果有助于确定干系人管理中潜在的问题和需要改进的领域。
- 士气。非常典型的定性数据定量化的指标。对士气的评价具有很强的主观色彩，所以，若要评估团队的士气，就需要引入调查问卷或量表等工具。
- 离职率。是评估团队绩效的一种指标。计算方式为，统计周期内的离职人数除以在册人数后乘以100%。

在上述4个指标中，士气和离职率是针对团队的绩效指标。从这里可以看出，在评估干系人的绩效时，将团队纳入了广义的干系人范畴。

参考阅读：

《PMBOK®指南》（第6版）343页，第9.4.3.1节 团队绩效评价

《PMBOK®指南》（第7版）11页，第2.1.1.1节 识别

14.9.2.7 预测

在预测项目时，可以借助专家判断法这类包含定性分析的工具，也可以采用定量的度量指标（用过去的数据来测算未来的趋势）。可以用来预测的定量指标包括（但不限于）：

- 完工尚需估算（ETC）。挣值技术的指标之一，表示在测算的时间点上，完成剩余项目工作还需要继续投入的成本。计算方式为完成预算减去挣值，然后乘以代表资金使用效率的成本绩效指数（CPI）。
- 完工估算（EAC）。挣值技术的指标之一，表示预测的完成所有工作的预期总成本。常用的计算方式为完工预算（BAC，所有工作的计划价值之和）乘以成本绩效指数（CPI）。
- 完工偏差（VAC）。挣值技术的指标之一，用来预测项目完工后，项目的资金出现超支还是盈余。计算方式为完工预算（BAC）减去完工估算（EAC）。
- 完工尚需绩效指数（TCPI）。挣值技术的指标之一，代表完成剩余项目工作的投入和剩余预算的比值。如果完工尚需绩效指数大于1，说明剩余预算不足以覆盖剩余的项目工作，反之，则说明预算尚有盈余。
- 回归分析。在进行预测的过程中，建立会对项目未来趋势形成干扰的因素之间的回归公式或模型。经过验证的回归公式或模型可以在后续的项目工作中起到测算的作用。
- 产量分析。常见于适应型开发方法。通过对一个团队执行效率的跟踪和监测，来测算当前团队在一次迭代（时间盒）中的产量。测算的结果可以预测完成剩余项目工作的完工日期。

参考阅读：

《PMBOK®指南》（第6版）261页，第7.4.2.2节 数据分析

《敏捷实践指南》61页，第5.4.1节 敏捷团队的衡量结果

14.9.3 展示信息

获取的绩效数据在经过梳理和汇总后要进行展现，否则关键信息会被淹没。除了将绩效数据整理成可供项目团队层级使用的绩效信息和用来向关键干系人汇报的绩效报告，还

可以将关键的数据、信息以图形化的方式展示，以便更加直观、快速地传递信息。

14.9.3.1　仪表盘

仪表盘是随着计算机技术的发展而逐渐被广泛应用的图形化展示技术，在传统的绩效管理中需要以人工方式统计绩效数据，进而汇总成绩效信息。现在，借助各种软硬件工具，可以替代人工方式来自动收集、自动聚合、自动展现绩效信息，节省了人力物力。但仪表盘并不能解决由于原始绩效数据不准确而带来的数据污染问题，例如，在团队成员填报自己的工时数据（用来完成团队绩效的自动统计）时，如果团队成员填报的数据出现了问题，将会干扰自动统计的结果。在仪表盘中常用的图形化展示方式有：

- 信号灯图（Stoplight Chart）。以醒目的颜色来对项目的状态进行标识，由于常用红黄绿三种颜色，也被称为RAG图。
- 横道图（Bar Chart）。由科学管理的先驱者亨利·甘特首创，因此也被称为甘特图。横道图具有简单、醒目和便于编制的特点，能以图形化的方式展示活动和进度。
- 饼状图（Pie Chart）。也被称为馅饼图，用圆心角的度数来表示数量。饼状图可以通过图形中各个扇形面积的大小来表示某一部分在总体中所占的比例。
- 控制图（Control Chart）。由质量管理大师沃特·阿曼德·休哈特首先提出，因此也被称为休哈特控制图，用来监测过程是否处于可控状态。

参考阅读：

《PMBOK®指南》（第6版）304页，第8.3.2.5节　数据表现
《PMBOK®指南》（第6版）217页，第6.5.3.2节　项目进度计划

14.9.3.2　信息发射源

在适应型开发方法中，对于图表化展示的要求更高，通常会采用以大型可见图表为展现形式的信息发射源。信息发射源承载的信息更加丰富，可以更高效地展现和传递信息。但在使用信息发射源时，也有一些组织陷入了误区，认为只要将传递的信息转化为图表，就成了信息发射源。这种思维存在一些问题，一方面信息发射源要容易维护，如果只为了图表化而不考虑对沟通的改善，反而增加了沟通的成本，另一方面信息发射源要在公开场合进行展示，毕竟信息发射源是用来指导工作的，而不是单纯为了收藏和好看。

14.9.3.3　目视管理

作为从精益生产引入项目管理领域的理念，信息发射源也被称为目视管理或可视化管理，它综合运用管理学、生理学、心理学、社会学等多学科的研究成果，利用图形“一图胜万言”的特点，来组织现场生产活动。特别是在适应型开发方法中，目视管理发挥着非

常重要的作用。常用的目视管理工件有：

- 看板（kanban）。在日语里，看板的本意是信号，又被称为传票卡（不是法院的传票）。在丰田的精益生产模式中，每个零件在加工的过程中都会附带一张卡片。通过对卡片及卡片上的信息进行统计和可视化展示，可以知道当前生产过程是如何流动的，以及在每个工序/过程中正在进行的生产数量是多少。工序/过程在看板系统中也被称为泳道，就像游泳池中的泳道一样，可以一眼看到某条泳道是否“人头攒动”。在每条泳道中停留的任务被称为在制品，通过限制在制品的数量来限制过量的生产或任务，避免浪费。
- Scrum板。是Scrum与看板结合后的产物，将冲刺待办事项通过看板的方式来展示，可以清楚地了解当前冲刺的状态。Scrum板与看板存在一定的差异，看板用于整个工作周期，是可以跨迭代的；而Scrum板通常只展现当前冲刺的任务，一般不跨迭代。
- 任务看板。外观和工作方式与Scrum板很类似，但区别在于，任务看板展示的是任务在整个工作周期中的状态，而不是在单一冲刺中的流转。常见的划分方式有“待完成的”“正在进行的”和“已经完成的”。
- 用户故事板。用户故事板展示用户与产品间的交互关系。通过对用户故事板的梳理，可以挖掘用户的目标和动机，在与干系人进行需求沟通时会发挥很大的作用。

14.9.4 测量陷阱

进行测量有助于跟踪项目的执行绩效，及时发现问题，修复缺陷，以实现项目的目标。但如果在测量时存在陷阱，则可能模糊问题、干扰决策，甚至可能影响项目目标的达成。常见的测量陷阱有：

- 霍桑效应。当某些绩效指标受到额外关注时，项目团队在绩效指标的关联领域就会表现出高绩效。当绩效指标与团队激励、团队奖励相关联时，会放大这一效应。这就带来绩效指标的选择问题，如果指标的选择是以干系人的喜好为导向，特别是关键干系人的喜好，而不是以价值为导向，将会干扰项目的执行。
- 虚荣指标。随着管理科学、管理技术的发展，项目绩效的设定日益丰富，但不代表绩效指标多就不存在问题。无效的绩效指标对执行项目所起的作用有限，有时甚至会增加大量的管理成本。
- 士气低落。在选定适当的测量目标时，要注意测量指标是否能够达成。如果选定的测量指标不具备可实施性，将影响团队的积极性。在选择测量目标时，建议借鉴洛克定律，即选择一个团队要经过努力才可以实现的目标，但这个目标不宜太高。

- 误用度量指标。虽然有绩效指标，但是，如果团队在执行过程中不关注绩效指标，或者不能正确地使用绩效指标，同样不能达到预期的效果。
- 确认偏见。在依据绩效指标的测量结果进行决策时，要对测量结果进行分析，然后得出结论，而不是先预设一个结果再找论据。
- 相关性与因果关系对比。虽然从测量结果的数据中似乎能看出两个因素存在相关性，但是这个相关性是否为因果关系——一个因素的变化一定会影响另一个因素，仍需要通过实验来进行验证。例如，在质量管理领域经常使用的散点图就存在这一测量陷阱。

14.9.5　对绩效问题进行故障诊断

在项目执行过程中，如果问题已经发生再进行干预，通常会付出较高的成本。对此，可以采用临界值来作为启动干预手段的判定条件，以便提前对问题进行干预。在选择临界值时，要考虑关键干系人对项目的态度和期望。通常，对项目持偏保守态度的干系人，对于项目执行期间所发生的波动有较低的容忍度。另外，需要注意的是，在项目执行期间，干系人对项目的态度和意愿会发生变化。

因为项目是一个多因素作用的系统，所以系统反馈滞后的特点也会体现在项目中。也就是说，无论是项目暴露出来的问题还是对问题进行干预后的效果，都不是实时的反馈，存在滞后性。因此，无论是分析问题还是评估对问题进行干预后的效果，都要既看到当前的偏差，还要看到未来的趋势。即需要将偏差分析与预测分析相结合。如果当前的偏差成为未来偏差的典型代表，需要及时对其进行干预；如果当前的偏差只是偶发性的，则可以先进行观察。

> **参考阅读：**
> 《PMBOK®指南》（第6版）111页，第4.5.2.2节　数据分析

14.9.6　成长和改进

在项目团队遇到问题时，通过对测量值进行分析，了解问题的本质，有助于提升团队的整体能力，并提升决策的准确性。这种能力的提升，是团队由命令式管理向授权式管理，最终形成自组织能力的重要历程。在这个过程中，项目经理要营造适合知识积累和分享的氛围，调动团队成员的积极性。

> **参考阅读：**
> 《PMBOK®指南》（第7版）111页，第2.5.8节　整个项目期间的学习
> 《敏捷实践指南》43页，第4.3.4节　团队结构

14.9.7 与其他绩效域的相互作用

测量绩效域与其他绩效域的相互作用包括（但不限于）下列方面：

- 干系人绩效域。在选定度量指标时，要参照干系人的期望和意愿。
- 团队绩效域。团队在解决测量所发现的问题时，提升了团队的能力。团队能力的提升，又可以减少潜在的问题。
- 开发方法和生命周期绩效域。在不同的开发方法和生命周期中，会选择不同的度量指标。例如，在预测型开发方法中，在度量项目的进度绩效时，会采用挣值技术，而在适应型开发方法中，则会选用特性完成率。
- 规划绩效域。度量指标要在规划过程中确定并得到团队成员的认可。
- 不确定性绩效域。对绩效测量问题的干预要考虑临界值，而临界值的选择与不确定性绩效域的活动相关。

14.9.8 检查结果

对于测量绩效域的管理效果，可以通过以下方式来评估：

- 对项目状况产生可靠的理解——能够通过绩效测量结果来掌握项目的执行状态。
- 可促进决策，获得具有实际价值的数据——为决策提供可信的依据。
- 及时采取适当行动，确保项目绩效处于正轨——项目绩效要体现项目的真实状态，对绩效所暴露的问题进行分析，并在合适的时机进行积极干预。
- 基于可靠的预测和评估，通过做出明智且及时的决策来实现目标并产生商业价值——将绩效测量的结果与规划绩效域中所预测的项目可能获得的价值进行对比，及时纠正获得价值的偏差，进而确保项目产生商业价值。

14.10 不确定性绩效域

不确定性绩效域由与风险和不确定性相关的活动与功能组成。有效实施不确定性绩效域的活动将取得如下效果：

- 从事业环境因素中识别项目潜在的风险。
- 认识风险，建立有效管理风险的意识。
- 理解造成项目风险的多个因素之间的相互影响关系。
- 对风险进行正确评估和预判。
- 对风险进行有效干预。
- 捕捉机会与机遇，提升项目价值。
- 有效管理风险敞口，合理分配储备资源。

名词解析：

- 不确定性（Uncertainty）。事先不能准确知道某个事件或某个决策的结果，或者，只要事件或决策可能存在不止一种结果，就会产生不确定性。
- 模糊性（Ambiguity）。对一个事件、选项、状态缺乏明确的理解和认识，或者不清楚该如何执行。
- 复杂性（Complexity）。当一个系统中的因素越多，改变该系统所牵扯的因素也越多时，可认为该系统具有复杂性。在项目管理中，项目集、项目和项目实施的背景环境受人类行为、系统行为和模糊性的影响，会带来复杂性。
- 易变性（Volatility）。也被称为波动性，是指快速且不可预测的变化的可能性。
- 风险（Risk）。在管理学的广义视角中，风险被定义为不确定性。在项目管理的视角中，对风险的定义为，一旦发生会对项目目标造成积极影响或消极影响的不确定性事件或条件。

14.10.1　普遍的不确定性

项目渐进明细的特点注定项目将面对不确定性的挑战。在项目初始，在界定项目范围时，存在模糊性的困扰；在项目执行过程中，对于活动实施后所产生的结果，也难以做到准确的预测。所以，对于不确定性的管理，是所有项目经理的必经之路。不确定性对项目的影响可能是积极的，例如，竞争环境中出现了有利的局势；不确定性对项目的影响也可能是消极的，例如，最初的担心成真，干扰了项目的执行。若想应对不确定性的挑战，需要：

- 收集信息。无论是了解如何最有效地干预不确定性事件，还是了解不确定性事件发生所造成的真实影响，都需要加深对不确定性事件的认知。对不确定性事件的了解越透彻，对不确定性事件的干预越有效果。
- 对多种结果做好准备。不确定性事件一旦发生可能引发多种结果，不确定性事件之间的相互影响还会加剧这一混乱的局面，所以要对不确定性事件的应对措施预先进行详尽且周全的编列。
- 基于集合的设计。对不确定性事件的干预方案不是唯一的，可以从多套备选的干预方案中挑选最适合的。对于“最适合”的判断标准，要综合考虑项目实施过程中的诸多因素，如当前项目的绩效、干系人的风险偏好、制约因素等。
- 增加韧性。无论是项目团队还是组织都要具备抗冲击和尽快从挫折中恢复的能力。无论是已识别的风险的应急计划没有起到预期的效果，还是未识别的风险突然出现，对项目造成了重大影响，项目团队和组织都要从“灰暗”中快速重生。

14.10.2 模糊性

项目面临的模糊性有两类，一类是由于描述上的差异所造成的，被称为概念模糊性。对于概念模糊性，可以通过加强沟通管理来改善。另一类是由于存在多种结果所造成的，被称为情景模糊性。对于项目来说，情景模糊性几乎无法避开。项目的执行过程就是一个将模糊的情景逐渐清晰、逐渐展开的过程。对于情景模糊性，可以用下列方法进行解决：

- 渐进明细。渐进明细既是项目的特点，也是一种管理思想，即承认模糊性的存在，基于模糊性采用适当的方法来完成对项目的规划。例如，在预测型开发方法中，会采用滚动式规划来对项目的范围进行管理；在适应型开发方法中，会将史诗逐层分解成能够在一次冲刺中实现的用户故事。
- 实验。在面对模糊性时，可以采用有针对性的实验来对模糊性进行验证。通过实验，一方面可以用来验证猜想，另一方面可以用来消除干系人之间的分歧。例如，在适应型开发方法中，会通过一次专门的冲刺来对风险进行尝试。
- 原型法。用模型或原型对可能的解决方案进行验证，既能降低项目失败的风险，也有助于在干系人难以清晰描述时启发需求。

参考阅读：

《PMBOK®指南》（第6版）147页，第5.2.2.8节　原型法

《敏捷实践指南》52页，第5.2.3节　待办事项列表的细化

14.10.3 复杂性

项目受众多因素的相互作用的影响，这些因素之间的相互作用不是线性的，因此，很难准确预测整个项目潜在的结果，甚至对可能出现什么样的结果也都一无所知。如果应对失当，就会频繁面对各种“意外”。对于复杂性，可以通过系统思维来进行化解，也可以采用重新构建或其他基于过程的方式进行应对。

14.10.3.1 基于系统

众多因素的相互作用使项目具有了系统的属性。某一个因素出现变化，会引发其他因素的连锁反应，这也是为什么在评估项目的变更请求时，要从整体上评估，而不要仅评估单一因素的变化。基于系统的属性，可以对复杂性做如下应对：

- 解耦。当众多因素纠缠在一起时，很难厘清单一因素的改变会引发什么样的变化，也无法厘清整个系统是如何运行的。因此，需要将复杂因素之间的作用关系拆解为单一关系，通过对单一因素的改变来理顺整个系统的运行机制。
- 模拟。当整个系统异常复杂，难以用解耦的方式来梳理运行机制时，可以通过大量的数据来测算系统输出数据的分布，从而整理出当某一因素发生变化时，整个

系统所产生的响应的可能性。

参考阅读：

《PMBOK®指南》（第6版）433页，第11.4.2.5节 数据分析

14.10.3.2 重新构建

在对复杂性采用重新构建的方式进行处理时，可以有下列应对：

- 多样性。在对复杂性进行重新构建时，需要听取不同意见，从多角度认知复杂性。从而寻求一个最优的方案。可以采用头脑风暴来广泛收集不同的意见，然后采用引导技术、德尔菲技术等对不同的意见进行统一。
- 平衡。各因素之间的作用强度是不同的，作用的方式也是不同的，要找到其中的平衡点。

14.10.3.3 基于过程

在对复杂性采用基于过程的方式进行处理时，可以有下列应对：

- 迭代。迭代或增量可以通过快速反馈来验证解决复杂性的方案。在每次冲刺中，通过审查冲刺结果，来评估是否达到了预期的效果，甚至可以采用专门的风险刺探来检测复杂性。
- 参与。解决复杂性需要干系人的参与。干系人的合理参与，既能集思广益，又能避免“事后诸葛亮”的出现。
- 故障维护。在解决复杂性时，无法杜绝由复杂性所导致的故障。所以，要为可能出现的故障留有冗余，在必要时，要为保障可用性而对功能进行降级。

14.10.4 易变性

项目的背景可能发生变化，进而影响项目的进度或成本支出。对于易变性所造成的问题，可以采用下列方法予以应对：

- 备选方案分析。对于同一个问题，会有多种方法予以应对，这些方法构成了针对这一问题的备选方案。备选方案之间各有优劣，要根据关注的侧重点来对备选方案进行选择，以找出最优解决方案。要注意的是，备选方案之间可能存在关联性，在寻找最优解决方案时要注意其间的相互影响。
- 储备。如果对项目成本或进度的影响已经达到必须进行干预的程度，就需要动用预先分配的储备。可以动用成本储备来应对预算所受的影响，可以动用进度储备来应对工期的滞后。

参考阅读：

《PMBOK®指南》（第6版）222页，第6.6节 控制进度

《PMBOK®指南》（第6版）257页，第7.4节 控制成本

14.10.5 风险

风险是存在不确定性的，一旦成真会对项目造成影响的事件或条件。造成消极影响的风险被称为威胁，造成积极影响的风险被称为机遇。通常，项目面对的风险会随着项目的执行而减少，因为随着已完成范围的增加，项目所面临的不确定性在减弱。

项目团队成员要正确看待风险，由于项目自身的特点，风险会伴随项目全程。所以，有效的风险管理并不是将所有的风险清除，这是不现实的，而是根据项目的特点选择有效的应对策略，抑制威胁，捕捉机遇，将威胁造成的损害最小化，将机遇带来的收益最大化。

风险管理是否有效，通常要通过风险敞口来进行评估。风险敞口是一个从金融领域引入的概念，代表了对项目风险进行整体评估后的结果。风险敞口越大，项目风险的影响就越大。要将评估的风险敞口与风险临界值进行比对。如果风险敞口低于风险临界值，说明风险管理尚可；如果风险敞口高于风险临界值，就需要引起注意。风险临界值由组织政策和关键干系人对风险的态度所驱动。在项目执行期间，项目面临众多的单个风险，但是，对于组织和具备决策权的关键干系人来说，他们关注的是，项目面临的整体风险水平和能够对项目造成重大影响的单个风险。风险敞口高于风险临界值，意味着项目可能受到的影响将超过干系人容忍的上限——自然难以获得干系人的认可。要特别提示的是，组织和关键干系人对风险的态度在项目执行期间会发生波动，所以风险临界值是一个动态的数据，并不是恒定不变的。

参考阅读：

《PMBOK®指南》（第6版）453页，第11.7节 监督风险

14.10.5.1 威胁

应对威胁可以采用的5种策略：

- 规避。风险规避是指项目团队采取行动来消除威胁，或者保护项目免受威胁的影响。它可能适用于发生概率较高，且具有严重负面影响的高优先级威胁。这些威胁一旦出现，会严重干扰项目的实施，甚至影响项目的目标。
- 上报。如果项目团队或项目发起人认为某威胁不在项目范围内，或者提议的应对措施超出了项目经理的权限，就应该采用上报策略。如果将应上报的威胁（风

险）留在项目组内处理，可能造成更严重的损失。上报的威胁（风险）将在项目集层面、项目组合层面或组织的其他相关部门进行管理，而不在项目层面。在将威胁上报后，项目团队可以不再追踪该威胁，但是可以将该威胁留在风险登记册中以供借鉴。

- 转移。转移涉及将应对威胁的责任转移给第三方，让第三方管理威胁并承担威胁发生的影响。在采用转移策略时，通常需要向承担威胁的一方支付风险转移费用。
- 减轻。减轻是指采取措施来降低威胁发生的概率和影响。通常，提前采取减轻措施要比威胁出现后再进行弥补更为有效。
- 接受。承认威胁的存在，但不采取主动的干预措施。当面对低优先级的威胁，或者威胁所造成的损失低于干预威胁的成本时，可以采取接受的策略。

参考阅读：

《PMBOK®指南》（第6版）442页，第11.5.2.4节　威胁应对策略

14.10.5.2　机会

应对机会可以采用的5种策略：

- 开拓。如果能把握住高优先级的机会，就可以选择开拓策略。该策略将特定机会的出现概率提高到100%，确保其肯定出现，从而获得与其相关的收益。
- 上报。如果项目团队或项目发起人认为某机会不在项目范围内，或者提议的应对措施超出了项目经理的权限，就应该采用上报策略。上报的机会将在项目集层面、项目组合层面或组织的其他部门进行处理。项目经理要确保在项目集、项目组合或组织中的其他部门有专人交接和跟踪上报的机会。
- 分享。分享涉及将应对机会的责任转移给第三方，使其享有机会所带来的部分收益。在采用分享策略时，通常需要向承担机会的一方支付风险分享费用，也可以采用组建合作管理团队、合作团队，合资企业等形式来分享机会。
- 提高。提高是指采取措施来增加机会发生的概率和影响。通常，提前采取提高措施要比机会出现后再进行捕捉更为有效。
- 接受。承认机会的存在，但不采取主动干预措施。当面对低优先级的机会，或者机会出现后所带来的收益高于干预机会的成本时，可以采用接受策略。

上述针对威胁和机会的策略，不仅可以用于单个项目风险，还可以用于整体项目风险。在项目执行期间，在选择单个项目风险或整体项目风险的策略时，要根据风险发生的概率和影响的变化，结合风险管理的预期目标，持续地进行跟踪和监督，并在必要时进行调整。在对风险进行干预后，还可能产生残余风险和次生风险，也要对其进行分析，然后选择适当的应对策略。

参考阅读：

《PMBOK®指南》（第6版）444页，第11.5.2.5节 机会应对策略

14.10.5.3 管理储备和应急储备

针对已识别的风险，在完成风险的识别和评估后，结合选定的应对策略编制应对计划并为其分配资源，这些分配的资源就形成了应急储备。例如，对于进度延误的风险，应分配一定的冗余以形成进度储备。对于成本超支的风险，应分配一定的冗余以形成成本储备。除了在项目层级要预留针对已知/未知风险所分配资源而形成的应急储备，在组织层级还要考虑没有被识别的风险一旦出现将对项目造成的影响。所以，需要单独针对未知风险预留一定的资源，以形成管理储备。

参考阅读：

《PMBOK®指南》（第7版）62页，第2.4.2.4节 预算

14.10.5.4 风险审查

风险会伴随项目的全过程，所以，对于风险的识别和干预将在整个项目中持续进行。在不同的开发方法中，结合不同开发方法的特点以及管理风险的经济成本，会有不同的对风险进行识别和干预的方法。

在预测型开发方法中，要定期召开风险管理的状态会议。在会议上，要对新发现的风险进行评估，要对已识别（记录）的风险进行重新评估，跟踪风险的发生概率和影响的变化。风险的管理要有延续性，应定期收集和汇总风险管理过程的经验教训，这既减少了管理风险的成本，也降低了在风险管理中出现疏漏的可能性。

在适应型开发方法中，会在几个“仪式”上凸显对风险的管理：

- 每日站会。在每日站会上，团队成员通过介绍自己当前的任务来暴露风险。
- 评审会/演示。通过在干系人面前演示可交付产品的增量，来消除或减轻因对需求的理解出现偏差而导致的风险。如果干系人缺席评审会，就很可能导致，在最终交付时干系人认为交付成果不符合自己的期望。
- 回顾会。在回顾会上，会对上一次迭代中的管理问题进行回归和分析，为在下一次迭代中提升风险管理水平提出新的实践方案。

参考阅读：

《PMBOK®指南》（第6版）453页，第11.7节 监督风险

《敏捷实践指南》50页，第5.2节 常见敏捷实践

14.10.6　与其他绩效域的相互作用

不确定性绩效域与其他绩效域的相互作用包括（但不限于）下列方面：

- 干系人绩效域。干系人可以帮助提供风险信息，在评估风险时提出自己的意见并做出贡献；风险管理的水平也能影响干系人对项目的态度。
- 团队绩效域。利用团队智慧，有助于了解风险信息。
- 开发方法和生命周期绩效域。在不同的开发方法和生命周期中，对风险的态度和管理方式存在差异。
- 规划绩效域。规划越详细，项目在执行过程中的不确定性就会越少。但是，通常要在详细的规划与可能面对的不确定性之间寻求平衡。另外，在规划绩效域要预留储备。

14.10.7　检查结果

对于不确定性绩效域的管理效果，可以通过以下方式来评估：

- 了解项目的运行环境，包括但不限于技术、社会、政治、市场和经济环境——能够注意到项目的运行环境对项目的执行所造成的影响。
- 积极探索和应对不确定性——能够识别和分析造成不确定性的因素。
- 了解项目中多个变量之间的相互依赖性——能够意识到导致不确定性的因素之间的相互影响。
- 能够预测威胁和机会，并了解问题的后果——能够识别项目的威胁和机会，同时能了解威胁所造成的损失以及机会所带来的潜在收益。
- 项目交付很少或没有受到不可预见的事件或情况的负面影响——对风险的控制得当，项目很少甚至几乎没有受到未知风险的影响。
- 利用机会改进项目的绩效和成果——能够捕获机会以增加项目的收益。
- 有效利用成本储备和进度储备，从而与项目目标保持一致——能够选择与项目目标相符的风险管理策略；成本储备和进度储备与项目的风险敞口保持一致。

第15章 项目管理指南：裁剪

15.1 概述

项目的独特性注定了不可能以一套一成不变的标准和管理体系来应对所有项目，但是又要将获得业界认可的标准和实践运用于所有的项目，破解难题的办法就是裁剪。裁剪是更高维度的“过程改进”和“过程优化”，不再拘泥于标准的管理框架和过程的设定，可自由、灵活地选择合适的模型、方法和工件，搭建高效的过程来实现项目的目标。

在裁剪的过程中，如果一味地求大求全，不能客观地认识在项目的执行过程中存在着相互冲突的因素，不能对其进行取舍，那么项目失败的概率就会非常大。这些由于相互冲突而需要平衡的因素包括（但不限于）：

- 尽快交付与优化交付的价值之间的矛盾。尽快交付就必然要对实现的需求有所选择，难以做到交付价值的最大化、最优化。
- 最小化项目成本与创建高质量的可交付物和成果，以及满足不同干系人的期望之间的矛盾。高质量的可交付物和成果会带来成本的增加，与最小化项目成本的诉求相互冲突。满足不同干系人的期望同理。
- 遵守监管标准与适应变化之间的矛盾。监管标准对项目的实施形成了制约，与弹性应对变化的诉求相互冲突。

15.2 为什么要裁剪

裁剪的作用在于更好地满足组织、运行环境和项目的需要。如果使用一套标准的项目管理框架，对于一些较小的项目来说，管理成本甚至可能超过执行成本，也就是常说的管理过“重”，产生了不必要的成本支出。

但是裁剪也不仅是“剪”，而是针对项目的实施需要进行优化，在这个过程中可能剔除了一些非必要过程、工具和工件，也可能结合了一些项目所需的新的方法和工具，甚至是开发方法和生命周期的优化。

在项目管理发展的道路上，针对管理框架和管理方法的改进从未停止过（如关键链法），因此，在未来的项目管理中，裁剪也将是增强项目管理框架适用性的必备方法。

15.3 裁剪的内容

可以基于下列方面对项目进行裁剪：

- 生命周期和开发方法的选择。
- 过程。
- 参与。
- 工具。
- 方法和工件。

15.3.1 生命周期和开发方法的选择

不同的项目运行环境对管理框架的选择和工具的运用是不同的，如果选择了错误的生命周期和开发方法，不仅可能带来高昂的管理成本，甚至会导致无法达成项目成果。在一个项目中，如果需求比较清晰，解决方案也成熟可靠，就可以采用预测型开发方法进行管理。如果绝大多数需求都比较清晰，只有一部分需求存在模糊性，就可以对这部分相对模糊的需求采用适应型开发方法，最终形成混合式生命周期。

15.3.2 过程

有一些活动在项目中并非必需，可以有针对性地对其进行裁剪。例如，如果项目的执行只需要动用组织内部的资源，就可以裁剪掉与采购相关的过程。根据所选用的开发方法和生命周期，对过程进行裁剪或定制的方法如下所示：

- 增加。裁剪不仅是“剪”，也存在增加的可能性。例如，在最新的项目管理实践中，就有学者提出，为了加强项目经理对项目目标和价值的理解，应在传统的项目立项过程前增加一个商业论证的过程。
- 修改。持续优化。例如，针对团队成员的理解能力，增加专用的补充说明文件
- 取消。可以取消无太大必要又空耗管理成本的过程，这些过程通常也被称为非增值活动。
- 混合。当单一的工具或开发方法无法解决复杂问题时，可以考虑将已有工具和方法结合起来使用。
- 调整。根据项目运行环境，对使用的工具、方法、工件进行调整，以满足特殊领

域的标准。

15.3.3 参与

对人员的参与进行裁剪（优化）的方法如下所示：

- 人员。要针对项目的需要来分配人力资源。例如，当项目重要或存在一定难度时，为项目配备高等级的人力资源有助于降低项目的风险，但与此同时也会带来成本的增加。对于人员的要求，通常还涉及与能够提供人力资源的职能部门进行的"讨价还价"。
- 赋能。作为近些年被频繁提到的管理思维，赋能（授权）是指将更多的权力授权给团队成员。在项目执行的过程中，可以将一些由管理者承担的职责和功能逐渐授权给团队。例如，对于在预测型开发方法中由项目经理负责的整合职责，在适应型开发方法中，将更多的由团队成员负责。
- 整合。除了团队成员，项目的执行可能还需要引入外部人力资源，如外包团队。需要考虑如何将这些外部人力资源融入团队以提升团队绩效。例如，选择有效的沟通方法，以加速团队成员与外部人力资源的磨合等。

参考阅读：

《PMBOK®指南》（第6版）341页，第9.4.2.4节 人际关系与团队技能

15.3.4 工具

没有最好的工具，只有最合适的工具。如何选择最合适的工具，需要根据项目的实施要求进行裁剪。例如，同样面对管理质量的要求，在适应型开发方法中，就可以在既实现监督效果又能匹配敏捷价值观的前提下对质量审计等工具进行优化。

15.3.5 方法和工件

在不同的生命周期和开发方法中，对方法、工具、工件的要求会存在差异。例如，同样是团队章程，在适应型生命周期中，就更侧重于共识而不是要求一定要形成正式的书面文字。

参考阅读：

《敏捷实践指南》49页，第5.1节 项目章程和团队章程

15.4 裁剪过程

裁剪是一个根据反馈来持续优化的过程。在分析和理解项目环境后，选择一个优化的

基础（如模板、经典案例），先在组织层级进行优化，然后在项目层级进行优化，跟踪优化（裁剪）效果，循环往复，不断地提升项目绩效。

15.4.1　选择初始开发方法

在选择初始开发方法时，可以借助合适性筛选器。合适性筛选器是一种评估模型，最早诞生于适应型开发方法，通过多个适用性标准的维度来对项目进行排序，判断项目是否适合采用适应型开发方法。后来，这套模型逐渐被业界所采用，可以帮助组织评估、讨论应选择哪种开发方法来执行项目。

通常，筛选标准聚焦在3个维度：

- 文化。团队文化是否支持备选的开发方法，是否已经营造信任的团队氛围。
- 团队。团队的规模是否匹配备选的开发方法，团队成员是否可以获得足够的支持。
- 项目。项目的变更是否频繁，项目能否采用增量交付，项目是否关键。

评估的结果可用雷达图表示，根据其中的数值选择一个匹配了多数特征的开发方法和生命周期，并将其作为优化的基础，可以不完全匹配，但要符合较多的特征。

参考阅读：

《敏捷实践指南》125页，附录X3　敏捷适用性筛选工具

15.4.2　对组织进行裁剪

组织的决策流程属于组织治理的一部分，能够起到防范错误决策，确保价值交付的作用。但是组织的决策流程也可能成为障碍，对项目的实施形成干扰。所以，在判断是否对组织进行裁剪时，需要综合考虑组织的决策流程的效率、项目的关键程度、安全性要求、组织成熟度等因素。例如，变更控制流程本可以避免无效变更的发生，但当变更频繁时，变更控制流程的决策时长就会干扰项目的快速执行。

当对组织进行裁剪时可能需要相关的指导和审批，可以求助下列两个角色：

- 项目管理办公室（PMO）。组织中常设的部门或小组，对与项目相关的治理过程进行标准化。既可以为项目的执行提供支持，也可以直接管理一个或多个项目。
- 价值交付办公室（VOD）。一种项目交付的支持结构，常见于适应型开发方法。侧重于教练团队，在整个组织内培养敏捷技能和能力，并辅导发起人和产品负责人更有效地承担这些角色。

参考阅读：

《PMBOK®指南》（第6版）48页，第2.4.4.3节　项目管理办公室

15.4.3 对项目进行裁剪

影响对项目进行裁剪的因素类别包括（但不限于）：

- 产品/可交付物。
- 项目团队。
- 文化。

在分析这些类别时，应广泛听取团队成员的意见和分析，同时还要尽可能地采取打分等量化的方式来对评估的程度进行整理，以形成可以令干系人信服的评估结果。

15.4.3.1 产品/可交付物

产品/可交付物可能影响项目裁剪的因素：

- 合规性/关键性。合规性/关键性要求对于能否使关键干系人对结果或可交付物充满信心至关重要，但过高的投入并不意味着会获得更高的价值。因此，应根据对产品/可交付物的要求来选择合适的质量水平和与之相匹配的管理质量。
- 产品/可交付物的类型。产品/可交付物的类型有硬件和软件之分。硬件的修复成本通常较高，需要在一开始就明确范围边界，也要定义严格的变更管理流程。软件能够通过后续的维护过程修复缺陷或添加功能，可以采用弹性的需求管理工具。
- 行业市场。产品/可交付物所面临的竞争环境是否激烈？如果答案是肯定的，则可能要对非核心功能进行缩减，来保证核心功能的竞争力。
- 技术。生成产品/可交付物的技术方案是否成熟，是否存在产品推出后马上落后的风险？如果技术不成熟或存在落后的风险，需要采取频繁交付的方式来交付可交付物。
- 时间框架。如果产出产品/可交付物的实施周期足够长，可以用严谨的项目管理过程来减少风险的发生。如果时间紧张，则需要对非核心功能、非增值活动进行优化。
- 需求的稳定性。收集到的需求是明确的，还是模糊的？如果需求存在一定的模糊性，后续变更的概率会较大，需要设置有效的变更管理机制。
- 安全性。产品/可交付物是否涉及安全性、保密性？如果涉及，会增加额外的过程，即便对外人来说，这些过程看似比较多余且低效。
- 增量交付。产品/可交付物是否采用增量的方式进行交付？如果答案是肯定的，则需要设置对应的过程与活动。

15.4.3.2 项目团队

项目团队可能影响项目裁剪的因素：

- 项目团队规模。当项目团队的规模较小时，项目团队的管理可以侧重于以共识的方式进行合作。当项目团队的规模较大时，就需要划定团队内部的角色和职责，甚至需要设置专门的项目管理办公室（非PMO）。如果采用适应型开发方法，还需要考虑对Scrum of Scrum的运用。

- 项目团队所在的地理位置。项目团队是否处在相同的地理位置，是否考虑集中办公？如果采用集中办公，在规划沟通管理时就可以适当减少正式的沟通，而强调面对面沟通。如果项目团队处在不同的地理位置，就需要强化沟通技术，甚至组建虚拟团队。
- 组织分布情况。如果干系人受到地理位置的制约，参与项目的方式和频次就会受到影响。
- 项目团队的经验。当团队成员的经验丰富，都具备了一定的实施项目所需的必备技能，所采取的活动可以适度地向团队的自组织进行倾斜。
- 联系客户。涉及以什么样的方式来向客户交付以及如何获得反馈。如果采用频繁交付的方式，可以通过演示来获得反馈；如果采用一次性整体交付，可以通过问卷调查来获得反馈。

参考阅读：

《敏捷实践指南》55页，第5.2.5节　展示/评审

15.4.3.3　文化

文化可能影响项目裁剪的因素：

- 认同。干系人是否认可裁剪和优化后的结果。例如，对合规性和安全性的优化。
- 信任。是否信任团队成员能够独立进行决策，还是“不敢松开搀扶的手”。
- 赋能。能否带领团队完成自组织管理的转型。
- 组织文化。组织文化决定了管理模式是自上而下的，还是上下协同的。如果组织文化是一种自上而下的命令式的管理模式，就需要一套清晰的管理框架和严谨的过程。而对于上下协同的认可一线人员的组织文化，则更关注关键节点而不是过程。

15.4.3.4　实施持续改进

对过程和活动的优化不是一蹴而就的，需要持续进行，这也是项目的特点之一。优化的决策基础来源于上一次优化后的效果反馈。对于如何收集反馈和推动持续改进，在预测型开发方法中，通过审计和阶段关口来进行；在适应型开发方法中，可以在回顾会议上进行。

参考阅读：

《敏捷实践指南》50页，第5.2.1节 回顾

15.5 对绩效域进行裁剪

可以对绩效域中包含的过程和活动进行裁剪。在进行裁剪时，需要考虑的事项包括（但不限于）以下内容。

15.5.1 干系人

- 是否对干系人、供应商有成熟的管理机制？这涉及是否需要从零开始规划如何与干系人、供应商进行协作。
- 干系人属于组织内部还是外部？外部的干系人通常只接触成果，而内部的干系人则会关注管理过程。这涉及如何对干系人进行管理。
- 对于干系人沟通，哪些技术最合适且经济有效？在规划与干系人沟通所采用的技术时，是否有既能保证沟通效果成本又低的选项。这会影响管理沟通的规划过程和活动。
- 干系人是否使用同一种语言？干系人之间是否存在沟通障碍，使用的母语是否不同？这涉及是否在沟通中增加专职翻译或采购专属设备。
- 现有多少干系人？在干系人社区中，文化的多样性如何？干系人的数量有多少，是否有干系人可以互动的线上社区？这涉及对干系人管理的投入。
- 干系人社区内存在什么样的关系？干系人从社区能够获得哪些信息？这涉及规划干系人之间如何沟通，以及如何调动其参与项目。

15.5.2 项目团队

- 项目团队成员的办公地点是如何分布的？这涉及项目团队是采用集中办公还是虚拟团队。如果项目团队需要跨时区协作，还涉及如何协调团队成员之间的工作时间。
- 项目团队内是否存在不同的观点和文化视角？这涉及是否采用文化意识工具来“求同存异”。
- 如何为项目确定项目团队的成员？项目团队成员全职参与项目还是兼职参与项目？是否有具备工作执行能力的承包商可供选择？这涉及规划资源管理的过程与活动。如果团队成员兼职参与项目，需要与其他部门、项目组协调成员的时间分配。如果采用供应商所提供的资源，还涉及了采购管理。

- 项目团队是否已形成自己的文化？这涉及如何建设团队，以及文化形成的制约作用。
- 如何管理项目团队的发展？这涉及选择什么样的工具、方法、模型、工件来管理项目团队的发展。
- 是否有具备特殊需要的项目团队成员？这涉及对特殊团队成员的配置。例如，可能为实现项目的社会价值和环境价值而雇用一些肢体障碍或技能欠缺的成员。

15.5.3　开发方法和生命周期

- 对于产品、服务或结果而言，合适的开发方法是哪种？这涉及如何管理项目的需求，应根据项目的实施技术方案是否成熟来选择合适的生命周期。
- 对于特定项目，合适的生命周期是怎样的？这涉及如何划分阶段，以及如何设定项目的控制节点。
- 组织是否拥有正式或非正式的审计和治理政策、程序及指南？这涉及如何在裁剪（优化）的同时规划过程和活动，以满足组织对合规性、关键性的要求。

15.5.4　规划

- 内部和外部环境因素会如何影响项目及其可交付物？这涉及事业环境因素的识别与管理。
- 影响持续时间的因素是什么？这涉及进度工期的估算和优化。
- 组织是否有与成本估算和预算有关的正式或非正式政策、程序和指南？这涉及所采用的估算方法和准确度。
- 组织如何估算使用适应型开发方法的成本？这涉及如何选择适应型开发方法的工具、方法、工件。
- 是否只有一次主要的采购，还是需要在不同时间向不同卖方进行多次采购？这涉及如何启动采购过程，以及对采购过程的监控。
- 组织的采购政策是否参考了当地相关的法律和法规？这涉及是否增加过程和活动来满足区域性质的审计要求。

15.5.5　项目工作

- 考虑到组织文化、复杂性及其他项目因素，哪些管理过程最有效？这涉及如何选用驱动效果最好的管理过程和活动。例如，在文化背景因素下，进度压缩技术就可能不适用。
- 如何管理项目中的知识才能营造协作的工作环境？这涉及如何组建利于知识收集的轻松环境，以及如何将收集到的知识应用于项目的实施。

- 在整个项目期间及项目结束时，应收集哪些信息？如何收集和管理信息？这涉及如何规划信息的收集、展现和存储方式。如果涉及特殊的保密需求，信息的管理方式还要遵循保密规定。
- 未来的项目能否获得历史信息和经验教训？这涉及如何收集、整理和归档经验教训。
- 组织是否拥有正式的知识管理数据库？项目团队是否可以使用且可以随时访问该数据库？这涉及组织是否有知识管理机制。如果没有，可能需要通过当前项目来建立相关的管理机制。

15.5.6 交付

- 组织是否拥有正式或非正式的需求管理系统？这涉及如何对需求进行管理。
- 组织是否拥有正式或非正式的与确认和控制相关的政策、程序和指南？这涉及如何进行交付验收和测量绩效。
- 组织有哪些质量政策和程序？这涉及在管理质量过程时需要采用什么样的工具和方法。
- 是否存在必须遵守的行业质量标准？需要考虑哪些政府、法律或法规方面的制约因素？这涉及对行业质量标准、制约因素的识别，以及规划质量管理的过程与活动。
- 项目中是否存在需求不稳定的领域？这涉及如何对需求进行持续管理，以及如何处理需求的变更。
- 如何在项目管理或产品开发的要素中对可持续性因素加以考虑？这涉及如何在项目管理或产品管理中思考项目的社会价值和环境价值。

15.5.7 不确定性

- 对于这项工作，有怎样的风险偏好和风险承受能力？这涉及如何设定风险管理的预期目标。
- 在选定的开发方法中如何最有效地识别并应对威胁和机会？这涉及如何选用访谈、文件回溯、SWOT分析等工具和方法。
- 项目的复杂性、技术不确定性、产品新颖性、节奏或进展跟踪，这些情况的出现将如何影响项目？这涉及识别风险的过程和活动，即如何加深对风险的认知。
- 项目需要哪种风险管理方法？这涉及选择适当的风险管理方法论。
- 在项目的战略重要性与风险等级之间存在什么样的关联关系？这涉及对风险管理目标的选择，以及对风险管理有效性的监控。

15.5.8 测量

- 如何测量价值？这涉及价值的认识和定义。
- 是否有财务价值和非财务价值的测量？这涉及有形价值和无形价值的测量。
- 项目将如何进行与收益实现有关的数据采集和报告？这涉及对项目收益的持续跟踪和展现。
- 项目状态报告的要求是什么？这涉及项目绩效数据的获取、整理和传递。

15.6 诊断

裁剪是一个持续反馈的过程，需要对暴露出来的问题展开分析，探究其中的根本原因和驱动因素，然后在接下来的过程中继续优化，不断地提升项目绩效。在预测型开发方法中，可以通过梳理和跟踪问题日志、风险日志、核查表等项目文件，来发现优化项。在适应型开发方法中，要利用好每日站会、回顾会等，暴露影响项目实施的障碍，以便在当前迭代和下一次迭代中进行调整。

参考阅读：

《PMBOK®指南》（第6版）105页，第4.5节 监控项目工作

《敏捷实践指南》50页，第5.2.1节 回顾

15.7 总结

通过学习本章内容，我们了解了裁剪是增加项目管理“全频谱”适用性的关键，也了解了裁剪的4个步骤。虽然裁剪能够优化项目实施的效率，带来绩效的提升，但裁剪需要符合组织治理和管理，尤其是，当项目处于项目集、项目组合时。裁剪后的项目管理框架要能与项目集、项目组合管理相衔接，否则会影响价值交付系统的运行。另外，裁剪也需要得到干系人的协助和支持，毕竟，不是所有人都对变革持积极的态度，所以能够有效调动干系人是非常关键的。

第16章
项目管理指南：模型、方法和工件

16.1 概述

本章对项目实施过程中可能使用的模型、方法和工件进行集中解读，这里提到的模型、方法、工件指的是：

- 模型。对某个实际问题或客观事物、规律进行抽象后的一种形式化的表达方式，有助于快速分析和解决复杂问题。
- 方法。在获得成果、输出、结果或项目可交付物的过程中，需要通过一系列有特定逻辑关系的活动来完成特定的任务，这些有特定逻辑关系的活动所形成的集合被称为方法。
- 工件。本义指人工制品，在项目管理中特指产出的模板、文件、输出成果或项目可交付物。

本章介绍的内容没有覆盖项目执行过程中所使用的全部模型、方法和工件，也并非所有的模型、方法、工件都要在项目执行过程中得到使用，而是要根据项目本身和运行环境的需要来灵活选择和搭配。在选择模型、方法和工件时要考虑：

- 使用模型、方法和工件所付出的成本。
- 是否会产生非增值活动。
- 是否会产生错误的信息，导致价值交付遇到障碍。
- 是为了满足某人的一时兴起，还是确实能够改善绩效。

16.2 常用模型

模型是经过验证的对复杂问题运行原理的解释框架。当我们面对复杂问题，甚至深陷混乱局面时，需要捋清头绪，做出正确决策，需要简化问题的复杂性，聚焦混乱局面的核心驱动因素。此时，就可以借助经过时间验证的模型，将问题代入或引入模型，对复杂问题进行解读，探索问题的解决路径（见图16-1）。虽然模型可能存在定性的成分（如马斯洛需求层次模型），不能完全匹配现实，但至少能够覆盖复杂问题的大部分方面，能够激发决策者的思考，为探索问题的解决路径提供助力。

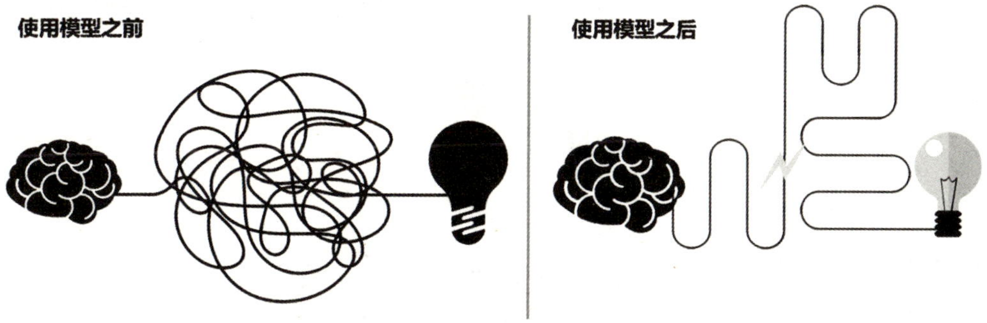

图16-1　模型的作用

对于模型在项目管理过程中所起的效果，一方面取决于模型的选择，另一方面取决于决策者是否正确使用。所以，若想提升决策水平，就需要决策者了解每个模型的核心原理，进而知道每个模型的优势与劣势。只有这样，才能在决策过程中灵活运用。

接下来，我们将对22种常用的模型进行介绍。模型共分为7类：

- 情景领导力模型。
- 沟通模型。
- 激励模型。
- 变革模型。
- 复杂性模型。
- 项目团队发展模型。
- 其他模型。

16.2.1　情境领导力模型

情景领导力模型（Situational Leadership Model）也被称为情景领导模式、情景领导理论（Situational Leadership Theory，STL）。该模型认为，在领导和管理公司或团队时，不能采用一成不变的方法，要随着情况和环境的改变以及员工的不同，而改变领导和管理的方式，管理的重点在于领导者自身。

> 适用绩效域：团队绩效域、项目工作绩效域。

16.2.1.1　情景领导力®II

情景领导力®II模型由肯·布兰查德（Ken Blanchard）提出，该模型和情景领导力模型都是通过两个组合因素来判断项目团队成员的发展阶段，分别是：

- 工作能力。对于某项目标和任务所具备的特定知识和能力，以及可以转移的知识和能力。
- 工作意愿。工作的积极性和信心。

要了解项目团队成员所处的发展阶段，看两个因素的相互结合，然后抉择采取什么样的领导力风格。

适用绩效域：团队绩效域、项目工作绩效域。

16.2.1.2 OSCAR模型

OSCAR模型由凯伦·惠特沃思（Karen Whittleworth）和安德鲁·吉尔伯特（Andrew Gilbert）于2002年推出（见图16-2），该模型涉及5个促成因素：

- 成果。确定了个人的远期目标以及每次交流会议后的期望结果。
- 情境。可促成就相关内容展开对话，例如，了解和评估当前团队成员的能力水平。
- 选择/后果。挑选能够达到远期目标的路径和可能的后果，供团队成员进行选择。
- 行动。在限定的时间内，让团队成员聚焦于目标，实现具体的改善措施。
- 评审。定期举行会议进行评审，确保项目团队成员保持积极的心态和正确的方向。

适用绩效域：团队绩效域、项目工作绩效域。

图16-2　Oscar模型

16.2.2 沟通模型

沟通模型（Communication Model）也被称为“沟通模式”，用于解释沟通过程和分析沟通形式，其中最经典的是香农（Claude Elwood Shannon）和韦弗（Warren Weaver）的香农—韦弗模型（Shannon-Weaver Communication）。沟通模型对沟通过程进行了分解，有助于发现沟通过程中的阻碍，提升沟通效率。

参考阅读：
《PMBOK®指南》（第6版）371页，第10.1.2.4节 沟通模型

16.2.2.1　跨文化沟通

在沟通过程中，文化因素会对沟通的效果产生影响，可能导致信息的误判和误解。例如，北欧人对接收信息后的态度会让亚洲人觉得十分冷漠。文化是一个群体在自然环境背景下，长期生活所形成的习惯，会影响沟通者的知识、经验、语言、思维和沟通风格、模式化的观念。基于对跨文化管理的认知，布劳伊（Browaeys）和普赖斯（Price）提出了跨文化沟通模型（见图16-3），用来指导跨文化的沟通。

图16-3　跨文化沟通模型

适用绩效域：团队绩效域、干系人绩效域、规划绩效域、项目工作绩效域。

参考阅读：
《PMBOK®指南》（第6版）375页，第10.1.2.6节 人际关系于团队技能

16.2.2.2　沟通渠道的有效性

敏捷管理专家阿利斯泰尔·科伯恩（Alistair Cockburn）针对沟通渠道的信息传递效率提出了沟通渠道有效性模型，采用有效性和丰富性的两条轴线来衡量沟通渠道的效果和效率。丰富性是理查德·达夫特（Richard L.Daft）和罗伯特·伦格尔（Robert H.Lengel）提出的概念，一个渠道在单位时间内传递的知识量越大，媒介丰富性就越高。丰富性受到以下变量的影响：

- 同时处理多个信息提示。能够同时处理的信息越多，知识量越大。
- 促进快速反馈。反馈的间隔越短，在相同的时间内传递的知识量越大。

- 确立个人关注点。个人关注点越清晰，传递的知识越聚焦。
- 使用自然语言。不需要语言上的转换，降低了传递知识过程中的噪声。

从对这些变量的分析可以看出，越采用面对面的方式进行沟通，丰富性越高，越采用纸质媒介进行沟通，丰富性越低。在选择合适的渠道时，要注意所传递的信息与媒介之间的匹配。例如，对于信息量不大也相对比较简单的信息，选择了丰富性较高的渠道进行传递，这属于对资源的浪费。

适用绩效域：团队绩效域、干系人绩效域、规划绩效域、项目工作绩效域。

16.2.2.3 执行鸿沟和评估鸿沟

执行鸿沟和评估鸿沟由埃德·哈钦斯（Ed Hutchins）、吉姆·海伦（Jim Hollan）和唐·诺曼（Don Norman）于1986年在《以用户为中心的系统设计》一书中首次提出。在一个项目中，执行鸿沟反映了用户意图与可允许操作之间的差距，衡量这一鸿沟的方法之一是，判断某项目可交付物是否能够让用户轻松直接做他想做的，是否提供了符合用户意图的操作方法。如果用户的意图没有得到满足，说明存在执行鸿沟，要想办法弥合项目的目标、可交付物与用户期望之间的差距。

评估鸿沟反映了用户在解释项目，决定自己期望的目标和意图是否达到时需要做出的努力，通俗地说，就是用户在试图弄清楚发生了什么。如果用户很容易得到并可轻松地解释、理解项目提供的信息，同时这些信息与用户对项目的看法又一致，那么，这一项目的评估鸿沟就很小。

执行鸿沟和评估鸿沟作为沟通模型，既可以理解、评价用户与项目相关信息之间的障碍，同时也可以作为心智模型来理解用户的行为，预测行为的结果，以便应对出乎意料的情况（见图16-4）。

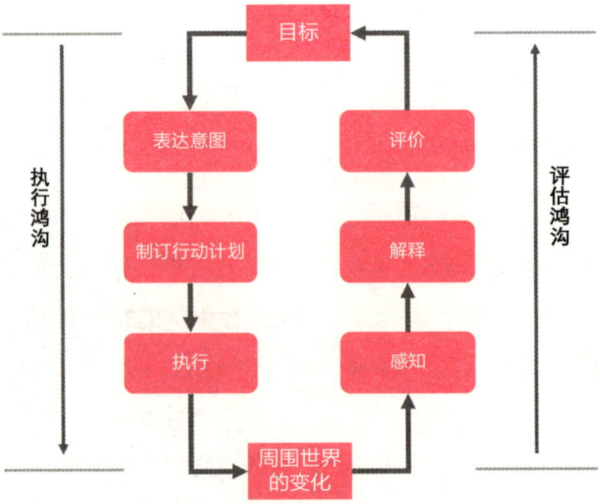

图16-4　执行鸿沟和评估鸿沟

适用绩效域：干系人绩效域、交付绩效域。

16.2.3 激励模型

人作为一种特殊的资源，会受到多种因素的刺激进而产生响应。这些因素被称为激励因素。不同的激励因素所引发的反应是不同的，所以在项目管理中，项目经理要分析不同的激励因素对人的激励效果，从而找出有效的参与方式。

在对大量的人力资源管理案例分析后，管理学者、心理学家根据自己的研究结果提出了针对人如何对激励响应的诸多模型，这些模型中有几类在业界内的认可度较高，分别是：

- 保健因素和激励因素。
- 内在动机和外在动机。
- 需要理论。
- X理论、Y理论和Z理论。

16.2.3.1 保健因素和激励因素

保健因素和激励因素模型由弗雷德里克·赫茨伯格（Frederick Herzberg）提出，也被称为双因素激励理论。赫茨伯格从“满意”和“不满意”两个维度出发，总结了能够提高员工工作满意度的因素，并将其整理为两类，分别是：

- 保健因素。必须要有，但即便组织提供了，生产者也不会表示满意和积极的态度，如公司政策、管理措施、监督、人际关系、物质工作条件、工资、福利等。
- 激励因素。能带来满意和积极的态度的因素，如成就、赏识、挑战性的工作、增加的工作责任，以及成长和发展机会。缺乏激励因素会导致团队成员很难表现出更好的绩效。

对于如何更好地激发人的工作热情，保健因素和激励因素给出了指导方向。

适用绩效域：团队绩效域、规划绩效域、项目工作绩效域。

16.2.3.2 内在动机和外在动机

丹尼尔·平克（Daniel Pink）在他的著作《驱动力》中指出，如何在奖励和惩罚都已失效的情况下焕发人们的工作热情。丹尼尔·平克将人的驱动力类型分为了三个层次，分别为：

- 生理动机。属于被激励对象的自然反应。
- 外在动机。一般来自环境的奖励和惩罚。
- 内在动机。指的是一个人本来就很想主导他自己的人生，能够驱动一个人行动的动机。

对于常见的外在动机，它的激励作用会破坏内在动机，降低被激励对象的长期表现。所以，真正能够焕发人们工作热情的通常是内在动机。内在动机具有三大驱动要素，分别为：

- 自主。想要改变自己的人生，就一定要自主选择自己想做的事情。
- 专精。反复、长期、有针对性的练习。
- 目的。远大的目标、愿景和理想。

适用绩效域：团队绩效域、规划绩效域、项目工作绩效域。

16.2.3.3 需要理论

需要理论由戴维·麦克利兰（David McClellan）于20世纪50年代提出，他通过心理投射的方法对人的成就动机进行了大量的研究，发现驱动人的三种需要分别为：

- 成就需要。具有强烈成就需要的人，更喜欢接受具有挑战性的任务，有明确的行动目标，并富有冒险精神。
- 权力需要。具有强烈权力需要的人，喜欢“负责”，追求对别人的影响，喜欢使别人的行动合乎自己的愿望，较少关心别人的有效行为。
- 归属需要。表现为一种相互交往、相互支持、相互尊重的欲望。具有强烈归属需要的人，以自己作为群体的一员而满足，追求人与人之间的友谊和信赖。

适用绩效域：团队绩效域、规划绩效域、项目工作绩效域。

16.2.3.4 X 理论、Y 理论和 Z 理论

X理论和Y理论由美国社会心理学家道格拉斯·麦格雷戈（Douglas McGregor）于1957年在《企业的人性面》中提出，也被称为X-Y假设。麦格雷戈将传统的指挥和监督理论命名为X理论，将自己的发现总结为与X理论相对应的Y理论。基于X理论和Y理论对人的本性做了如下假设：

- X理论。一般人生来就是懒惰的，希望工作越少越好，所以总是设法逃避工作；一般人都缺乏责任心，愿意接受别人的指挥或指导，而不想主动承担责任；人生来就是以自我为中心的，对组织的要求和目标漠不关心，把个人利益放在一切之上；人习惯于守旧，反对变革，不求进取；只有极少数人才具有解决组织和领导问题所需要的想象力和创造力；人是缺乏理性的，一般不能控制自己，易受外界或他人的影响。
- Y理论。一般人并非天生厌恶工作，工作是否是一种满足的来源，视人为的情况而定；促使人朝着组织的目标而努力，外力的控制及惩罚的威胁并非是唯一的方法。人为了达成其本身已经承诺的目标，将“自我督导”和“自我控制”；对于目标的承诺，人更乐于获得的是自我需要及自我实现的需要的满足。只要情况适

当，一般人不但能学会承担责任，而且能学会争取责任；以高度的想象力、智力和创造力来解决组织中各项问题的能力，乃是大多数人都具有的能力，而非少数人所独有的能力。

基于X理论，管理者认为只把金钱作为人们工作的最主要的激励手段，把惩罚这种强制性手段当作管理的重点，动用权力、规章制度和严密的监督控制，才能保证组织目标的实现。麦格雷戈认为，与X理论相比，Y理论更为有效。因此，他建议让员工参与决策，为员工提供富有挑战性和责任感的工作，建立良好的社群关系，这会极大地调动员工的工作积极性。

在X-Y理论的基础上，日裔美国学者威廉·大内（William Ouchi）通过对日本企业的观察，结合东方文化的精神内核，提出了Z理论这一新模型。

- Z理论。畅通的管理机制；基层管理者享有充分的权利；中层管理者起到承上启下的作用；长期雇用职工，及时整理和改进来自基层的意见；关心员工的福利；创造生动的工作环境；重视员工的培训和员工的考核。

除了威廉·大内，需求层次理论的创始人亚伯拉罕·马斯洛（Abraham Maslow）在对需求层次理论重新规划的基础上，也提出了马斯洛版本的Z理论，即在工作中，个人动机是自我实现、价值观和更强的使命感。

适用绩效域：团队绩效域、规划绩效域、项目工作绩效域。

参考阅读：

《PMBOK®指南》（第6版）318页，第9.1.2.3节 组织理论

16.2.4　变革模型

项目经常被用作组织转型的路径。对于变革后的效果来说，组织的管理者通常抱有很高的期待。但变革不是一蹴而就、一帆风顺的，不仅需要规划清楚如何启动和推动变革，还要考虑在完成变革转型后，组织与团队适应新状态的问题。例如，在组织变革受阻时，通过调查阻挠变革的群体可以发现，这一群体往往对变革本身并不抵制，但是对变革后的结果很畏惧。

为了对变革的路径进行阐述，同时也能让受到变革影响的群体适应变革后的结果，管理学界推出了一系列变革模型。例如，质量管理领域著名的戴明环就属于常用的变革模型。爱德华兹·戴明（W. Edwards Deming）推动将戴明环作为业务流程的改进模型，该模型是第一个真正关注用户体验并使用迭代来解决问题的循环模型。后续发明的一系列变革模型也沿用了这种以迭代升级的方式推动流程优化、组织变革的管理思想。这些变革模型包括（但不限于）：

- 组织变革管理。
- ADKAR®模型。
- 领导变革八步法。
- Virginia Satir 变革模型。
- 转变模型。

16.2.4.1 组织变革管理

对于一些对变革结果抱有高期许、高期望的干系人来说，只要设定了一个理想的期望值，坐等变革完成就可以了，这种想法是错误的。变革是动态的，并不会完全按照预先划定的变革之路“畅通无阻”。所以，对于组织的变革管理，要以迭代的方式推进和优化，在这一框架下相互关联的五个元素为：

- 启动变革。确定和澄清变革需求，评估变革就绪情况，制定变革的目标。
- 规划变革。定义变革方法，规划干系人如何参与变革。
- 实施变革。通过为变革做好组织层面的准备，调动干系人参与，交付变革产出。
- 管理过渡。通过将产出转化为业务运营，衡量采用率、变革结果和收益，并调整计划以解决差异。
- 维持变革。通过与干系人的沟通、协商和展示，持续维持变革，开展体验活动来衡量收益实现。

适用绩效域：干系人绩效域、规划绩效域、项目工作绩效域。

参考阅读：

《组织变革管理：实践指南》18 页，第2.3.1.5节 模型汇总

16.2.4.2 ADKAR®模型

ADKAR®模型由杰夫·希亚特（Jeff Hiatt）发明，以个人视角，描述了在适应变革时的五个步骤，用来评估在组织变革中个体的变化过程（见图16-5）。这五个步骤分别是：

- 认知、觉知（Awareness）。是否知道计划进行的变革，以及变革的必要性和重要性。
- 渴望（Desire）。是否有变革的意愿，对变革有什么期待，支持还是反对。
- 知识（Knowledge）。是否掌握了开展此项变革所必需的知识。
- 能力（Ability）。是否有足够的能力来领导、实施并完成此次变革。
- 强化、巩固（Reinforcement）。采取措施固化变革后形成的状态、习惯和成果。

适用绩效域：干系人绩效域、规划绩效域、项目工作绩效域。

图16-5　ADKDR变革模型

16.2.4.3　领导变革八步法

领导变革八步法也被称为八步变革模型，由约翰·科特（John Kotter）在《引领变革》一书中提出。领导变革八步法通过简单易行、易懂的路线图向组织的领导者展示组织变革的过程，确保在制定变革的路线图和跟踪变革的效果时能够采取正确的步骤。这八个步骤为：

- 第一步。制造紧迫感，评估近期或远期可能出现的任何潜在威胁和机遇。
- 第二步。凝聚团队力量，找出理解并支持变革的领导者和干系人，得到他们的支持。
- 第三步。提出愿景并制定战略，确定在变革中体现的核心价值观。
- 第四步。传达变革愿景，将愿景纳入日常，尽可能反复、频繁地传达愿景和战略。
- 第五步。移除障碍，坦诚地面对员工的担忧和焦虑，并提供帮助。
- 第六步。设定短期目标，将变革项目分解为具体的小目标。
- 第七步。保持冲劲，鼓励和认可团队、支持者，使其保持热情和动力。
- 第八步。维持变革成果，巩固所获得的收益，继续设定更大的目标。

这八步侧重于向组织的管理者展示变革的目标和清晰的步骤，让管理者树立变革的决心。但这八步对变革路径的拆分相对生硬，另外，对于这种自上而下的变革，在第一步就制造紧迫感，容易招致执行层面的反弹。

> 适用绩效域：干系人绩效域、规划绩效域、项目工作绩效域。

16.2.4.4　Virginia Satir 变革模型

Virginia Satir 变革模型由家庭治疗专家维琴尼亚·萨提亚（Virginia Satir）提出，其目的是，帮助人们理解受到变革影响的群体在心理层面的变化。与其他模型一样，Virginia Satir 变革模型对经历变革群体的内心进行了简化，将变革视为对团队成员造成惊讶和困扰的事件。通过分析项目团队成员的心理，减少团队成员对变革的抗拒。该模型将变革分为五个阶段：

- 第一阶段：因循守旧。在重大变革前，组织所处的状态是“一切照旧”。团队中的一些人可能已经在寻求改变工作方式。
- 第二阶段：外部干扰。少数寻求变革者引入新的元素，需要整个团队做出响应。外部因素冲击固有的权力结构，大多数人拒绝改变，并归咎于其他人。
- 第三阶段：混乱。团队进入混乱，关系破裂，旧的方式不再奏效，绩效表现不稳定，寻求能够带来利益关系的外部因素。
- 第四阶段：整合和实践。产生转型的想法，展示外部因素的引入如何让大家受益，新的关系出现，提供新的身份认知和归属，通过实践，绩效表现快速提升。
- 第五阶段：进入新常态。如果改变被接纳，团队及环境将进入比之前更高的阶段。在这个过程中，团队将学习如何应对变化，对外部因素不但不再感到焦虑，反而能激励他们。

适用绩效域：干系人绩效域、规划绩效域、项目工作绩效域。

16.2.4.5 转变模型

也被称为布里奇斯变革模型，由威廉·布里奇斯（William Bridges）提出。与Virginia Satir变革模型一样，布里奇斯变革模型也侧重于受变革影响群体的心理变化。转变分为三个阶段进行：

- 结束、失去、放手。转变会在这一阶段开始引入。对于变革的开始，个体常常出现负面的情绪，甚至会抵制变革。
- 中间区域。是变革的发生阶段，在这个阶段，人们经常会因为变化而感到沮丧，效率下降甚至失去工作的动力。
- 新的开始。人们接受变化，并逐渐找到自己的适应方式。

适用绩效域：干系人绩效域、规划绩效域、项目工作绩效域。

16.2.5 复杂性模型

当面对复杂问题或复杂局面时，人们往往变得手足无措，但是正确的决策又不能忽视复杂性的存在。因此，当遇到复杂问题和复杂局面时，需要框架来帮助决策者系统地分析问题并做出正确决策，这种通过辅助分析问题来制定决策的框架被称为复杂性模型。常用的复杂性模型有Cynefin框架和Stacey矩阵。

16.2.5.1 Cynefin 框架

Cynefin模型也被称为Cynefin框架，由戴夫·斯诺登（Dave Snowden）于1999年开发。该框架采用了5个领域来对问题或所面临的情况进行划分，这5个领域分别为：

- 清晰的（Clear）。也被称为明显或简单，这是最佳实践的领域。在这里，问题是熟悉的和明确的，因果关系是明确的，情况是稳定的，可以做出最佳决策。许多面向过程的情况和问题都属于这个领域。这是一个"已知—已知"的领域。
- 烦琐的（Complicated）。处在这个领域的问题和情况，可能有多个正确的答案，但并不是立即可见的。这是一个"已知—未知"的领域。问题虽然很清楚，但需要花时间来寻找解决方案。在制定解决方案时，通常需要外部专家的协助。
- 复杂的（Complex）。在这个领域，存在"未知—未知"，能通过分析来解决。要解决这个领域的问题和情况，需要先通过试验来了解问题或情况。当对复杂问题的认知积累到一定程度时，有可能将复杂问题或情况降至容易处理的领域。
- 混乱的（Chaotic）。当问题或情况不受控时，就进入了混乱领域。在混乱领域中，问题与导致问题的因素之间的因果关系并不明显，甚至不是一一对应的。当问题处在混乱领域时，需要先稳住局势，再对混乱情况进行评估。当混乱领域中逐步建立秩序后，能够使问题进入复杂领域。
- 无序的（Disorder）。当对问题处在哪个领域一无所知时，问题就属于无序状态。若要解决问题，需要快速决策问题处在哪个领域，以便选择对应的解决策略。如果对将问题划到哪个领域都难以抉择，可以尝试将问题拆分成多个部分，根据对单一部分的理解将其划分至不同的领域以寻求解决方案。

Cynefin框架的关键思想是，不同类型的问题或情况需要不同的解决路径，所以，当遇到问题时，先要确定问题处在什么状态，然后在框架下选择问题可能处在的领域，进而在领域内选择适当的解决路径（见图16-6）。

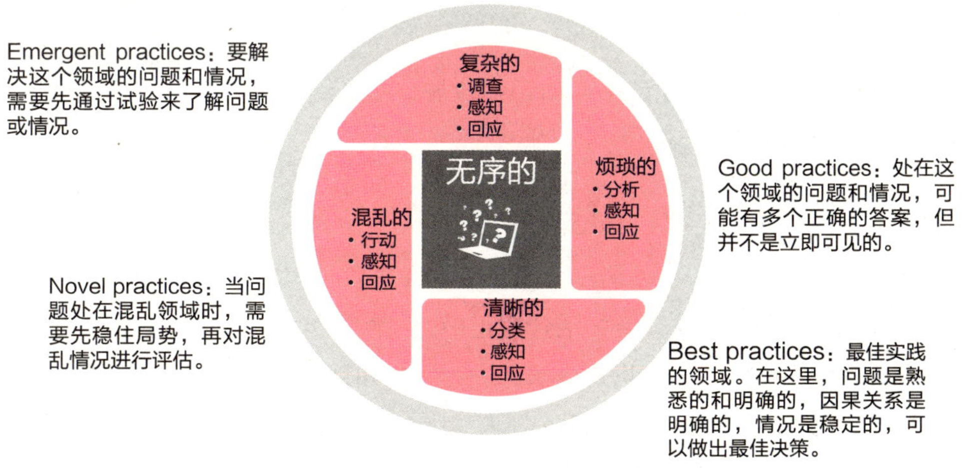

图16-6 Cynefin 框架

适用绩效域：开发方法和生命周期绩效域、规划绩效域、项目工作绩效域、交付绩效域、不确定性绩效域。

16.2.5.2 Stacey 矩阵

Stacey矩阵是由拉尔夫·斯泰西（Ralph Stacey）在1996年出版的《组织的复杂性和创新》一书中提出的，全名为Stacey认同和确定性矩阵（Ralph Stacey's Agreement and Certainty Matrix），简称为Stacy矩阵。Stacey矩阵同样考虑了问题的复杂程度，同时纳入了解决问题、创建交付成果的解决路径的不确定性。基于这两个维度，Stacey矩阵可以筛选出适合当前问题的解决路径。当需要以项目的形式来解决当前问题时，Stacey矩阵还可以选择适用的项目生命周期类型和开发方法。

- 简单型（Simple）。问题清晰，解决路径的不确定性很小。如果用于选择项目的开发方法和生命周期，可以采用预测型生命周期进行管理。
- 繁杂型（Complicated）。复杂—棘手，问题复杂，解决路径的不确定很小，适合将复杂问题拆解成多个清晰的部分，针对每个清晰的部分单独解决。如果用于选择项目的开发方法和生命周期，可以采用增量型生命周期进行管理。
- 复杂型（Complicated）。复杂—烧脑，问题清晰，解决路径的不确定性较大，适合逐步验证解决路径的效果。如果用于选择项目的开发方法和生命周期，可以采用迭代型生命周期进行管理。
- 混乱型（Anarchy）。无法描述清楚问题是什么，解决路径更是无从谈起，完全处于无序状态，适合对问题进行探索和研究，不适合采用有始有终的项目进行管理。
- 混沌型（Complex）。问题的描述存在一定的不确定性，解决路径同样存在一定的不确定性，需要不断地将模糊的问题进行细化，同时采用频繁交付的方式来验证解决路径的可行性。如果用于选择项目的开发方法和生命周期，可以采用适应型生命周期进行管理。

适用绩效域：开发方法和生命周期绩效域、规划绩效域、项目工作绩效域、交付绩效域、不确定性绩效域。

16.2.6 项目团队发展模型

项目团队的情绪状态、参与状态、协作程度在项目执行期间会发生变化，所以不能采用一成不变的方式管理团队。要灵活选用正确的方式，就需要借助项目团队发展模型。项目团队发展模型根据团队表现出来的状态进行归类和划分，指出在每个阶段的管理重点和建议。目前，已发表了很多项目团队发展模型，应用相对较为广泛的团队发展模型有两种，分别是塔克曼阶梯模型和Drexler/Sibbet 团队绩效模型。

16.2.6.1　塔克曼阶梯模型

1965年，布鲁斯·塔克曼（Bruce Tuckman）在*Psychological Butlletin*发表了一篇16页的论文，论文题目为《小型团队的发展序列》（Developmental Sequence in Small Groups），他将团队发展的阶段表述为形成阶段、震荡阶段、规范阶段、成熟阶段。1977年，布鲁斯·塔克曼根据研究结果又加入了解散阶段。由这5个阶段所形成的团队发展模型被称为坦塔克曼阶梯模型，也被称为塔克曼阶梯理论。在这5个阶段，团队所表现出来的特征如下：

- 形成阶段（Forming）。团队刚刚组建，团队成员之间还比较陌生，需要团队成员相互介绍、相互了解。通常，在这个阶段，不为团队成员分配过多的任务，主要聚焦在对接下来的工作进行了解和熟悉。
- 震荡阶段（Storming）。团队成员开始尝试进行协作，但受每个人的文化意识、沟通方式、工作习惯的影响，团队成员之间会因工作的相互配合而产生一些争执，造成冲突。对于团队成员之间的摩擦，项目经理要进行冲突管理，如果冲突不涉及破坏性，项目经理可以观望，甚至可以有意识地促成团队成员就不同的观点展开讨论和分析。通过这样的讨论和分析，可以让团队成员相互了解对方的文化意识、沟通方式、工作习惯，进而找到团队成员之间可以接受的协作方式，提升团队绩效。
- 规范阶段（Norming）。团队已经就如何展开协作达成初步共识，能够自主地展开协作和互动，但这种状态在初期并不稳固。如果在这时发生了较为严重的冲突，或者有新的团队成员加入，团队将重新回退到震荡阶段。
- 成熟阶段（Performing）。团队成员的协作和互动水平进一步得到提升，能够形成自我组织和自我管理能力，可以对项目执行过程中出现的问题进行自主决策。在这个阶段，团队的绩效水平是非常高的。身为项目经理，此时应较少地采用命令的方式指导团队，而应更多地采用授权的方式参与团队的日常工作。
- 解散阶段（Adjourning）。在项目或阶段结束后，团队成员被重新分配至新的项目或回到原职能部门。在最早的塔克曼阶梯模型中并不包含解散阶段。布鲁斯·塔克曼及其研究团队发现，如果不能对将要离开当前项目的团队成员进行妥善安置，将会极大地影响团队成员的士气，进而影响项目的执行效率。所以，才对团队成员的离开专门编列了一个解散阶段。

适用绩效域：团队绩效域、项目工作绩效域。

参考阅读：

《PMBOK®指南》（第6版）338页，第9章 项目团队管理引言

16.2.6.2 Drexler/Sibbet 团队绩效模型

Drexler/Sibbet团队绩效模型（Drexler Sibbet Team Performance Model）由葛洛夫咨询公司创始人艾伦·德雷克斯勒（Allan Drexler）和大卫·西贝特（David Sibbet）联合开发。Drexler/Sibbet团队绩效模型说明了每个团队在执行项目时都会经历的7个阶段（也被称为7个步骤），通常这7个阶段是很难直接跨越的。曾经，某团队在实践过程中尝试跳过某个阶段，但是最后又不得不重新经历该阶段。在7个阶段的描述中，每个阶段都会提出一个问题来代表团队成员在当前阶段的困惑，团队管理者给出的答案既是对团队成员的回应，也是对当前阶段的总结。伴随问题的通常还有团队成员在每个阶段的“感受描述”，当团队管理者不确定团队处于哪个阶段时，可以根据团队成员的“感受描述”来进行推断。这7个阶段（7个步骤）分别是：

- 第1步，确定方向（Orientation）。所提出的问题是“我为什么在这”。在这一步，团队管理者需要让团队成员了解项目的目的和使命，划分团队成员的职责和任务，获得团队成员的身份认同。
- 第2步，建立信任（Trust Building）。所提出的问题是“你是谁”。要在团队成员之间建立坦诚、信任的关系。
- 第3步，澄清目标（Goal Clarification）。所提出的问题是“我们在做什么”。要明确目标，确定高层级的项目信息，更多地了解干系人的期望、需求、假设和针对可交付物的验收标准。
- 第4步，承诺（Commitment）。所提出的问题是“我们怎么做”。制订项目的实施计划，包括里程碑列表、发布计划、项目的总体资金需求和资源需求等。
- 第5步，实施（Implementation）。所提出的问题是“由谁在何时在何地做什么”。将高层级的计划分解到更详细的层级，如详细的项目日历或待办事项列表。项目团队开始协作产出项目可交付物。
- 第6步，高绩效（High Performance）。比较特殊，不提出问题，而是感叹“哇”。经过之前的协作，团队成员之间已经建立了有效协同，无须过多监督。
- 第7步，重新开始（Renewal）。所提出的问题是“为什么要继续”。项目可交付物、干系人、项目运行环境、团队都可能发生改变，项目团队需要考虑以往的行为和行动是否满足要求，是否要回到之前的阶段来重新设置期望和工作方式。

第1步至第4步以高度概括的方式描述了项目团队在组建过程中会出现的问题，也指明了为组建一支有执行力的团队，项目经理需要完成的任务。第5步至第7步则指明了如何推动团队实现项目目标，以及如何持续保持高绩效。

与其他团队发展模型一样，Drexler/Sibbet团队绩效模型也带有一定的主观成分（以一套固定的模型来完全匹配受不同文化背景、年龄、国别、社会族群等多种因素影响的项目团队，是几乎不可能完成的任务），所以在使用Drexler/Sibbet团队绩效模型时要注意，该模型是起到指引决策的辅助工具，而不是唯一的决定性工具（见图16-7）。

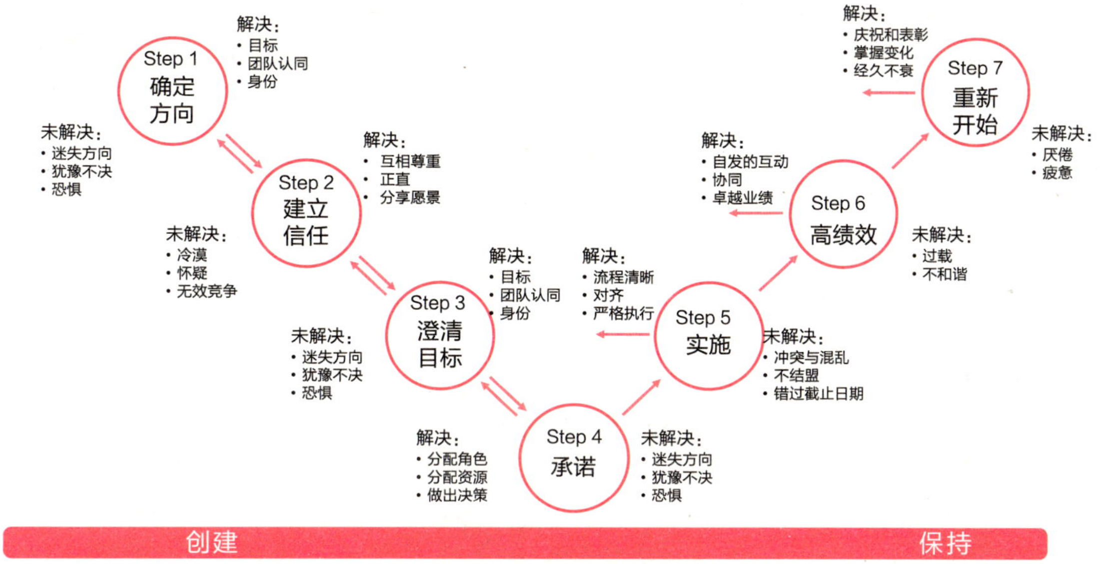

图16-7　Drexler/Sibbet团队绩效模型

> 适用绩效域：团队绩效域、项目工作绩效域。

16.2.7　其他模型

除了上述模型，常用模型还有冲突模型、谈判、规划、过程组和凸显模型。

16.2.7.1　冲突模型

TKI冲突模型（Thomas Kilmann Conflict Mode Instrument）由肯尼斯·W.托马斯（Kenneth W. Thomas）和拉尔夫·H.基尔曼（Ralph H. Kilmann）于20世纪70年代发明，基于强硬性和合作性这两个基本维度对如何应对冲突进行了划分。TKI冲突模型是全球最主要的冲突管理评价方法，被广泛应用于企业内的职业测评中，以探索不同的冲突处理模式以及它对个人及团队的影响。

与《PMBOK®指南》（第6版）不同，《PMBOK®指南》（第7版）在5种解决冲突的方法上增加了1种方法——面对/解决问题，即共有6种解决冲突的方法，分别是：

- 撤退/回避。从实际或潜在冲突中退出，将问题推迟到准备充分的时候，或者将问题推给其他人员解决。
- 缓和/包容。强调一致而非差异；为维持和谐与关系而退让一步，考虑其他方的需要。
- 妥协/调解。为了暂时或部分解决冲突，寻找能让各方都在一定程度上满意的方案，但这种方法有时会导致“双输”的局面。

- 强迫/命令。以牺牲其他方为代价，推行某一方的观点；只提供“赢/输”方案。通常，会利用权力来强行解决紧急问题，这种方法通常会导致“赢/输”的局面。
- 面对/解决问题。面对冲突是指将冲突视为要解决的问题。当冲突双方之间的关系很重要，并且每一方都对另一方解决问题的能力有信心时，就会采用这种解决冲突的方法。
- 合作。综合考虑不同的观点和意见，采用合作的态度和开放式对话来引导各方达成共识和承诺，这种方法可以带来“双赢”的局面。

适用绩效域：团队绩效域、干系人绩效域、项目工作绩效域。

参考阅读：

《PMBOK®指南》（第6版）348页，第9.5.2.1节 人际关系与团队技能

16.2.7.2 谈判

在谈判场景中，较为常用的是史蒂芬·柯维（Steven Covey，代表作《高效能人士的7个习惯》）的“双赢思维”原则（见图16-8）。当然，双赢思维目前已经被广泛应用于多个领域，而不仅局限于谈判。

- 双赢。皆大欢喜，双方均达到甚至超出了自己的预期目标。
- 赢/输和输/赢。在谈判过程中，有人达到了自己的预期目标，也有人失去了谈判的主动权。
- 双输。双方都没有在谈判中取得预期的优势。

在冲突模型中，合作的解决方法所能取得的结果属于双赢。而妥协在不同的文化背景下则有着不同的理解，在一些文化体系中，虽然妥协的结果并不是皆大欢喜，但至少以较小的代价解决了问题，仍应属于双赢。在另一些文化体系中，则认为妥协并没有实现冲突双方中任意一方的目标和诉求，所以虽然算不上双输，但绝对不是双赢。

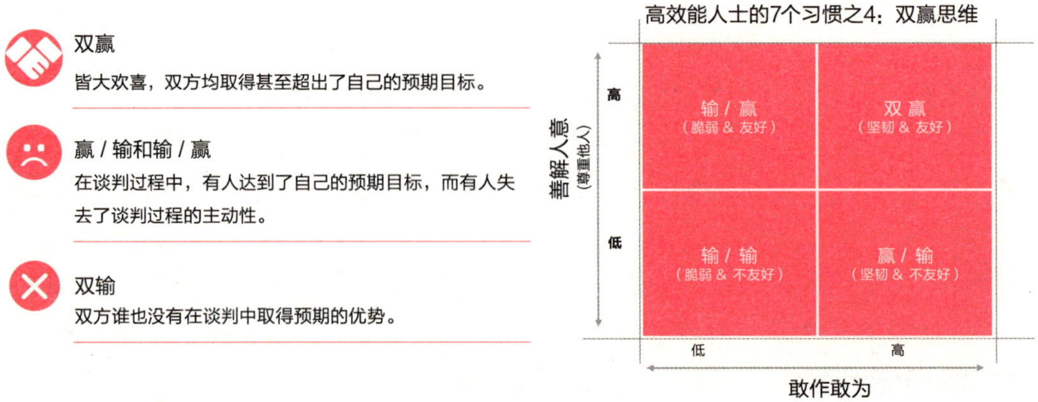

图16-8 谈判模型

适用绩效域：干系人绩效域、规划绩效域、项目工作绩效域、交付绩效域。

参考阅读：

《PMBOK®指南》（第6版）348页，第9.5.2.1节 人际关系与团队技能

《高效能人士的7个习惯》237页，第四章 习惯四：双赢思维——人际领导的原则

16.2.7.3 规划

巴利·波姆（Barry Boehm，螺旋式模型之父，软件工程经济学之父。虽然《PMBOK®指南》意图打造一本适用于众多领域的通用教材，但不得不说，其很大一部分原理源自软件工程领域）在他发明的构造性成本（COCOMO）模型中，衡量了规划投入与不确定性之间的关系。对规划加大投入，可以减少项目的不确定性，但带来的将是管理成本的增加。而对规划减少投入，则可能增加项目的不确定性。所以，需要根据项目实施的要求来选择规划成本和不确定性所带来的损失/收益的平衡点，这也被称为最佳结合点或“甜区”（Sweet Spot）。

适用绩效域：开发方法和生命周期绩效域、规划绩效域、项目工作绩效域。

参考阅读：

《PMBOK®指南》（第7版）51页，第2.4节 规划绩效域

《PMBOK®指南》（第7版）116页，第2.8节 不确定性绩效域

16.2.7.4 过程组

在《PMBOK®指南》（第6版）中被广泛提及的过程组也属于常用的模型之一。一个项目的过程和活动众多，容易使管理的重点变得模糊，影响目标达成，所以按照内在的逻辑关系对其分类可以方便管理。常见的分类方法为：

- 启动过程组。定义一个新项目或现有项目的一个新阶段，授权开始该项目或阶段的一组过程。
- 规划过程组。明确项目范围，优化目标，为实现目标制定行动方案的一组过程。
- 执行过程组。完成项目管理计划中确定的工作，以满足项目要求的一组过程。
- 监控过程组。跟踪、审查和调整项目进展与绩效，识别必要的计划变更并启动相应变更的一组过程。
- 收尾过程组。正式完成或结束项目、阶段或合同所执行的过程。

适用绩效域：规划绩效域、项目工作绩效域、交付绩效域、测量绩效域。

参考阅读：

《PMBOK®指南》（第6版）23页，第1.2.4.5节 项目管理过程组

16.2.7.5 凸显模型

凸显模型（Salience Model）是罗纳德·米歇尔（Ronald K. Mitchell）、布莱德利·阿格尔（Bradley R. Agle）、唐娜·伍德（Donna J. Wood）针对干系人管理给出的分析框架。在凸显模型中，从三个维度对干系人进行了评估，分别为：

- 施加影响的权力（Power）。影响组织或项目交付成果（强制性、财务或材料、品牌或形象）。
- 合法性。关系和行动的可取性和适当性。
- 紧迫性。干系人的关键性和时间敏感性方面的需求。

基于这些属性的组合，优先权被分配给干系人。在凸显模型中，也可以用邻近性取代合法性，以便考察干系人参与项目工作的投入程度。这种凸显模型适用于复杂的干系人大型社区，或者在干系人社区内部存在的复杂关系网络。凸显模型可用于确定已识别干系人的相对重要性。

适用绩效域：干系人绩效域、规划绩效域、项目工作绩效域。

参考阅读：

Ronald K Mitchell，Bradley R Agle，Donna J Wood.Toward a theory of stakeholder identification and salience：defining the principle of who and what really counts[J]. Academy of Management Review，1997，22（4），p853-886.

16.3 常用方法

方法是将项目管理过程（为实现某一目的、目标而综合作用的诸多活动的集合）的输入转化为输出成果、结果或项目可交付物的方式。虽然并不是所有的方法都直接与项目的成果、结果或可交付物直接作用，但也为其提供了支持性的效果。在本节中，将概述一些出现频率较高、可作用于多个绩效域的常用方法，详细内容需要结合《PMBOK®指南》（第6版）进行学习。

16.3.1 数据收集和分析

在进行有效评估和决策时，离不开数据的支持，所以数据收集和分析将直接影响到决策的正确与否。条理有序的分析不仅能够让决策结果具有可信度，同时还能够大幅减少因

为混乱而造成的无效投入。常用的数据收集和分析方法有：

- 备选方案分析。备选方案分析是一种对已识别的可选方案进行评估的技术，用来决定选择哪种方案或使用何种方法来执行项目工作。很多活动有多个备选的实施方案，备选方案分析有助于筛选在定义的制约因素范围内执行项目活动的最佳方案。
- 假设条件和制约因素分析。假设条件和制约因素的变化是常见的风险来源。每个项目及其项目管理计划的构思和开发都基于一系列的假设条件，并受一系列制约因素的限制。这些假设条件和制约因素往往都已纳入范围基准和项目估算。开展假设条件和制约因素分析，以探索假设条件和制约因素的有效性，确定其中哪些会引发项目风险。从假设条件的不准确、不稳定、不一致或不完整，可以识别出威胁，通过清除或放松影响项目或执行过程的制约因素，可以创造出机会。
- 标杆对照。将实际或计划的产品、过程和实践，与其他可比较对象的实践进行比较，以识别最佳实践，形成改进意见，并为绩效考核提供依据。标杆对照所采用的可比较对象可以是内部的，也可以是外部的。
- 商业合理性分析方法。常用于对项目立项进行决策，分析的结果通常展现在商业论证中。常用的分析成果表现形式有：投资回收期（PBP）、内部收益率（IRR）、投资回报率（ROI）、净现值（NPV）、效益成本比率（BCR）。
- 核查表。又称计数表，用于合理排列各种事项，以便有效地收集潜在问题的有用数据。在进行检查以识别缺陷时，用核查表收集属性数据就特别方便，例如关于缺陷数量或后果的数据。
- 质量成本。又称质量费用，根据ISO 9000系列国际标准中关于质量成本的定义，将产品质量保持在规定的质量水平上所需的有关费用即质量成本，由一致性成本和不一致性成本所构成。
- 决策树分析。用决策树在若干备选行动方案中选择一个最佳方案。在决策树中，用不同的分支代表不同的决策或事件，即项目的备选路径。每个决策或事件都有相关的成本和单个项目风险（包括威胁和机会）。决策树分支的终点表示沿特定路径发展的最后结果，可以是负面结果也可以是正面的结果。决策树分析与预期货币价值结合使用。
- 挣值分析。是在项目执行过程中使用较多的绩效测量方法，是对项目的进度和成本进行综合控制的一种有效方法。挣值分析通过对进度和成本的综合测量，从而准确描述项目的进展状态。
- 预期货币价值（EMV）。又称风险暴露值、风险期望值，是定量风险分析的一种技术，常与决策树一起使用。它的计算方法是，将特定情况下可能由风险造成的货币后果和发生概率相乘，结果中包含了对风险和财务的考虑。正值表示机会，负值表示风险。每个可能结果的数值与发生概率相乘后累加即可得到预期货币价值。

- 预测。根据已有的信息和知识，采用定性和定量的方法对项目未来的情况进行估算或预计。通常，定性预测可以借助主题专家的意见和判断。定量预测则可使用模型，用过去的信息预测未来的绩效。例如，在回归分析中，可以基于变量所构成的关系来进行预测。
- 影响图。影响图是用于在不确定条件下进行决策的图形辅助工具。它将一个项目或项目中的一种情境表现为一系列实体、结果和影响，以及它们之间的关系和相互影响。
- 生命周期评估。根据ISO 14040的定义，生命周期评估是用于评估与某一产品（或服务）相关的环境因素和潜在影响的方法，评估的对象为某一产品（或服务）从备料直至最终废弃处置的全过程。
- 自制或外购分析。自制或外购分析用于确定某项工作或可交付物最好由项目团队自行完成，还是应该从外部采购。在做出自制或外购决策时，应考虑的因素包括组织当前的资源配置及其技能和能力、对专业技术的需求、不愿承担永久雇用的义务，以及对独特技术专长的需求。还要评估与每个自制或外购决策相关的风险。
- 概率和影响矩阵。概率和影响矩阵是把每个风险发生的概率和一旦发生对项目目标的影响映射起来的表格。此矩阵对概率和影响进行组合，以便把单个项目风险划分成不同的优先级组别。对于概率和影响的定义需要事先进行规划。
- 过程分析。过程分析可以识别过程改进机会，同时检查在过程期间遇到的问题、制约因素以及非增值活动，是管理质量活动中的重要方法。
- 回归分析。回归分析作用于项目中不同变量之间的相互关系，建立变量之间的回归方程，并将回归方程作为预测模型，以提高决策准确度和未来的绩效。
- 储备分析。用于确定项目所需的应急储备和管理储备，还用于评估项目的风险敞口与剩余储备之间的匹配关系。
- 根本原因分析（RCA）。根本原因分析是确定引起偏差、缺陷或风险的根本原因的一种分析技术。根本原因分析还可以用于识别问题的根本原因并解决问题。一个根本原因可能引起多个偏差、缺陷或风险，消除所有根本原因可以杜绝问题再次发生。常用在根本原因分析中的诊断技术有因果图、Why-Why分析法。
- 敏感性分析。敏感性分析有助于确定哪些单个项目风险或其他不确定性来源对项目结果具有最大的潜在影响。它在项目结果变异与定量风险分析模型中的要素变异之间建立联系。敏感性分析的结果通常用龙卷风图来表示。

- 模拟。模拟是把单个项目风险和不确定性的其他来源模型化的方法，以评估它们对项目目标的潜在影响。最常见的模拟技术是蒙特卡罗分析，它利用风险和其他不确定资源来计算整个项目可能的结果，通常以概率分布的方式进行展示。
- 干系人分析。通过定性和定量的方法来生成干系人清单并收集关于干系人的各种信息，例如，在组织内的位置、在项目中的角色、与项目的利害关系、期望、态度（对项目的支持程度），以及对项目信息的兴趣。通过这样的方法来确定在项目执行期间要兼顾哪些人的利益。
- SWOT分析。常用于不确定性绩效域，对项目的优势、劣势、机会和威胁（SWOT）进行逐个检查。在识别风险时，它会将内部产生的风险包含在内，从而拓宽识别风险的范围。首先，关注项目、组织或一般业务领域，识别出组织的优势和劣势；然后，找出可能为项目带来机会的组织优势，以及可能造成威胁的组织劣势。还可以分析组织优势能在多大程度上克服威胁，组织劣势是否会妨碍机会的产生。
- 趋势分析。趋势分析根据以往的结果预测未来绩效，提前让项目经理意识到，按照既定趋势发展，后期绩效可能出现的问题。应该在足够早的时间点进行趋势分析，使项目团队有时间分析和纠正任何异常。可以根据趋势分析的结果，提出必要的预防措施建议。
- 价值流图（Value Stream Mapping）。也称价值流程图，是指产品从原材料到最终产品所需要的活动（包括增值活动和非增值活动）。价值流图是丰田精益制造生产系统框架下的一种用来描述物流和信息流的图形化工具。它运用精益制造的工具和技术来帮助企业理解和精简生产流程。
- 偏差分析。偏差分析审查目标绩效与实际绩效之间的差异（或偏差），涉及持续时间估算、成本估算、资源使用、资源费率、技术绩效和其他测量指标。
- 假设情景分析（What-if-Analysis）。也称假设分析，是对各种情景进行的评估，假设如果采取不同的策略对项目目标所造成的影响（积极或消极的），以便做出最佳的决策。

参考阅读：

《PMBOK®指南》（第6版）325页，第9.2.2.5节 数据分析

《PMBOK®指南》（第6版）415页，第11.2.2.3节 数据分析

《PMBOK®指南》（第6版）143页，第5.2.2.2节 数据收集

《PMBOK®指南》（第6版）34页，第1.2.6.4节 项目成功标准

《PMBOK®指南》（第6版）302页，第8.3.2.1节 数据收集
《PMBOK®指南》（第6版）282页，第8.1.2.3节 数据分析
《PMBOK®指南》（第6版）261页，第7.4.2.2节 数据分析
《PMBOK®指南》（第6版）435页，第11.4.2.5节 数据分析
《PMBOK®指南》（第6版）435页，第11.4.2.5节 数据分析
《PMBOK®指南》（第6版）473页，第12.1.2.3节 数据分析
《PMBOK®指南》（第6版）425页，第11.3.2.6节 数据表现
《PMBOK®指南》（第6版）292页，第8.2.2.2节 数据分析
《PMBOK®指南》（第6版）126页，第4.7.2.2节 数据分析
《PMBOK®指南》（第6版）202页，第6.4.2.6节 数据分析
《PMBOK®指南》（第6版）292页，第8.2.2.2节 数据分析
《PMBOK®指南》（第6版）434页，第11.4.2.5节 数据分析
《PMBOK®指南》（第6版）213页，第6.5.2.4节 数据分析
《PMBOK®指南》（第6版）512页，第13.1.2.3节 数据分析
《PMBOK®指南》（第6版）415页，第11.2.2.3节 数据分析
《PMBOK®指南》（第6版）111页，第4.5.2.2节 数据分析
《PMBOK®指南》（第7版）71页，第2.5.1节 项目过程
《PMBOK®指南》（第7版）93页，第2.7节 测量绩效域
《PMBOK®指南》（第6版）213页，第6.5.2.4节 数据分析

16.3.2 估算

估算是根据已知条件及有关知识对事物的数量或未来的结果做出的大概推断或估计，常用的估算方法包括（但不限于）：

- 亲和分组。也称相关性分组，是根据相似程度进行分类的方式。常见的亲和分组包括T恤尺码和斐波那契数列，常用于在适应型开发方法中估算实现用户故事所需的工作量。
- 类比估算。类比估算是一种使用相似活动或项目的历史数据，来估算当前活动或项目的持续时间或成本的技术。类比估算以过去类似项目的参数值（如持续时间、预算、规模、重量和复杂性等）为基础，来估算未来项目的同类参数或指标。相对于其他估算技术，类比估算通常成本较低、耗时较少，但准确性也较低。
- 功能点。功能点是信息系统为用户提供业务功能的单位。功能点的数量和质量可以用来度量信息系统的规模、能力、估价等。

- 多点估算。当估算对象中存在不确定性和风险时，可以采用多点估算来提高估算的准确性。多点估算通过最有可能的结果、最乐观的结果、最悲观的结果来界定近似区间。
- 参数估算。参数估算是一种基于历史数据和项目参数，使用某种算法来计算成本或持续时间的估算技术。它是指利用历史数据之间的统计关系和其他变量来估算诸如成本、预算和持续时间等活动参数。参数估算的准确性取决于参数模型的成熟度和基础数据的可靠性。
- 相对估算。相对估算是基于人们通常很难精准估算，但是擅长做相互比较的特点而采用的一种估算方法。在估算过程中可能不会采用标准估算单位，而是选择一个最简单、清晰的估算对象作为基础单位，其他估算对象与之相比较来获得估算结果。
- 单点估算。单点估算只考虑一种最有可能的情况，估算偏差通常会很大。而多点估算则能通过对多个单点的估算结果进行汇总，来降低估算偏差。
- 故事点估算。故事点估算是常见的相对估算的应用，常用于适应型开发方法。把最简单、清晰的一个用户故事所需要的人力投入视为一个故事点，考虑其他用户故事所涉及的复杂性、风险，评估出可能需要投入的资源。
- 宽带德尔菲。是德尔菲技术的进一步发展，采用收敛原则来判定专家们的意见是否趋于一致。宽带也即带宽，代表着一定的容限度。这个收敛原则是，专家们基于估算对象的特征和集体经验，通过多轮讨论达成共识。

参考阅读：

《PMBOK®指南》（第6版）200页，第6.4.2.2节 类比估算

《PMBOK®指南》（第6版）200页，第6.4.2.4节 三点估算

《PMBOK®指南》（第6版）200页，第6.4.2.3节 参数估算

16.3.3 会议和活动

项目经理将90%的时间都用在了沟通上，而会议占据了其中很大一部分。项目经理经常参与的会议包括（但不限于）：

- 待办事项列表细化会议。在适应型开发方法中，产品负责人要与团队合作，为即将开始的迭代准备一些用户故事。在对待办事项列表细化的过程中，能够让团队了解用户故事的内容和用户故事之间的相互关系。待办事项列表细化会议的召开时间可以在迭代中择机举行，但是一定要在下一次迭代的计划会议前完成。
- 投标人会议。投标人会议又称承包商会议、供应商会议或投标前会议，是在卖方

提交建议书之前，在买方和潜在卖方之间召开的会议。其目的是，确保所有潜在投标人对采购要求都有清楚且一致的理解，并确保没有任何投标人会得到特别的优待。

- 变更控制委员会。变更控制委员会包含两层含义，一层含义是，由关键干系人所组成的对重要变更进行决策的小组或部门。这些关键干系人代表了变更所涉及的部门。另一层含义是，指对涉及基准的变更请求进行审批和决策的会议形式。在会议上，要对是否批准变更求进行表决。此外，会议上可能还要讨论并提议所请求变更的备选方案。最后，将会议决定传达给提出变更请求的责任人或小组。
- 每日站会。即每日站立会议，常用于适应型开发方法，时长通常小于15分钟。站立，而不是坐着，强化了该会议避免浪费时间的想法。站立会议并不是一个解决问题的方式，而是用于同步团队当前的状态。如果需要讨论，可以安排另一个专题会议。
- 迭代规划会议。常见于适应型开发方法，指在每次迭代开始之初，由产品负责人讲解需求，并由开发团队估算工时的规划会议。在会议上需要排列需求的优先级，分析和评估产品待办事项列表并确定此次迭代的目标。在迭代规划会议上，还需要制订迭代计划，包括创建冲刺待办事项列表，即此次迭代的任务，然后为冲刺待办事项列表中的任务进行估算。团队成员从产品待办事项列表中挑选他们承诺完成的任务。
- 迭代评审会议。当团队以用户故事的形式完成特定功能时，会定期采用会议的形式展示工作产品。在看过展示后，产品负责人接受或拒绝用户故事。通常，迭代评审会议在一次迭代结束后举行。这样，团队成员就可以得到反馈，防止他们朝着错误的方向前进。也可以让关注项目可交付物的关键干系人参与迭代评审会议，以增强他们对项目成功实施的信心。
- 开工会议。项目开工会议通常意味着规划阶段结束和执行阶段开始，旨在传达项目目标，获得团队对项目的承诺，以及阐明每位干系人的角色和职责。开工会议也是很好的同步项目环境信息的形式，尤其是对于那些没有参与过商业论证的项目经理。
- 经验教训会议。经验教训会议用于识别和分享在项目中收获的知识，通过对知识的收集、整理、汇总、提炼来提升项目团队的绩效。对于收获的知识，不仅要关注可解决某些问题的良好实践，还要关注失败的教训，尤其是那些可能在后续过程中重复出现的缺陷。
- 规划会议。通过有效的会议来制订、统一和商定项目管理计划，通常要召开多次。
- 项目收尾会议。项目收尾会议用于确认可交付物已通过验收，确定已达到退出标准。在验收或审查过程中，项目通常已经完成了事实上的验收。在项目收尾会议上，更侧重于形式上的验收和所有权的移交。另外，项目收尾会议可能还有庆祝的作用。

- 项目审查会议。有效保证质量的手段之一，通过在收尾过程或项目结束时评估状态、所交付的价值，来决策项目是否已准备好进入下一个阶段或移交至运营。
- 发布规划会议。同样具备两层含义，一层含义是，在迭代中的产品规划，用来控制产品的发布节奏。每次发布规划会议对应一个可以交付的版本。另一层含义是，为举行专门会议而编列发布计划，或者向关键干系人说明相关内容。
- 回顾会议。回顾会议是适应型开发方法中非常重要的会议形式，可以帮助团队从之前的产品开发工作及其过程中学习、改进和调整过程。对于在适应型开发方法中的知识管理、质量管理、风险管理来说，回顾会议都是非常重要的方法。
- 风险审查会。风险审查会的目标包括审查已识别的风险，评估概率和影响（及其他可能的风险参数），对风险进行分类和优先级排序。在会议的讨论中，也可能识别出其他风险。应该记录这些风险，供后续分析。
- 状态会议。需要定期举行，用来交流、同步项目当前的状态和绩效信息。
- 指导委员会。与变更控制委员会类似，一层含义是，由关键干系人所组成的部门或小组，具有为项目提供关键决策、支持和审批的职能。当项目规模较大时，项目发起人的角色可能被指导委员会所替代。另一层含义是，为提供关键决策、支持和审批而举行的专题会议。

参考阅读：

《敏捷实践指南》52页，第5.2.3节 待办事项列表的细化
《PMBOK®指南》（第6版）487页，第12.2.2.3节 投标人会议
《PMBOK®指南》（第6版）120页，第4.6.2.5节 会议
《敏捷实践指南》53页，第5.2.4节 每日站会
《敏捷实践指南》55页，第5.2.5节 展示/评审
《敏捷实践指南》53页，第5.2.5节 展示/评审
《PMBOK®指南》（第6版）86页，第4.2.2.4节 会议
《PMBOK®指南》（第6版）102页，第4.4.2.2节 知识管理
《PMBOK®指南》（第6版）86页，第4.2.2.3节 人际关系与团队技能
《PMBOK®指南》（第6版）127页，第4.7.2.3节 会议
《敏捷实践指南》53页，第5.2.1节 回顾
《PMBOK®指南》（第6版）426页，第11.3.2.7节 会议

16.3.4 其他方法

除了上述方法，在项目中可能还会使用到的方法有：

- 影响地图。一种战略规划技术，通过Why->Who->How->What 四个层次的分析，以结构化的形式显示，在业务目标（Why）与产品功能（What）之间建立关联，让团队清晰地看到每个功能与业务目标的实现之间有怎样的影响路径，确保团队做的每个产品功能都是有价值的。
- 建模。建模是对复杂事物进行高度抽象的表示方法，是对复杂事物的简化。在建模的过程中，也蕴含了看待复杂事物的观点。对于创建的模型，既可以采用很详细的形式描述，也可以采用很粗略的形式描述。
- 净推荐值（NPS）。又称净促进者得分，是一种计量某个客户将会向其他人推荐某个企业或服务的可能性的指数，是目前最为流行的客户忠诚度分析指标。
- 优先级模型。用于确定项目组合、项目集、项目的组件以及需求、风险、特性或其他产品信息的优先级的方法。例如，在适应型开发方法中经常采用的MoSCow方法，以及在预测型开发方法中经常采用的多标准决策分析。
- 时间盒。指一段固定的时间，如1周、2周、3周或1个月。在一个时间盒内，团队的工作目标得已聚焦，任务不会被轻易干扰。

参考阅读：

《敏捷实践指南》52页，第5.2.3节 待办事项列表的细化

《PMBOK®指南》（第7版）103页，第2.7.2.6节 干系人

《PMBOK®指南》（第6版）283页，第8.1.2.4节 决策

16.4 常用工件

工件（Artifact）原义指由人创造的产物，在项目中的工件具体体现为模板、文件、输出或项目的可交付物。可以简单地归纳为，在《PMBOK®指南》（第6版）中的输入和输出基本上都属于工件。本节介绍了在项目中常用的工件，不包含具有专属领域、专属方法的工件和过于通用的工件。学员需要结合《PMBOK®指南》（第6版）进行学习。

常用工件可分为9类，分别是：

- 战略工件。
- 日志和登记册。
- 计划。
- 层级图。

- 基准。
- 可视化数据和信息。
- 报告。
- 协议和合同。
- 其他工件。

16.4.1　战略工件

战略工件指的是说明项目所涉及的战略、高层级需求、商业价值等信息的项目文件。这些文件通常在项目启动前后编写，在项目执行过程中不会轻易发生变更，但是要将其与项目的实施进展进行比对，用来判断项目是否符合预期。这些战略工件包括：

- 商业论证。测算项目实施后可能取得的收益和价值，侧重于以财务指标计量结果，通常与收益管理计划结合使用。
- 商业模式画布（Business Model Canvas，BMC）。商业模式画布是一种能够帮助团队催生创意，降低猜测，确保他们找对了目标用户，合理解决问题的工具。商业模式画布利用可视化的方式帮助团队成员达成共识，便于团队成员用统一的语言进行讨论。整个画布基于“为谁提供、提供什么、如何提供、如何盈利”四个视角，由九大模块组成，它们之间相互关联，互相影响。
- 项目简介。对项目的概要性说明，包括立项的目的、对项目可交付物和高层级需求的描述。可以将项目简介所包含的信息整合在项目章程中一同呈现。
- 项目章程。由项目启动者或发起人发布的，正式批准项目成立并授权项目经理使用组织资源开展项目活动的文件。除了包括项目相关的简介信息，还包括项目的成功标准和对项目经理的任命等关键信息。
- 项目愿景说明书。从更高的价值视角来说明项目立项的目的，激励团队成员为提升项目成功的概率而努力。
- 路线图。以简洁的图形、表格、文字等形式描述项目实施的步骤以及相关环节之间的逻辑关系，包含关键的里程碑、事件、需要进行的审查活动和决策点。

参考阅读：

《PMBOK®指南》（第6版）29页，第1.2.6节 项目管理商业文件

《PMBOK®指南》（第6版）81页，第4.1.3.1节 项目章程

16.4.2　日志和登记册

在项目执行过程中，项目的状态会不断更新，项目所面对的问题也会不断涌现。如果单靠“好记性”显然是不行的，需要借助一系列的日志来对信息进行记录。记录日志并不

是简单的一记了之，要对日志中记录的内容进行归类和分析。不仅可以通过对问题的研判来提升项目管理技能水平，同时也有助于统计和汇总项目问题，以便及时发现隐患，改善项目管理的过程和活动。常用的日志和登记册有：

- 假设日志。对项目执行过程中的假设条件和制约因素进行记录的工件。假设条件指没有证据或证明即被认为正确、真实或确定的因素。随着项目的实施，假设条件会陆续地被验证，对于假设条件的认知也会发生变化，这些变化要在假设日志中进行记录。
- 待办事项列表。是适应型开发方法的核心工件。待办事项列表记录了根据路线图及需求收集所梳理出来的任务清单，是开发团队工作和需求变更的唯一来源。团队根据待办事项列表的优先级进行开发工作，实现产品价值的最大化。
- 变更日志。记录变更请求的处理情况的工件，记录已提交的变更请求的当前状态。当变更结果引发干系人的非议时，变更日志中的记录可以帮助项目经理化解问题。
- 问题日志。问题日志是一种记录和跟进所有问题的项目文件。问题日志可以帮助项目经理有效跟进和管理问题，确保它们得到调查和解决。需要特别强调的是，并非对项目造成负面影响的事项才是问题，需要经过研究和讨论并加以解决的矛盾、疑难均可视为问题。
- 经验教训登记册。知识管理的重要工件，记录有助于提高当前或未来项目绩效的经验教训。经验教训登记册可以包含情况的类别和描述，也可以包含与情况相关的影响、建议和行动方案。经验教训登记册可以记录遇到的挑战、问题、意识到的风险和机会，或者其他适用的内容。在项目执行过程中，要持续记录经验教训。在项目收尾时，整理经验教训并将其汇入组织过程资产。
- 风险调整待办事项列表。包含了产品所需的工作，以及应对威胁和机会的行动。
- 风险登记册。管理风险的核心工件，记录在项目执行过程中发生的各种威胁和机会的相关信息，包括已识别风险的清单、潜在风险责任人、潜在风险应对措施清单。在项目执行过程中，会根据风险的变化更新风险登记册。
- 干系人登记册。是识别干系人过程的重要输出，它记录了已识别干系人的信息，包括身份信息、评估信息、干系人的分类。在项目执行过程中，干系人登记册会随着干系人的变化而更新。

参考阅读：

《PMBOK®指南》（第6版）81页，第4.1.3.2节 假设日志

《PMBOK®指南》（第6版）120页，第4.6.3.3节 项目文件更新

《PMBOK®指南》（第6版）96页，第4.3.3.3节 问题日志

《PMBOK®指南》（第6版）104页，第4.4.3.1节 经验教训登记册
《PMBOK®指南》（第6版）417页，第11.2.3.1节 风险登记册
《PMBOK®指南》（第6版）514页，第13.1.3.1节 相关方登记册

16.4.3 计划

计划是实现预定目标的行动路线图。科学管理的核心原则是有章可循，拒绝盲目行动。对于是否应将计划形成严谨的书面文档，取决于不同的开发方法和生命周期，同时还要兼顾项目团队的能力。在预测型开发方法中，需要按部就班地实施项目，要让项目团队和项目干系人了解项目实施的具体行动。此时，对计划的要求较高，需要形成正式且严谨的书面文档。在适应型开发方法中，侧重项目的成果和结果，对计划（形式）的约定较为宽松，可以采用更加简洁的方式来传递项目的计划，甚至可以不写，只要在团队内部形成共识即可。在项目执行过程中，需要对如何行动编列下列计划：

- 变更控制计划。即变更管理计划，定义了管理项目变更的过程，为管理变更的过程提供了指导，还描述了在整个项目期间如何正式审批和采纳变更请求，并记录了变更控制委员会（CCB）的角色和职责。
- 沟通管理计划。描述了将如何规划、结构化、执行与监督项目沟通，以提高沟通的有效性。
- 成本管理计划。成本管理计划是项目管理计划的组成部分，描述了将如何规划、安排和控制项目成本。成本管理过程及其工具与技术应记录在成本管理计划中。
- 迭代计划：详细描述了当前迭代周期的开发目标及需要完成的工作。
- 采购管理计划。采购管理计划包含要在采购过程中开展的各种活动。它应该记录是否要开展国际竞争性招标、国内竞争性招标、当地招标等。如果项目由外部资助，资金的来源和可用性应符合采购管理计划和项目进度计划的规定。根据每个项目的需要，采购管理计划可以是正式或非正式的，是非常详细或高度概括的。
- 项目管理计划。项目管理计划是说明项目执行、监控和收尾方式的一份文件，它整合并综合了所有子管理计划和基准，以及管理项目所需的其他信息。究竟需要哪些项目管理计划组件，取决于具体项目的需求。
- 质量管理计划。质量管理计划是项目管理计划的组成部分，描述了如何实施适用的政策、程序和指南以实现质量目标。它描述了项目管理团队为实现一系列项目质量目标所需的活动和资源。质量管理计划可以是正式或非正式的，是非常详细或高度概括的，其风格和详细程度取决于项目的具体需要。
- 发布计划。帮助团队决定可以提供多少功能以及需要多长的开发时间，可以将其

视为要交付给市场的功能的优先级列表，以便随着时间的推移改善客户体验。

- 需求管理计划。需求管理计划是项目管理计划的组成部分，描述了将如何分析、记录和管理项目和产品需求。
- 资源管理计划。资源管理计划提供了关于如何分类、分配、管理和释放项目资源的指南。资源管理计划可以根据项目的具体情况分为团队管理计划和实物资源管理计划。
- 风险管理计划。风险管理计划是项目管理计划的组成部分，描述了如何安排和实施风险管理活动。
- 范围管理计划。范围管理计划是项目管理计划的组成部分，描述了如何定义、制定、监督、控制和确认项目范围。
- 进度管理计划。进度管理计划是项目管理计划的组成部分，为编制、监督和控制项目进度而建立准则和明确活动。根据项目需要，进度管理计划可以是正式或非正式的，是非常详细或高度概括的，其中应包括合适的控制临界值。
- 干系人参与计划。干系人参与计划是项目管理计划的组成部分。它确定了用于促进干系人有效参与决策和执行的策略及行动，可包括调动个人或干系人参与的特定策略或方法。
- 测试计划。测试计划记录了对可交付物进行测试验证、评估的流程说明，包括测试的目标、时间及方式。

参考阅读：

《PMBOK®指南》（第6版）88页，第4.2.3.1节 项目管理计划

《PMBOK®指南》（第6版）377页，第10.1.3.1节 沟通管理计划

《PMBOK®指南》（第6版）238页，第7.1.3.1节 成本管理计划

《PMBOK®指南》（第6版）475页，第12.1.3.1节 采购管理计划

《PMBOK®指南》（第6版）86页，第4.2.3.1节 项目管理计划

《PMBOK®指南》（第6版）286页，第8.1.3.1节 质量管理计划

《PMBOK®指南》（第6版）137页，第5.1.3.2节 需求管理计划

《PMBOK®指南》（第6版）318页，第9.1.3.1节 资源管理计划

《PMBOK®指南》（第6版）405页，第11.1.3.1 风险管理计划

《PMBOK®指南》（第6版）137页，第5.1.3.1节 范围管理计划

《PMBOK®指南》（第6版）181页，第6.1.3.1节 进度管理计划

《PMBOK®指南》（第6版）522页，第13.2.3.1节 相关方参与计划

16.4.4 层级图

层级图是对展示目标的逐层分解，根据需要从较高层级到较低层级逐层展开所形成的图形，用以展示相关信息，例如各个层级之间的相互关系。在项目中，常用的层级图如下：

- 组织分解结构（OBS）。组织分解结构是对项目组织的一种层级描述，展示了项目活动与执行这些活动的组织单元之间的关系。组织分解结构按照组织现有的部门、单元或团队排列，并在每个部门下列出项目活动或工作包。参与项目的职能部门只需要找到其所在的位置，就能看到自己的全部项目职责。
- 产品分解结构（PBS）。产品分解结构通过层级结构来反映产品组件、项目可交付物，每类组件只在产品分解结构中出现一次。它常用于产品组件、项目可交付物的生产制造过程。
- 资源分解结构。资源分解结构是根据资源类别和资源类型对资源的层级展现。资源类别包括（但不限于）人力、材料、设备和用品；资源类型包括技能水平、要求证书、等级水平或适用于项目的其他类型。在规划资源管理过程中，资源分解结构用于指导项目的分类活动。
- 风险分解结构。风险分解结构是潜在风险来源的层级展现。风险分解结构有助于项目团队考虑单个项目风险的全部可能来源，对识别风险或归类已识别风险特别有用。
- 工作分解结构（WBS）。工作分解结构是对项目团队为实现项目目标，创建所需可交付物而需要实施的全部工作范围的层级分解。工作分解结构每向下分解一层，代表对项目工作进行更详细的定义。

参考阅读：

《PMBOK®指南》（第6版）312页，第9.1.2.2节 数据表现
《PMBOK®指南》（第6版）362页，第9.2.3.3节 资源分解结构
《PMBOK®指南》（第6版）405页，第11.1.3.1节 风险管理计划
《PMBOK®指南》（第6版）161页，第5.4.3.1节 范围基准

16.4.5 基准

测量是项目得到有序管理的基础，否则难以识别项目执行的偏差，而基准就是测量所需要的“尺子”。基准由一系列经过批准的计划和工作产品组成，这些计划和工作产品包括：

- 预算。经过汇总后的所有单个活动或工作包的估算成本，经过批准的预算将成为项目的成本基准。成本基准不包括任何管理储备，只有通过正式的变更控制程序

才能对其变更，用作与实际结果进行比较的依据。

- 里程碑进度计划。对于项目的关键干系人，详细听取每个活动的计划开始日期与计划完成日期的介绍，缺乏意义和必要性。通常，只需要项目经理介绍项目的重要里程碑即可，如完成日期。以此方式，仅标注主要可交付物和关键外部接口的计划开始或完成日期的进度计划被称为里程碑进度计划。
- 绩效测量基准。绩效测量基准是指经过整合的项目范围、进度和成本计划，用作项目执行的比较依据，以测量和管理项目绩效。
- 项目进度计划。项目进度计划是进度模型的输出，为各个相互关联的活动标注了计划日期、持续时间、里程碑和所需资源等信息。在项目进度计划中至少要包括每个活动的计划开始日期与计划完成日期。
- 范围基准。范围基准是经过批准的范围说明书、WBS和相应的WBS词典，只有通过正式的变更控制程序才能对其变更，它被用作比较的基础。范围基准是项目管理计划的重要组成部分。

参考阅读：

《PMBOK®指南》（第6版）254页，第7.3.3.1节 成本基准

《PMBOK®指南》（第6版）217页，第6.5.3.2节 项目进度计划

《PMBOK®指南》（第6版）86页，第4.2.3.1节 项目管理计划

《PMBOK®指南》（第6版）217页，第6.5.3.2节 项目进度计划

《PMBOK®指南》（第6版）161页，第5.4.3.1节 范围基准

16.4.6 可视化数据和信息

以表格、图形、矩阵和示意图来传递信息是项目管理发展的大趋势。借助对数据和信息可视化后的信息载量的提升，可以极大地提升沟通效率。而且，随着信息技术的发展，对数据和信息可视化的应用还在持续增加。在当前项目管理体系下所包含的工件中，常用于对数据和信息可视化的有：

- 亲和图。亲和图可用来对大量创意进行分组，以便进一步审查和分析。
- 燃尽图/燃起图。常用于适应型开发方法，用来度量团队的绩效，也被称为燃烧图。其中，燃尽图展示的是尚未完成的工作量，而燃起图则展示的是已完成的工作量。
- 因果图。又称“鱼骨图”“why-why分析图”和“石川图”，将问题的原因分解为离散的分支，有助于识别问题的主要原因或根本原因。
- 累积流量图（CFD）。累积流量图是追踪和预测敏捷项目的重要工具，可以很好地反映工作项在每个流程环节的流动问题。在分析累积流量图时，主要看两条线之间的垂直高度（代表该流程阶段有多少在制品），可以分析在制品、平均周期

时间等。

- 周期时间图。周期时间图是一种可视化的展现方式，展示了在一定时间内完成工作内容的平均周期时间。
- 仪表盘。也被称为管理仪表盘，是辅助决策，对项目绩效进行信息化管理的手段。仪表盘可以把大量指标数据的实际值与标准值以仪表盘的形式生动形象地展示出来。
- 流程图。也被称为过程图，用来在一个或多个输入转化成一个或多个输出的过程中，显示所需步骤的顺序和可能的分支。它通过映射水平价值链的过程细节来显示活动、决策点、分支循环、并行路径及整体处理顺序。
- 甘特图。也被称为横道图，采用条形图展示进度信息。纵向列示活动，横向列示日期，用横条表示活动自开始日期至结束日期的持续时间。由于甘特图不便于展示活动与活动之间的关联关系，所以通常用于进度计划的展示而不作为编列进度计划的方法。
- 直方图。直方图是一种展示数字数据的条形图，也被称为柱形图。通过对数据的展示，来反映其分布。例如，可以用来展示每个可交付物的缺陷数量、缺陷成因的排列、各个过程的不合规次数，或者项目产品的缺陷。
- 信息发射源。常用于适应型开发方法，通过在公共区域展示信息来完成项目状态和进展的同步。
- 提前期图。提前期是指产品某组件或产出项目可交付物的各阶段预计投入的时间比最后完工出产的时间所提前的周期或时间段，将这些数据以图示化的方式进行展示，即提前期图。
- 优先级矩阵。优先级矩阵是一种二维可视化图形，它基于两个加权标准来显示一组因素组合的相对重要性。例如，可以基于人力投入和所获得的价值进行划分。这种结构化的且客观的方法有助于达成协作共识。
- 项目进度网络图。也被称为纯逻辑图，通常用活动节点法绘制，没有时间刻度，纯粹显示活动及其相互关系。
- 需求跟踪矩阵。需求跟踪矩阵是把产品需求从其来源连接到能满足需求的可交付物的一种表格。通过使用需求跟踪矩阵，将每个需求与业务目标或项目目标联系起来，有助于确保每个需求都具有商业价值。
- 责任分配矩阵（RAM）。责任分配矩阵展示了项目资源在各个工作包中的任务分配。在责任分配矩阵中，一个常用示例是RACI（执行、负责、咨询和知情）矩阵。如果团队是由内部和外部人员组成的，RACI矩阵对明确划分角色和职责特别有用。
- 散点图。散点图是一种展示两个变量之间的关系的图形，根据图形可以推测两个变量之间存在的关联关系，因此散点图也被称为相关图。

- S曲线。成本基准中的成本估算与进度活动直接关联，可按时间段分配成本基准，所得到的展示效果即S曲线。
- 干系人参与度评估矩阵。干系人参与度评估矩阵用于将干系人当前的参与水平与期望的参与水平进行比较。
- 故事图。常用于适应型开发方法，可以将待办事项列表变成一张二维地图，而不是传统的简单列表，能够让团队成员更容易看清待办事项的全貌，从而筛选出更好的解决路径。
- 产量图。用来展示在一定时间内验收的可交付物数量。
- 用例。用来描述用户如何与系统进行交互以实现特定的目标，即通过凸显业务逻辑来捕捉潜在需求。
- 价值流图法。用来展示产出产品、服务、成果所需的所有活动。借助价值流图，可以识别非增值活动。
- 速度图。用来展示在预先设定的时间间隔内生产、确认和接受可交付物的速度。例如，在适应型开发方法中，团队可以持续跟踪和记录在每次迭代中所完成的工作量，以便测算团队的绩效。

参考阅读：

《PMBOK®指南》（第6版）144页，第5.2.2.5节 数据表现

《敏捷实践指南》52页，第5.4.1节 敏捷团队的衡量结果

《PMBOK®指南》（第6版）293页，第8.2.2.4节 数据表现

《PMBOK®指南》（第6版）284页，第8.1.2.5节 数据表现

《PMBOK®指南》（第6版）217页，第6.5.2.5节 项目进度计划

《PMBOK®指南》（第6版）293页，第8.2.2.4节 数据表现

《PMBOK®指南》（第6版）217页，第6.5.2.5节 项目进度计划

《PMBOK®指南》（第6版）148页，第5.2.2.3节 需求跟踪矩阵

《PMBOK®指南》（第6版）316页，第9.1.1.2节 数据表现

《PMBOK®指南》（第6版）293页，第8.2.2.4节 数据表现

《PMBOK®指南》（第6版）254页，第7.3.3.1节 成本基准

《PMBOK®指南》（第6版）521页，第13.2.2.5节 数据表现

《敏捷实践指南》52页，第5.2.3节 待办事项列表的细化

16.4.7 报告

报告传递的通常是摘要级别的描述，用来向关键干系人传递信息。在实际工作中，一

些学员会陷入“误区”，事无巨细地以日志的形式来撰写报告，这对关键干系人的决策造成了干扰。常用的报告形式有：

- 质量报告。质量报告包含质量管理问题，针对过程、项目和产品的改善建议，纠正措施建议（包括返工、缺陷/漏洞补救、100%检查等），以及在控制质量过程中发现的情况的概述。
- 风险报告。风险报告提供关于整体项目风险的信息，说明哪些是整体项目风险敞口的最重要驱动因素。以及关于已识别的单个项目风险的概述信息。例如，已识别的威胁与机会的数量、风险在风险类别中的分布情况、测量指标和发展趋势。
- 状态报告。状态报告需要向关键干系人描述项目当前的状态、进展、绩效表现，以及对后续活动的描述。

参考阅读：

《PMBOK®指南》（第6版）296页，第8.2.3.1节 质量报告

《PMBOK®指南》（第6版）418页，第11.2.3.2节 风险报告

《PMBOK®指南》（第6版）112页，第4.5.3.1节 工作绩效报告

16.4.8　协议和合同

协议是指经过谈判、协商而制定的共同承认、共同遵守的文件。合同对双方均具有约束力，建立了受法律保护的买卖双方的关系。它强制卖方提供规定的产品、服务或成果，强制买方向卖方支付相应的报酬。常见的合同类型如下：

- 总价合同。此类合同为既定产品、服务或成果的采购设定了一个总价。这种合同应在已明确定义了需求且不会出现重大范围变更的情况下使用。
- 成本补偿合同。在此类合同中，向卖方支付为完成工作而发生的全部合法实际成本（可报销成本），外加一笔费用作为卖方的利润。这类合同适用于在合同执行期间工作范围可能发生重大变更的合作。
- 工料（T&M）合同。工料合同又称时间和手段合同，是兼具成本补偿合同和总价合同特点的混合型合同。这类合同往往适用于在无法快速编制准确的工作说明书的情况下扩充人员，聘用专家或寻求外部支持。
- 不确定交付和数量合同（IDIQ）。此类合同规定必须在固定期间内提供不确定数量（但规定了下限和上限）的商品或服务。
- 其他协议。在项目中，可能出现的协议类型还包括服务水平协议（SLA）、协议备忘录（MOA）等。

参考阅读：
《PMBOK®指南》（第6版）459页，第12章 项目采购管理引言
《PMBOK®指南》（第6版）471页，第12.1.1.6节 组织过程资产

16.4.9 其他工件

除了上述工件，在项目执行过程中可能出现的工件还包括：

- 活动清单。活动清单包含项目所需的进度活动。对于使用滚动式规划或敏捷技术的项目，活动清单会在项目进展过程中得到定期更新。活动清单包括每个活动的标识及工作范围详述，使项目团队成员知道需要完成什么工作。
- 招标文件。招标文件用于向潜在卖方征求建议。如果主要依据价格来选择卖方（如购买商业或标准产品时），通常使用标书、投标或报价等术语；如果其他考虑因素（如技术能力或技术方法）至关重要，则通常使用建议书之类的术语。具体使用的采购术语也可能因行业或采购地点而异。
- 度量指标。度量指标用于描述项目或产品的属性，同时还包括如何验证符合程度。
- 项目日历。伴随项目进度计划而产生，用来规定可以开展进度活动的可用工作日和工作班次，它把可用于开展进度活动的时间段（按天或更小的时间单位）与不可用的时间段区分开来。
- 需求文件。需求文件描述各种单一需求将如何满足与项目相关的业务需求。一开始，可能只有高层级的需求，然后随着有关需求信息的增加而逐步细化。
- 项目团队章程。项目团队章程也被称为基本规则，是为团队创建团队价值观、共识和工作指南的文件。
- 用户故事。用户故事是对所需功能的简短文字描述，经常产生于需求研讨会。用户故事描述哪个干系人将从功能中受益（角色），他需要实现什么（目标），以及他期望获得什么利益（动机）。

参考阅读：
《PMBOK®指南》（第6版）185页，第6.2.3.1节 活动清单
《PMBOK®指南》（第6版）477页，第12.1.1.3节 招标文件
《PMBOK®指南》（第6版）477页，第12.1.1.3节 招标文件
《PMBOK®指南》（第6版）220页，第6.5.3.4节 项目日历
《PMBOK®指南》（第6版）147页，第5.2.3.1节 需求文件
《PMBOK®指南》（第6版）319页，第9.1.3.2节 团队章程
《PMBOK®指南》（第6版）144页，第5.2.2.6节 人际关系与团队技能

05

第5部分

PMP®考试大纲

第17章
PMP®考试大纲分析

PMP®考试大纲采用了一种叫作角色界定研究（RDS）的流程。RDS是一种认证考试的开发流程，起始于医疗行业，用于医护行业相关的认证，它的主要流程如图17-1所示。

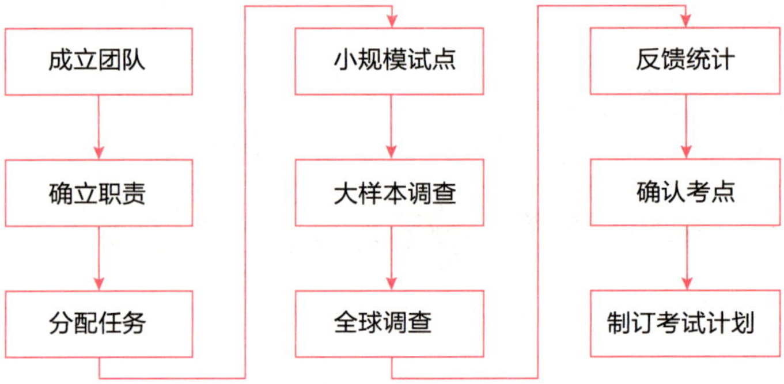

图17-1　RDS流程

RDS流程由专门的考试开发团队来完成，包括了较多的步骤：

- 成立团队，确立职责。了解项目经理的工作内容，以便让考试题目覆盖每个重要的专业领域。
- 分配任务，收集反馈（小规模试点和大样本调查）。任务小组来自不同的地域、行业，有着不同的职位，项目团队对小组进行独立评估，将开发的内容进行小规模试点和大样本调查。最终开发出如下内容：
  - 绩效领域。项目管理实践中非常重要的高层级知识。如人员、过程、业务环境。
  - 任务。项目经理在各个领域的基本职责。
  - 驱动因素。与任务相关的工作实例。
- 全球调查，反馈统计。对全球上百个国家的项目经理进行全面调查和评分，统计各项任务的重要性，固化考试大纲内容。

- 确认考点，制订考试计划。根据全球参与者的评分，确定考试蓝图，明确每个领域和任务应该考多少道题。

在RDS结束后，当前国内使用的最新考试大纲共180道考试题目，为了确保考试题目的信度与效度，PMI®会随机在题目中放置一些预备试题。预备试题的目的是检验考试题目的质量，不计入总分。PMI®会通过预备试题来更好地评估试题效果，并决定是否将考题纳入最终题库。预备试题的数量为5道。

除了5道预备试题，剩下的175道考试题目所属的知识领域分布如图17-2所示：

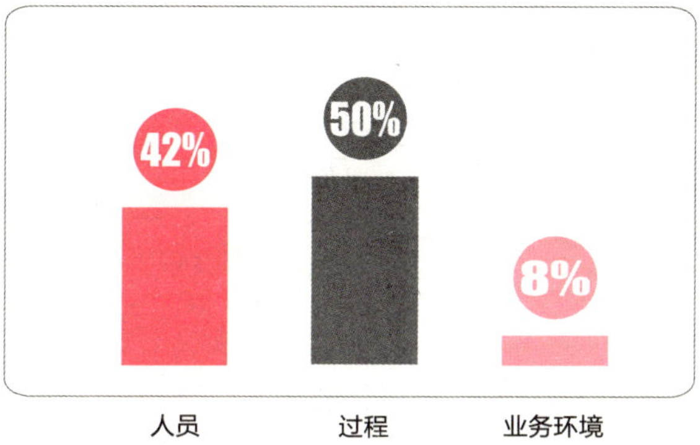

图17-2　考试题目试题分布

考试题目的分布为人员领域占50%、过程领域占42%、业务环境领域占8%。同时考试大纲还确定了，预测型项目生命周期的题目比例为50%，混合型+敏捷型项目生命周期的题目比例为50%。从2022年6月首次使用新版大纲的考试情况来看，实际考试基本符合上述比例。

接下来，将对考试大纲进行解读。请注意，下面的解读会以表格的方式进行（见表17-1、表17-2、表17-3），表格包括以下内容：

- 任务。在考试大纲中定义的任务，其中：
    - 人员领域包含14个任务。
    - 过程领域包含17个任务。
    - 业务环境领域包含4个任务。
- 任务描述。对考试大纲中的描述进行摘取，一些在考试中涉及较少的任务将不摘取到表格中。
- 涉及知识点。当前任务所涉及的知识点。
- 本书章节。当前知识点所对应的本书章节号。例如，表格中的“3.6.4”代表本书目录中的“第3.6.4节 团队章程”。
- 生命周期。确定当前知识点属于预测型生命周期还是敏捷型生命周期或同属于预测型生命周期和敏捷型生命周期。

需要说明的是，由考试大纲解读出来的内容与知识点是根据我们的经验总结的，为便于学员理解，部分内容有所删改，但这些知识点都是考试的重点。但是，仅学习这些知识点对PMP®考试来说是远远不够的，还需要大家结合本书和其他教辅资料，在掌握知识体系的同时，更好地理解这些知识点。

17.1 人员 42%

人员领域的内容如表17-1所示。

表 17-1 考试大纲之人员领域

任务	任务描述	涉及知识点	本书章节	生命周期
1. 管理冲突	冲突发生的背景和来源	冲突场景	7.2	预测 & 敏捷
	冲突管理的解决方案	冲突管理	4.4、7.2	
2. 领导团队	设定愿景和使命	团队章程	3.6.4	预测 & 敏捷
	重视服务型领导	仆人式领导	12.3	敏捷
	激发团队成员	团队章程	3.6.4	预测 & 敏捷
		认可与奖励	3.6.9	
	分析干系人的影响力	干系人映射	3.10.3	预测 & 敏捷
3. 支持团队绩效	评估团队成员的绩效	团队绩效评估	3.6.13	预测
	支持并认可团队的成长	认可与奖励	3.6.9	预测 & 敏捷
4. 向团队成员和干系人授权	根据团队优势进行组织	自组织团队	12.4.4	敏捷
	决定和授予决策权的级别	参与式决策	9.5.5	敏捷
5. 确保团队成员完成适当培训	确定具备的技能	培训	3.6.11	预测 & 敏捷
	确定培训的方案			
	为培训分配资源			
6. 建设团队	持续评估团队，更新团队技能	培训	3.6.11	预测 & 敏捷
	保持团队和知识交流	团队建设	3.6.10	预测 & 敏捷
7. 解决和消除障碍	确定团队面临的障碍	消除障碍	12.3.1	敏捷
	确定团队面临障碍的优先级			
	消除团队面临的障碍			
8. 谈判和确定项目协议	参与协议谈判	谈判	7.6	预测
	确定谈判策略			
9. 与干系人协作	评估干系人的需求	干系人场景	7.1	预测 & 敏捷
	管理干系人的期望			
	影响干系人以实现目标			

续表

任务	任务描述	涉及知识点	本书章节	生命周期
10. 凝聚共识	分析产生误解的原因	干系人分析	3.10.2	预测
	与干系人达成共识	干系人参与计划	3.10.5	
11. 让虚拟团队参与并提供支持	确定虚拟团队成员的需求	虚拟团队场景	7.7	预测 & 敏捷
	选择沟通工具			
	实施并持续评估有效性			
12. 定义团队的基本规则	将组织原则告之团队	团队章程、基本规则、社会契约	3.6.4	预测 & 敏捷
	营造遵守基本规则的环境			
	管理和纠正违反规则的行为			
13. 指导有关的干系人	安排时间进行指导	教育干系人	12.3.3	敏捷
	识别并利用指导机会			
14. 运用情商提升团队绩效	运用个性指标对行为评估	情商	3.6.12	预测 & 敏捷
	适应干系人情感交流的需要			

17.2　过程 50%

过程领域的内容如表17-2所示。

表 17-2　考试大纲之过程领域

任务	任务描述	涉及知识点	本书章节	生命周期
1. 执行要紧急交付商业价值的项目	循序渐进地交付价值	敏捷原则	8.1.2.1	敏捷
	审视项目过程中的商业价值	用户故事优先级	10.1.8	
	团队分解任务，发现 MVP	MVP	10.1.4	
2. 管理沟通	分析干系人的沟通需求	沟通管理计划	3.7.4	预测
	确定沟通频次和内容			
	确认干系人收到且理解信息	沟通模型	3.7.2	预测
3. 评估和管理风险	确定风险管理方案	风险应对策略	4.5	预测 & 敏捷
	评估风险并确定优先级	风险整体流程	5.2	预测 & 敏捷
4. 让干系人参与进来	分析干系人	干系人分析	3.10.2	预测
	给干系人分类	干系人映射	3.10.3	预测
	制定、执行并确认干系人参与策略	干系人参与计划	3.10.5	预测
5. 规划和管理预算及资源	根据范围估算预算	制定预算的流程	3.4.1	预测
	监督预算差异	挣值管理	6.2	预测
	规划和管理资源	资源管理计划	3.6.2	预测

续表

任务	任务描述	涉及知识点	本书章节	生命周期
6. 规划和管理进度计划	估算项目任务	估算的工具	4.6	预测
		故事点估算	10.1.7	敏捷
	编制进度计划	进度管理流程	3.3.1	预测
7. 规划质量	确定可交付物的质量标准	规划质量管理	4.11	预测
8. 规划和管理范围	确定需求优先级	用户故事优先级	10.1.8	敏捷
	细化范围	产品待办事项列表	10.1.6	敏捷
		WBS	3.2.6	预测
	确认范围	确认范围的意义	3.2.1	预测
		迭代评审会	9.4.4	敏捷
	控制范围	范围蔓延和镀金	3.2.8	预测
9. 整合项目规划活动	整合项目的计划	制订项目管理计划	3.1.5	预测
	评估整合后的计划			
	收集并分析数据和信息并做决定			
10. 管理项目变更	预期并接受变更需求	实施整体变更控制	5.1	预测
	确定并执行变更的策略			
11. 规划和管理采购	定义资源需求	自制或外购分析	3.9.3	预测
	管理供应商 / 合同	合同管理	4.18	预测
	制定和管理采购策略	采购整体流程	3.9.1	预测
	制定交付解决方案			
12. 管理项目工件	确定管理项目工件的需求	沟通管理过程	3.7.1	预测
	确保项目信息的更新			
13. 确定适当的项目方法论与实践	评估项目的重要性	裁剪	第 15 章	预测 & 敏捷
	提出项目执行策略的建议			
	提出项目方法论相关的建议			
	采取迭代式的实践			
14. 制定项目治理结构	确定项目的适当治理	项目治理	1.1.8	预测 & 敏捷
	定义上报问题的步骤和门槛			
15. 管理项目问题	识别风险何时会演变为问题	监督风险	5.2.3	预测
	采取最优行动解决问题	问题解决	3.5.6	预测 & 敏捷
16. 确保进行知识交流	讨论团队内的职责分工	责任分配矩阵	3.6.3	预测
	确认知识交流的方法	项目知识管理	3.1.10	预测

续表

任务	任务描述	涉及知识点	本书章节	生命周期
17. 规划和管理项目的收尾	确定项目成功标准	项目章程	3.1.4	预测
	确认下一阶段准备就绪	阶段关口	1.1.4.2	预测
	结束项目或阶段	收尾流程	5.4	预测
		迭代回顾会	9.4.5	敏捷

17.3　业务环境 8%

业务环境领域的内容如表17-3所示。

表 17-3　考试大纲之业务环境领域

任务	任务描述	涉及知识点	本书章节	生命周期
1. 规划和管理项目的合规性	确认项目合规要求	管家式管理之合规（项目管理原则）	13.3.1	预测 & 敏捷
	对合规类别进行分类			
	确定合规面临的潜在威胁			
	选择支持合规的方法			
	分析不合规的后果			
	确定必要的方法和行动以满足合规			
	衡量项目的合规程度			
2. 评估并交付项目收益和价值	识别项目商业价值	商业论证	3.1.2	预测
	在项目中持续跟踪商业价值	收益管理计划	3.1.11	预测
	持续地交付商业价值	敏捷原则第 1 条	8.1.2.1	敏捷
3. 评估并应对业务环境变化对范围的影响	业务环境变化对范围的变更影响	范围蔓延和镀金	3.2.8	预测
	实施整体变更控制流程	整体变更控制流程	5.1	预测
	待办事项列表的影响	用户故事优先级	10.1.8	敏捷
	持续审视业务环境并关注影响	控制范围	3.2.1	预测 & 敏捷
4. 为组织变革提供支持	评估组织文化	组织变革	12.2.1	预测 & 敏捷
	评估组织变革对项目的影响			
	评估项目对组织的影响			

附录A　参考文献

[1] 项目管理协会. 项目管理知识体系指南[M]. 6版. 北京：电子工业出版社，2018.

[2] 项目管理协会. 敏捷实践指南[M]. 北京：电子工业出版社，2018.

[3] 项目管理协会. 项目管理知识体系指南[M]. 7版. 费城：项目管理协会，2021.

[4] 汪小金. 项目管理方法论[M]. 2版. 北京：中国电力出版社，2015.4.

[5] 项目管理协会. 项目复杂性管理实践指南[M]. 北京：中国电力出版社，2014.9.

[6] 项目管理协会. 项目风险管理实践标准[M]. 北京：电子工业出版社，2016.1.

[7] 贝林. 通过混合敏捷获得成功：使用混合方法交付项目[M]. 李建昊，贾非，译. 北京：电子工业出版社，2022.6.

[8] 莱顿，奥斯特米勒，凯纳斯顿. 敏捷项目管理[M]. 傅永康，冯霄鹏，杨俊，译. 3版.北京：人民邮电出版社，2012.2.

[9] 麦格里尔. 产品负责人专业化修炼：利用Scrum获得商业竞争优势[M]. 阎小兵，译. 北京：机械工业出版社，2019.4.

[10] 安德森. 看板方法：科技企业渐进变革成功之道[M]. 章显洲，译. 武汉：华中科技大学出版社，2013.9.

[11] 布伦内尔. 用看板管理敏捷项目：提升效率、可预测性、质量和价值的利器[M]. 许峰，肖蓬，周琴，译. 北京：电子工业出版社，2020.1.

[12] 李建昊. PMI-ACP®备考宝典[M]. 北京：人民邮电出版社，2022.8.

[13] 问静园，闫林. 高效通过PMI-ACP®考试[M]. 2版. 北京：中国电力出版社，2018.7.